언론과 공인

# 언론과 공인

이재진
지음

한양대학교 출판부

**일러두기**

1. 인명과 지명 등의 외래어는 최대한 외래어 표기법에 맞춰 표기하였다.
2. 단행본·잡지·학회지 등은 『 』, 일간지는 《 》, 법은 「 」로 표기하였다.

# 머리말

최근 벌어진 소위 '최순실 국정농단 사건'과 박근혜 전 대통령의 탄핵·구속은 우리나라의 정치적 지평을 완전히 뒤집는 거대한 사건이었다. 그동안 잠재력으로 존재했던 시민사회가 크게 부상하면서 억압적인 국가를 시민의 힘으로 변혁하는 큰 물결이 넘실거렸다. 박근혜 정부에 호의적이었던 언론조차도 대립각을 세우며 최순실 관련자들의 구속 여론을 부각시켰다. 당시 하루가 멀다 하고 터져 나오는 대형 뉴스를 접하며 "어느 게 정말 믿을 수 있는 거냐"는 생각들을 하게 되었다. 이때 보도가 무분별하게 속보 경쟁에 빠져 사실 확인도 안 하고 보도하는 것은 아닌지에 대한 사회적 비난이 들끓었다. 아니면 매우 공익적인 뉴스이면서 소위 공인들에 대한 보도라는 측면에서 국민의 알 권리 충족을 위해서 신속하게 보도하는 것이 언론의 제1의 사명이라는 신념으로 보도했을 경우에는 언론 보도가 일부 잘못되었다고 해서 이를 규제해서는 안 된다는 논의도 비등하였다. 다시 말하자면 대개 언론이 공익적 관점에서 인물 및 사건·사고를 관찰하고 보도하고, 일관된 입장에서 사안에 대해서 끈질기게 추적해서 진실을 드러내려는 노력을 했다면 언론의 본질적 측면에 부합되었다고 할 수 있을 것이다. 그러나 매체의 특수성을 감안하지 않을 수 없다. 비록 진실 보도를 하려고 한다 해도 사안을 신속하고 정확하게 전달해야 하는 매체적 특성상 완벽하게 진실 보도하는 것은 쉽지 않은 일이다. 그래서 우리 법원은 언론이 보도할 당시에 보도 내용이 진실이라고 믿을 만한 상당한 이유가 있는 경우에는 이를 진실한 보도로 인정해주는 소위 상당성 원칙을 1988년 도입하였고, 이후 2002년에는 공적 인물/공적 사안 원칙을, 그리고 2003년에는 현저히 상당성을 잃은 공격 원칙(정당한 언론 활동 원칙)을 도입하였다. 이처럼 언론이 숨 쉴 수 있는 공간을 마련해주기 위하여 우리 법원이 숙고한 가장 큰 이유는 언론이 사회적으로 중요한 공적 역할을 한다는 것이다. 특히 언론이 단순히 건전한 여론 형성자의 역할만 하는 것이 아니라 권력을 감시 비판하고 사회의 부정부패를 고발하는 기능을 하기 때문이다.

이렇게 언론의 기능을 보장하기 위해서는 관련된 법이 명확해야 할 필요가 있다. 특히 공인이 관련된 경우에는 일반인과 구분되는 분쟁 해결 방식이 필요할 것이라 사료된다. 이러한 측면에서 소위 '공인원칙'이 우리 사회에서는 어떻게 적용되고 있는지를 되짚어 보고 총정리해야 할 필요성이 있다. 이 책은 이러한 목적에서 쓰였다. 즉 이 책은 현재까지의 공인과 공인이론을 집대성하고자 했다는 측면에서 무엇보다 공인 보도에 있어 가장 직접적인 관련이 있는 언론사에게 있어 중요하고 실제적인 지침을 제공할 수 있을 것으로 판단된다.

언론은 사실 공인과 관련하여 어느 정도 보도를 해야 될지에 대해 정확히 모르거나 예상을 하기 어려운 상황에 놓여 있다. 왜냐하면 아직 공인을 규정하는 법률 조항이 존재하지 않을 뿐 아니라 법원에서도 공인이 누구인지 정의를 내리거나, 또는 그 범주를 정해서 어떠한 사람이 공인으로 인식되어 언론의 취재보도의 자유와 비교형량 하는 데 참작이 될 것인지 등에 대한 일관된 법적 판단이 존재하지 않기 때문이다. 이러한 이유르 보도에 있어 명예훼손 등 인격권 침해로 인하여 꼭 해야 할 공적 인물에 대한 보도 또는 대단히 공익적 사안에 대한 보도를 하지 못하는 상황, 즉 위축효과(chilling effect)가 발생할 수 있다. 이러한 불안전한 상황을 타개하기 위해서 언론이 명예훼손 등으로 인한 민형사상의 소송에 대한 두려움 없이 보도할 수 있는 기대 수준이 요구된다. 이러한 기대 수준은 언론사의 취재보도 매뉴얼에 반영된다. 이러한 점에서 볼 때 이 책은 취재보도에 관련된 매뉴얼을 제작하는 데 중요한 근거 자료로서 활용될 수도 있을 것이다.

마지막으로 이 책이 나올 수 있도록 도움을 주신 김상우 박사, 동세호 박사, 박성순 박사, 이정기 박사, 그리고 늘 고생이 많았던 진승현 선생과 심층 인터뷰에 응해주신 언론 현업에 종사하시는 많은 분들께 감사드린다. 아울러 이 책의 출간을 지원해 주신 한양대학교 출판부 관계자 분들께 감사의 말씀을 드린다.

한양대 연구실에서

# 차례

머리말 5

제1장 **공인의 의미와 논의의 전개** 11

1 공인의 정의 13

2 공인 연구의 중요성과 방법 27

3 기존 연구에서 나타난 공인 32

4 법원과 언론의 공인에 대한 이해 54

5 공인원칙의 적용 가능성 69

제2장 **공인과 명예훼손** 79

1 공인 관련 쟁점 81

2 공인 판례 분석: 명예훼손 판결에 나타난 공인 100

3 범주별 공인 판례 분석 113

4 판례의 평가와 전망 133

제3장 **공인과 사생활권 침해** 141

1 사생활권의 법체계 143

2 공인과 사생활 156

3 대중스타의 사생활 170

제4장 **공인과 초상권 침해** 195

1 보도로 인한 공인의 초상권 관련 쟁점 197

2 기존 연구 분석 203

3 판례 분석 220

4 결론 및 제언 251

제5장 **미국의 공인 법리** 257

1 공인이론 형성의 배경 259

2 공인과 현실적 악의 289

제6장 **유럽과 아시아의 공인 법리** 313

1 유럽의 공인 법리 315

2 아시아의 공인 법리 339

제7장 **공인에 대한 언론사와 언론인의 인식** 377

1 언론 보도의 시대별 특성 381

2 언론의 공인 프레임 분석 396

3 공인에 대한 언론인 인식 분석 422

4 공인에 대한 사회적 합의를 위하여 458

부록 463

분석 판결 478

참고문헌 484

찾아보기 497

제1장

# 공인의 의미와 논의의 전개

# 1 공인의 정의

## 공인은 누구인가?

공인(公人)은 보도로 인한 인격권 침해에 있어 가장 핵심적인 연구 주제(김재형, 2014)인 반면, 공인이 누구인지 그리고 어느 정도 이들에 대해서 보도할 수 있는지는 대단히 복잡하고 불명확하다(이승선, 2016). 우리나라에서 공인이란 표현은 원래 공적 업무에 종사하는 사람을 주로 지칭하는 것이었으나, 언론의 보도로 인한 인격권 침해와 관련하여 그 의미의 외연이 확장되어 왔다(이재진, 2009). 언론의 경우 본질적으로 국민의 알 권리를 충족시켜야 하는 의무를 지는 반면 취재·보도의 자유 또는 언론의 자유는 절대적인 자유가 아니기 때문에 '누가 공인인가'라는 명제는 언론 보도에 있어서 항상 초미의 관심사가 아닐 수 없다.

언론은 정치인이나 유명 인사 등에 대한 의혹을 제기하거나 이들의 사생활을 보도하는 경우가 많은데 보도 내용이 사실이 아니거나 공개를 원하지 않는 사실에 해당하는 경우 명예훼손이나 사생활 침해 등 인격권 침해로 인한 법적 분쟁이 발생할 수 있다. 이때 분쟁에서 보도의 대상이 된 사람이 공인인지 아닌지의 여부는 대단히 중요하다. 왜냐하면 공인에 대한 명예훼손이나 사생활 침해의 경우에는 일반인과 달리 엄격한 요건을 충족한 경우에 한하여 인격권 침해로 인한 책임이 인정되기 때문이다(박용상, 2013b).

이러한 점은 공인 관련 뉴스 기사나 피처 기사 등을 통해서도 잘 알 수 있다(이재진, 1999). 언론은 법원이 공인에 대한 일관된 판결을 내려서 자신들이 명예훼손 소송에 대해 위축되지 않고 제대로 보도를 할 수 있기를 원한다. 특히 언론은 권력의 남용을 감시·비판하는 파수견(watchdog) 역할을 하고 있는 것으로 알려져 있는데(이재진, 2008; 한위수, 2016), 이 역할을 제대로 하기 위해서는 공적 사안이나 공적 인물에 대해 보도할 때 민·형사상의 제재에 대한 위축 없이 취재·보도가 이루어지도록 한다고 인식된다. 특히 '공적 인물' 또는 '공적 존재'라고도 불리는 공인에 대한 보도는 일반인보다 자유롭게 이루어져야 하고 공인에 대한 논의는 활기차고 개방적이어야 한다는 것이 우리 법원의 믿음이다(대법원 2007. 12. 27. 선고 2007다29379 판결).

공인에 대한 사전적인 의미는 "공적(公的)인 일에 종사하는 사람"이다(네이버 사전). 이때 '공적'(公的)의 의미는 "국가나 사회에 관계되는, 또는 그런 것"이라 풀이할 수 있다.[1] 즉 공인이란 주로 공직자나 공무원을 지칭하는 것으로 과거 공복(公僕)이라고 불렸던 사람들이라고 볼 수 있다. 그러나 언론 보도와 인격권이 충돌하는 경우에는 공인에 대해서 일의적으로 정

1 국립국어원 표준국어대사전(http://stdweb2.korean.go.kr/search/List_dic.jsp).

의를 내리기는 쉽지 않다. 즉 공인이 누구인지를 판단하는 것은 상당히 어려운 문제라는 것이다. 현재 언론은 '인지도가 높은 사람'을 지칭하여 공인으로 표현하는 경향을 보인다. 이는 일반 대중과 의사소통하는 데 크게 문제가 되지 않는 것으로 보이기는 하나, 명예훼손법상 '공인'의 의미에 비추어볼 때에는 인지도가 높은 사람이라고 하여 모두 공인이라고 부르는 것이 꼭 알맞은 표현이라고 할 수 없다는 문제가 존재한다.[2]

이는 공인 개념에 관해서는 법원과 언론, 그리고 국민 사이의 사회적 합의가 아직 이루어지지 않았음을 반영하는 것이다(김재형, 2014). 예를 들어 고위직 공무원, 국회의원, 정치인 등이 공인에 속한다고 판단하는 데에는 사회적 합의가 가능할 것으로 보이나, 유명 연예인의 경우 공인이라고 부르는 것이 부적절하다는 의견도 적지 않다. 때로 물의를 빚은 유명 연예인이 사과하면서 "공인으로서의 책임을 다하지 못했다"라는 기자회견을 열면, "연예인이 무슨 공인이냐"라는 반응이 나오기도 한다.[3] 그러나 대중스타를 포함한 유명인들이 공인이 아니면 누가 공인인가라는 의견도 많다.

---

2 용어 사용상의 혼동이 있을 수 있다. 실제로 '공인'과 '공적 인물'을 구별하여 설시한 경우도 있고(대법원 2005. 4. 29. 선고 2003도2137 판결 등), '공인'이나 '공적 인물'이라는 표현 대신 이를 총칭하여 '공적인 존재'라는 표현을 사용한 판결이 있기도 하며(대법원 2002. 1. 22. 선고 2000다37524, 37531 판결 등), 최근 하급심 판결 중에는 '공적인 존재'와 '공직자가 아닌 연예인이나 대기업 경영자와 같은 유명인'을 명시적으로 구별하여 언급한 판결(서울고등법원 2010. 6. 23. 선고 2008나63491 판결)도 있는바 관련 개념이 분명하게 구분되어 사용되지는 않으나 이 연구에서의 공인이란 공직자 · 공무원 · 공적 인물 · 공적 존재 · 유명인을 모두 포함하는 개념이다

3 따라서 공인이라는 표현보다는 유명인이라는 용어를 사용하는 것이 낫다는 주장이 있다. 다만 흉악범에 대해서도 공인에 대한 언론 보도에 관한 법리를 적용할 것인지 논란이 있다. 가령 흉악범이 어떻게 공인이 될 수 있는가라는 문제가 제기되고 있다. 흉악범을 공인에 속한다고 본다면 일상용어와 법률용어가 서로 다른 의미를 갖게 될 것이고, 흉악범을 공인이라고 부르는 것은 어법에 맞지 않는다는 것이다.

그렇다면 구체적으로 우리 사회에서 '공인'은 누구인가? 전술한 바와 같이 공인이라는 용어 자체가 불분명하고 확정적이지 않을 뿐 아니라 공인의 개념이 형성되고 이론적으로 발전되어 온 미국의 경우와 달리 우리나라 법원의 경우 공인이 명예훼손, 프라이버시 침해, 그리고 초상권 침해 등의 영역에서 각각 다르게 인식하고 있다는 지적이 있다(이재진, 2014). 결국 공인이 누구인지를 한마디로 답하기는 거의 불가능하다.

물론 우리 하급심 법원에서 공인에 대한 나름대로의 정의를 내리고자 시도한 판결이 있다. 예를 들어 서울중앙지방법원은 공적 인물이란 "재능, 명성, 생활양식 때문에 또는 일반인이 그 행위, 인격에 관하여 관심을 가지는 직업을 가졌다는 이유로 공적 인사가 된 사람을 말하는 것으로 공직자, 정치인, 운동선수, 연예인 등 자의로 명사가 된 사람뿐 아니라 범인과 그 가족, 피의자 등 타의로 유명인이 된 사람도 포함"될 수 있다고 보았다(서울중앙지방법원 2014. 10. 28. 선고 2014가단123116 판결). 또한 일정한 공적 논쟁에 자발적으로 참여하거나 개입하여 비판적인 보도와 논평의 대상이 되는 위험을 감수한 사람도 공적 인물이라고 규정하였다. 이와 더불어 공적 인물은 개인의 사적 영역이 공개되는 것에 대한 수인 범위가 상대적으로 넓다고 법원은 판시하였다.

이러한 우리 법원의 공인 개념은 미국의 공인이론에 근거한 설명과 꽤 흡사하다고 할 수 있으나 이는 우리나라의 상황을 고려한 공인에 대한 이론적 논의라고 판단하기는 어렵다. 오히려 우리나라의 경우 공인에 대한 관심은 언론 자유의 중요성에 대한 재인식에서부터 시작되었고, 인권의식이 커지면서 인권 보호라는 측면과 언론 자유의 보장이라는 측면을 비교형량 하는 과정에서 관련 법리를 만들어 왔다고 할 수 있다. 즉 시대적 요청을 반영한 법원의 판결이 조금씩 나오면서 한국식의 관련 법리가 발전한 것이다(김시철, 2015). 이는 국민의 감시와 비판의 대상이 되는 공인에 대한 언론의 의혹 제기는 폭넓게 허용될 수 있다는 의미를 담고 있다고 하겠다.

전술한 대로 우리 법원이 공인에 대해서 아직까지 직접적인 정의를 내리고 있지 않은 것은 공인이 누구인지를 판단하기 어렵다는 점을 보여 준다(김재형, 2014; 이재진, 2014). 그런데 공인에 대해서 정의를 내리기 위해서는 공인이 우리 사회에서 어떠한 의미를 갖는지를 먼저 생각해볼 필요가 있다. 이를 위해서는 우선 법원의 판결에서 나타난 법원의 공인에 대한 이해를 분석하는 것이 필수적이다.

그런데 법원의 판결에서 나타난 공인에 대한 이해만으로는 보도와 관련된 분쟁에 휘말렸을 때 '공인'이 어떻게 작용되는가에 대해서 정확히 판단하기는 어렵다. 즉 공인/사인 여부가 언론에 대한 면책 사유로 적용될 수 있는지 아닌지를 판단하기 어렵다는 것이다. 이러한 이유로 인해 우리나라에서는 사실상 공인 보도에 대한 논의가 답보 상태에 있다는 지적도 있다(이재진, 2014).

이 때문에 우리 법원도 1974년 거츠 사건(Gertz v. Welch)에서 미국 연방대법원이 시도한 것처럼 공인이 누구인가에 대한 정의를 내려야 한다는 사회적 요구가 제기되어 왔다. 우리 법원도 스스로 지적하듯이 "시간과 싸우는 신문 보도에 오류를 수반하는 표현이 나올 가능성"(헌법재판소 1999. 6. 24. 선고 97헌마265 결정)을 줄이고 언론이 제대로 된 감시·비판 역할을 하도록 공인에 있어서는 판단 기준을 좀 더 명확히 해야 한다는 것이다(이재진, 2014).

다시 말하자면 언론이 누군가에 대해 보도하는 경우, 이로 인해 취재·보도의 자유와 개인의 인격권 사이에 충돌이 발생했을 때 판결에 있어 그 보도 대상이 누구인가, 즉 공인인가 일반인인가에 따라서 달리 판단할 수 있는 좀 더 명확한 기준을 마련해야 한다는 것이다(이승선, 2007; 염규호, 2000). 미국에서 형성된 공인이론처럼 공인의 명예훼손 관련 피해구제와 이익형량을 위해 일관적으로 적용될 수 있는 기준이 필요하다는 것이다.

법원의 판결례를 분석한 기존 연구에 따르면, 우리 법원은 적어도 "공인 또는 공적 인물은 사인 또는 사적 인물과 보도에 있어 달리 보아야 한다"라고 판단하는 것으로 볼 수 있다(이승선, 2016). 즉 명예훼손법이 발전한 미국에서만큼 일관되고 일률적인 적용은 아니지만 공인에 대해 보도할 때는 언론이 공인에 대해서는 사인 또는 사적 인물과는 차별적으로 보도할 수 있도록 해야 된다는 것이다.

## 언론에 대한 공인의 의미

언론 보도와 관련하여 언론법 영역에서 가장 전통적인 쟁점은 의사표현의 자유에 대한 헌법적 보장과 사전 억제(prior restraint) 또는 사전 검열(censorship) 금지에 대한 것이었다(박용상, 2013a). 즉 언론에 대한 부당한 내외적 압력을 어떻게 최소화하여 표현의 자유를 보장하려는가에 관련된 쟁점들이다. 언론·출판에 대한 사전 검열은 우리나라 「헌법」 제21조 제2항[4]에서 금지하고 있는 만큼 이와 관련된 많은 논의와 판례들로 인하여 사전 억제나 사전 검열의 문제는 상당히 해결되었다고 인식된다.

이러한 문제가 점차 해결되면서 대두되는 쟁점 중 하나가 바로 언론

4 제21조 ② 언론·출판에 대한 허가나 검열과 집회·결사에 대한 허가는 인정되지 아니한다.

이 정치권력이나 사회 세력에 대해 얼마나 파수견(watchdog) 역할을 할 수 있는가 하는 점이다. 즉 언론이 단순히 정보를 전달하는 여론 형성 기능에 그치지 않고 권력의 남용을 감시하고 비판함으로써 민주주의 실현을 위한 책무를 다하고 있는가 하는 것이다(Gleason, 1990). 이에 관련하여 우리 법원도 언론이 권력의 남용과 사회의 부정부패에 대한 감시자 및 비판자의 역할, 즉 파수견의 역할을 하는 것으로 인식하고 있다고 판단된다(이재진·이정기, 2011a; 이재진, 2008).

실제로 파수견으로서의 언론은 전통적으로 지사(志士)적 성향을 보이는 편집인과 기자들이 사회적 부패와 타락을 탐사하고 고발하는 영광스러운 그 무엇을 상징한다(이재진, 2008). 이러한 전통은 저널리즘에 강력한 힘을 실어주었으며, 언론인들은 이를 토대로 스스로를 공중의 대표자(수탁인) 또는 공중의 눈과 귀로 묘사해 왔다. 이처럼 공중은 언론이 묘사하는 파수견적 전통을 당연한 것으로 인식해 왔는데 파수견으로서의 언론은 언론의 자유 또는 자유주의적 언론(liberal concept of press)의 일부로서 이해되어 온 경향이 있다.

그런데 언론이 스스로 칭하는 파수견이란 궁극적으로 다수의 이익을 위해 봉사하는 기관으로서의 기능에 근거하는 것이다. 그래서 파수견 개념은 언론에 종사하는 기자나 편집자의 개인적 권리에 기초하기보다 대단히 제도적인 권리 개념이라고 할 수 있다. 글리슨(Gleason, 1990, p.117)은 파수견 개념이란 "언론 기관의 표현의 결과"라고 하였다. 이러한 측면에서 볼 때 파수견 개념이 전통적인 헌법적 보호의 영역에 포함되는지 또는 그렇지 않은지는 명확하지 않다. 그래서 일부 연구자들은 파수견 기능이란 헌법적 보호의 영역 속에 논의되어 온 것이라기보다는 언론에 주어지는 어떤 제도적 특권(privilege)으로 보아야 한다고 주장한다(Bollinger, 1991, p.54; Rosenberg, 1986; Van Alstyne, 1984).

궁극적으로 파수견 개념은 오늘날 언론의 전문주의(professionalism)의 핵심적 요소인 뉴스 수집과 보도의 객관성에 밀접하게 연관되어 있다. 다시 말하자면 파수견 개념은 언론이 뉴스를 수집하고 이를 출판할 때 어떠한 유형의 당파성을 띠거나 특정 집단의 편을 들지 않고 제3자로서 현실을 조망하는 입장을 취하겠다는 모습을 포함한다. 즉 파수견 개념은 어떠한 주관적 가치가 배제된 채 객관성을 유지하면서 공익을 위하여 사회적 기능에 충실하겠다는 이데올로기를 담고 있다(Bollinger, 1991, p.20).

구체적으로 언론(기관)의 표현 자유에 대한 연구자들의 논지는 다음과 같이 정리할 수 있다(이재진, 2008; Pember & Calvert, 2007/2008; Gleason, 1990).[5]

첫째, 전통적으로 언론 자유에 근거한 법적 개념은 개인에게 속하는 권리이다. 즉 헌법상의 권리 보호는 개인에게 적용되는 것이지 기관으로서의 언론에 대해서 특별한 보호를 보장하는 것은 아니라는 것이다.

둘째, 전통적 언론 자유 개념에서 언론(press)은 개인적인 권리를 대행하는 '집단으로서의 개인'으로 이해해야 한다. 따라서 기관으로서의 언론은 개인들의 삶이 더 향상되거나 진실을 추구함으로써 사회적 이익을 얻을 수 있도록 의견을 자유롭게 표출하도록 보조해야 할 공적 의무가 있다.

셋째, 언론이란 공익을 위해서 봉사하는 기관으로서의 실체(entity)를

---

5 고전적 의미로서의 언론의 자유(freedom of press), 특히 미국의 수정헌법상의 언론의 자유란 다양한 시각(various viewpoints)을 의미하는 것이다(Gleason, 1990). 즉 누구나 자신이 가진 신념, 의견, 그리고 사고를 자유롭게 말하고 출판하고 인쇄할 수 있는 것을 의미한다고 하겠다. 비록 의미나 분별이 없는 표현은 아니지만 가장 올바른 공적인 결정(public decision)에 이르기 위해서 필요한 의견을 누구나 제시할 수 있는 것을 언론의 자유로 인식해 왔다.

의미한다. 만일 언론 기관의 행위가 공익에 봉사하는 것이라면 언론은 권리 자체를 행사하는 존재가 될 수 없다. 그래서 파수견 개념은 단지 개인적 권리의 하위 개념 또는 대중에 대한 법적 의무로 보는 것이 타당하다.

넷째, 언론과 공중 사이의 관계는 '대리인'의 관계로 보는 것이 정당하다. 즉 언론은 공중의 대리인이라는 것이다. 만일 언론이 공중의 대리인이라면 그 존재는 다수에 의해서 설정된 규범(기준)에 합치되는 것이어야 한다. 따라서 파수견 개념은 언론이 가지는 고유의 권리라기보다는 공중에 대한 의무와 관련된 특별한 권리를 의미한다.

다섯째, 언론 기관의 헌법적 보호를 확장하고 강화할 수 있는 유일한 방식은 언론 자유의 원칙에 근거한 법리를 널리 전파하여 이를 당연한 것으로 수용하도록 하는 것이다.

우리 법원은 2000년대 초반까지는 언론의 기능을 파수견 기능보다는 '여론 형성' 기능이라고 보았다(이재진, 2002). 그래서 언론의 핵심적인 책무는 "건전한 여론 형성을 통한 민주주의 실현에 기여"하는 것이라고 판단하였다. 그러나 2002년 이후 우리 법원은 여론 형성 기능과 함께 의혹 제기 등을 통한 권력에 대한 감시·비판 기능, 즉 파수견 기능을 하는 것으로 인정하기 시작하였다(이재진, 2008).

법원이 밝힌 언론의 파수견 기능 중 하나는 "공인들의 공적 활동에 대해서 보도하는 것"이다. 즉 공인 또는 공적 인물이 어떠한 공적인 활동에 종사하고 있는가에 대해 좀 더 자유롭게, 그리고 필요한 경우 비판적으로 보도할 수 있는가 하는 것이다. 이를 '공적 인물·공적 사안' 원칙이라고 할 수 있는데(이승선, 2016), 우리 대법원은 파수견 기능에 언론의 공직자나 공직 후보자에 대한 청렴성, 도덕성, 공정한 업무 처리 등에 대한 검증 기능도 포함된다고 보았다(대법원 2002. 1. 22. 선고 2000다37524, 37531 판결;

대법원 2003. 7. 8. 선고 2002다64384 판결).

결국 이러한 판결을 통해서 본다면, 비록 현재까지는 미국의 공인이론을 명시적으로 수용하고 있지는 않지만, 이를 일부 적용하고 있으며 점차 그 적용의 범위를 더욱 넓혀 나가는 것으로 해석할 수 있다(이재진, 2015; 김재형, 2014; 한위수, 2016). 그런데 전술한 대로 우리 법원은 공인에 대해서 정의를 내리지 않은 탓에 언론의 경우 공인 관련 보도에 있어 상당히 혼란스러운 입장에 있다고 지적된다(이재진, 2014 등).

이에 대해 우리 법원은 법원에서 공인의 정의를 내리는 것이 적절한 이익형량을 위해서 바람직하지도 않고 실제로 어렵기 때문에 정의 내리기보다는 공인을 더욱 세부적으로 범주화하여 상황에 따라 판단하도록 하는 것이 바람직하다고 피력한다(유제민, 2014). 이러한 주장은 일견 타당하고 법리적으로도 합당한 것으로 보인다. 언론 보도와 관련하여 공인을 판단할 때 그 범주를 어떻게 두는가가 대단히 중요할 수 있기 때문이다.

그러나 이러한 법원의 판단이 공인의 공적 활동에 대해 자유롭게 보도할 수 있는 보호막이 될 수 있는가는 아직 의문이다. 무엇보다 법원의 인식과 함께 언론 현업 종사들의 인식이 중요하다. 왜냐하면 공인과 관련된 언론인의 인식과 이에 근거한 보도는 공인에 대한 뉴스를 국민들에게 전달하여 '사회적 합의'를 이루는 데 큰 영향을 끼칠 수 있기 때문이다. 다시 말하자면 공인들과 관련된 판례가 다수 나오거나 현재 나오고 있으나 이러한 판결 결과에 대해서 현업에 종사하는 언론인들은 어떻게 이해하고 이를 보도하고 있는지가 중요한 변수가 된다.[6] 또한 이러한 보도가 법원의

6 사실 언론인들도 본인이 분쟁에 휘말리지 않은 경우에는 공인이론이나 그 중요성에 대해서 크게 관심을 쏟지 않음을 알 수 있다.

차후의 판결에도 영향을 미칠 가능성도 있다.

실제로 '공인'이 언론법과 관련하여 중요한 주제로 부각된 것은 '언론의 자유'에 대한 고려에서 출발한다. 초기에는 언론이 사회적으로 중요한 지위나 위치에 있는 공인들에 대해서 보도하는 경우 일반인에 비해 보도 내용의 옳고 그름에 상관없이 명예훼손 등의 인격권 침해로 더 큰 처벌을 받았다. 소위 '높은(고귀한) 사람'(best man)의 명예를 훼손하여 이들에게 더 큰 피해를 발생시켰다는 이유에서였다(Rosenberg, 1990). 이들 높은 사람과 관련된 명예훼손의 경우에는 "진실이 크면 클수록 죄가 크다"라는 법리가 자연스럽게 적용되었다. 그런데 미국의 경우 1833년 피터 젠거(Peter Zenger) 사건 이후 1984년 웨스트모어랜드(Westmoreland) 사건 등을 거치면서 정치적 명예훼손의 경우 '진실한 경우'에는 그 대상이 누구인가에 관계없이 언론이 면책될 수 있다는 원칙이 수립되었다(Youm, 1989).

이후 법원은 언론에 '진실 보도'를 계속해서 주문해 왔다. 그런데 시간을 다투어 취재와 보도를 해야 하는 언론의 속성상 진실 보도는 극히 어려울 수밖에 없다. 미국의 경우 신문 산업이 가장 발전한 시기는 1910년대로 알려져 있다(McChesney, 2004). 신문 산업이 나날이 번창하던 이 당시의 가장 큰 문제는 잘못된 기사를 신문에 게재하는 것이었다. 당시 언론은 제대로 훈련받지 못한 인력을 기자로 투입하고 부수 경쟁을 벌이면서 사실 확인이 제대로 안 된 내용을 기사화하기 일쑤였다. 이러한 기사로 인하여 개인들의 명예훼손이나 사생활 침해가 빈번하게 발생하고 기자들이 고발되어 투옥되는 경우가 다반사였다. 즉 보도의 대상이 누구인지에 상관없이 진실한 보도가 아니라면 명예훼손 등 인격권 침해가 된다는 것이었다(이재진, 2008).

이러한 상황에서 진실 보도를 하기 위해서 언론은 제3자의 시각에서 객관적으로 보도하려고 하는 한편(객관적 글쓰기 도입), 비록 완전히 진실 보도하는 것은 어렵지만 다른 어떤 사람이나 조직(기관)도 하지 못하는 공적인 일을 한다고 적극적으로 법원에 피력하게 된다(이재진, 2008). 즉 언론은 독자들이 원하는 정보를 전달할 뿐 아니라 권력의 남용을 감시하고 비판하는 공적 역할을 하고 있다는 것이다. 그래서 이러한 언론 상황을 감안해서 이를 면책 사유로 고려해 줄 것을 요구하게 된다. 그러나 미국 법원은 이후로도 상당 기간 이러한 요구를 수용하지 않았고 (비록 그 정도는 조금씩 달라지지만) 지속적으로 진실 보도 책임을 요구해 왔다.

그러던 것이 1964년 연방대법원의 설리번(Sullivan) 사건으로 대전환의 전기를 맞이하게 된다. 이 책의 '제5장 미국의 공인 법리'에서 상세히 다루지만 설리번 사건으로 인하여 앞서 설명한 명예훼손 법리가 완전히 바뀌게 된다. 즉 기존의 공직자에 대한 보도는 그 보도가 사실일지라도 죄가 더 커지게 되는 법리에 근거하던 데에서, 보도 내용이 진실이면 면책되는 방향으로 전환되다가, 설리번 사건 이후에는 공직자의 경우 보도 내용이 진실하지 않더라도 어떠한 상황에서는 책임지지 않는다는 법리로 발전하게 된다. 부언하자면 언론이 정말로 어떤 공직자를 폄훼할 목적으로 의도적이고 악의적으로 보도하지 않았다면 보도 내용이 다소 잘못되었다는 이유만으로 그 기사를 게재한 언론사 및 언론인이 책임을 지지 않는다는 것이다(New York Times v. Sullivan, 376 U.S. 254 (1964)).

미국에서 배태된 공인이론(또는 공인원칙)은 "공인 또는 공적 인물은 사인 또는 사적 인물과 보도에 있어 달리 보아야 한다"라고 피력한 우리 법원의 판단에 비춰 볼 때 적어도 일정 정도 영향력을 미쳤다고 볼 수 있다. 다시 말하자면 우리 언론은 누군가에 대한 보도를 하는 경우 그 보도 대상을 공인과 사인으로 구분하여 다르게 보도할 수 있으며, 보도로 인하여 피해가 발생했다고 주장하는 경우 이에 대한 판단을 공인과 사인을 구분해서 해야 된다는 것이다(이승선, 2007). 이러한 공인과 사인의 구분은 인격권 침해와 관련 피해구제와 이익형량에 있어 고려되고 있음을 알 수 있다.

전술한 바와 같이 '공인이론'의 적용에 있어 법원의 판단을 뒷받침할 기본적인 요건은 누가 공인인가 하는 것(정의와 범주)과 공인의 경우 이들에 대한 보도를 어디까지 할 수 있는가(공인에 대한 보도의 자유와 한계) 하는 것이다. 이러한 공인에 대한 법원의 인식을 살펴보는 것이 이 책의 가장 핵심적인 목적 중 하나이다. 다시 말하자면 우리 사회에서 공인은 대체 누구이며 언론은 이들에 대해서 진정으로 자유롭게 보도하고 있는가를 분석하고자 한다. 표현(언론)의 자유 문제와 사전 검열 금지의 문제가 해결된 이후 가장 복잡하면서도 오랫동안 해결되지 않고 남아 있는 사안이 바로 언론 보도에 있어 공인의 문제이다.

이 책은 향후 언론 보도에 있어서 언론과 공인 간의 관계 정립에 상당한 기여를 할 것으로 예상된다. 현재 대법원은 언론의 보도가 공직 사회에 대한 감시·비판·견제라는 언론 활동의 범위를 벗어난 악의적이거나 심히 경솔한 공격으로서 현저히 상당성을 잃은 것이 아닌 이상 언론은 문제 제기를 할 수 있어야 한다고 판단한다(대법원 2006. 5. 12. 선고 2004다35199 판결 등).[7] 이는 공인에 대해서는 일정한 범위에서 일반인보다 더 폭넓은 비판적 보도를 허용하는 판단이라 할 수 있다. 비록 완벽하게 적용은 안 된다고 하더라도 법원의 언론 자유와 공인 인격권 사이에서 이익형량이 이루어지는 하나의 기준이 마련되었다고 판단된다. 중요한 것은 언론이 공인

---

7 이재진(2015)은 이를 '정당한 의혹 제기 원칙' 또는 '현저히 악의적 공격 원칙'이라고 하였으며, 한위수(2016), 이승선(2016) 등은 '정당한 언론 활동 법리'라고 칭한다.

에 대한 보도로 인하여 발생하는 민사상의 책임에서 벗어날 수 있느냐 하는 점이다.

## 2

# 공인 연구의 중요성과 방법

### 언론 보도에 있어서의 공인 연구 필요성

언론 보도에 있어 공인은 대단히 중요한 의미를 갖는다. 왜냐하면 언론 보도가 특정 사안에 대한 '사회적 합의'를 도출할 수 있기 때문이다. 우리나라 관련 법에는 '공인'이라는 용어나 공인과 관련된 용어가 규정되어 있지 않은 뿐 아니라 우리 법원은 아직까지 공인이 누구인지 명확하게 정의를 내리고 있지 않다. 공인 관련 용어조차 우리 법원은 관련 판결에서 공인·공적 인물·공적 존재라는 표현을 혼용하여 사용하고 있다. 특히 대법원은 공인의 개념에 대해 "공무원 내지 공적 인물"이라고 표현하는 등(대법원 2005. 4. 29. 선고 2003도2137 판결 등) 공인을 공무원에 준하는 존재로 인식하는 경향을 오랫동안 보여 왔다. 다른 한편으로 우리 법원은 공적 인물에 대해서 "일반 공중에 널리 알려져 있는 사람"으로 표현하기도 하였다(대법원 1998. 7. 24. 선고 96다42789 판결).

이러한 표현을 보면 아직까지 어떤 범주의 사람들이 공인으로 정의되는지를 알기란 쉽지 않다. 연예인이나 대중스타가 공인인가 아닌가의 논란이 대표적인 사례이다. 개념 정의가 명확하지 않아서 이들이 공인인지 아닌지가 명확하지 않으며 상황에 따라 공인이 될 수도 아닐 수도 있는 문제점이 있다(유제민, 2014). 이러한 주장은 특히 법조계에서 제기되고 있으며 일견 타당하고 법리적으로도 합당한 것으로 보인다(윤성옥, 2007).

그러나 공인과 가장 관련이 있는 언론계의 경우 보도의 불법성에 대한 법원 판결이 개별적으로 이루어지는 경우가 대부분이라는 점 때문에 언론이 보도를 할까 말까 망설이는 위축효과(chilling effect)가 발생할 수 있다. 우리 법원은 비록 정확한 정의를 내리고 있지는 않지만 공인의 경우 사인과는 달리 보도해야 된다는 입장을 견지하고 있다. 우리나라의 일부 언론법 연구자들은 미국식 현실적 악의 원칙(actual malice rule) 도입을 주장하기도 하였다(이재진, 2000). 그러나 우리 법원은 공인의 경우 명예훼손적 표현의 입증책임을 원고에게 둠으로써 언론의 자유를 우월적 권리로 인정하는 현실적 악의 원칙의 도입을 재차 거부한 바 있다(이재진·이정기, 2011a; 2011b). 아울러 미국의 현실적 악의 원칙은 우리나라에서는 실패한 법리라는 지적도 있다(문재완, 2004).

## 공인 연구의 목적 및 연구 방법

이 책에서 시도하고자 하는 첫 번째 목적은 우리 사회에서 공인은 대체 누구이며 언론은 이들에 대해서 진정으로 자유롭게 보도하고 있는가를 분석하는 것이다. 두 번째 목적은 언론인들에 대한 인터뷰와 공인 관련 보도 기사 분석을 통해서 언론 현업 종사자들이 공인(공인이론)과 공인 관련 판결 결과 등에 대해 어떻게 이해하고 있는가를 조사하는 것이다. 왜냐하면 이러한 조사가 이루어질 때 비로소 공인에 대한 사회적 합의를 추구하거나 공인의 범주 분류에 대한 논의를 지속할 수 있을 것으로 판단했기 때문이다.

구체적으로 최신의 자료를 수집하고 이를 분석하여 기존 연구를 종합적으로 정리하는 한편 기존 연구들에서는 실시되지 않았던 내용 분석이나 심층 인터뷰 등을 실시하여 공인이론과 관련된 체계적인 논의를 확대·발전시키고자 하였다. 기본적으로 분석 대상 판례는 대법원 홈페이지의 종합법률정보(http://glaw.scourt.go.kr)와 법률전문 포털 사이트 로앤비(www.lawnb.com), 그리고 국회도서관 전자도서관 법률정보서비스 사이트의 키워드 검색 및 포털 사이트 키워드 검색을 통해 수집하였다. 이와 아울러 언론중재위원회(이하 언론중재위)가 발간하는 『국내언론관계판결집』(1~15권)과 『언론관련판례분석보고서』 및 언론 보도 등 다양한 경로를 통해 분석 대상 판결 전체를 수집하고자 하였다.

관련 보도에 있어서는 공인에 대한 언론 보도 경향을 1960년대부터 2015년(대법원 판례는 2016년)까지 살펴서 수집 가능한 공인 관련 기사를 탐색하고 이를 수집해서 인상적인 수준에서 내용을 분석하고, 2000년 이후의 《조선일보》·《중앙일보》·《동아일보》·《경향신문》·《한겨레신문》 등 5개 신문 사설에 대해서는 프레임 분석을 시도하고자 하였다. 마지막으로 언론인들은 공인을 어떻게 이해하고 있는가를 판단하기 위해서 언론인들에 대해 개방형 질문지에 제시된 6개의 질문에 자유롭게 응답하도록 하여 이들의 공인과 관련된 인식을 분석하고자 하였다. 즉 현업 언론인들에게 개인이 생각하는 공인에 대한 의견을 심층 인터뷰 방식을 통해서 살펴보고자 하였다.

정리하면 이 책은 연구 목적을 달성하기 위해 다면적 분석을 실시하고자 하였다.

첫째, 현재의 공인과 같은 의미로 공인이 판결에 등장한 것으로 알려진 1994년부터 현재까지의 판결에 나타난 공인의 정의와 범주, 그리고 공인에 대한 보도의 정도에 대한 법원의 인식을 분석한다. 이때 관련 판결을 명예훼손, 사생활 침해, 그리고 초상권 침해로 구분하여 살펴본다. 왜냐하면 2005년 「언론중재 및 피해구제 등에 관한 법률」(이하 「언론중재법」)이 제정되고 인격권이 법 규정으로 명시되고 개인적 기본권이 세분화되면서 각 분야에서의 공인의 의미나 보도 범위가 다를 수 있기 때문이다.

둘째, 외국의 경우에는 우리나라와는 어떻게 다르게 공인이론이 적용되고 있는지를 살펴본다. 특히 공인이론의 발상지인 미국의 경우에는 공인이론의 배경과 쟁점 등에 대해서 구체적으로 살펴보고 우리나라 사법체계의 변화에 대한 함의를 도출하고자 한다. 아울러 미국법이 배태된 영국과 그리고 언론의 자유가 발달한 독일과 프랑스의 경우에는 공인이론이 어떻게 형성되었고 적용되고 있는지, 아울러 공인이론을 적용하고 있는 동아시아 국가인 중국과 일본의 경우는 어떠한가도 관련 문헌과 판례 분석 등을 통해서 탐색하고자 하였다.

미국의 경우에는 최근에 발생한 수집 가능한 사건들을 분석하기 위해서 이를 유럽의 경우와 같이 비교적으로 다루어 국가에 따라서 공인이론이 상이하게 발전해 왔다는 점을 보여주고자 하였다. 일본과 중국의 경우에는 한국과 유사한 법적·문화적 배경을 가진 국가에서 이루어지는 공인 논의에 대한 비교를 통하여 우리 공인이론의 현재를 분석하고자 하였다. 따라서 이 책은 공인이론을 단순하게 소개하는 것에 그친 선행 연구의 한계를 넘어 타 국가와의 공인이론 적용의 실제를 구체적으로 비교함으로써 국내 공인이론 적용의 문제점을 파악하고 그 문제 해결을 위한 실마리를 제공할 수 있는 연구가 될 것으로 판단된다(한위수, 2002a; 2002b).

셋째, 공인이론의 직접적 당사자인 언론과 언론인은 공인을 어떻게 이해하고 있는가를 살펴보기 위해서 공인에 대해서 다루고 있는 언론 보도, 즉 공인에 대한 뉴스를 검색하여 언론에서 나타난 공인의 모습과 보도정도에 대한 언론의 이해를 파악하고자 하였다. 이를 위해 보도 내용을 분석하고, 언론인들을 대상으로 공인 관련 지식(정보)에 대해 심층 인터뷰를 실시하고자 한다. 즉 언론에서는 공인에 대해 어떻게 이해하고 있는지, 어느 정도를 보도할 수 있는 것으로 알고 있는지, 사인과 어떻게 다르게 보도할 수 있는지, 그리고 언론 스스로가 판단하는 공인이란 어떠한 사람인지에 대해서 살펴보고자 하였다. 이를 통해 언론인이 판단하는 공인과 언론 관련 판결에서 나타난 공인이 어떠한 괴리를 보이고 있는지 살펴보고자 한다. 이는 언론이 사실의 전달자라기보다는 사실의 재구성자라는 점에서 중요한 의미를 갖는다.

공인 관련 뉴스 분석과 언론인 인터뷰 분석은 본격적인 공인 연구가 시작된 이후 30년간의 연구를 종합 정리하고 한국적 공인 이론의 구성을 위한 토대를 닦는 연구라는 데 의미가 있다. 언론과 언론인의 인식을 살펴보는 것 또한 기존의 연구와는 차별적인 분석으로서 대단히 중요한 의미를 지닌다. 왜냐하면 언론이 제대로 보도하기 위해서는 보도 시에 어떠한 경우에 법에 저촉되며, 어느 정도 보도의 경우에 면책될 수 있는가를 예상할 수 있도록 해야 되기 때문이다. 만일 법원의 판결이 일관되지 않고 사안에 따라서 개별적으로 판단해야 된다면 언론은 명예훼손이나 사생활 침해 등으로 인한 소송이나 조정·중재에 대한 두려움 또는 성가심 때문에 보도가 위축될 가능성이 있다.

# 3 기존 연구에서 나타난 공인

## 기존 연구의 특성

공인에 대한 연구는 지금까지 꽤 소개되었고 또 현재 진행 중이기도 하다. 그러나 연구들이 집약적이고 체계적으로 이루어지지 못하고 파편적이어서 언론과 공인에 대한 '큰 그림'을 이해하는 데 어렵다는 제한점이 있다. 다시 말하자면 공인에 대해서는 아직까지 사회적 합의가 이루어지지 못하여 공인에 대한 인식이 명확하지 못할 뿐 아니라 개인적 기본권 영역에 따라서 공인이론의 적용이 다르기 때문에 한꺼번에 공인이 누구인지, 공인이 보도와 관련된 다양한 인격권 침해 관련 판결에서 어떻게 다루어지고 있는지, 그리고 공인에 대해 언론 보도의 특성은 어떠하며 실제 현장에서 기사를 작성하는 언론인들은 공인을 어떻게 이해하고 있는가에 대한 전체적인 조망을 할 수 있는 연구가 아직까지 이루어지지 못했다는 것이다. 이 책은 이러한 점에서 '큰 그림'을 위한 종합연구서의 성격을 가진다고 할 수 있다.

기존 연구 분석에 있어 가장 먼저 주목할 부분은 현재 논의되는 '공인'과 유사한 의미의 공인에 대한 논의가 '언제'부터 시작되었는가 하는 것이다. 공인에 대한 연구를 오랫동안 실시해 온 이승선(2017)의 최근 조사에 따르면 오늘날의 공인이론과 유사한 의미의 공인에 대한 연구는 1965년 『신문연구』에 실린 엄기형(당시 신문윤리위원회 사무국장)이 쓴 '언론 규제의 내용과 한계'라는 글에서 나타났다. 이 글에서 엄기형은 공인이론과 관련하여 몇 가지 쟁점을 제기한다. 첫째, 언론의 취재·보도에 있어 공인과 공적 인물의 인격권은 그렇지 않은 사람들과 달리 취급해야 하는가 이다. 그는 민주국가에 있어 개인의 사생활·사상·신념에 대한 권리는 가장 존중받아야 할 기본권의 하나로 언론은 이를 존중해야 하지만, 프라이버시권 보장은 개인의 사회적 지위에 따라 달리 취급해야 한다고 피력하였다. 그는 이 근거로서 오늘날 미국식의 공인이론과 유사한 논리를 편다. 그는 공공의 이익과 관련되는 공직자, 뉴스 가치 있는 인물의 공적 행동에 대해서는 달리 보아야 하는데 왜냐하면 이들의 경우 사적 생활이라고 하더라도 그 사람의 공적 활동과 관련이 있는 한 공공의 이익에 관한 것으로 취재의 대상이 될 수 있기 때문이라는 것이다. 그는 공직자나 공직 입후보자의 경우 직업상 이미 대중 앞에 공개되어 있는 것이므로, 그들의 정견·대인관계·도덕적 행위 등 일거수일투족은 항상 대중의 관심사가 된다고 보았다. 그러나 그는 언론의 취재보도에 있어 운동선수·배우·가수 등 유명인들의 프라이버시가 대중의 호기심으로 희생당해서는 안 되며, 범죄 사건의 경우에는 일반인들의 경우 사생활이 대중의 호기심이나 알 권리에 우선한다고 피력하였다.

이승선(2017)은 이러한 엄기형의 견해가 공인이론과 맥을 같이 한다고 판단한다면 우리나라의 경우 공인에 대한 논의의 역사가 60년도 더 된다고 추정할 수 있다고 지적하였다. 당시 엄기형이 이러한 주장을 펼친 것이 소위 언론윤리위원회법을 제정하려는 시도 등 박정희 정권의 언론에의 개입이 강해지는 상황에서였다는 점을 감안한다면 대단히 용기 있는 주장이라고 판단된다. 이후 공인과 관련된 연구들이 다수 나오기는 하지만 공인에 대한 직접적 논의보다는 미국에서 새로운 판결이 나올 때마다 이에 대한 우리 법리에의 수용을 제안하는 형태의 글이 게재된다(문홍주, 1966; 이태노, 1967; 이승선, 2017).

흥미롭게도 1969년 『신문연구』에 실린 '언론과 개인법익 침해'라는 글(한양대학신문학연구실 저)은 미국의 1964년 개리슨 사건(Garrison v. Louisiana, 379 U.S. 64)과 한국의 대전매일신문 필화사건을 비교 분석하면서, 정부 관리에 대한 보도로 인하여 발생한 사건이 그 성격상 유사하나 미국과 한국의 판결 결과는 상반되었다는 점을 꼬집었다. 글은 미국에서는 정부 관리에 대한 비판적 보도가 약간 허위라 하더라도 면책되는 반면 이러한 사상이 우리나라에는 아직 싹트지 않았다고 지적하였다. 아울러 우리 법원도 법조문에만 집착하지 말고 헌법적인 정신을 반영하여 명예훼손과 언론의 자유 문제를 다루어야 할 것이라고 주장하였다.

이러한 연구들이 나오고 나서 한동안 공인에 대한 연구들이 주춤하게 된다. 아마도 공인 논의가 학계나 현업에서 크게 주목을 받지 못한 이유 때문으로 추정된다. 아울러 이러한 이론에 관심을 갖지 못할 만큼 언론에 대한 억압적인 정치적 상황이 계속된 이유도 있었다고 판단된다(팽원순, 1984 등).[8] 이런 과정에서 공인에 대한 범주론에 근거한 본격적인 연구

8 이승선(2017)은 우리나라의 공인 연구는 최장 60년 전으로도 잡을 수 있다고 보았다. 다만 미국의 공인이론적 측면에서 논의는 1987년 헌법이 만들어지고, 인권의식이 크게 팽창하게 되

는 나타나지 않았다.

그러다가 우리나라의 경우에도 미국의 공인이론에 근거한 보도와 공인에 대한 본격적인 연구가 1986년에 한상범이 『언론중재』에 기고한 논문에서부터 나오게 되었다. 실제로 미국 공인이론상의 '공인'이라는 용어가 언론에 처음 보도되어 알려지기 시작한 것이 1980년대 후반이라는 점(이재진, 1999)을 감안한다면 『언론중재』는 그 이전부터 공인의 영역에 관심을 가지고 논의를 진행시켜 온 것을 알 수 있다. 1986년에 언론중재위원회에서 발간하는 『언론중재』는 기존에 다른 저널에서는 시도하지 않았던 논의를 하게 되는데 바로 '언론 보도와 공인' 문제였다. 특히 같은 호에 게재된 세 편의 논문들 중 하나인 '보도와 공인·유명인'의 경우, 공인을 정의하고 그 범주를 구분하여 본격적인 논의를 펴고 있다는 점에서 중요한 연구로 평가받고 있다. 그는 미국에서의 공인이론에 비추어 우리나라의 경우 어떠한 사람이 공인의 범주에 속하는가를 살펴보았다. 실제로 이때까지만 해도 공인 관련 판례의 축적이 없었기 때문에 우리나라에서 누가 공인인가를 설명하기는 쉽지 않았던 것으로 판단된다.

한상범은 언론법상 우리나라 공인을 5가지 유형(범주)으로 제시하였다. 그는 공인을 정치인(국회의원, 국무의원, 후보나 직책을 담당했던 자), 공무원(행정부의 일반직 지원부터 별정직인 법관과 검찰관, 교원), 공적 인물(교원, 변호사, 의사, 약사, 언론인, 성직자, 문화예술인), 경제 및 사회지도자, 유명인 등으로 분류하였다. 그는 공인이 되기 위한 조건으로 미디어에 쉽게 접근할

---

고, 언론기본법이 폐지되고 언론 자유화가 시작되었으며 (1년 뒤) 헌법재판소가 설립되고, 대법원이 상당성 이론을 도입했으며, 언론중재제도 등이 주요한 피해구제제도로서 자리매김한 데에서 30년의 의미를 찾을 수 있다고 피력하였다.

수 있는 정도, 개인 행위의 공적 관심사와 상호 연관성 여부 등 두 가지를 제시하였다(한상범, 1986, 16-22).

이처럼 공인에 대한 논의가 시작된 지 60년, 본격적인 공인 연구가 시작된 지 30년이 지난 현 시점에서 그동안 공인에 대한 연구가 어떻게 전개되고 발전되어 왔는가를 재검토하는 것은 중요한 의미가 있다. 한상범의 공인에 대한 탐구가 방법론적인 측면에서 엄격하게 이루어진 연구는 아니었지만 '공인에 대해서 막연하게 인식되어 온 상황을 범주화하여 이해'하고자 한 데서 공인 연구를 개척했다고 할 수 있다. 이러한 한상범의 공인에 대한 탐구는 이후 1980년대 후반과 1990년대 초반에 걸쳐 팽원순(1989; 1994)의 연구로 이어진다.

팽원순(1984; 1989)은 한상범의 연구보다 2년 정도 앞서 미국의 공인 이론을 아주 간단히 소개한 바 있다. 그러나 우리나라에 있어서의 그의 본격적인 연구는 1989년에 이르러 나오게 된다. 1989년 연구에서 그는 비록 미국과 같은 형태의 공인은 아니라고 해도 "언론이 공적 인물에 속하는 사람들에 대해 자유롭게 보도하는 것은 국민의 알 권리 실현에 있어 기본"이라고 주장하였다. 특히 정치인이나 공직자를 공인에 포함시키며 이들 정치인과 공직자들이 명예훼손 소송을 통해 언론을 위축시키는 현상을 비판하였다. 그는 정치인이나 공직자는 국민의 공복(公僕)으로서 공적 인물(public figure)이기 때문에 사생활 영역에 속하는 사항까지도 보도의 대상이 되어야 한다고 주장하였다(팽원순, 1994). 이러한 주장은 공인의 사생활을 보도하는 것이 명예훼손이 될 수 없다는 취지로 이해할 수 있으며, 공인의 경우 언론 자유의 확대라는 공공의 이익을 위해 사생활 침해가 불가피한 측면이 있다는 것으로 해석된다.

이러한 연구들이 나옴에 따라 범주론적 공인 논의는 점차 확장되는 모습을 보였다. 그럼에도 우리 법원은 미국식의 공인이론을 쉽게 수용하지 않는다. 누가 공인인지에 대해서 명확히 하는 것을 오히려 꺼리는 경향을 보였다(김재형, 2014; 이승선, 2004; 이재진, 2009). 이에 대해 이명웅(1996)은 공인과 관련하여 변화하는 상황에 맞는 탄력적인 법의 적용이나 일반인들이 동의하는 법의 수용이 요구되지만, 우리나라에서의 공인과 관련된 논의는 연예인에 대한 고려를 포함하여 변화를 적절하게 반영하지 못하고 있다고 지적하였다. 즉 공인 관련 판결은 사회적 상황의 변화를 반영하는 비자의적·비권위적 법적 토론 내용을 담을 수 있어야 하는데 아직 우리 법원은 이러한 점을 반영하지 못하고 있다는 것이다.

공인에 대한 학술적 탐구는 몇 년간 다시 소강상태를 보인다. 그러다가 임유진(1998)에 와서 새로운 시각의 탐구, 좀 더 사회과학적 시각이 강화된 분석이 시작된다. 임유진은 특히 공인에 판결에 나타난 공인에 대한 분류와 함께 언론 보도에서 공인이 어떻게 나타나고 분류되고 있는지에 대해서 분석하였다. 임유진은 공인을 공무원, 정치인, 공직자의 친인척, 연예인, 언론인, 기업인, 그리고 기타로 구분하였다. 연예인의 범주에는 대개 가수, 미스코리아, 영화배우, 탤런트 등이 포함된다. 다시 말하자면 언론은 연예인의 경우에도 우리 법원은 공인이라고 보고 있다고 판단하며 이들은 공인으로서 도덕성을 지켜야 한다는 메시지를 전달하고 있다고 보았다(이재경·임유진, 1999).

공인이란 사회나 국가, 시대에 따라 또는 그 사안에 따라 다르게 구분될 수 있기 때문에 어쩌면 애초부터 '공인'을 고정된 개념으로 정의 내리기란 불가능한 것일 수도 있다. 이재진(1999)도 한국 법원과 언론인 간 공인의 인식 개념의 차이를 지적하면서 공인이란 개념이 한 사회가 처한 정치적·문화적·법적 환경에 의해 다르게 인식될 수 있음을 강조한 바 있다. 이러한 점에 근거하여 그는 우리나라 언론이 우리 사회에서의 공인을 어떻게 개념화하고 있고 실제 법적인 공인의 의미와 어떤 면에서 공통점과 차이점을 보이는지를 판단하고자 하였다. 그는 우리 언론이 공인에 대한 보도와 관련된 명예훼손 소송에 있어 면책 사유 또는 안전판으로서 공인의 이미지를 구성하고 있다고 보았다. 이와 아울러 매체에 의한 일반적인 명예훼손 현상에서 벗어나 특정인이 연관된 명예훼손 사건들을 분석하는 연구 방식도 나타난다. 이처럼 공인과 관련된 언론법 연구는 1990년대 중후반부터 2000년대 초반까지 10년이 넘는 기간 동안 대단히 활발하게 진행되었다(이재진, 2002).

기존 연구 등에 따르면 우리 법원은 1999년 이전까지는 사실상 미국식의 공인이론을 수용하지 않았다. 오히려 사실을 적시하는 경우에도 명예훼손이 성립되는 등 공인의 명예와 인격권을 중시하는 경향을 보였다(한위수, 2002a; 2002b; 이재진·이창훈, 2010, 237쪽). 다시 말하자면 우리 사법부도 언론 보도에 의해 공인의 명예가 훼손되면 그 회복이 어렵다고 보는 등 언론 자유보다 공인의 명예를 더 보호하는 경향을 보였다.

그러나 2002년 이후 우리 법원은 언론의 역할이 단순히 건전한 여론 형성에 머무르는 게 아니라 파수견(watchdog)으로서의 역할도 한다고 판단한 이후 일반인과 공인을 달리 판단하는 경향을 보이기 시작하였다. 대법원은 소위 '공적 인물/공적 사안' 원칙을 제시하게 된다. 이러한 법원의 판단은 개인의 명예 보호와 언론 자유 제한 법리를 적용함에 있어서 원고의 신분과 사안의 성격으로 내용 기준을 제시하여 범주를 보다 세분화해 적용할 것을 강조한 것에는 의의가 있다. 그럼에도 여전히 공인과 사인을 구분하는 기준을 구체적으로 제시하는 데에는 한계를 보이고 있다(윤성옥, 2007).

차용범(2001)의 연구에 따르면 2000년 상반기까지 명예훼손 소송에서 언론사가 승소한 예는 분석 대상이 된 94건의 판례 중 약 18%인 17건에 불과했고, 이 중 정치인, 공직자 등 자발적·정치적 공인과 관련해서는 언론이 모두 패소한 것으로 나타난 점은 2000년 이전 한국 법원이 표현의 자유에 비해 공인의 인격권 등을 보다 상위의 가치로 인식하고 있다는 사실을 반영하는 것이라 볼 수 있다.

그는 한국 사회도 공인 논쟁 과정에서 외국 공인이론 등의 적용 문제를 보다 적극적으로 검토해야 할 시점이라고 지적하면서, 공인 개념을 수용한 대법원 판례가 아직 나타나지 않았음을 밝혔다. 그는 공무원과 국회의원이 관련된 사건에서도 대법원은 "공인에 관한 명예훼손을 일반 사인과 다르게 보아야 할 이유가 없다"라고 간단하게 판시하고 있어 법적인 안정성이 우려된다고 지적하였다. 즉 당시까지는 우리 대법원이나 하급심 법원들은 공무원이나 공적 인물, 공직자 등의 개념을 구분하지 않은 채 혼용하고 있다는 것을 알 수 있다.

전술한 바와 같이 미국적 시각에서의 공인 관련 연구는 1990년대 후반부터 본격화되었다. 일부 언론학자들은 우리 법원의 공인 관련 보도 판결에 있어서의 '무원칙'에 대해 비판하고, 법원이 명시적으로 거부해 왔던 공인이론과 현실적 악의 원칙 수용의 필요성을 지적하는 연구를 실시하였다(이재진, 2001; 손태규, 2002). 연구자들은 공인에 대해서 만큼은 국민의 알 권리, 언론·표현의 자유를 고려하여 일반인과는 차별적인 법 적용이 이루어져야 한다고 주장해 왔다(이재진, 1999; 차용범, 2001; 한위수, 2002a; 2002b; 신평, 2004; 김재협, 2006).

김옥조(2007)도 사적인 일(행동)을 취재할 때 공인과 사인은 서로 다른 적용을 받는다고 지적한다. 그는 개인의 사적인 일이나 사안에 대한 취재는 상대방의 양해가 있거나 공표 자체가 공공성·공익성이 인정되는 특별한 경우를 제외하고는 원칙적으로 정당성이 없다는 견해를 밝혔지만 공인의 지위를 가진 인물에 대해서는 취재의 폭을 넓혀야 한다고 주장하였다. 그는 "상대방이 공인의 경우에는 제한적으로 사적인 일도 공공의 관심사가 될 수 있다. 특히 선출직 공무원이나 앞으로 그 후보가 되려는 자에게는 사적인 사항에 대해서도 비교적 넓게 취재가 허용될 수 있을 것"이라고 피력하였다.

2000년대 전반부까지의 논의로 보아 우리의 법원과 학계는 공인을 바라보는 시각에서 편차를 드러내고 있음을 알 수 있다. 법원은 언론 보도를 둘러싼 명예훼손 소송에서 공인 및 공적 인물 등 원고의 지위를 일부 고려하기는 하지만 보도 내용의 진실성에 무게를 두고 있으며, 학계는 미국식의 공인 법리를 한국에 도입·적용함으로써 언론의 자유를 확대하고자 하는 모습을 보인다. 이재진(1999)은 우리나라 언론의 보도에서 나타난 '공인'의 의미를 저널리즘 시각에서 연구하였는데, 기존법이나 판례에서의 법리와 달리 언론의 경우 개인의 '인지도'와 '사회적 영향력'에 초점을 맞추고 '윤리' 개념을 더함으로써 공적 인물의 의미를 구성하고 있는 것으로 보았다.

사실 국민의 알 권리 충족 등을 고려할 때 언론이 '공적 영역'에 대해 좀 더 자유롭게 취재 보도할 수 있도록 해야 한다는 주장은 오래전부터 제기되어 왔다(박선영, 1998; 박용상, 1996, 2002; 이재진, 1999, 2002a; Uhm, 2001). 이에 따르면 언론의 공적 영역에 대한 취재·보도의 핵심은 공인과 관련된 공적 관심사에 대한 언론의 자유로운 접근을 포함한다(차용범, 2002; 이재진, 2002c). 미국의 경우 공인의 현실적 악의 원칙(피해구제를 받기 위해 공인은 언론의 현실적 악의를 입증해야 한다)을 확립한 반면 우리나라의 경우 법원은 미국의 현실적 악의 원칙의 수용을 배척해 왔을 뿐 아니라[9] 공인의 구성 요건에 대해서도 명확히 제시하지 않는다(이재진, 1999, 2014; 차용범, 2002; 이승선, 2014). 최근 언론법학자들을 중심으로 체계적이고 이론적 측면에서 공인에 대한 논의가 이루어지고 있으나 법원의 공인에 대한 구체적인 법리 적용은 2002년 대법원이 공적 인물 · 공적 사안 기능을 인식하기 전까지는 나타나지 않는다(Lee, 1999; 조준원, 1998; 이재경 · 임유진, 1999; 차용범, 2001; 2002).

2002년 한국언론법학회가 창립되면서 창립 기념 세미나에서 다룬 주제가 바로 '언론 보도와 공인'이었다. 세미나에 참여한 연구자들은 우리 사회에서 공인은 누구인가, 공인의 법적 · 윤리적 책임과 아울러 소위 공인 원칙은 어떻게 적용되고 있는가, 그리고 공인의 법적 · 윤리적 차원에서의 의미와 언론의 자유와는 관계는 어떠한가에 대해 심도 있는 논의의 장을 펼쳤다. 비록 공인에 대한 명확한 개념 정의를 시도하지는 않았으나 언론법학회의 창립과 기념 세미나는 언론 보도와 공인의 이익형량을 위한 논의의 중요한 출발점이 되었다는 점과 언론 보도에 있어서의 공인 논의의 이론화 작업이 필요함을 강조하였다는 데 의미가 있다. 특히 공인에 대한 명예훼손 법리를 세분화해야 한다는 견해가 이론적으로 제시되었다는 성

9 우리 법원은 공적인 인물이라 하더라도 언론기관에 그 사람의 명예를 훼손하려는 악의가 있는 경우에만 제한적으로 명예훼손이 성립되어 인격권을 보호받을 수 있는 것은 아니라고 '현실적 악의 원칙 배척'을 간접적으로 제시하거나, 현실적 악의 이론은 미국의 독특한 판례이론으로 그 제도가 공인의 범위를 제한적으로 해석하는 추세라는 점과 국내법상으로 공인과 사인을 구분할 특별한 이유를 발견할 수 없고 영미법상의 징벌적 손해배상을 인정하지 않는 점 등에 비추어 우리 법제에 그대로 적용할 수 없다고 명시적으로 배척한 바 있다(서울지방법원 1996. 11. 22. 선고 93가합11471 판결; 대법원 1998. 5. 8. 97다34563 판결; 서울고등법원 1997. 6. 26. 선고 97나1480판결 등).

과를 이루었다(조동시, 2002; 한국언론법학회, 2002).

2004년에는 『언론중재』 특집호에서 공인에 대해서 상세히 다루고 있다. 여기서 염규호(2004)는 미국의 공직자와 공적 인물과 관련된 법리와 그 문제점 등을 살펴보았다. 염규호는 소위 공인이론이 배태되고 발전해 온 미국에서조차도 공적 인물이 누구인가에 대한 사회적 합의가 명확히 이루어지지 않는 문제를 지적하였다. 이러한 이유로 인하여 미국의 명예훼손법을 개정해야 한다는 지적이 많으며 실제로 개정법을 만들려는 노력들이 벌어지고 있다는 점을 상세히 소개하였다.

유사하게 문재완(2004)은 미국의 공인이론은 우리나라에 있어 2002년 이전까지는 적용이 안 되었다고 지적하면서도, 우리 법원은 공직자의 인격권과 언론 보도의 자유가 충돌하는 경우 대체로 언론 보도의 자유를 상위의 가치로 비교형량 하고 있다고 보았다. 문재완은 미국의 공인이론은 우리나라에 있어서는 실패한 이론이라고 피력하였다. 왜냐하면 우리나라에 있어서는 공인과 관련하여 그 신분에 대한 판단하기보다는 오히려 공인이라는 이유로 언론 보도로 인하여 훼손되는 명예가 더 크다고 판단하는 경향이 있기 때문이라는 것이다. 그는 공인 관련 연구의 시기를 구분하면서, 대부분의 판례가 2001년 이후에 나왔는데 이 시기는 '공인논쟁기'(1999~2001년 이전)의 후기 단계 또는 '입증책임완화기'(2002년 이후)에 해당하는 기간으로 공인과 관련된 연구와 판례가 어느 정도 누적되던 시기였기 때문이라고 보았다(문재완, 2004).

우리나라에 있어 공인의 인격권과 언론의 자유가 충돌할 때 공인의 인격권보다 언론 자유를 보호하는 방향으로 법리가 발전해 왔다는 연구결과가 있는데, 이 경우 공인이론의 실제 적용에 있어서 판례를 통한 예측가능성이 낮기 때문에 여전히 공직자나 공인들이 명예훼손 소송을 남발

할 수 있다는 우려가 있다(배금자, 2002; 이재진·이창훈, 2010). 이는 법원이 명예훼손 소송에서 사건별로 이익형량 방법을 사용하기 때문인데, 이 경우 어떤 종류의 표현이 법원에서 용인될지 또는 거부될지 예측할 수 없다는 문제점이 있다(문재완, 2004). 따라서 공인의 스펙트럼을 정하고 그 성격에 따라서 유형을 구분함으로써 언론 자유와 공적 인물 사이의 갈등을 조화시킬 필요성이 제기된다(이재진, 2009a; 2009b).

2014년에 언론중재위원회가 개최한 정기세미나에서 김재형 서울대 교수(현 대법관)가 언론 보도와 공인의 사생활을 주제로 발표하였다. 김 교수는 미국과 독일에서의 공인의 현황을 지적하면서 공인의 사생활과 언론의 자유 사이의 신중한 이익형량이 이루어져야 할 것을 주문하였다. 토론자로 참석한 이재진 교수(2014) 역시 우리 법원이 공인의 정의를 내리지 않은 관계로 보도에 있어 언론은 법적으로 불안정하고 예측 가능성이 극히 낮다는 점을 지적하였다. 반면 같은 토론자로 참여한 유제민 판사(2014)는 법원이 공인이 누구인지 정의를 내리게 되면 법원은 부담이 대단히 클 수밖에 없다고 지적하면서, 정의를 내리기보다는 범주화하여 판단하는 것이 합리적이라고 밝혔다. 결국 법원의 입장은 공인원칙은 수용해서 적용하되 공인에 대한 공식적인 원칙을 구성하기보다는 범주화하여 이해하고 미국과는 달리 탄력적으로 이를 적용해야 한다는 것으로 보인다. 이는 실제로 공인원칙이 명예훼손과 사생활 침해에 있어 달리 적용되고 있다는 점에서도 드러난다.

공인과 관련된 가장 최근의 쟁점은 '공인의 사적 영역(사생활)'이 일반인과는 다르게 보호를 받는가이다. 그런데 공인의 경우 그 사적 영역이 공적 영역에서의 활동과 직결될 수도 있기 때문에 사적 영역 중 모든 부분을 사인과 같이 보호를 받지 못하며, 공인의 경우에는 언론의 보도와 관련하여 '묵시적 동의'(암묵적 동의) 영역을 확대해야 한다는 지적들이 많다(유의선, 2015; 심석태, 2014; 이재진 · 동세호 2015; 동세호, 2016). 그런데 판결에 따르면 사생활 영역 중 초상권과 관련해서는 공인의 경우에도 사인과 거의 차이가 없이 보호를 받고 있어 공인원칙의 의미가 다소 희석되어 보인다.

이재진과 동세호(2015)는 공인의 초상권 침해 판결을 분석하고 공인이론 또는 공인원칙이 적용되는 경우는 '공인이 범죄와 연루되어 보도의 대상이 되는 경우'에 한해서임을 밝혔다. 이로 인하여 공인원칙이 거의 적용이 안 될 수 있다는 점 때문에 방송과 같이 영상을 통해 취재보도를 해야 하는 미디어의 경우에는 공인의 사적 영역에 대한 방송에서 상당히 주의해야 하는 상황이 될 수밖에 없을 것이라 판단된다.

이승선(2016)은 2003년 대법원 판결에서 언론의 건전한 의혹 제기 의무를 '정당한 언론 활동의 법리'로 명명하면서 법원이 이 법리를 명예훼손 소송에 적용하면서 조금씩 공인의 범주를 확대해 왔다고 피력하였다. 즉 공인과 관련된 비판적 보도는 그것이 '악의적이거나 현저히 상당성을 잃은 공격'이 아니라면 최대한 보호해야 한다는 법리가 2002년 공적 인물 · 공적 사안 법리와 함께 우리 법원의 판결 원리로서 정착되고 있음을 밝혔다.

이러한 공인에 대한 논의들을 총정리하고 재평가하기 위한 자리가 2017년 3월 24일 개최되었다. '언론과 공인: 한국 공인 연구 30년'을 주제로 개최된 한국언론법학회 봄철 정기학술대회에서 향후 언론 보도와 공인에 관련된 연구가 어떠한 방향으로 이루어져 나가야 할 것인가에 대한 지침을 제시하였다. 이승선(2017)은 발제에서 한국에 있어서의 공인의 의미가 미국에 있어서의 공인의 의미와 다른데, 한국에 있어서의 언론 보도와 공인의 연구는 지난 30년을 지나 60년 전으로 거슬러 올라갈 수 있다고 밝혔다. 그는 또한 1950~1960년대 나온 관련 문헌들을 수집하고 그 내용을 분석한 결과 공인 연구는 저널리즘 분야에서는 그 역사에서 꽤 오래 전부터 관심 영역으로 연구가 이루어져 왔음을 알 수 있다고 피력하였다. 미국의 공인이론은 상당히 새롭고 다른 측면을 지니며 이를 전체적으로 수용하지는 않지만 우리 법원은 '상당성 원칙' '공적 인물/공적 사안 법리' 그리고 '악의적이거나 현저히 상당성을 잃은 공격 법리'를 수용하면서 우리 사회에 맞는 공인이론을 만들어 왔다고 평가하였다.

그러나 이러한 법원의 접근에도 불구하고 우리나라의 공인이론은 여전히 불명확할 뿐 아니라 보도의 대상이 되는 언론사에 예측력을 제공해 주지 못하는 등 현실적으로 미국과 같이 언론의 자유를 확장하는 논거로서 작용되고 있지 못하다는 지적 또한 제기되었다. 역시 발제자로서 실무적인 측면에서 공인이론에 대해 접근한 양재규 변호사(2017)에 따르면 상당성 원칙과 미국의 공인이론은 입증책임에 있어 크게 다르며, 공인의 사생활 영역에 있어서는 공인이론의 적용이 어려운 문제들이 놓여 있다고 지적하였다. 이를 해결하고 공인이론의 적용을 강화하기 위해서는 공적 성격의 단체에 대해서 공인으로서의 지위를 부여할 필요가 있고, 사생활 영역에 있어서는 내밀한 영역에 대해서는 보도가 어렵지만 개인적 영역에 대해서는 보도하되 그 입증책임은 원고에게 두는 것이 바람직하다고 주장하였다. 같은 맥락에서 김기중 변호사(2017)도 현재 법 구정이나 관시가 있는 것은 아니지만 현재 KISO(인터넷자율정책기구)의 정책규정을 법원에서 수용하고 이를 적용하는 것이 바람직하다는 주장을 편다. 그는 우리 법원이 '상당성을 잃은 공격' 법리를 이전의 '상당성 원칙'보다 입증책임 완화를 위한 의도에서 적용하고자 하였으나 역시 상당성을 잃은 공격이 기존의 공직자 또는 공직 사회에 대한 감시·비판·견제의 의도에서 비롯된 것의 경우라 하더라도 사생활 영역에서는 적용이 안 된다고 하여 판단이 모순될 수 있다고 보았다. 아울러 현재 KISO의 정책규정은 공직자의 경우에는 단지 허위의 사실에 있어서만 임시 조치나 삭제 등을 허용하고 있는 규정을 엄격히 적용하고 있는데 아직까지 공직 사회에서 이를 특별한 이의 제기 없이 수용하고 있는 점에 비추어 공직자의 경우에 한정하여 허위사실 규정과 현저히 상당성을 잃은 공격 원칙을 적용하는 한국식의 공인이론이 구성될 수 있을 것으로 전망하였다. 이들 발표자들에 따르면 궁극적으로 우리나라의 경우 미국식의 공인이론이 완전히 수용되고 있지는 않으나 여기서 과거의 우리나라에서의 공인에 대한 이해와는 달리 현재의 공인에 대한 법원의 이해와 판단에 미국식의 공인이론이 상당한 영향을 미치고 있다고 해석할 수 있다.

## 공인의 범주(유형) 논의

누가 공인인가에 대한 공인원칙이 형성되고 발전되어 온 미국의 경우 판례들을 통하여 확립된 공인은 크게 공직자(public officials)와 공적 인물(public figures)로 구분된다. 설리번 판결에서는 모든 공무원이 공직자는 아니라고 밝히고 있으며 공직자의 정의는 1966년 로젠블랏 대 베어 사건(Rosenblatt v. Bear, 383 U.S. 75)에서 보다 명확해진다. 이 판례에서 연방대법원은 공직자란 '공무원 중에서도 정부의 행위에 대한 실질적인 책임이나 통제 권한을 가지고 있거나 그렇게 국민이 인식하고 있는 공무원'이라고 판시하였다.

연방대법원은 전 국민이 관심을 가지고 있으며 이와 관련이 있고 관련 문제를 해결하는 데 있어 영향력을 행사할 수 있는 지위를 가진 사람들은 공적 사안과 함께 관심을 받기 마련이라고 밝혔다. 이러한 지위를 가진 사람들의 적합성과 그들이 갖춰야 할 자격에 대한 부분은 국민들도 이해관계를 갖고 있다고 볼 수 있다. 연방대법원은 공직자는 '정부가 시행하는 정책과 관련 있는 업무를 수행하는 데 있어서 실질적인 책임을 가지고 있으며 그에 합당한 지위를 가진 사람'이라고 정의하였다.

국민의 투표로 공적인 자리를 취득한 선출직 공무원은 민주주의의 실현과 직접적으로 관련 있는 존재이며 언론 보도와도 연결되는 대표적인 공인이다. 그런데 이들에 대하여 보도하는 모든 표현 행위에 현실적 악의 원칙이 적용되는 것은 아니며 그 내용이 공적 관심사에 해당되는지 등이 고려되어야 한다. 미국 판례에서는 법을 집행하는 공무원을 공직자에 해당한다고 보았으며 공직 입후보자 역시 공적 인물로 현실적 악의 원칙이 적용되는 대상이다. 이뿐 아니라 공·주립대 교수나 교사, 교육 공무원 역시 포함되며 중요한 정책 결정권을 가지고 있는 행정부나 입법부·사법부 공무원 역시 해당된다. 반면 우리나라의 경우에는 미국과는 달리 교육공무원, 국·공립대 교수, 교사를 공직자에 포함시키기 위해서는 공무 수행에 대한 실질적 책임 여부에 대한 판단이 필요하다.

미국의 경우 공적 인물은 1974년 거츠 대 웰치 사건(Gertz v. Robert Welch, Inc., 418 U.S. 323)을 통해 정의되었다. 이 판결에서는 공적 인물을 '전면적 공적 인물'(all-purpose public figure)과 '제한적 공적 인물'(limited purpose public figure), 그리고 '비자발적 공적 인물'(involuntary public figure)로 구분하였다. 먼저 전면적 공적 인물이란 뉴스 가치가 있다고 판단되는 저명한 인물이거나 공적 관심사에 대하여 가지는 영향력으로 인해 거의 모든 행동이 언론의 주목을 받는 사람을 의미한다(심석태, 2011).

거츠 사건에서는 사안에 대하여 영향력이나 설득력을 미칠 수 있는 지위에 있는 자를 전면적 공적 인물이라고 판시하였다. 이는 지명도나 미디어 노출 정도 등을 근거로 판단이 가능하지만 이를 기준으로 한 명확한 구분이 쉽지 않으므로 공인 여부 판단에 있어 신중함이 요구된다(이재진, 2009). 이제까지 판례에서 전면적 공적 인물로 분류된 사람들은 유명 연예인, 저명인사, 대기업 총수, 유명 운동선수, 종교 지도자, 유명 사건 담당 변호사, 작가, 칼럼니스트 등이다(이재진·이창훈, 2010).

'제한적 공적 인물'이란 특정 이슈에 대해서만 공적 인물로 인정되는 사람을 말한다. 이들은 해당 공적 이슈에 영향을 미치기 위하여 스스로 개입되었고 문제의 해결에 영향력을 행사하고자 한다는 특징을 가진다. 이들은 자발적인 참여로 비판적인 보도의 대상이 되는 위험을 감수하고 있으므로 제한적 공적 인물로 인정되고 현실적 악의 원칙이 적용된다(이부하, 2012).

마지막으로 '비자발적 공적 인물'은 예외적이기는 하지만, 사인이 스스로 개입하지 않았음에도 불구하고 공적 인물로 인정되는 경우를 말한다. 예를 들어 민사소송 피고인, 범죄 피해자나 유명인의 가족들은 언론의 관심과는 상관없는 평범한 사람들이지만 우연한 기회에 공공의 관심을 받게 된 사람으로 해당 논쟁에 대해 적극적으로 대처할 의사는 없는 경우이다. 이들은 사안에 따라서 국민의 알 권리의 대상이 될 수 있지만 자발적으로 공적 논쟁에 개입하게 된 경우가 아니기 때문에 제한적으로 인정될 필요가 있다고 보는 것이다. 공적 인물로 인정하는 데에 제한을 두는 이유는 비자발적 공적 인물의 범위가 확대할 경우 개인의 명예권 보호에 소홀해질 수 있기 때문이다(이부하, 2012).

구체적으로 관련 판결에서 확인할 수 있는 공적 인물의 유형을 살펴보면 첫째, 선출직 공직자와 국가적 공직인 대통령, 부통령, 국회의원 및 후보자와 고위 공직자가 공인으로 분류된다. 둘째, 제한된 공적 인물로 논쟁 사안의 공적 인물(vortex public figure), 제한적 공적 인물(limited public figure), 비자발적 공적 인물(involuntary public figure), 자발적·비정치적 공적 인물, 비자발적·비정치적 공적 인물(연예인, 스포츠 스타, 종교 지도자, 사회운동가, 빌게이츠 같은 기업인, 국제적 명성의 작가, 언론사 칼럼니스트, 비평가, 직업적 범죄자) 등이 포함될 수 있다(Pember & Calvert, 2007/2008).

우리 법원의 경우에도 공인을 범주화하여 이해하고 있는 것으로 보인다. 법원 판결을 근거로 공인을 범주화해서 보려는 시도는 전술한 최초의 본격적 공인 연구인 한상범(1986)의 연구에서도 엿볼 수 있다. 여기서는 공인의 범주를 정치인과 공무원, 공인, 기업인, 사회단체의 지도자, 유명인으로 구분한 바 있다. 정치인은 국회의원과 국무위원은 물론 그 후보자나 관련 직책 담당자가 포함되며, 공무원에는 행정부 일반 직원부터 별정직 법관과 검찰 및 교원 등의 범위를 포괄하고 있다. 공인에는 교원과 의사, 약사, 변호사, 성직자, 문화예술인과 언론인 등이 포함되는 것으로 보았으며, 노조 지도자를 포함하는 기업인과 사회단체의 지도자나 운동선수나 배우 등 유명인까지 공인의 범주에 포함하고 있다. 이는 다분히 미국의 공인이론과 유사한 범주 구분을 시도한 것이라 여겨진다. 그러나 이러한 범주 분류는 구체적인 적용에 있어 기준을 제시하지 못하는 한계를 지니고 있다.

한위수(2002)는 공인을 정치인, 공무원, 공무원/정치인의 친인척, 연예인, 기업인, 언론인의 범주로 구분하였다. 이재진과 이성훈(2003)은 앞선 한상범(1986)의 연구와 유사하게 미디어 접근 용이성과 개인의 행위가 사회의 공적 관심사와 직접적으로 상호 연관되어 있는가를 공인 유형 판단의 기준으로 보았는데, 이들은 정치인, 공무원, 공적 인물, 경제 및 사회 지도자, 유명인의 5개 유형으로 공인을 구분하였다. 김일수 교수(2005)는 동아일보의 독자인권위원회 좌담에서 공인을 '상시적 공인'과 '잠재적 공인'으로 구분하는 방안을 제시하였다. 상시적 공인으로는 상대적으로 영향력이 큰 정치인, 고위 공직자, 재벌, 사회단체 리더, 인기 연예인 등을 포함시킬 수 있고, 잠재적 공인은 평소에는 잘 드러나지 않다가 특정 사안과 접목돼 이슈로 떠오르면서 공인의 영역에 들어가는 사람들이라는 것이다 (동아일보, 2005. 10. 18., 40면).

공인의 범주화에 있어 가장 핵심적인 논의는 이승선(2004; 2007)에 의해서 이루어졌다. 그는 미국의 경우 공인이 어떻게 정의되고 범주화되는가에 따라서 한국의 공인을 범주화하려고 시도하였다. 이승선(2004)에 따르면 한국과 미국의 법원 판결에서 나타난 다양한 형태의 공인들은 미디어 접근 자발성을 한 축으로 하고 정책 결정이나 자원 분배에 있어서의 영향력을 또 다른 축으로 할 때 자발적·정치적 공인(공직자, 정치인, 정당 등), 자발적·비정치적 공인(연예인, 스포츠 스타), 비자발적·정치적 공인(기업 대표, 문화계 인물), 그리고 비자발적·비정치적 공인(범죄 연루자, 피해자)으로 구분할 수 있다. 이를 정리하면 〈표 1-1〉과 같다.

〈표 1-1〉의 구분에 따르자면 자발적·정치적 공인의 경우 개인의 사생활 보호 정도가 가장 떨어진다고 할 수 있는 반면 비자발적·비정치적 공인은 상대적으로 더욱 많은 보호를 받게 된다. 즉 정치인들의 사생활 비밀과 자유는 일반인이나 범죄 혐의자보다 덜 보호받게 된다는 것이다. 여기서 불분명한 영역이 자발적·비정치적 공인과 비자발적 정치적 공인이다. 이러한 영역에 누가 속하는가에 대해 법원은 판단한 바가 없다.

이승선(2007)은 2004년 분류에서 한 걸음 더 나아가 공인을 언론에

표 1-1 **공인의 범주별 분류**

| | | 정책 결정·자원 분배 영향력 | |
|---|---|---|---|
| | | 정치적(정책·자원 분배 영향) | 비정치적 |
| 미디어 접근 자발성 | 자발적 허용 | 자발적·정치적 공적 인물<br>(공직자, 정치인, 기관/단체) | 자발적·비정치적 공적 인물<br>(연예인, 스포츠 스타) |
| | 비자발적 감수 | 비자발적·정치적 공적 인물<br>(대기업 대표, 고위 문화계 인물) | 비자발적·비정치적 공적 인물<br>(범죄 연루자, 피해자) |

**출처** 이승선(2004).

대한 노출의 자발성과 정책 결정 과정에 참여할 기회가 제공되거나 자원을 보유한 경우, 즉 정치성을 기준으로 자발적·정치적 공인(공직자, 선출직 공무원, 법조계 인사, 언론 종사자, 고위직 군경간부 등), 비자발적·정치적 공인(대기업경영진, 대학교수, 성직자, 문화계 고위인사, 병원장급 인사 등), 자발적·비정치적 공인(탤런트, 가수, 모델, 배우, 스포츠 스타 등), 비자발적·비정치적-우연한 공인(사회적으로 알려진 범죄 피해자, 가해자, 사회적 관심 대상자 등), 경계영역적 인물(하위직 공무원, 규모가 작은 문화단체나 기관 운영자 등), 사인의 6개 유형으로 구분하였다. 2004년 분류와는 달리 '경계영역적 인물'이 설정된 부분이 흥미롭다. 이 영역에 속하는 인물들은 상황에 따라서 공인 여부가 달라질 수 있다.

이후의 연구들은 이승선의 분류를 따르면서도 그 범위를 확장시켜 가는 경향을 보인다. 윤성옥(2007a; 2007b)도 공인 또는 공적 인물을 '유명인'에까지 확장하여 연구하였다. 그녀는 유명인인 스타 또는 엔터테인먼트 산업 종사자들이 사회적 유명세와 영향력을 이용하여 큰 이익을 얻는다는 측면에서 공인의 범주에 포함될 수 있다고 주장하였다.[10] 이재진과 이창훈(2010)도 국내 공인 분류 연구를 종합하여 정치인, 공직자, 연예인, 스포츠 선수, 기업인, 언론사/언론인, 사회운동단체, 종교 지도자, 범죄자, 유명인 등이 공인 유형으로 공통적으로 나타나고 있음을 규명하면서 유명인뿐 아니라 종교 지도자도 공인에 포함시킨다. 이들은 법원의 공인 인식에 대해 판단하기 위해 1999년부터 2009년까지의 11년간의 판례를 본격적으로 분석하였는데, 분석 대상이 되는 공인 관련 판례에서 정치인 관련 판례가 21.21%, 공무원/공직자 관련 판례가 18.18%, 경제·사회 지도자 관련 판례가 45.45%, 연예인/스포츠 선수가 15.15%로 당시까지 공직자나 정치인보다도 경제·사회 지도자가 관련된 판결이 많은 것으로 나타났다.

이들 범주에 따른 승·패소 분석에 있어, 정치인 관련 판례에서 공인인 공무원/공직자가 패소하는 경우는 83.33%, 정치인이 패소하는 경우가 42.86%, 경제·사회 지도자의 경우 46.67%의 판례에서 패소하였고, 홍미

10 연예인이 공인이냐 아니냐는 판례와 법리에 있어 엇갈리고 있다. 공인으로 보지 않는 쪽은 연예인을 스스로 저명성을 띠고 일정한 권한을 포기한 이들을 공적 인물이라 지칭하기도 하지만, 이들 또한 공인과 등치하는 존재는 아니다. 공인은 국민을 상대하고, 연예인은 대중을 상대한다. 연예인의 업무는 공인의 공적인 업무에 비하면 지극히 사적인 것에 해당하며, 그 책임이라는 것도 결국 사인이라는 한계 속에 명백히 존재함을 피부로 체감시킨 것이라고 주장한다. 또 여러 판례에서는 연예인을 공인으로 지칭하기도 했지만 이러한 사례는 소송의 승패 여부가 연예인의 공인 지위와 무관한 경우가 대다수였다. 실제로 공인의 자격을 논하는 사례에서는 엄격하게 공인의 지위를 따져 고정 방송을 진행하고 또한 방송국 대표이사 등을 지낸 이도 공인이 아니라 판결하기도 하였다.

결국 판례에서의 연예인이 공인이라는 표현은 일상생활에서 연예인을 공인으로 지칭하고 있다는 사실을 반증할지언정, 법원이 연예인을 공인으로 인정했다고 표현하기는 어렵다는 것이다. 이에 반해 연예인, 특히 정상권 연예인들이 자본적 파급력을 통해 사회에 영향을 끼치기 시작하면서 연예인을 공인 역시 공인에 포함되어야 한다 주장하는 이들이 생겨났다. 연예인이 공인이라는 주장은 주로 언론의 보도를 통해서 많이 등장하게 된다. 언론은 사회적 영향력이 큰 연예인들은 공인으로서 모범을 보여야 한다고 주장한다.

롭게도 당시까지 연예인/스포츠 선수의 경우 공인이 패소한 판례는 도출되지 않았다. 전체적으로 소송을 제기한 공인은 45.5%의 판결에서 패소하고 54.5%의 판결에서 승소하여 당시까지 공인의 승소율이 패소율보다 높았다. 이러한 연구는 이승선(2007)의 연구와 유사한 경향을 보이는데, 이승선의 범주에 근거해서 보면 자발적·정치적 공인 60.61%, 자발적·비정치적 공인 15.15%, 비자발적·정치적 공인 12.12%, 경계영역적 인물 6.06%, 비자발적·우연한 공인 6.06%의 순으로 승소율이 낮은 것으로 나타났다. 즉 비자발적이고 비정치적일수록 공인으로 간주받기 어려우며 공인으로 인식한다고 하더라도 소송에서 승소할 확률은 자발적·정치적 인물에 비해 확연히 떨어졌다.

이러한 결과를 통해 우리 법원이 공인 여부를 일정 부분 범주화해서 판단하고 이를 판결에 적용하고 있는 것으로 보인다. 그러나 판결에서 확인할 수 있듯이 우리 법원의 공인 규정의 이유와 원칙은 논리성과 체계성, 구체성이 결여되어 있다고 판단된다. 예를 들어 몇 급까지의 공무원을 공인으로 볼 것인가, 경제·사회 지도자 중 어느 범위를 공인으로 규정할 것인가 등에 있어 구체적인 예측 가능성이 부족하다는 한계를 노출하고 있다(이승선, 2007; 이재진·이창훈, 2010).

4

# 법원과 언론의 공인에 대한 이해

## 법원의 공인 이해

2004년 한 언론법 연구자는 공인과 관련하여 우리나라는 "혼돈의 시대"라고 지적하였다(문재완, 2004). 연구자는 특히 공인 중의 공인인 현직 대통령이 언론사를 상대로 손해배상청구소송을 제기하는 현실의 문제점을 짚었다. 실제로 우리 법원은 대통령이라도 언론사를 상대로 한 명예훼손 소송을 못 하지는 않는다고 판시하였다. 대통령을 비롯하여 우리나라 정치인들의 경우 자신에게 조금만 불리한 보도에 대해서는 손해배상을 청구하거나 반론·정정보도를 청구하는 일이 비일비재하게 나타나고 있다. 이러한 점을 문재완(2004)은 명예훼손 법리가 잘 정착되지 않았기 때문이라고 보았다. 다시 말하자면 공인과 관련된 확실한 법리가 정착되어 있으면 소송을 줄이는 예방적 기능을 할 수 있을 텐데 우리나라의 경우에는 아직 그렇지 못하다는 논지이다. 그렇다면 판결에서 공인에 대해서 어떻게 이해하고 있기 때문에 이러한 해석을 하는가?

공인 관련 판결의 경우 언론의 자유에 대한 문제의 해결과 함께 대두되는 쟁점은 주로 언론이 정치권력이나 사회 세력에 대해 얼마나 파수견의 역할을 할 수 있는가에 대한 것이다. 즉 언론이 권력의 남용을 비판하고 감시함으로써 민주주의 실현을 위한 책무를 다해야 한다는 것이다. 이는 우리 법원도 미국과 마찬가지로 언론이 감시·비판자의 역할을 한다고 인식하고 있다는 점을 반영한다(이재진·이정기, 2011a; 이재진, 2008 등). 이러한 역할의 하나가 '공인들의 공적 활동에 대해 보도'하는 것이다. 즉 쟁점은 공인들에 대해 더욱 자유롭게 그리고 필요한 경우 강력하게 의문을 제기하는 보도를 할 수 있는가이다. 왜냐하면 공인 보도가 자칫 공인의 인격권을 침해할 수 있기 때문이다.[11]

전체적으로 우리 법원은 공인 또는 공적 인물은 사인 또는 사적 인물과 보도에 있어 달리 보아야 한다고 판단하는 경향을 보인다. 언론은 공인에 대해 사인들과는 다르게 보도할 수 있도록 해야 된다는 것이다. 다시 말하자면 우리나라 언론의 경우 누군가에 대한 보도를 하는 경우 그 보도 대상을 공인과 사인으로 구분해서 달리 보도할 수 있으며, 보도로 인한 피해가 발생했다고 주장하는 경우 이에 대한 판단을 공인과 사인을 구

---

11 인격권(Persönlichkeitsrecht) 개념은 독일법에서 형성된 것을 우리나라에서 수용한 것이다. 미국에서는 인격권이란 용어를 사용하지 않고 '사생활 침해'나 '명예훼손' 등 개별적 유형으로 나누어 해결하고 있다. 독일에서 일반적 인격권이 승인된 것은 1950년대이다. 이때 '인격'은 일반적인 용어와는 다른 의미로 사용된다. 보통 인격이 훌륭하다느니 그렇지 않다느니 하는 말을 하는데, 이 경우에 인격은 훌륭한 품성을 뜻하는 말이다. 그러나 인격권이라고 할 때는 사람이 사람으로서 가진 권리를 통칭하는 의미를 갖는다. 모든 사람은 인격권을 가진다. 흉악범이나 사형수라고 하더라도 인격권을 가진다. 그 사람이 좋은 품성을 가졌는지 나쁜 마음씨를 가졌는지는 아무런 관계가 없다. 사람이 자기 자신과 분리할 수 없는 이익을 법적으로 보호하는 것이 인격권이다(Kohl, 1985).

분해서 해야 된다는 것이다(염규호, 2000). 이러한 공인이론이 명예훼손 관련 피해구제와 이익형량을 위해 적용되고 있음을 알 수 있다.

우리 법원은 이러한 '공인'과 '공인이론'을 어떻게 적용하고 있을까? 기존 연구에 따르면 공인인 정치인의 인격권과 언론의 표현의 자유가 충돌할 경우 우리 법원은 '공인'이라는 개념을 독립된 면책 사유라기보다는 비교형량의 '참고사항'으로 고려하고 있는 것으로 나타났다(이재진, 2006; 2009; 이재진·이창훈, 2010). 즉 정치인(선출직 공직자 또는 후보자)은 스스로를 공적인 비판대에 오르는 것이므로 어느 정도의 명예훼손의 위험성을 감수해야 하지만 몇몇 사건(대법원 2007. 6. 1. 선고 2006도1538 판결 등)에서 확인 할 수 있듯이 공연히 허위의 사실을 적시하여 피해자의 명예를 훼손하는 경우에는 정치인과 관련된 보도라 하더라도 언론이 이에 따른 책임을 져야 하는 것으로 드러났다.

실제로 〈표 1-2〉의 판결 요지들이 이를 잘 보여준다. 이러한 판결들에서 나타난 '공인' '공적 존재' '공적 인물'이 언론 보도와 관련 어떠한 존재인지 짐작할 수는 있으나 한편으로는 공인이 누구인지 명확하게 알기 어렵고 결국 언론이 어디까지 보도할 수 있는지는 더욱 판단하기 힘들다는 점을 보여주고 있다. 공인은 이처럼 언론 보도로 인한 분쟁에 있어 가장 복잡한 쟁점이며 그 개념과 범주가 명확하지 않은 영역이다. 위 판결들에서 보는 바와 같이 우리 법원은 적어도 '공인 또는 공적 인물의 경우 사인 또는 사적 인물과 보도에 있어 달리 보아야 한다'고 판단하는 것으로 볼 수 있다. 다시 말하자면 언론이 공인에 대해서는 사인들과는 차별적으로 보도할 수 있도록 해야 된다는 것이다.

더 구체적으로 법원은 비록 정의는 내리고 있지 않지만 법원의 판결을 통하여 법원의 공인에 대한 인식을 추정할 수 있다. 판결의 요지를 간

표 1-2 **공인에 대한 법원의 이해**

| 번호 | 사건번호 | 공인에 대한 이해 |
|---|---|---|
| 1 | 서울지방법원 1995. 6. 23. 선고 94카합9230 판결 | … 이휘소는 뛰어난 물리학자로서 우리나라 국민들에게 **많은 귀감이 될 수 있는 사람**으로서 공적 인물이 되었고 … |
| 2 | 서울지방법원 1995. 6. 27. 선고 95카합3438 판결 | … 우리나라 국민들에게 **많은 귀감이 될 수 있는 뛰어난 기업인으로서** 이미 우리 사회의 공적 인물이 되었다고 볼 수 있는 경우 그 사람은 자신의 사진, 성명, 가족들의 생활상이 공표되는 것을 어느 정도 수인해야 하고 … |
| 3 | 헌법재판소 1999. 6. 24. 선고 97헌마265 결정 | … 공적 인물이 그의 공적 활동과 관련된 명예훼손적 표현은 그 제한이 더 완화되어야 … 그 표현이 객관적으로 국민이 알아야 할 공공성, 사회성을 갖춘 사안에 관한 것으로 여론 형성이나 공개토론에 기여하는 것인지 아닌지 등을 따져보아 **공적 존재에 대한 공적 관심 사안과 사적인 영역에 속하는 사안 간에는 심사 기준에 차이**를 두어야 한다. |
| 4 | 서울지방법원 2000. 8. 23. 선고 99가합30768 판결 | … 공무원이라고 하여 모두 공인의 지위에 있다고 할 수 없고, 공무원으로서 국가의 정책 방향을 정하는 지위에 있다거나 선거직에 종사하여 **그 활동이 일정 지역 사회나 국가적인 관심사에 해당**하는 등 사유가 있어 그 활등 상황을 사회에 알릴 필요가 있다는 점이 인정되어야 공인의 지위에 있다고 할 것이다. |
| 5 | 서울지방법원 2001. 5. 31. 선고 2000나11081 판결 | … 국민의 정보욕구 또는 **알 권리를 충족시키기 위하여 정치인이나 유명 연예인과 같은 공인에 있어서는** 그 정보가 사인에 비하여 폭넓게 공개되어야 하는 것이나, 공적인 인사에게도 포기할 수 없는 사생활 영역이 존재하는 것이다 … |
| 6 | 대법원 2002. 1. 22. 선고 2000다37524, 37531 | 판결에서는 **국민이 알아야 할 공공성, 사회성을 갖춘 사안**에 관한 것으로 여론 형성이나 공개토론에 기여하는 것인지 |

| 번호 | 사건번호 | 공인에 대한 이해 |
| --- | --- | --- |
| 7 | 대법원 2004. 2. 27. 선고 2001다53387 판결 | … 공적, 사회적인 의미를 가진 사안에 관한 표현의 경우에는 언론의 자유에 대한 제한이 완화되어야 하고, 특히 **공직자의 도덕성, 청렴성이나 그 업무 처리가 정당하게 이루어지고 있는지 여부**는 항상 국민의 감시와 비판의 대상이 되어야 한다. |
| 8 | 대법원 2007. 12. 27. 선고 2007다29379 판결 | … 그 기고문의 게재가 공직자 또는 공직 사회에 대한 감시·비판·견제라는 **정당한 언론 활동의 범위를 벗어나 악의적이거나 심히 경솔한 공격으로서 현저히 상당성을 잃은 것으로 평가되는 경우**에는, 비록 공직자 또는 공직 사회에 대한 감시, 비판, 견제의 의도에서 비롯된 것이라고 하더라도 공직자 등의 수인의 범위를 넘어 … |
| 9 | 대법원 2011. 9. 2. 선고 2008다42430 판결 | 변호사는 **공공성을 지닌 법률 전문직으로서 기본적 인권을 옹호하고 사회정의를 실현함을 사명으로 하는 공적인 존재**에 해당하므로(변호사법 제1조, 제2조), 그 직무수행은 국민들의 광범위한 감시와 비판의 대상이 된다. |

단히 정리하자면 '공직자를 포함한 공인이란 국민의 귀감이 되고, 사회정의를 실현하고, 도덕적이고 정당하게 공적 활동을 해야 하는 존재로서, 이들에 대한 정보는 공공성·사회성을 갖춘 사안으로 국민의 알 권리의 대상이 되며 언론의 감시, 비판, 견제의 대상이 되는 인물'이라고 할 수 있다(이재진, 2014).

이와 유사하게 가장 최근의 판례 분석 연구에 따르면 우리 법원은 「공직자윤리법」 제3조와 제3조의2 조항에 해당하는 사람들을 공인으로 보고 있는 것으로 나타났다. 아울러 이들 조항에는 해당하지 않지만 사회 지도자, 유명 연예인, 유명 운동선수, 유명 예술가, 재벌 회장 및 (문제가 될)

당시에 세인의 관심은 받는 사람 등을 공인으로 판단하고 있었다(장원상, 2014).

이러한 이해에 입각하자면 우리 법원의 공인에 대한 인식은 공인이론이 배태된 미국 법원의 판결과는 달리 공인을 공직자와 유사한 인물처럼 이해하고 있으며 대중의 관심을 적극적으로 끌고자 하고 언론에 의해서 유명해진 인물에 대해서는 아직까지 공인으로 이해하고 있지 않은 것을 알 수 있다. 물론 이러한 이해는 몇 건의 판결례를 근거로 판단한 것이지만 우리 법원의 공인에 대한 이해는 상당한 수준의 도덕성과 책임감을 지닌 인물을 상정하고 있다고 판단된다(이재진, 2014).

미국의 경우 현실적 악의 원칙의 구성 배경이 되는 공직자는 자발적·정치적 공인의 핵심적 위치를 점한다(이승선, 2007; 2004). 전술했듯이 국내의 경우 공인이론이나 현실적 악의 원칙을 전면적으로 수용하고 있지는 않지만, 일반적으로 알 권리의 대상이 되는 공인의 경우 명예훼손적 표현, 모욕적 표현을 참고 인내해야 하는 수인범위가 사인에 비해서 넓다고 인식된다(이재진·이정기, 2011b; 김옥조, 2005). 공인이 관련된 판례의 경우, 개인이나 집단의 명예권과 언론(표현)의 자유가 충돌하게 될 때 공인이론은 예측 가능성을 높이기 위해 유형별 접근방식을 택한다. 그러나 우리 대법원은 공인과 사인의 구분을 바탕으로 공적 영역에서의 완화된 이익형량의 방식으로 공인 유형을 활용하고 있다. 따라서 우리나라에서 공인이론의 의미와 가치는 상대적으로 퇴색하게 된다는 평가가 있다(김봉수, 2013).

이처럼 법원의 공인에 대한 인식이 명확하지 않은 한편 보도에서 가장 많이 등장하는 인물이 공인 또는 공적 인물이다. 따라서 언론은 항상 공인을 인터뷰하고 보도하지 않을 수 없는 입장이다. 이러한 보도가 가끔은 공중의 정당한 관심사를 벗어나 개인의 인격권을 침해하는 경우가 발생한다면 언론은 이에 상응하는 책임을 지지 않을 수 없을 것으로 보인다.

좀 더 구체적으로 살펴보면 우리 법원은 공인은 그 활동에 대해서 의혹이 제기될 수 있는 존재로 보았다. 예를 들어 부장검사의 사건 처리에 불만을 가진 정치인의 기자회견이 부장검사의 명예를 훼손한 혐의로 발생한 사건(대법원 2003. 7. 22. 선고 2002다62494 판결)에서 대법원은 "정치인의 기자회견 내용 중에 개인에 대한 형사사건의 처리와 세무조사에 대한 불만과 항의가 포함되지 않았다고 할 수는 없지만, 기자회견을 하게 된 경위나 그 내용의 전체적인 취지로 보아 그 주목적은 개인적인 문제에서 비롯된 것이 아니라 검찰의 선거사범 처리가 불공정하고 이에 대한 불복을 정치적으로 탄압하고 있다는 의혹을 국민에게 고발하고자 하는 데에 있고, 이는 그 내용이 공공의 이익에 관한 것이라고 보아야 할 것이어서, 기자회견 내용이 진실하거나 그 내용을 진실이라고 믿을 상당한 이유가 있다면, 정치인의 명예훼손적 표현 행위는 그 위법성이 조각된다"고 보았다. 법원은 공직자의 업무 처리가 정당하게 이루어지고 있는지 여부는 항상 국민의 감시와 비판의 대상이 되어야 하고, 그것이 악의적이거나 현저히 상당성을 잃은 공격이 아닌 한 쉽게 제한되어서는 안 된다고 판시하였다. 즉 공인은 '악의적이거나 현저히 상당성을 잃은 공격'이 아닌 경우에는 항상 감시와 비판의 대상이 된다는 점을 보여준다고 할 수 있다.

국립대학 교수가 자신의 연구실 내에서 제자인 여학생을 성추행하였다는 내용의 글을 지역 여성단체가 자신의 인터넷 홈페이지 또는 소식지에 게재하면서 발생한 사건(대법원 2005. 4. 29. 선고 2003도2137 판결)에서 법원은 해당 국립대학 교수를 공적 인물로 규정하고, 지위, 표현의 방법, 동기 및 경위 등 제반 사정을 종합하여 볼 때, 성범죄에 관한 내용이어서 명예의 훼손 정도가 심각하다는 점을 감안한다 해도, 이는 학내 성폭력

사건의 철저한 진상조사와 처벌, 그리고 학내 성폭력의 근절을 위한 대책 마련을 촉구하기 위한 목적으로 공공의 이익을 위한 것으로서 비방의 목적이 있다고 단정할 수 없다고 판시하였다.

그러나 공인의 사생활이나 초상권과 관련해서는 명예훼손보다 좀 더 복잡한 법리가 적용된다. 서울지방법원은 1997. 9. 3. 선고 96가합82966 판결에서 음주운전 단속에 걸린 방송사 보도국 차장을 공인으로 지칭하고, 공인의 모습을 몰래 촬영하여 보도하는 것은 비록 몰래 촬영하였으나 오로지 공공의 이익을 위한 것이라고 판시하였다. 대법원 1998. 5. 8. 선고 97다34563 판결에서는 주미 언론인이자 유력 신문사의 특파원을 제한적·공적 인물로 공인 개념을 세분화해서 규정하기도 하였다. 그러나 이는 공인이론이나 현실적 악의 원칙에 대한 이해의 바탕 위에서 내려진 판단이라고 하기에는 무리가 있다. 이후의 판례에서처럼 법원이 공인 개념을 세분화하려는 시도는 당시까지는 나타나지 않았기 때문이다.

대법원은 '언론 보도가 공직자 또는 공직 사회에 대한 감시·비판·견제라는 정당한 언론 활동의 범위를 벗어나 악의적이거나 심히 경솔한 공격으로서 현저히 상당성을 잃은 것으로 평가되는 경우, 공직자 등의 수인의 범위를 벗어난 명예훼손'이라고 판단하였다(대법원 2008. 11. 13. 선고 2008다53805 판결). 한위수(2007)도 이 법리가 처음에는 '진실오신의 상당성'을 넓게 인정해야 한다는 취지에서 출발했으나 나중에는 상당성 법리와 별개로 명예훼손에 대한 새로운 면책 법리를 전개한 것이라고 평가하였다. 권태상(2014), 김준호(2015)의 견해도 같다. 표현의 자유에 근거한 독자적인 위법성 조각사유라는 것이다.

그런데 판결이 있음에도 불구하고 여전히 공인이 누구인지는 명확치 않다. 즉 판결만으로 여전히 '공인'의 범주를 가늠하기 불분명한 경우가 많을 뿐 아니라 과거에 판결을 통하여 '공인'으로 취급된 적이 있었다고 하더라도 해당 직업을 가진 사람이 항상 '공인'에 속한다고 볼 수 있을지에 대해서도 의문이 있을 수 있기 때문이다. 또한 이러한 법원의 판단이 모호하고 일관성이 약하다는 지적도 있다. 즉 어디까지 보도하는 것이 '상당성을 잃은 악의적 공격'인지 명확하지 않은 문제점이 있다는 것이다(대법원 2003. 7. 22. 선고 2002다62494 판결).

## 보도에 나타난 공인

언론에 나타난 공인을 살펴보려는 기존 연구에 따르면 언론 보도가 개인의 인격권을 침해하는 경우가 종종 발생하는 이유 중 하나는 언론과 법원의 공인에 대한 이해가 상이하기 때문이라는 지적이 있다(이재진, 1999). 여기에서는 2000년 이전까지 언론에 등장한 공인의 의미가 구성되는지를 기존 연구를 중심으로 살펴봄으로써 초기 언론의 공인에 대한 인식을 검토한다.[12]

실제로 명예훼손 소송과 관련하여 처음으로 원고의 지위 여하(공인 여부)에 본격적인 관심을 가지게 된 것은 1980년대 말에 이르러서이다(김재형, 2014; 임유진, 1998). 그러나 언론이 어떻게 공인의 개념을 구성하는지에 대한 본격적인 분석은 1993년 4월 유명한 두 명의 여성 소설가의 이혼

12 이는 이 책의 마지막 장에서 상세히 다루어지며, 2000년 이후의 기사와 비교적으로 논의된다. 또한 논설에 대한 프레임 분석과 언론인들에 대한 심층 인터뷰를 통한 공인에 대한 이해를 분석한다.

경력이 포함된 사생활을 이들의 동의 없이 게재한 월간지들과 관련된 소송으로부터 시작된다.[13] 왜냐하면 이 사건에서 언론이 처음 공인에 대해서 구체적으로 언급하고 나섰기 때문이다.

소송은 차후에 취하되었는데, 본 사건들과 관련된 비평에서《한겨레신문》은 이 사건과 관련된 사람들은 유명인의 범주에 속하고 독자들이 알기를 원하기 때문에 이들의 사생활이 언론에 보도되는 것을 감수해야 한다고 주장하였다(한겨레신문, 1993. 4. 7.).《한겨레신문》은 비록 공인이라는 말을 언급하지는 않았으나 유명세를 타는 인물들은 공인으로 봐야 한다는 점을 암시하였다. 중요한 점은 언론이 유명 작가를 공인으로 범주화하고 있다는 것이다.

몇 개월 후인 1993년 말 당시 국방부 장관이 진행 중인 뇌물수수사건과 관련 출국금지 되었다는 오보를 낸《중앙일보》의 한 기자가 전격적으로 구속되는 사건이 발생한다. 당시 국방부 장관은 즉각 명예훼손 혐의로 기자를 고발하였고 다음날 해당 기자가 수감되어 언론계를 긴장하게 만들었다. 기자의 즉각적인 구금은 당연히 언론의 거센 반발을 불러일으켰고, 동시에 명예훼손 소송상의 '공인'에 대한 구체적인 논의에 불을 당기게 되었다. 언론계는 거의 동시에 당시 국방부 장관은 공무 수행자라는 사실을 거듭 강조하기 시작하였다.

그 사건 이후, 언론은 명예훼손 소송으로부터 언론을 보호하기 위한

13 당시 작가 공지영과 오숙희는 월간지『주부생활』과『오픈』이 자신들의 사생활을 동의 없이 다룬 데 대해 명예훼손 소송을 제기하였다. 이때 관련 잡지와 신문사는 "공인이나 다름없는 유명 인사, 인기인의 사생활에 대해 독자들이 알고 싶어 하므로 이를 감수해야 한다"고 주장하였다.《한겨레신문》, 1993. 4. 7.

자구책으로서 공인의 의미를 구성하려는 노력을 배가시켜 나갔다(이재진, 1999). 《경향신문》은 "이번의 경우는 피해 당사자가 사인이 아닌 공인인데다 비리사건을 추적·보도하는 과정에서 빚어진 실수로 생각되며 과연 명예를 훼손할 고의성이 있었는지를 좀 더 면밀하게 검증해야만 했다"라고 논평하였다(경향신문, 1993. 6. 15.). 비슷하게 《중앙일보》도 다음과 같이 썼다.

> 칼럼니스트 사이먼 젠킨스는 "명예를 쫓는 공직자는 사회적 관심사이며 따라서 출처가 불분명하더라도 그의 행동은 기사감이 될 수 있다. 공인은 이를 감수해야 한다"며 … 공직자의 행동은 공익과 직결돼 있어 언론의 예민한 촉각을 자극한다. 그래서 공익을 위한 공익에 대한 순수한 보도는 약간의 오류가 있을지라도 관대한 것이 서구 사회의 언론에 대한 시각이다(중앙일보, 1993. 9. 2.).

논평은 국방부 장관이라는 원고의 신분을 고려하지 않고 기자를 전격적으로 수감한 것은 언론에 대한 심각한 위협으로 보았다. 이러한 논평기사 또는 논설은 공통적으로 결정 과정에 영향력을 행사할 수 있는 공직자를 공인으로 간주하고 그들의 공무 수행 관련 행위들은 직접적으로 공적인 관심에 속한다는 것이다. 그래서 만약 보도가 공적인 업무수행에 관한 것이고 공공의 이익을 위해서 작성되었다면 공인에 대한 뉴스 보도는 문제되는 뉴스 기사가 다소 불확실한 증거에 기초해서 작성되었다 하더라도 명예훼손과 관련된 처벌에서 면책되어야 한다는 점을 주장하고 있다. 즉 명예훼손 소송으로부터의 보호장치로서의 공인을 내세우는 모습을 보인다.

이러한 공인 논의는 1996년 당시 김영삼 대통령의 차남이 《한겨레신문》을 명예훼손으로 고소함으로써 극에 달한다. 본 건에서 서울고등법원은 《한겨레신문》에 유례없는 손해배상액 지불을 명령하였다.[14] 비록 이 판례는 해당 신문사가 반론문을 게재할 것을 약속하자 원고가 소를 취하함으로써 법정 밖에서 해결되었지만, 한국 언론은 명예훼손에서의 면책특권으로서의 공인에 대한 의미 구성을 본격적으로 시도하게 된다. 이와 관련하여 《세계일보》는 "이번 사건은 사적 인물의 명예훼손 다툼에서 중요한 요소가 되는 기사 내용의 사실 여부를 초월하여, 공공인물에 대한 명예훼손 다툼에서 중요한 요소가 되는 기사 내용의 사실 여부를 초월하여, 공공인물에 대한 명예훼손이라는 특수차원에서 법적 심리가 이루어졌어야만 했다"라고 하면서 법적인 심리절차의 미비를 비판하였다(세계일보, 1996. 9. 2.).

본 판결에 대해 피고 당사자였던 《한겨레신문》은 "김현철 씨는 현직 대통령의 아들로서 막강한 공인 중의 공인이고 따라서 그에 대한 언론 보도나 논평은 폭넓게 허용되어야 한다 … 현직 대통령의 아들이라는 막강한 권력을 행사할 수 있을 법한 공인에게 정치자금을 건넸다는 주장을 사실이 아니라고 믿을 수는 없는 노릇이다"라고 피력하였다(한겨레신문, 1996. 1. 29.).

같은 맥락에서 주간지 『미디어 오늘』은 "원고는 그가 한국 사람들 사-

14 서울고등법원 1996. 2. 27. 선고 96카135 판결. 법원은 《한겨레신문》이 원고에게 4억 원의 손해배상액을 지급하라고 판결하였다. 언론은 즉시 그 결정에 반발하면서 만약 문제되는 기사가 그 허위성을 인식하고 작성된 경우가 아니라면 언론인들은 공인과 관련된 기사에 대해 보호를 받아야 한다고 주장하였다. 동시에 이 판례를 통해 언론은 명예훼손 소송에 관계되었을 때 법적인 보호장치의 필요함을 인식하게 되었다. 『언론관련판례집』(1997) 4, 199~205쪽 재인용.

이에서 잘 알려져 있으며, 대통령 선거기간 중에 자신의 아버지의 당선을 위해 상당한 역할을 했다는 점에서 그는 틀림없는 공인이다. 더욱이 원고가 정치적인 목적을 위해서 돈을 받았다는 내용은 공적 관심사의 핵심을 이룬다"고 적었다(미디어 오늘, 1996. 2. 7.).

몇몇 신문들은 언론학자들의 견해를 실었는데 학자들의 견해는 언론의 공통적인 인식을 뒷받침하고 있다. 《한겨레신문》은 사설에서 "김현철 씨는 많은 사람들의 관심을 끄는 공인 중의 공인이다. 다이애나 왕세자비나 윈저공의 은밀한 사생활마저 세계 언론의 관심 표적이 되듯이 대통령의 아들이기 때문에 그의 일거수일투족은 당연히 언론 보도의 대상이 되어 마땅한 것이다 … 현철 씨의 경우 현직 대통령의 아들로서 '공인 중의 공인'인 만큼 명예훼손 여부에 대해 더욱 엄격한 법 적용이 이루어질 것으로 전망되고 있다"라고 썼다.

《세계일보》는 이를 좀 더 구체적으로 다룬다. "현직 대통령의 차남이 '김현철'이라는 것을 알고 있는 대부분의 사람들은 장남이 누구인지는 모른다. 이는 대통령의 아들이기 때문에 사람들이 김현철 씨를 알고 있는 것이 아니라는 방증이다. 그는 공식적, 비공식적으로 지난 대통령 선거에 관여했고, 인사문제와 관련하여 초미의 관심사로 떠오른 적이 있을 뿐만 아니라, 집권 여당에서조차 그의 행로에 지대한 관심사로 떠오른 적이 있을 뿐만 아니라, 집권 여당에서조차 그의 행로에 지대한 관심을 가졌던 사실이 신문지상에 공개된 적도 있다. 이는 그가 여전히 잠재적 영향력을 갖고 있다는 점을 보여주는 것으로, 이러한 이유에서 그는 국민들의 관심대상이 되었다 … 이렇듯 그는 명실상부한 공공인물이었고 …"라고 하여 국민의 큰 관심사인 대통령 아들은 공인이라고 보았다.

공인이라는 말의 출처가 불확실한 만큼 '공인의식' 또는 '공인의 양심'

이라는 말들도 대단히 근원이 불확실한 용어이다. 그럼에도 언론은 '도덕성' '양심' 또는 '책임'이라는 말을 통해서 공인들이 지켜야 할 기준을 브각시키고자 한다. 즉 언론은 우리 사회에서 공인이 어떻게 행동해야 하고 일반인들에게 어떻게 비쳐야 하는지를 생각하게 하는 하나의 틀을 제시하고 있다고 하겠다. 비록 이들 기사는 연예인들을 중심으로 한 유명인들에게 적용될 수 있음을 암시하고 있다.

더욱 흥미로운 점은 언론은 사인보다 공인에게 더욱 무거운 짐을 지움과 동시에 이러한 공인들은 사회적인 감시가 필요함을 강조한다는 것이다. 동시에 언론이 공인에 대해 언급할 때 이는 언론 자유에 대한 위축 없이도 이들에 대해 알릴 수 있는 장치가 필요함을 강조하고 있다. 이러한 점은 2002년 이전의 경우 법원이 언론을 권력에 대한 감시 비판자의 기능을 하는 존재로 판단하기보다는 건전한 여론 형성 기관으로 인식하고 있다는 이재진(1999)의 발견과 일맥상통한다. 왜냐하면 언론이 계속해서 공인을 '감시와 검증의 대상'이라고 보도함으로써 언론의 기능이 단순히 여론 형성이 아닌 공인에 대해 비판하고 감시하고 검증하는 기관으로서의 역할, 나아가서는 권력의 남용에 대해서 감시 비판자로서의 역할을 내세울 수 있기 때문이다. 종합적으로 한국 사회에서 공통적인 사회적 인식을 토대로 하는 공인에 대한 언론 보도는 언론 나름대로의 공인에 대한 정의를 단계적으로 반복함으로써 그 사회적 의미를 공고히 하고 동시에 법적인 의제로 이를 상정하려고 한다는 것을 보여준다.

또한 언론은 공인에 대한 보도는 좀 더 자유롭고 비판적으로 할 수 있어야 하며 이는 국민의 알 권리 충족을 위해 불가피하다고 언론 스스로 판단하는 경향이 나타난다. 이러한 판단은 때로 언론인으로서의 사명감이나 소명의식에서 기인하기도 하지만 섣부른 판단으로 다양한 법적 분쟁을 초래할 수 있다. 흥미롭게도 법원의 공인에 대한 인식은 사안에 따라 달라질 수 있는 반면 언론은 공인을 나름대로 공식화해서 인식하고 있음을 알 수 있다.

아울러 언론은 공인에 관한 사적인 정보도 국민들의 알 권리 충족을 위해 보도되어야 할 사안으로 간주하고 있다. 이러한 성급한 판단이 가끔은 어정쩡한 취재로 이어지기도 하는데 대표적인 예가 바로 2005년 호텔방에서 개인적인 만남을 가지던 정 모 의원에 대한 YTN의 취재 사건이다. 소위 '묵주 사건'이라고도 했던 이 사건에서 YTN은 취재를 하고자 결정하면서 정 의원이 공인이고 공인이 사회적으로 불건전한 행위를 하는 경우 국민의 알 권리 차원에서 이를 충분히 보도할 수 있다고 판단한 것으로 보인다. 그런데 비록 그 보도가 진실이고 공익적인 것이어서 명예훼손으로부터는 면책된다 하더라도 사생활 침해의 경우는 진실성(상당성)의 면책 사유가 적용되지 않으며, 당시 사건이 공중의 정당한 관심사가 될 수 있는가도 명확하지 않다.

요약하자면 법원과 언론이 공인에 대해서 어떻게 서로 다르게 인식하고 있는가를 판단하기 위해서는 우선 공인이란 개념이 한 사회의 정치적·문화적·법적 환경에 따라서 다르게 인식할 수 있다는 점에서 출발해야 한다. 우리나라의 경우 공인에 대한 논의에 있어 법적 개념과 사회통념상의 의미 사이에 어떠한 차이가 존재하는지를 정확히 이해하는 것이 중요하다. 언론은 보도를 통해서 공인에 대한 이해뿐 아니라 공인이란 어떠한 사람이어야 하는가에 대해 논의함으로써 향후 언론 보도에 있어서의 기준을 스스로 마련하고 있는 것처럼 보인다.

# 5 공인원칙의 적용 가능성

기존의 논의들과 법원의 판결 경향을 종합하건데 과연 범주별(유형별) 공인원칙의 적용 가능성은 어떠한가? 언론에 있어서 이러한 질문에 대한 해답은 매우 중요한 의미를 지닌다. 왜냐하면 언론에게 '예측 가능성'을 제공할 수 있기 때문이다. 아직까지 침해유형별로 공인이론 적용 가능성을 비교해서 분석한 경우는 발견되지 않았다. 법원의 공인에 대한 이해와 언론의 공인에 대한 이해를 정리하면 다음과 같다.

첫째, 한국 법원이 공인을 '공공의 이익' 원칙의 일부분으로서 이해하고 있는 반면, 한국 언론은 공인을 미국 언론법에서의 면책특권으로서의 공인으로 개념화하려는 경향을 보인다는 것이다. 둘째, 한국 법원이 공인의 사생활을 언론의 자유로운 보도의 범위 속에 두는 것을 꺼리는 반면, 언론은 사람들이 모두 알기를 원하기 때문에 국민의 알 권리를 위하여 공인의 사생활의 모든 측면이 취재보도의 대상이 되어야 함을 강조하고 있다. 셋째, 한국 법원은 공인은 명예훼손에 대한 배상을 위하여 현실적 악의를 밝힐 필요가 없다고 판시하는 반면, 언론은 계속해서 공인은 명예훼손에 있어 현실적 악의를 입증해야 하는 것으로 그리고 있다. 마지막으로 한국 법원이 공인에 대한 사회적인 윤리 기준이 어떠한가에 대해 명확하게 언급하지 않은 반면, 언론은 공인이 공인의 지위에서 어떠한 윤리적인 자세를 가져야 하는가를 내세움으로써 공인에 대한 사회적인 인식을 확장해 나가고 있다.

다시 말하자면, 한국법상의 공인이라는 개념은 결국 미국법상의 공인 개념과는 다르며 공인을 미국 명예훼손법의 면책특권으로서의 개념으로 구성하려는 언론의 시도는 아직까지 그 법적인 토대를 획득하지 못하고 있다. 언론에서 강조하는 공인이나 공인인식이라는 개념은 사회통념상 받아들여지는 것이라기보다는 오히려 언론에서 이를 사회적으로 널리 인식되는 개념으로 재구성한 것이라고 하겠다.

언론의 공인 구성에 있어서의 한계나 취약성은 현실적 악의 이론에 대한 논의의 부족에서 많이 기인한다. 전술한 소위 김현철 사건 등 일련의 판례들은 명예훼손 소송이 언론 자유에 명백한 위축효과를 가져올 수 있다는 언론의 공통된 인식을 강화시켜 주었다. 언론을 상대로 한 명예훼손 소송이 수적으로 급증하고 있으며 예상 밖의 거액의 손해배상액이 나올 수 있다는 점에서 언론은 명예훼손 소송의 위협성에 공감하고 있는 것으로 보인다. 결국 아직까지 공인에 대한 비판을 자유롭게 할 수 있는 법적인 토대가 미비한 한국의 경우 고인에 대한 언론 보도 또한 대단히 조심스럽게 이루어지지 않으면 안 된다(Youm, 1993).

요약하자면 명예훼손 소송에 대한 방어막으로서 공인을 구성하려는 한국 언론 노력의 결실 여부는 법원이 한국 사회의 민주주의 운영에서의 언론의 중요성을 고려하는 과정에서 이루어질 것이다. 즉 언론의 노력이 성공하느냐의 여부는 앞으로 한국 법원이 법적으로 명예를 보호함으로써 얻어지는 이익과 공적인 문제에 대한 자유로운 토론의 보장에서 얻어지는 이익을 어떻게 비교형량 할 것인가에 따라 결정될 것으로 보인다(Kalven, 1988).

결국 법원에서 판단하고 있는 공인의 범주에 속하는가, 그리고 관련된 사안이 공중의 정당한 관심사가 될 수 있는가에 있어 언론과 법원 사이에 괴리가 존재하고 있음을 알 수 있다. 언론은 법원에 비해 좀 더 공인의 범주를 크게 일반화해서 인식하고 있으며, 공인이고 동시에 사회적으로 부정을 행하거나 불법적 범죄행위와 관련된다고 생각되면 사적 정보에 대한 보도까지도 허용된다고 판단할 때가 많다. 물론 그렇지 않은 경우 망설이다가 꼭 해야 할 취재를 못 하게 될 수도 있으며 이로 인해 언론의 사회적 역할과 기능을 못 하게 될 수도 있다. 그럼에도 언론의 자유에 대한 인식만큼 개인적 인권의 중요성에 대한 인식이 커지고 있다는 점을 언론은 신중하게 판단해야 한다.

언론 보도에 나타난 공인과 법원의 판결에서 나타난 공인 사이의 인식의 차이를 살핀 이승선(2004; 2007)과 윤성옥(2007a; 2007b), 그리고 이재진과 이창훈(2010)의 연구를 종합적으로 고려하여 우리나라의 공인을 범주별로 살펴보면, 우선 정치인에는 우리 법원은 전·현직, 예비 정치인 즉, 국회의원, 국회의원 후보, 전 국회의원, 대통령 후보, 시장, 시의회 의원 등이 이 범주에 속하는 것으로 판단하고 있는 것으로 나타났다. 기존의 판례에서 나타난 정치인들의 경우 전 국회의원, 강원도의회 도의원, 대통령 후보, 성남시 의원, 구리시장, 국회의원 후보 그리고 현직 국회의원 등이 정치인 범주에 속하는 인물로 이해되었다. 이들 공인들의 공통된 특징은 이들이 자발적·정치적 인물에 속한다는 것이다.

다음으로 정치인과는 차별적으로 공직자는 선출직 공직자를 제외한 공직 종자사를 의미한다. 이러한 공직자 범주에는 청와대 비서관이나 감사원 국장 등 고위 공직자 및 세무 공무원, 국립대 교수 등의 공직자가 포함되는 것으로 나타났다. 이러한 직책에 있는 사람 이외에도 법조계 인사 중에서 검사, 부장 검사, 청와대 비서관, 감사원 국장 등 고위직 공직에 해당될 수 있는 인물을 포함한다. 다시 말하자면 이들의 경우에도 언론의 보도 내용이 진실하고 공적인 사유를 충족할 때를 제외하면 일반인과 크게 다를 바가 없다는 것이다.

경제·사회 지도자의 경우에는 대부분 재계임원이 가장 핵심이 되고 있다. 법조인 중 변호사, 노동조합이나 시민사회단체 임원으로 대표되는 시민사회단체, 그리고 언론사와 언론사 편집인, 앵커 그리고 특파원 등 언론인, 아울러 대통령 주치의나 대통령 친조카 등을 포함한 대통령 친인척/측근, 그리고 (유명한) 학자 등을 공인으로 보고 있었다. 이 외에도 경제·사회 지도자는 그 범주가 상당히 포괄적이다.

마지막으로 문화예술체육인 범주는 공인 논의에서 가장 예민한 영역이다. 판결에서는 이 범주에 영화배우, 유명 프로 및 국가대표 스포츠 선수, 탤런트 등이 포함되는 것으로 나타났다. 한국 법원은 영화배우의 경우 1993년부터 '공인'의 범주에 포함시키기 시작한 것으로 보인다. 법원은 탤런트 활동이 일반 대중에게 미치는 영향력을 고려할 때 영화배우는 공인으로 보아야 한다고 판시하였다(서울지방법원 남부지원 1993. 9. 2. 선고 92가합18321 판결 등). 그러나 은퇴한 연예인으로 언론과의 접촉이 없이 사생활에 전념하고 있는 사람의 경우 공인이 아니라고 법원은 판단하고 있다. 또한 스포츠 선수(프로야구 선수)의 경우 2007년에야 처음으로 공인으로 규정한 판례가 도출되었음을 확인할 수 있다(서울중앙지방법원 2007. 1. 24. 선고 2006가합24129 판결 등).

한편, 연예인/스포츠 선수 관련 판례를 볼 때, 이들을 공인으로 규정하고 있음에도 모든 판례에서 공인이 승소하고 있음을 확인할 수 있다. 이는 사건 판례의 대상이 된 연예인/스포츠 관련 언론 보도가 충분한 사실 검증에 근거하지 않고 이루어진 보도였기 때문이라고 판단된다.

그러나 이러한 논의가 현재도 유용하기는 하지만 우리나라의 경우에는 미국과는 다른 '범주화 모델'이 필요하다고 판단된다. 왜냐하면 우리나라의 경우 공인원칙의 일부를 수용하되 이것이 명예훼손과 사생활 침해 영역에서 각각 달리 적용되고 있으며 연예인의 경우 현직인가 전직인가에 따라서도 달리 취급되고 있기 때문이다(이재진, 2009). 이러한 점을 감안하여 '공인'의 범주를 어디까지로 보아야 하는지에 관한 명확한 기준을 제공하기보다는 기존의 범주에 새로이 고려되어야 할 요인을 포함하여 확장된 범주를 제시할 필요가 있다.

판결에서는 공인에 대한 판단의 기준을 제시하고 있지 않고 있기 때문에 단지 이를 추정해볼 수 있을 뿐이다. 따라서 다양한 판결의 내용을 분석하여 판결에서 고려하는 요인들을 포함시켜 범주화를 시도하는 작업이 필요하다. 예컨대 판결의 경우 대법원 및 하급심 판례 중에는 공인의 직업에 대해서 적시하고 있는데 실제로 이들 직업에 속하는 경우에도 공인으로 인정되는 경우도 있고 그렇지 않은 경우도 있다. '공무원'(공직자)은 '공인'의 범주에 포함되어지기는 하나 공무원도 그 직위, 직급, 업무 등에 따라 지위가 결정된다는 점에서 단지 공무원이라는 이유로 모두 언론법제 개념의 '공인'에 포함된다고 보기 어려운 점이 있다. 여기서 이승선(2007)의 '경계영역적 인물' 분류가 필요하다. 다시 말하자면 기존의 범주를 더욱 세분화해서 이에 대한 판단을 달리해야 한다는 것을 의미한다(우제민, 2014).

또한 공인을 직업별로 범주화할 수 있다는 점과 함께, 피해가 개인의 기본권과 관련된 어떤 영역에서 발생했는가에 따라서 공인에 대한 이해가 달라질 수 있다는 점도 살펴보아야 한다. 즉 명예훼손 사건에서의 공인은 사생활 침해나 초상권 침해 판례에서 나타난 공인과 다를 수 있다. 특히 명예훼손의 경우에는 공인에 대해서는 위법성 조각사유인 진실성(상당성)과 공익성의 적용요건을 넓게 해석해야 한다고 보는 반면, 사생활 침해나 초상권 침해의 경우에는 위법성 조각사유가 진실성과 공익성이 아닌 동의(consent)라는 점에서 위법성 조각사유의 적용에 있어서 공인과 사인의 구분이 모호하게 된다.

이러한 분석과 함께 지난 2012년에서 2015년 동안 공직자/공적 인물에 의해서 제기된 소송을 모아서 침해유형별로 승·패소율을 살펴보았다. 이때 공적(국가) 단체와 언론사는 공인에서 제외하고 개인의 경우에만 집중하였다.

2012년에서 2015년까지 지난 4년간 공인들이 제소한 판결을 분석한 결과 총 121건 중 명예훼손 사건이 압도적으로 많았으며(91.7%) 사생활 침해와 초상권 침해 사건은 합쳐서 8.3%가 조금 안 되는 것으로 나타났다. 여전히 기사의 명예훼손이 문제되는 경우가 많이 발생하는 것으로 나타나고 있다. 〈표 1-3〉은 공인들의 유형별 승소율을 보고자 하는 것이기 때문에 일반인 제소자들과의 승패소 여부와 제소 건수 등의 비교는 생략하였다. 우선 가장 많은 빈도를 보인 명예훼손의 경우 원고인 공인이 승소한 경우가 패소한 경우보다 예상외로 살짝 높게 나타났다(51.3%). 공직자·정치인·전문인·언론인의 경우 패소율이 높게 나타난 반면, 연예인·예체능인·기업가·기타의 경우에는 승소율이 패소율보다 높게 나타나고 있다. 이들 부류가 이승선(2007)이 분류한 '경계영역적 인물'이라고 판단할 수 있을

표 1-3 **침해유형별 공인의 승패소율**

| 공인유형/침해유형 | | 명예훼손 | 사생활 침해 | 초상권 | 참고 |
|---|---|---|---|---|---|
| 공직자 | 승 | 25(43.1%) | | 2(100.0%) | |
| | 패 | 33(56.9%) | 1(100.0%) | | |
| 정치인 | 승 | 2(40.0%) | | | |
| | 패 | 3(60.0%) | | | |
| 전문인 | 승 | 7(46.7%) | | 2(100.0%) | |
| | 패 | 8(53.3%) | | | |
| 연예인 | 승 | 3(75%) | 2(100%) | | |
| | 패 | 1(25%) | | | |
| 예체능인 | 승 | 3(100.0%) | | | |
| | 패 | | | | |
| 언론인 | 승 | 1(12.5%) | | | |
| | 패 | 7(87.5%) | | | |
| 기업가 | 승 | 3(100.0%) | 2(100%) | 1(100.0%) | |
| | 패 | | | | |
| 기타 | 승 | 13(86.7%) | | | |
| | 패 | 2(13.3%) | | | |
| 계 | 승 | 57(51.3%) | 4(80.0%) | 5(100.0%) | |
| | 패 | 54(48.7%) | 1(20.0%) | | |

**출처** 언론관련판결 분석보고서(2012~2015년) 재구성.

것이다. 즉 이들에 대한 공인 여부, 그리고 공인 여부가 판결에 미치는 영향 등에서 판결 결과가 조금씩 달라질 수 있다는 것을 의미한다. 또한 공적 또는 국가적 단체, 그리고 언론사를 모두 공인 범주에서 판단한다면 좀 더 달라질 것으로 보인다.

표 1-4 **범주별/침해유형별 공인이론 적용 가능성**

| 공인 범주 | | | 정책적 결정 및 사회적 영향력 | | | |
|---|---|---|---|---|---|---|
| | | | 정치적 | | 비정치적 | |
| | | 피해유형 / 전·현직 | 현직 | 전직 | 현직 | 전직 |
| 미디어 접근 자발성 | 자발적 | 명예훼손 | ◎/◎ | ○ | ◎/○ | ● |
| | | 사생활 침해 | ○ | ● | ○/● | ●/× |
| | | 초상권 | ● | × | ●/× | × |
| | 비자발적 | 명예훼손 | ◎ | ○/● | ● | ●/× |
| | | 사생활 침해 | ○ | ●/× | ●/× | × |
| | | 초상권 | ●/× | × | × | × |

* 대단히 확실(◎/◎), 확실(◎), 대단히 유력(◎/○), 유력(○), 유력 또는 사안에 따라 다름(○/●), 사안에 따라 다름(●), 사안에 따라 다르거나 적용 안 됨(●/×), 적용 안 됨(×)

공인들의 경우 명예훼손에 있어서는 승소율과 패소율이 비슷하지만 사생활 침해, 그리고 초상권으로 가면서는 패소한 경우가 나타나지 않고 있다. 이러한 점은 공직자나 공인 또는 공적 인물 여부가 판결에 크게 작용하지 않는다는 것을 의미한다. 특히 초상권의 경우 공인임에도 불구하고 전체 판례에서 승소하였다. 이렇게 볼 때 초상권에서는 공인원칙이 거의 영향을 미치지 않거나, 공인이라는 점은 인식한다고 해도 이러한 원고의 신분이 판결에 결정적인 요인으로 작용하지는 않았다고 판단된다. 이러한 모든 점을 감안하여 범주별/침해유형별 '공인원칙의 적용 가능성'을 중심으로 범주화해 보면 〈표 1-4〉와 같다.

〈표 1-4〉에 따르면 미디어에 많이 접근하고자 하는 현직 정치인의 경우 언론에 의한 피해가 명예훼손의 경우에는 거의 100% 언론이 승소하는

반면 이들이 전직인 경우에는 현직 때보다 적용 가능성이 크게 떨어지는 것으로 나타났다.

판례에 따르면 정치적이고 현직에 종사하는 인물은 명예훼손의 경우에는 기본적으로 면책될 수 있는 가능성이 크지만, 사생활 침해나 초상권 침해의 경우 그 가능성은 사안에 따라 다르며 특히 초상권 침해의 경우에는 공인이론이 거의 적용이 안 되는 것으로 나타났다(이재진·동세호, 2015). 이러한 범주 분류가 언론에 있어서 정확한 가이드라인은 되지 않으나 최대한 예상 정도를 높임으로써 명예훼손 등으로 인한 위축효과를 줄일 수 있을 것으로 판단된다. 각 피해유형별 상세 분석은 이 책 제2장에서 제4장에 걸쳐 자세하게 다룬다. 이는 법원에서도 인정하고 있는 언론의 권력 감시·비판 기능을 보장하기 위해서도 꼭 실시되어야 할 것으로 판단되는 만큼 이 책에서의 분석이 우리나라의 언론의 자유를 확장시키면서도 개인의 인격권을 효율적으로 보호할 수 있는 조화로운 한국적 공인이론을 구축하는 데 지침이 될 수 있을 것이라 예상된다.

제2장

# 공인과 명예훼손

# 1 공인 관련 쟁점

근래 대통령을 비롯한 고위 공직자 등 공인이 언론 보도로 인한 명예훼손을 이유로 손해배상 또는 정정보도를 청구하는 소송이 증가하고 있다(손태규, 2013; 이재진, 2006). 이는 언론기관이 사실 확인을 제대로 하지 아니한 채 부정확한 보도를 하는 데도 그 원인이 있다고 할 것이지만, 공인들이 자신에 대한 비판적 보도를 막기 위한 수단으로 명예훼손 소송을 이용하고 있는 점도 배제할 수 없다. 이러한 경우 종래의 명예훼손 법리로는 명예훼손 책임이 인정되는 범위가 지나치게 넓어 공인에 대한 비판적 보도가 위축될 수밖에 없으므로 공인에 대한 명예훼손의 법리를 새로이 정립함으로써 공인에 대한 자유로운 비판이 가능하도록 해야 한다는 지적이 계속되었다.

우리 대법원은 지난 2002년부터 공인에 대한 명예훼손 책임을 인정하는 기준을 종래보다 더욱 엄격히 취급하는 듯한 판결을 잇달아 내리고 있는데, 여기에서는 그러한 판결이 나오게 된 법리적 상황, 명예훼손법의 특징과 구체적 내용 및 의미, 2002년 이전과 이후의 판결 내용의 차이점,

주요 판결에서 나타난 특징, 나아가 공인에 대한 명예훼손 소송에서의 앞으로의 전망에 대하여 살펴보고자 한다.

## 우리나라 명예훼손법 발전 과정

우리나라에서는 오래전부터 형법과 민법에 명예훼손에 대한 구체적인 규정을 두어 타인의 명예를 훼손하는 행위에 대하여 형사상의 처벌 및 민사상 불법행위 책임을 지우고 있다. 그러나 실무상 명예훼손에 관한 법리 특히 언론의 보도가 문제되어 명예훼손 책임이 본격적으로 논의되기 시작한 것은 유신, 군사정권 등 이른바 권위주의 통치체제가 약화되고 민주화가 급격히 진전된 1980년대 중반 이후라고 할 수 있다(이재진, 1999).[15] 다시 말하자면 1980년대 중반까지는 언론 보도로 인한 개인의 인격권 침해와 이에 대한 피해구제는 우리 사회에서 중요한 의제로 부각되지 않았다(이재진, 2002).

그 이전에는 주로 사인들 간의 감정적 표현이 형사적 고소로 이어져 형법상의 명예훼손이 문제되는 경우가 있었으나,[16] 민사소송으로 발전하는 경우는 극히 드물었고, 특히 언론 보도를 대상으로 하거나 공직자 등 공인에 대한 비판의 자유 내지 헌법상 표현의 자유와 관련하여 명예훼손

15 스미스(Smith, 1981)는 국가적 통제와 개인의 언론에 대한 소송제기는 반비례한다고 지적한 바 있다.

16 이 또한 그 숫자가 미미하여 이재진(2002)에 따르면 1945년부터 1980년까지 단지 8건이 보고된 것으로 나타났다.

책임 여부가 논란된 적은 거의 없었다. 즉 소송으로 가기보다는 소송 이외의 방식으로 언론에 대한 불만을 해결하거나 억울해도 언론 보도를 참고 넘어가는 일이 많았기 때문으로 보인다.

이는 권위주의 통치 아래에서 언론의 자유가 극도로 억압되어 언론기관으로서도 정부 내지 고위 공직자에 대한 비판적 보도를 제대로 할 수 없었고, 정부에 대한 비판적 보도가 문제가 된 경우에도 명예훼손 소송 등 법률적으로 대처하기보다 1970년대의 이른바 '동아일보광고사태'나 1980년대의 '보도지침사건'에서 보듯 비법률적 방법으로 해결하려고 함으로써 명예훼손의 법리가 본격적으로 발전될 수 있는 상황도 성숙되지 않았기 때문으로 보인다. 오히려 명예훼손죄는 언론이 위축되도록 압박을 가하기 위한 상징적인 법으로 지적되었다. 다시 말하자면 언론의 자유와 개인의 인격권을 비교형량 하는 명예훼손법이 제대로 그 기능을 하지 못했다고 할 수 있다.

이러한 점은 일찍이 모울라나와 진(Mowlana & Chin, 1971)의 지적과 일맥상통한다. 이들은 명예훼손법을 언론에 대한 일종의 규제라는 판단에 근거해서 명예훼손으로 인한 소송이 극히 적었던 현상은 세 가지 법적인 사고틀에 근거한다고 주장하였다. 첫째, 한국인들은 법을 전통적으로 권력 당사자에 의해서 강제되는 법 규정의 총합으로 인식한다. 둘째, 한국은 법적 해결보다는 화합과 조화를 강조하는 전통을 가지고 있다. 셋째, 한국인들은 행정을 법 집행 과정의 일부로서 보는 법의 우월성에 대한 인식을 가지고 있었다는 점이다. 다시 말하자면 적어도 1990년대까지 우리나라 명예훼손법은 개인의 인격권 보호나 언론 자유의 보장에 대한 고려 없이 발전해 온 모습을 띤다고 할 수 있다(Youm, 1996).

흥미롭게도 우리나라의 경우 명예훼손법은 언론 자유와 개인권과의 정상적인 비교형량을 위해 적용되었다. 자유로운 표현에 대한 일종의 정치적인 규제를 위하여 오랫동안 이용되어 왔다고 할 수 있다. 이는 사회적 영향력을 행사할 수 있는 공직자(공인) 등에 의해서 명예훼손법이 남용될 수 있다는 헌법재판소의 결정에서도 살펴볼 수 있는데, 헌법재판소는 " … 역사적으로 보면 사람의 가치에 대한 사회적 평가(명예)를 보호할 목적으로 만든 명예훼손 관련 법은, 권력을 가진 자에 대한 국민의 비판을 제한·억압하는 수단으로 쓰여졌다. …"라고 하여 권력에 의한 명예훼손법의 남용을 지적한 바 있다(헌법재판소 1999. 6. 24. 선고 97헌마265 결정).

그러던 것이 1980년대 중반부터 상황이 크게 달라지기 시작한다. 특히 1987년 6월 29일 민주화 조치 이후 1980년대 언론통폐합의 근거였던 '언론기본법'이 폐지되고 언론 자유의 중요성에 대한 인식이 커지게 되었다(이재진, 1999; 2004; 2015 등). 이와 동시에 인권에 대한 의식이 커지기 시작하면서 개인의 인격권 침해와 그 피해에 대한 구제에 대한 관심이 크게 늘어났다. 다시 말하자면 언론에 대한 정부의 정치적 압력이 약화되면서 개인들이 제기하는 소송 건수가 점차 증가하게 되었다. 조사에 따르면 1980년대 명예훼손 소송은 후반부터 그 수가 급증하여 연간 20여 건 정도 재판으로 이어졌고 특징적인 것은 이전에 비해 민사소송이 더 많아지게 되었다는 점이다.

1988년 대법원은 "인격권으로서의 개인의 명예의 보호와 표현의 자유의 보장이라는 두 법익이 충돌하였을 때 그 조정을 어떻게 할 것인지는 … 표현의 자유로 얻어지는 이익, 가치와 인격권의 보호에 의해서 달성되는 가치를 형량 하여 그 규제의 폭과 방법을 정해야 한다"라고 판시하여 변화하는 상황을 잘 반영하고 있다. 개인의 기본권(인격권)과 언론 자유를 같은 선상에서 피해구제를 추구하기 시작한 것이다. 이러한 상황은

1980년대 반론권 도입과 이의 시행을 위해 설립된 '언론중재위원회'의 영향이 적지 않다.

1980년대의 한국 상황은 스미스(Smith, 1981)의 지적과 일치하는데, 그는 어떤 조건하에서, 그리고 어느 정도로 미디어 통제가 발생하고 작용하는가에 대해서 질문을 던지면서, "매스 미디어가 더 많이 정부의 규제나 통제에 놓여 있을수록 개인들의 법적 소송으로부터는 면책되는 경향이 있다 … 미디어에 대한 개인의 통제와 정부의 통제는 반비례한다"라고 피력하였다. 이러한 스미스의 발견은 거시적인 측면에서 우리나라에서 언론과 개인의 관계 지형을 읽을 수 있는 통찰력을 제공한다.

1980년대 중후반부터의 상황은 1990년대로 이어지는데, 이 시기에 가장 특징적인 것은 형법상 위법성 조각사유(제310조) 적용에 대한 새로운 법리를 구성하여 언론 자유와 개인의 인격권 간 조화를 꾀하려 했다는 점이다. 가장 대표적인 것이 바로 1988년 대법원 판결에서 도출된 '상당성 원칙이다(대법원 1988. 10. 11. 선고 85다카29 판결). 이는 형법상 위법성 조각사유인 진실성에 대한 요건을 부드럽게 한 것으로, 100% 진실을 전달하기 힘든 언론 보도의 특성을 감안하여 보도 당시 보도한 내용이 진실이라고 믿을 만한 상당한 이유가 있었다면 진실성이 인정되는 것으로 보아야 한다는 법리다. 이는 기존에 법원이 오랫동안 견지해 온 언론의 '진실 보도' 영역을 상당히 확장한 것으로 '엄격한 책임'을 묻는 이전의 법리를 완화한 것이라고 할 수 있다.

그러나 이와 달리 언론의 '범죄 관련 보도'에 있어서는 언론 자유보다 언론의 무분별한 자의적 보도를 규제하려는 데 무게를 두는 판결이 늘어나게 된다. 예를 들어 1996년 판결에서 대법원은 언론의 권위로 인해 보도 내용이 진실로 받아들여지는 경향이 있고, 광범위하고 신속한 전파력으로 인해 사실상 충분한 피해구제를 받을 수 없다는 점을 들어 언론의 범죄 관련 보도의 경우 신중을 기해야 한다고 판단하였다(대법원 1996. 8. 20. 선고 94다29928 판결).

역시 1996년 대법원 판결에서 언론 보도가 인격권을 침해하는 것을 막기 위해서라도 언론은 취재원을 확인하고 문제되는 사실의 진위 여부를 확인한 뒤 보도하는 것이 언론의 사회적 소임임을 강조하였다(대법원 1996. 5. 28. 선고 94다33828 판결). 특히 국가기관 같은 공적 기관에서 보도자료를 배포하면서 발표한 경우, 즉 공식적 보도자료에 근거한 경우는 이를 최대한 과장하거나 윤색하지 않고 그대로 보도하려고 하는 경우 상당성 원칙에 부합된다고 보았다. 이러한 상황에서 언론계는 1996년 신문편집인협회 등을 중심으로 '신문윤리강령'(1957년 제정)을 개정하고 '실천요강'을 제정하여 언론윤리 준수를 강화하는 노력을 기울인다.

1990년대에서 2000년대로 넘어가면서 명예훼손을 중심으로 피해구제를 추구하던 것에서부터 그 범위가 점차 넓어져 초상권, 사생활의 비밀과 자유, 음성권, 성명권 등에까지 다양한 소송이 나오기 시작한다. 초상권 관련 소송의 경우 흥미롭게도 언론을 상대로 원고가 승소하는 경우가 명예훼손의 경우보다 훨씬 높게 나타났다. 관련 판례들을 살펴보면 초상권 침해의 경우 명예훼손의 경우와 같은 위법성 조각사유가 별도로 없으며, 우리 법원은 초상권 침해와 관련해서는 '공인 여부' 또는 '묵시적 동의'를 거의 인정하지 않는다는 점을 알 수 있다.[17]

초상권 같은 개인의 인격권 침해 소송의 확장과 별도로 이 시기의 또

17 초상권과 공인에 대해서는 제4장에서 상세히 다룬다.

다른 특징은 언론사 간 소송이 많이 발생했다는 점이다. 이전에는 언론사 간에 서로 비판적인 기사를 다루지 않았지만 점차 정치적·경제적·이데올로기적 대립이 커지면서 언론사 간 비판적 기사로 인한 소송 건수가 크게 증가하였다. 이러한 언론사 간 소송은 2001년 처음 나타나기 시작하는데 법원은 언론사를 '공인' 또는 '공적 존재'로 간주하고 이들이 상호 비판하고 반박할 수 있는 능력을 갖춘 것으로 판단하여 완전히 허위 사실의 보도가 아닌 경우는 이를 오히려 권장해야 한다고 보았다. 법원은 "매체 간의 광범위한 상호 비평의 활성화는 언론의 부패를 막는 안전판이자 국민의 정보선택권을 넓혀 올바른 여론 형성에 기여한다"라고 판시한 바 있다(서울지방법원 2001. 4. 11. 선고99가합96928 판결).

2002년 이후 명예훼손과 관련된 소송의 가장 큰 특징은 '공인이론' 수용을 통한 언론 자유 신장이라고 할 수 있다. 미국식의 공인 법리와 같은 것은 아니지만 우리 법원도 언론 보도에 있어 보도 대상이 소위 공인 또는 공적 인물(존재)인 경우는 비판적 보도를 좀 더 자유롭게 할 수 있는 법리를 강화하게 된다. 실제로 미국 명예훼손법에서 파생된 '공인' 또는 '공적 존재'라는 용어는 1980년대 말 우리나라 신문에 처음 등장한다. 그러나 이러한 논의가 지면이나 논문을 통해 간헐적으로 이루어져 오다가 2002년 대법원 판결 등 이후 널리 수용되는 모습을 보인다. 대법원은 언론이 '숨 쉴 공간'이 필요하며 표현이 공공적·사회적 의미를 가진 사안의 경우는 그 평가를 사적 영역에 대한 사안과 달리해야 하며, 공적인 판단 이전이라도 적절한 의혹 제기는 허용해야 한다고 보았다(대법원 2002. 1. 22. 선고 2000다37524, 37531 판결).

이어 2003년 대법원은 공직자에 대한 국민과 정당의 감시 기능이 필요하며, 이런 점에 관한 의혹 제기가 "악의적이거나 현저히 상당성을 잃은 공격이 아닌 한" 책임을 물어서는 안 된다고 판시하였다(대법원 2003. 7. 8. 선고 2002다64384 판결). 아울러 2004년 대법원은 "공직자의 도덕성·청렴성이나 그 업무 처리가 정당하게 이루어지고 있는지 여부는 항상 국민의 감시와 비판의 대상이 되어야 한다"라고 판시하였다(대법원 2004. 2. 27. 선고 2001다53387 판결). 이는 언론의 감시·비판 기능을 인정하는 것이라 판단된다.

이러한 일련의 판결들은 1964년 공인(공직자)에 대한 현실적 악의 원칙을 확립한 미국 '설리번 사건'(New York Times v. Sullivan, 376 U.S. 254)의 원칙과 유사하다. 다만 설리번 사건에서는 진실 입증책임을 피고에서 원고로 옮김으로써 피고인 언론의 어깨를 가볍게 한 반면 우리는 아직까지 진실 입증책임이 언론에 있다는 점이 다르다. 즉 원칙의 내용은 유사하나 이를 실행하는 방식에서 차이가 있다고 하겠다.

지난 70년간 우리나라 명예훼손법의 역사는 민주주의를 지탱하는 두 축이 되는 언론 자유와 개인의 인격권 간 이익형량의 역사였다. 우리 사회가 본격적으로 민주화의 길을 걷기 시작한 1980년대 말부터 명예훼손 소송의 수가 크게 증가하고 인권에 대한 의식이 성장함에 따라 개인의 인격권을 보호하면서도 언론 자유를 신장할 수 있는 방향으로 이익형량을 시도하고자 했다는 점을 알 수 있다. 이는 우리 법원이 '상당성 원칙' '공적 인물/공적 사안 원칙' '정당한 의혹 제기 원칙' '현저히 악의적 공격 원칙' 등을 잇달아 수용하여 언론 자유를 더욱 보장하려고 하면서도 '묵시적 동의' 등의 요인을 수용하지 않고 개인의 초상권 등 사적 영역을 엄격하게 보호하려고 하는 점에서 알 수 있다(함석천, 2010). 특히 공인의 공적 영역에 대해서는 비록 언론이 완전히 면책되지는 않으나 언론이 더욱 자유롭게 보도할 수 있도록 하되, 일반인의 경우는 최대한 인격권을 보장해 주려는 특성을 보인다고 할 수 있다. 그러나 공인이 누구인가에 대해서는 아직도 명확한 사회적 합의가 없으며 자의적 판단이 작용할 여지가 남아 있다.

## 관련 법 규정과 명예훼손의 성립 요건

우리나라에 있어 명예훼손법은 형법과 민법, 그리고 정보통신망법에 걸쳐 관련 규정을 두고 있다. 무엇보다 형법이 명예훼손법의 핵심이라고 할 수 있다. 「형법」 제307조는 '명예훼손'이란 표제 아래 제1항에서 '공연히 사실을 적시하여 사람의 명예를 훼손한 자'를 2년 이하의 징역이나 금고 또는 벌금에 처하도록 규정하고 있고, 같은 조 제2항은 '공연히 허위의 사실을 적시하여 사람의 명예를 훼손한 자'를 5년 이하의 징역, 10년 이하의 자격정지 또는 벌금에 처하도록 하고 있다.[18] 이와 함께 동법 제309조 제1항의 경우 "사람을 비방할 목적으로 신문, 잡지, 또는 라디오 기타 출판물에 의하여 제307조 제1항의 죄를 범한 자는 3년 이상의 징역이나 금고 또는 700만 원 이하의 벌금에 처한다"라고 되어 있고, 제2항은 "제1항의 방법으로 제307조 제2항의 죄를 범한 자는 7년 이하의 징역, 10년 이하의 자격정지 또는 1천 500만 원 이하의 벌금에 처한다"라고 되어 있다. 이러한 규정을 통해 우리나라에서 언론 보도로 인한 피해로부터 형사적으로 피해 구제를 청구할 수 있다.

---

18 제307조(명예훼손) ① 공연히 사실을 적시하여 사람의 명예를 훼손한 자는 2년 이하의 징역이나 금고 또는 500만 원 이하의 벌금에 처한다. ② 공연히 허위의 사실을 적시하여 사람의 명예를 훼손한 자는 5년 이하의 징역, 10년 이하의 자격정지 또는 1천만 원 이하의 벌금에 처한다.

한편, 「민법」 제750조는 "고의 또는 과실로 인한 위법행위로 타인에게 손해를 가한 자는 그 손해를 배상할 책임이 있다"라고 규정하고 있으며,[19] 제751조 제1항은 "타인의 명예를 해하거나 기타 정신상 고통을 가한 자는 재산 이외의 손해에 대하여도 배상할 책임이 있다"라고 규정하고 있다. 따라서 형사상의 명예훼손죄는 '공연(公然)히 사실(事實)을 적시(摘示)하여 사람의 명예(名譽)를 훼손(毁損)함'으로써 성립하며(형법 제307조 제1항 및 민법 제751조 제1항), 민사상으로는 고의 또는 과실로 타인의 명예를 침해하거나 정신상 고통을 가함으로써 성립된다(민법 제750조 참조).

그런데 형법은 언론 보도에 의한 명예훼손 조항 외에 그 위법성으로부터 면책될 수 있는 조항을 두고 있다. 「형법」 제310조는 "위법성의 조각"이라는 표제 아래 "제307조 제1항의 행위(사실의 적시에 의한 명예훼손)가 진실한 사실로서 오로지 공공의 이익에 관한 때에는 처벌하지 아니한다"라고 규정하고 있다. 따라서 우리 법체계상 진실한 사실을 공표하는 경우에도 타인의 명예가 훼손되는 경우가 있을 수 있으나 공표자가 그 사실이 공공의 이익에 관한 것이라는 점과 공표된 사실이 진실임을 입증하는 경우에는 위법성이 조각되어 처벌받지 않게 된다. 「형법」 제307조와 제310조에서 보듯 우리나라에서는 비록 공표한 사실이 진실이라고 할지라도 명예훼손죄가 성립될 수 있음을 명백히 하고 있다. 우리나라의 경우 명예훼손이 성립되기 위해서는 피고인 언론이 공표한 내용이 허위 사실이라는 것

19 제750조 (불법행위의 내용) 고의 또는 과실로 인한 위법행위로 타인에게 손해를 가한 자는 그 손해를 배상할 책임이 있다. 제751조 제751조 (재산 이외의 손해의 배상) ① 타인의 신체, 자유 또는 명예를 해하거나 기타 정신상 고통을 가한 자는 재산 이외의 손해에 대하여도 배상할 책임이 있다. ② 법원은 전항의 손해배상을 정기금채무로 지급할 것을 명할 수 있고 그 이행을 확보하기 위하여 상당한 담보의 제공을 명할 수 있다.

을 알았거나 허위임을 알지 못한 과실이 있음을 필요로 하는 것은 아니다.

즉 우리나라 명예훼손법에 있어서 고의란 '사실의 적시 및 이로 인하여 타인의 명예를 훼손한다는 인식'만으로 충분하고, 적시되는 사실이 허위라는 인식을 필요로 하는 것이 아니다. 또한 민사상의 불법행위로서의 명예훼손은 과실에 의하여도 성립할 수 있지만 여기서의 과실은 공표하고자 하는 사실이 허위임에도 이를 진실이라고 잘못 믿은 과실 또는 공표한 사실의 진실 여부를 제대로 확인하지 아니한 과실이 아니라, 표시상의 과실이나, 보관상의 잘못으로 타인에게 누출되는 경우 등과 유사하게 공표 과정상의 과실이 문제될 수 있을 뿐이다.

정보통신망법의 경우에는 형법상의 명예훼손 규정과 거의 같다. 다시 말하자면 우리나라는 인터넷 언론 등의 오보로 인한 피해가 발생하는 경우 이를 형사적으로 처벌할 수 있는 규정을 두고 있는 것이다. 일명 '사이버 명예훼손'이라고도 하는데 「정보통신망법」 제70조(벌칙)에서 "사람을 비방할 목적으로 공공연하게 사실을 드러내 다른 사람의 명예를 훼손한 자는 3년 이하의 징역 또는 3천만 원 이하의 벌금에, 그리고 허위의 사실을 드러내어 다른 사람의 명예를 훼손하는 자는 7년 이하의 징역, 10년 이하의 자격정지, 또는 5천만 원 이하의 벌금"에 처하도록 하고 있다.[20] 이처럼 인터넷상에서 잘못된 보도로 명예가 침해당할 때는 그 매체의 특성상

---

20 「정보통신망 이용촉진 및 정보보호 등에 관한 법률」 제70조(벌칙)
① 사람을 비방할 목적으로 정보통신망을 통하여 공공연하게 사실을 드러내어 다른 사람의 명예를 훼손한 자는 3년 이하의 징역 또는 3천만 원 이하의 벌금에 처한다.
② 사람을 비방할 목적으로 정보통신망을 통하여 공공연하게 거짓의 사실을 드러내어 다른 사람의 명예를 훼손한 자는 7년 이하의 징역, 10년 이하의 자격정지 또는 5천만 원 이하의 벌금에 처한다.
③ 제1항과 제2항의 죄는 피해자가 구체적으로 밝힌 의사에 반하여 공소를 제기할 수 없다.

피해가 더 크다고 보아 처벌의 수준이 더 높다는 특징을 가지고 있다.

## 위법성 조각사유의 확장 – '상당성 법리'의 전개

우리 형법은 제310조에서 명예훼손상의 위법성 조각사유를 규정하고 있다. 그런데 이러한 「형법」 제310조에 의한 '진실 입증의 법리'는 불명확하고 또한 불충분한 측면이 있다. 무엇보다 형법에 규정된 이 법리가 민사상의 명예훼손 소송에서도 그대로 적용될 수 있을지가 불분명하고, 나아가 진실이 아닌 사실을 행위자는 진실이라고 잘못 알았으나 공공의 이익을 위하여 공표한 경우에는 어떻게 될 것인가가 문제되었다(이수종, 2007). 즉 허위의 사실을 진실이라고 잘못 알고 공표한 경우에도 진실한 사실을 공표한 경우와 마찬가지로 취급할 것인가, 허위 사실을 진실하다고 안 것은 행위자의 잘못이므로 행위자에게 명예훼손의 책임을 지울 것인가가 문제되었다는 것이다(박용상, 2013b).

만일 전자에 의한다면 허위 사실의 공표로 명예를 훼손하고도 아무런 책임을 지지 아니하는 사례가 많이 발생하여 명예훼손이 만연할 우려가 있고, 후자를 따른다면 진실하다고 믿고 이를 공표한 행위자에게 너무 가혹하며 진실한 사실조차 진실임을 입증할 자료가 없으면 이를 공표하지 못하게 되어 공공의 사항에 대한 언론의 자유가 위축될 우려가 있는 것이다(김기중, 2017).

이에 대하여 대법원은 "형사상으로나 민사상으로 타인의 명예를 훼손하는 경우에도 그것이 공공의 이해에 관한 사항으로서 그 목적이 오로지 공공의 이익을 위한 것일 때에는 진실한 사실이라는 증명이 있으면 위

행위에 위법성이 없으며 또한 그 증명이 없더라도 행위자가 그것을 진실이라고 믿을 상당한 이유가 있는 경우에는 위법성이 없다고 보아야 할 것이다"라고 판시함으로써 이러한 문제를 해결하였다(대법원 1988. 10. 11. 선고 85다카29 판결). 즉 진실 입증의 법리가 민사상의 명예훼손에도 적용됨을 명확히 함과 동시에, 진실 입증의 법리를 확장하여 허위의 사실을 진실하다고 잘못 알고 공표한 경우에 단순히 진실하다고 믿은 것만으로는 면책되지 아니하지만 진실하다고 믿은 데에 상당한 이유가 있는 때에는 위법성이 조각되어 형사상의 처벌이나 민사상의 책임을 면하도록 한 것이다. "형사상이나 민사상으로"라는 대법원 판결상의 표현은 이와 같은 배경을 반영한다는 것이라 볼 수 있다. 이러한 취지는 그 후 수차례의 대법원 판결에서 확인되어 현재는 확립된 판례이론으로 볼 수 있다(김시철, 2015). 사실 이 판결 이전에는 명예훼손은 대체로 형사사건으로 다루어졌다(함석천, 2011; 이재진, 2009). 형사 사건은 국가공형벌권 때문에 강제성이 수반될 수밖에 없다. 민주국가에서의 언론의 자유를 논하는 데에는 역시 형사 사건보다는 민사 사건으로 분쟁이 해결되는 것이 합리적이라는 지적들이 많다. 즉 명예훼손과 관련된 형사적 문제 해결은 후진적인 해결방식이라는 것이다.

이러한 진실 입증의 법리에 첫 번째 변화를 가져온 것은 법원이 전술한 '진실이라고 믿을 만한 상당한 이유', 즉 상당성을 고려하기 시작한 때부터라고 할 수 있다. 대법원은 1988년 명예훼손의 위법성 조각사유로 공공성(또는 공익성), 진실성 외에 상당성을 새로이 제시하고, 형법상 명예훼손죄의 위법성 조각사유가 민법상 불법행위에도 적용된다는 점을 명확히 하였다(대법원 1988. 10. 11. 선고 85다카29 판결). 이 사건 이후 명예훼손 소송에서 법원은 모두 공공성·진실성·상당성이라는 세 가지 기준을 중심으로 그 위법성 여부를 판단하게 된다.

상당성의 법리, 즉 공표된 사실이 진실이 아니더라도 그것이 진실하다고 믿은 데 상당한 이유가 있는 경우에는 책임을 지지 아니한다는 법리는 언론기관에 대하여 중대한 의미를 지닌다(김시철, 2014). 다시 말하자면 형법상으로는 진실한 사실을 적시한 경우에만 처벌하지 아니한다는 규정만이 있을 뿐인데 대법원은 판례이론으로서 적시한 사실이 진실이 아니라 하더라도 진실하다고 믿은 데 상당한 이유가 있는 경우까지 책임을 면하는 범위를 확장한 것이다. 사실 언론이 비판적 기능을 수행하는 성질상 타인의 명예를 침해할 만한 기사를 싣게 되기 마련이고 기자가 직접 목격한 것이거나 취재 당사자를 직접 취재하기보다 제3자를 취재한 결과를 기사로 싣는 경우가 대부분이므로 기사 내용이 진실하지 아니한 경우도 적지 않을 수 있는데 기사 내용이 진실한 경우뿐 아니라 진실하지 아니한 경우라도 이를 진실하다고 믿은 데 상당한 이유가 있으면 책임을 면하게 되고 따라서 그만큼 언론의 활동공간이 넓어지는 셈이 되었기 때문이다(한위수, 2016).

그런데 이러한 상당성 원칙이 언론의 면책 범위를 넓혀주는 데 일정한 역할을 하긴 했으나 어떠한 경우에 행위자가 진실이라고 믿을 만한 상당한 이유가 있는가를 결정하는 것은 언론매체의 성격, 기사의 성격, 정보원의 신뢰성, 진실 확인의 용이성 및 노력 등을 종합적으로 고려하여 사안별로 해결할 수밖에 없다는 한계를 갖는다(김재형, 2014; 이재진, 2014). 결국 상당성이라는 기준이 존재하는 한 명예훼손 법리는 잠재적인 소송 당사자에게 사건 결과를 예측할 수 있는 가능성을 전혀 제공하지 못하며, 법정에서 명예훼손 시비를 가려야 하는 구조를 갖게 된다. 1990년대 들어 명예훼손 소송이 크게 증가한 이유 중 하나도 이러한 '상당성 원칙'에 있다는 지적도 있다.

상당성 원칙이 도입된 지 10여 년 정도 지난 1990년대 후반에서 2000년 초반 명예훼손 법리는 또 한 번의 변화를 맞게 된다. 소위 말하는 '공인이론'(또는 공인원칙) 논쟁이다. 이 이론은 설사 보도 내용이 명예훼손적이라고 하더라도 그 보도의 피해자가 공인의 지위에 있는 사람은 완전히 허위가 아닌 경우에는 이를 수인해야 한다는 논리다. 이러한 공인이론이나 상당성 원칙은 모두 보도된 내용이 진실이 아니더라도 일정한 경우 피고에게 손해배상책임을 물리지 말자는 측면에서는 같다. 그러나 공인이론은 상당성 논리와 논의의 출발점이 다르다. 왜냐하면 상당성 원칙은 피고에게 있었던 사정을 기준으로 접근하는 데 반해 공인이론은 원고의 신분을 기준으로 공인이 명예훼손 소송을 제기하는 것은 사인의 소제기와 다르다는 접근방법을 취하기 때문이다(문재완, 2008; 김시철, 2014).

그런데 공인이론과 같은 접근이 확실한 법리로 정착되어 있으면 명예훼손과 관련된 소송을 줄이는 예방적 기능을 할 수 있을 것을 보이나 실제로는 그렇지 못하다고 평가된다. 우리나라의 기본적인 명예훼손 법리는 공연히 사실을 적시하여 다른 사람의 명예를 훼손할 경우 민·형사상 책임을 지우지만, 그러한 보도 내용이 진실하고 오로지 공공의 이익을 위한 것일 때 위법성을 조각하여 명예훼손의 책임을 면해 주고 있다. 명예훼손적인 보도를 한 행위자에게 보도 내용의 진실성을 입증하라고 요구하는 것에 비하여 진실이라고 믿을 만한 상당한 이유가 있었는지 입증하라고 요구하는 것은 표현의 자유를 크게 신장시켰다고 평가된다(문재완, 2004). 그러나 우리나라 명예훼손법상의 공인이론은 아직도 명확한 자리를 잡지 못하고 발전해가고 있는 모습을 보인다.

이러한 이유 중 가장 큰 이유는 우리 법원이 공인이 누구인지에 대해 설명하기보다 어떤 상황에서 어떤 지위에 있는 사람이 공인으로 판단된다 안 된다는 범주화된 접근을 취하고 있다는 점이다. 그런데 최근 한 하급심 판결(서울중앙지방법원 2014. 10. 28. 선고 2014가단123116 판결)에서 '공적 인물'에 대한 부분적인 정의를 내린 바 있다. 판결에 따르면 공적 인물은 재능·명성·생활양식 때문에 또는 일반인이 그 행위, 인격에 관하여 관심을 가지는 직업 때문에 공적 인사가 된 사람을 말하는 것으로 공직자·정치인·운동선수·연예인 등 자의로 명사가 된 사람뿐만 아니라 범인과 그 가족, 피의자 등 타의로 유명인이 된 사람도 포함된다고 보았다. 또 일정한 공적 논쟁에 자발적으로 참여하거나 개입하여 비판적인 보도와 논평의 대상이 되는 위험을 감수한 사람도 공적 인물이라고 규정하였다. 더불어 법원은, 공적 인물은 개인의 사적 영역이 공개되는 것에 대한 수인 범위가 상대적으로 넓다고 판시하였다.

## '현실적 악의 법리'에 대한 수용 논의

이 책 제5장 미국의 명예훼손과 공인에서 상세히 다루어질 공인이론은 미국에서 배태되었으며, 그 핵심은 바로 공인의 경우 언론의 '현실적 악의'(actual malice)를 입증하지 못하면 피해에 대한 배상을 받지 못한다는 것이다. 우리나라에 있어서도 공인과 관련하여 보도의 자유를 확장하기 위해서 현실적 악의를 도입해야 한다는 논의가 있었다. 왜냐하면 1988년 대법원에 의해 형성된 상당성 법리가 언론기관의 공인에 대한 비판의 폭을 대폭 확대하기는 하였으나 충분하지 않았을 뿐만 아니라 대법원 판례에서 나타난 기사가 진실하다고 믿은 데 상당한 이유가 있다고 인정되어 면책되는 경우도 그리 많지 않았기 때문이다.

먼저, 상당성 법리는 진실하다고 믿은 데 상당한 이유가 있는지 여부에 대한 입증책임이 행위자에게 부과되고 있으며, 또한 대법원은 언론매체의 보도를 통한 명예훼손에 있어서 행위자가 보도 내용이 진실이라고 믿을 만한 상당한 이유가 있는가의 여부는 "행위자가 보도 내용의 진위 여부를 확인하기 위하여 적절하고도 충분한 조사를 다하였는가, 그 진실성이 '객관적이고도 합리적인 자료나 근거'에 의하여 뒷받침되는가 하는 점에 비추어 판단하여야 할 것"이라고 판시하면서 상당성이 인정되는 범위를 좁게 보았다(대법원 1988. 10. 11. 선고 85다카29 판결).

이러한 판례 경향에 따라 공인에 대한 비판 활동이 위축될 수밖에 없었던 바, 이에 따라 우리나라에서도 미국에서 1964년 설리번 판결 이래 확립된 이른바 '현실적 악의의 법리'(actual malice rule), 즉 "공인이 명예훼손 소송에서 이기기 위해서는 그 내용이 허위임을 알았거나 허위인지의 여부를 무분별하게 무시하고(with knowledge that it is false or with reckless disregard of whether it was false or not) 이를 공표하였음을 입증하여야 한다"라는 법리와 비교하여 공인에 대한 명예훼손 책임이 인정되는 범위가 지나치게 넓다고 하여 우리나라에서도 위 현실적 악의의 법리를 도입하여야 한다는 주장이 실무상 대두되기 시작하였다는 것이다.

그러나 전술한 바와 같이 대법원은 이를 수용하지 않았다. 오히려 명시적으로 이를 거듭 거부하였다. 대법원은 한 지방 일간지에서 부면장인 원고가 그 소유 감나무 밭에 있는 창고를 공장으로 임대하면서 적법한 신고절차 등을 거치지 아니하였고 사슴 축사를 지어 사용함에 있어 역시 적법한 신고절차 등을 거치지 아니하였다고 보도하였으나, 위 창고는 공장으로 쓰이지는 않았고 위 축사의 신축 또는 증축에 건축법 소정의 허가 또는 신고가 필요하지 아니하였으며 피고 측 기자가 그 진위 확인을 제대로 하지 아니한 채 면사무소 직원의 제보만을 바탕으로 기사를 작성한 사안에서, "언론의 특성상 공직자의 윤리 및 비위 사실에 관한 보도에 있어서는 특별히 보도의 내용이 허위임을 알았거나 이를 무분별하게 무시한 경우에만 상당한 이유가 없다고 보아야 할 것이라거나 상당한 이유에 대한 입증책임을 피해자가 부담하여야 할 것이라는 등의 상고 이유의 주장은 독자적인 견해에 불과하여 받아들일 수 없다"고 판시하였다(대법원 1997. 9. 30. 선고 97다24207 판결).

또한 대법원은 국내 각 일간지와 방송사인 피고의 워싱턴 특파원을 지내고 그 이후에도 미국에서 언론 활동을 해온 원고에 대하여 방송드라마에서 비판적으로 묘사하였으나 위 방송 대본의 근거가 된 각 자료는 내용의 진실함을 뒷받침하기에 부족하고 드라마의 방송에 앞서 원고나 위 저서의 저자들을 만나 의견을 묻거나 달리 사실관계를 확인하지는 아니한 사안에서, 원고가 공적인 인물로서 자신의 입장을 해명하고 방어할 수단을 가지고 있으므로 이 사건 드라마 방송과 관련하여 피고에게 명예훼손에 기한 불법행위책임을 묻기 위하여는 피고가 현실적인 악의에 기하여 이 사건 드라마를 방송하였음을 원고 측에서 입증하여야 한다는 피고의 주장에 대하여 피해자가 공적인 인물이라 할지라도 언론기관에 그 사람의 명예를 훼손하려는 현실적인 악의가 있는 경우에만 제한적으로 명예훼손이 성립되는 것은 아니라고 판시하였다(대법원 1998. 5. 8. 선고 97다34563 판결).

결국 대법원은 우리나라에서는 명예에 대한 관념이 미국과는 달라 명예훼손에 대한 수인의 정도를 달리하고, 미국에서는 일반적으로 언론 자유의 우월적 지위가 인정되지만 우리나라에서는 언론의 자유가 명예 등 인격권과 대등한 지위로서 이익형량에 의하여 허용 여부가 결정되며, 미국과는 달리 우리나라에서는 소위 증거개시(discovery) 제도가 없어 원고 측에서 '현실적 악의'를 입증하는 것이 사실상 불가능하고, '현실적 악의 법리'는 미국 자체에서도 비판적 논의가 있으며 미국을 제외한 대부분의 국가에서는 채택되지 아니하는 점 등에 비추어 우리나라에서 '현실적 악의 원칙'을 그대로 도입하는 것은 공인이 명예훼손적 표현으로부터 구제받는 것을 불가능하게 함으로써 공인에 대한 무책임한 보도를 부추겨 오히려 사회적으로 바람직하지 못한 결과를 초래할 가능성이 높은 점에서 위 법리를 그대로 받아들이지 않는다고 판단한 것으로 보인다(한위수, 2004).

## 2 공인 판례 분석 : 명예훼손 판결에 나타난 공인

한위수(2004)는 2002년부터 대법원에서 공인에 대한 명예훼손 책임을 인정하는 기준을 종래보다 훨씬 더 엄격히 해석하는 취지의 판결을 내리고 있는 점에 주목하면서 이러한 대법원의 태도가 종전의 명예훼손 법리가 공인에 대한 자유로운 비판을 위축시킨 점이 없지 아니한 사실을 감안하면 타당한 것이며 공인에 대한 자유로운 비판의 폭을 확대하려는 대법원의 강한 의지와 선도성이 돋보인다고 분석하였다.

한위수의 지적처럼 실제로 법원은 2002년 이후 언론소송에 대한 종래의 입장을 수정, 공인 관련 소송에서 언론 자유를 중시하는 의미 있는 판결을 잇달아 내놓고 있으며 새로운 판결 기준과 언론 자유 해석 기준을 채택하고 있다는 주장도 제기되고 있다(이재진, 2006; 양재규, 2009). 공적 인물의 공적 활동에 관한 신문 보도가 명예훼손적 표현을 담고 있는 경우 언론 자유와 명예 보호의 이익형량 기준을 제시하고 있는 이 결정은 최근 한국 언론소송의 현실적 쟁점인 공인 문제를 '공적 인물'이라는 표현으로, 공공성 문제를 '공적 관심사'라는 표현으로 구체화하면서 면책 사유로서의 공인이론을 확장하고 있음을 보여주고 있다(차용범, 2002).

이러한 점에서 2002년을 기점으로 그 이전에 공인에 대한 판결이 어떠한 경향을 보였으며, 2002년 이후 2015년까지의 판결은 이전과는 어떻게 다르게 발전해 왔는지를 살펴보는 것이 대단히 중요하다. 다시 말하자면 우리 법원에서 바라보는 공인에 대한 이해가 2002년을 전후로 어떻게 다르게 나타나고 있는가를 살펴보고자 하였다.

## 2002년 이전 판결에서 나타난 공인에 대한 이해

명예훼손과 관련한 법원 판결에서 법원이 공인을 언급하고 이를 일종의 면책 사유로서 고려하기 시작한 것은 1980년대 후반으로 알려져 있다. 이후 점차 법원은 공인에 대한 보도의 범위를 확장하는 판결을 내놓았다.

차용범(2001)은 우리 사회도 공인 논쟁 과정에서 외국 공인이론 등의 적용 문제를 보다 적극적으로 검토해야 할 시점이라고 지적하면서, 1960년부터 2000년 상반기까지 총 95건의 판례를 분석한 결과 과거 명예훼손 사건에서 '공인' 개념을 수용한 대법원 판례는 없었으며, 공무원과 국회의원이 관련된 사건에서도 대법원은 공인에 대한 정의 없이 "공인에 관한 명예훼손을 일반 사인과 다르게 보아야 할 이유가 없다"라고 간단하게 판시하고 있음을 밝혔다.

즉 당시까지는 우리 대법원이나 하급심 법원들은 공무원이나 공적 인물, 공직자 등의 개념을 구분하지 않은 채 혼용하고 있다는 것을 알 수 있다. 오히려 언론의 보도로 인해 공인의 명예가 더 크게 훼손되고 그 회복도 상당히 어렵다고 보는 등[21] 언론 자유보다는 공인의 명예를 보호하는 경향이 강해(차용범 2002, 422쪽) 2000년 상반기까지 언론사가 명예훼손 소송에서 승소한 사례는 총 20건 중 3건으로 15%에 불과했고, 이 중 공무원이나 정치인 관련 소송에서는 언론이 모두 패소한 것으로 나타났다(이재진, 2006). 이와 유사하게 윤성옥(2007)의 1989년부터 2006년까지의 판례 분석에서도 정치인 및 고위 공직자가 승소하는 비율이 70%로 언론사가 승소하는 비율(30%)에 비해 두 배 이상 높게 나타났다(윤성옥, 2007, 173쪽).

차용범은 판결에서 나타난 법원의 태도에 비추어 앞으로도 새로운 심사 기준을 제시하고 적용할 분야가 점차 확대될 것이며 그런 점에서 앞으로는 정치적 이념 논쟁이나 정당 대변인의 논평 등 정치적 표현은 최대한 보장되고, 이에 대하여는 명예훼손 책임을 인정하는 경우가 극히 드물 것으로 전망하였다.

특히 어느 특정인을 비방하거나 비난하는 데 보도의 내용이나 방향이 정해져 있다고 한다면 공익성이 인정되지 않는다. 특히 공익성이 강조되는 범죄 관련 보도에 있어서 반드시 범인이나 범죄 혐의자의 신원을 명시할 필요가 있는 것은 아니고 범인이나 범죄 혐의자에 관한 보도가 반드시 범죄 자체에 관한 보도와 같은 공공성이 있다고 볼 수는 없다고 판시하였다(대법원 1998. 7. 14. 선고 96다17257 판결). 이는 일정한 허위 보도의 경우

---

21 부산고등법원 1997. 5. 22. 선고 96나11761 판결. "신문의 경우 그 광범위한 전파성과 기사 내용에 대한 일반 독자의 높은 신뢰성에 비례하여 그릇된 오보로 피해자가 입게 될 손해 역시 지대하고 그 회복 또한 극히 어렵다 할 것이어서, 설혹 그 기사가 공공의 이해에 관한 사실을 다루고 있다거나 이를 게재한 의도가 오로지 공익을 도모하기 위함이라 할지라도 그 내용이 진실에 반한다면 위법성이 조각될 수는 없다 할 것이다."

명예훼손을 인정하지 않음으로써 인격권의 보호와 표현의 자유의 보장 사이에 조화를 꾀하자는 것으로 보인다.

우리 법원은 초기에는 공인이론을 수용하는 데 적극적이지 않았으나 차츰 태도의 변화를 보인다. 전술한 바와 같이 대법원은 제기된 공인이론을 받아들이지 않았다(대법원 1997. 9. 30. 선고 97다24207 판결; 1998. 5. 8. 선고 97다34563판결). 하지만 '명예훼손 소송에서 공인과 사인을 달리 취급해야 할 필요성' 그 자체를 부인한 것은 아니었다. 대법원은 범죄 사건의 보도에 있어서 범인이나 범죄 혐의자가 공적인 인물이 아니면 그 신원을 명시하는 것이 공공성을 가질 수 없다고 판결함으로써 공인을 사인과 다르게 취급하기 시작하였다(대법원 1998. 7. 14. 선고 96다17257 판결). 소위 '범죄사건의 익명 보도의 원칙'을 확립한 판례이다. 그러나 이 사건에서 공인 여부는 상당성의 고려 대상이 아니라 공공성의 고려 대상이었다는 점에서 공인에 대한 허위보도를 어느 정도 인정할 것인가의 문제를 다루는 공인이론은 이 사건에서도 다루어지지 않았다고 보는 것이 타당하다.

대법원의 이러한 소극적인 태도와 달리 헌법재판소는 공인이론을 일부 수용하는 모습을 보이기 시작하였다. 헌법재판소는 1999년 6월 24일 "신문 보도의 명예훼손적 표현의 피해자가 공적 인물인지 아니면 사인인지, 그 표현이 공적인 관심 사안에 관한 것인지 순수한 사적인 영역에 속하는 사안인지의 여부에 따라 헌법적 심사 기준에는 차이가 있어야 한다"라고 판시하였다. 즉 공적 인물의 공적 활동과 관련된 명예훼손적 표현은 그 제한이 더 완화되어야 하며 개별 사례에서의 이익형량에 따라 그 결론도 달라져야 한다는 것이다(헌법재판소 1999. 6. 24. 선고 97헌마265 결정).

그러나 이러한 헌법재판소의 결정에도 불구하고 법원은 여전히 피해자가 공인인지 여부는 '익명 보도의 원칙에 대한 예외'로서밖에 고려하지 않았다. 공인이기 때문에 오히려 명예가 더욱 크게 훼손되었다고 보는 경향이 지속되었다. 그 결과 명예훼손 소송에 있어 공직자의 승소율이 일반인보다 월등히 높고, 인용되는 손해배상액도 사인보다 훨씬 많아지게 되었다. 이러한 현상이 사회적 쟁점으로 부상하였다. 즉 이 같은 현상이 지속되는 한 공직자는 자기에게 불리한 보도가 나오면 명예훼손 소송에 의존하게 되고, 해당 언론사는 보도의 진실성 혹은 상당성을 입증하기 위하여 다툴 수밖에 없는 입장이다. 이때까지만 하더라도 민주주의 국가에서 공인에 관한 문제 제기가 공적인 공간에서 다루어지지 않고 있다는 지적들이 여기저기서 대두되었다(이재진, 1999; 차용범, 2002; 이승선, 2001 등).

이 결정 이후에 나온 판결에 있어 법원은 구체적으로 적시된 사실이 공공의 이익에 관한 것인지의 여부를 당해 적시 사실의 구체적 내용, 당해 사실의 공표가 이루어진 상대방의 범위, 그 표현의 방법 등 그 표현 자체에 관한 제반 사항을 감안함과 동시에 그 표현에 의하여 훼손되거나 훼손될 수 있는 타인의 명예의 침해 정도 등을 이익형량 하여 결정해야 한다고 판단하였다(서울지방법원 2001. 8. 22 선고 98가합107982 판결 등).

따라서 어느 특정인을 비방하거나 비난하는 데 보도의 내용이나 방향이 정해져 있다고 한다면 공익성이 인정되지 않는다.[22] 특히 공익성이 강조되는 범죄 관련 보도에 있어서 반드시 범인이나 범죄 혐의자의 신원을 명시할 필요가 있는 것은 아니고 범인이나 범죄 혐의자에 관한 보도가 반드시 범죄 자체에 관한 보도와 같은 공공성이 있다고 볼 수는 없다고 판

22 우리 「형법」상 타인의 명예를 훼손한 경우에 대한 면책 사유는 일반적인 위법성 조각사유로서의 정당행위, 정당방위, 피해자의 승낙 등과 책임조각사유가 있으며, 명예훼손에 특수한 면책 사유로 「형법」 제310조의 공공의 이익에 관한 면책규정이 있다(표성수 1997, 349쪽).

단하였다(대법원 1998. 7. 14. 선고 96다17257 판결). 또한 공적 인물(공적 존재)에는 "국가기관, 단체, 개인 등에 비판적·경고적 기능을 수행하는 등 공적 역할을 담당하는 언론사" "국가·사회적 영향력이 커 그 활동 자체가 공적 관심사인 민노총, 전교조" 등을 포함시키는 판결을 내리고 있다(서울지방법원 2001. 12. 19 선고 2001가합8399 판결; 서울지방법원 2000. 8. 23. 선고 99가합30768 판결; 서울지방법원 1999. 10. 22. 선고 99나49001 판결 등).

그런데 공적 인물로 분류가 가능한 사람들이 제기한 소송 중에서 개인이 실명으로 특정되지 않았음에도 불구하고 특정의 직업 집단에 소속되었기 때문에 소송이 제기된 경우도 있고, 사실을 적시한 스트레이트 기사가 아니라 사설 또는 논설에 대하여 소송을 제기해 승소한 경우도 있다는 점에서, 명예훼손을 이유로 한 소송 사건에서 원고 적격을 어디까지 인정할 것인가, 언론사의 공정한 논평(fair comment)의 자유 및 권리를 어디까지 보장할 것인가, 특정 공무원의 공적 임무와 관련된 소송의 경우에 국민의 알 권리와 명예훼손의 법리를 어떻게 조화시킬 것인가 하는 문제가 제기되었다.

요약하면 2002년 이전까지 판결을 통해 한국 사법부에 비친 공인은 비록 공인에 대한 인식이 점차로 일반화되어 가고 있으나 2002년 이후의 공인에 비해 체계적인 보호를 받지는 못하는 것으로 나타났다. 오히려 대법원은 현실적인 악의 원칙의 수용을 명시적으로 거부함으로써 공인이론이 제자리를 잡은 것이라고 보기 어려운 상황이었다. 이러한 점은 우리나라에서 언론을 상대로 소송을 한다는 것이 대단히 어렵다는 사실을 반영한다. 그러나 우리 사회가 민주화되고 개인들의 권리에 대한 인식이 강해지면서 법문화적인 양상도 변화하게 된다(이재진, 2006).

## 2002년 이후의 판결에서 나타난 공인에 대한 이해

2002년부터 현재까지 명예훼손 소송에서 법원은 언론의 사회적 기능과 역할에 대해 고려하면서 공인에 대한 보도의 폭을 넓히려는 경향을 보이고 있다. 즉 우리 법원은 언론의 자유의 중요성에 대해서도 고려하는데 특히 공인에 대한 언론 보도가 자유로워야 한다고 판단하고 있다. 대법원은 "특히 공직자의 도덕성, 청렴성에 대하여는 국민과 정당의 감시 기능이 필요함에 비추어볼 때, 그 점에 관한 의혹의 제기는 악의적이거나 현저히 상당성을 잃은 공격이 아닌 한 쉽게 책임을 추궁하여서는 안 된다"라고 판시하기에 이르렀다(대법원 2002. 1. 22. 선고 2000다37524, 37531 판결).

이러한 판결로 공인, 특히 그중에서도 공직자에 대한 언론의 감시 기능은 상당히 보호받게 되었다. 다시 말하자면 우리 대법원은 드디어 미국의 현실적 악의 법리의 취지를 강하게 내포한 '공적 인물·공적 사안'의 법리를 도입하게 된다. '공적 존재'와 '공적 관심사'라는 용어를 사용한 이 판결에서 대법원은 언론 보도의 명예훼손 피해자가 공적인 인물인지, 사적인 인물인지 여부, 보도 내용이 공적 사안인지 사적 사안인지 여부, 피해자가 명예훼손적 보도라는 위험을 자초하였는지 여부 등을 살펴보고 언론의 명예훼손 책임을 판단해야 한다고 판시하였다.

무엇보다 법원은 공무원의 '공인' 포함 여부를 보다 세분화하여 기능적 정의를 제시하고 "공무원이라고 하여 국가의 정책 방향을 정하는 지위에 있다거나 선출직에 종사하여 그 활동이 일정 지역사회나 국가적인 관심사에 해당하는 등의 사유가 있어 그 활동 상황을 사회에 알릴 필요가 있다는 점이 인정되어야 '공인'의 지위에 있다고 할 것"이라고 규정하였으며, '공인' 범주에 "다른 공적 인물에 비하여도 더욱 엄격한 도덕적·법적 잣대가 필요한 국회의원"을, '공적 인물'에는 "다수에 대한 영향력이 큰 종교 지도자" "유명 연예인으로 인기를 누리는 스타 가수" 등을 포함시켰다(서울지방법원 2002. 1. 16. 선고 98가합111257 판결). 다시 말하자면 미디어 등을 통해서 대중의 주의를 끌고자 하거나 빈번한 노출을 통해 유명해진 인물까지 공인에 포함시킴으로써 점차 공인의 폭을 확장하는 경향을 보이게 되었다는 것이다.

이러한 시대적 배경하에서 대법원은 2002년부터 공인에 대한 명예훼손 분야에서 새로운 법리를 전개하는 판결을 잇달아 내놓고 있다. 제일 중요한 판결은 소위 민노총 보도사건이다(대법원 2002. 1. 22. 선고 2000다37524, 37531 판결). 이 사건은 피고가 1997년 2월호 월간 『한국논단』에 "노동운동인가, 노동당운동인가?"라는 제목 아래 원고 전국민주노동조합총연맹(이하 "민노총")은 불법단체, 불법불순세력으로서 계급투쟁으로 궁극적으로 사회를 혼란에 빠뜨리고, 정부를 전복하는 활동을 하여 북한 조선노동당의 이익을 위한 노동당 운동을 전개하고 있다는 취지의 기사를 게재하면서 시작되었다. 원심은 위 기사 내용이 진실하다고 볼 증거가 없고, 사실 확인을 위한 노력을 하였다고 볼 증거가 없다고 판단하였다. 왜냐하면 기사의 근거로 든 모 수사기관의 정보도 그 구체적인 수사기관의 명칭, 취재 경위, 이 사건 각 기사와 관련된 해당 수사 자료를 피고들이 제시하지 못해서 기사의 내용이 사실이라고 믿은 데 상당한 이유가 없다고 보았기 때문이다. 이에 피고는 상고하였다.

대법원은 "언론·출판의 자유와 명예 보호 사이의 한계를 설정함에 있어서 표현된 내용이 사적 관계에 관한 것인가 공적 관계에 관한 것인가에 따라 차이가 있는바, 즉 당해 표현으로 인한 피해자가 공적인 존재인지 사적인 존재인지, 그 표현이 공적인 관심 사안에 관한 것인지 순수한 사적인 영역에 속하는 사안에 관한 것인지, 그 표현이 객관적으로 국민이 알아야 할 공공성, 사회성을 갖춘 사안에 관한 것으로 여론 형성이나 공개토론에 기여하는 것인지 아닌지 등을 따져보아 공적 존재에 대한 공적 관심 사안과 사적인 영역에 속하는 사안 간에는 심사 기준에 차이를 두어야 한다"고 지적하면서, "공공적·사회적인 의미를 가진 사안에 관한 것인 경우에는 그 평가를 달리하여야 하고 언론의 자유에 대한 제한이 완화되어야 하며, 피해자가 당해 명예훼손적 표현의 위험을 자초한 것인지의 여부 또한 고려되어야 한다. … 당해 표현이 공적인 존재의 정치적 이념에 관한 것인 경우, 그 공적인 존재가 가진 국가·사회적 영향력이 크면 클수록 그 존재가 가진 정치적 이념은 국가의 운명에까지 영향을 미치게 되므로 그 존재가 가진 정치적 이념은 더욱 철저히 공개되고 검증되어야 하며 … 구체적 정황의 제시로 입증의 부담을 완화해 주어야 한다"라고 판시하였다(대법원 2002. 1. 22. 선고 2000다37524 판결).

대법원은 동년 12월 24일에 이와 유사한 판결을 내린다(2000다14613 판결). KBS프로듀서 사건이라고도 하는 이 판결은 공적인 존재의 정치적 이념에 대한 의혹의 제기나 주관적인 평가가 진실에 부합하는지 혹은 진실하다고 믿을 만한 상당한 이유가 있는지를 따짐에 있어서는 입증의 부담을 완화해 주어야 한다는 원칙을 재확인하면서, 특히 좌와 우의 이념 문제에 대하여는 표현의 자유는 넓게 보장되어야 하고 이에 관한 일방의 타방에 대한 공격이 타방의 기본입장을 왜곡시키는 것이 아닌 한 부분적인 오류나 다소의 과장이 있다 하더라도 이를 들어 선불리 불법행위의 책임을 인정하여서는 안 된다고 첨언하고 있는 점이 주목할 만하다.

대법원의 이런 판단은 '이념'이 공방의 대상이 되는 경우 오신의 상당성을 판단함에 있어서의 입증의 부담을 완화할 뿐 아니라 진실성을 판단함에 있어서도 단순히 부분적으로 오류가 있거나 다소 과장된 표현이 있다고 하더라도 관대하게 판단해야 한다는 것으로서 이 분야에 대한 한 표현의 자유를 최대한으로 보장하여야 함을 선언하고 있는 것이다. 다만 허용되는 오류나 과장의 범위에 대하여는 단순히 "타방의 기본입장을 왜곡시키는 것이 아닌 한"이라는 추상적인 기준만을 제시하고 있는 점이 아쉬우나 그 내용은 앞으로의 판례의 집적에 의하여 구체화될 것으로 보인다.

특히 대법원은 "언론·출판의 자유와 명예 보호 사이의 한계를 설정함에 있어서 표현된 내용이 공적·사회적 의미를 가진 사안에 관한 것인 경우에는 사적인 영역에 속하는 경우와는 달리 언론의 자유에 대한 제한이 완화되어야 하고, 특히 공직자의 도덕성·청렴성이나 그 업무 처리가 정당하게 이루어지고 있는지 여부는 항상 국민의 감시와 비판의 대상이 되어야 한다는 점을 감안하면, 이러한 감시와 비판 기능은 그것이 악의적이거나 현저히 상당성을 잃은 공격이 아닌 한 쉽게 제한되어서는 아니 된다"라고 하고 있다(대법원 2003. 1. 24. 선고 2000다37647 판결; 대법원 2003. 9. 2. 선고 2002다63558 판결(소위 대전법조비리사건) 등).

민사상으로 타인의 명예를 훼손하는 행위를 한 경우에도 그것이 공공의 이해에 관한 사항으로서 그 목적이 오로지 공공의 이익을 위한 것인 때에는 진실한 사실이라는 증명이 있으면 그 행위에 위법성이 없고, 또한 그 증명이 없더라도 행위자가 그것을 진실이라고 믿을 만한 상당한 이유가 있는 경우에는 위법성이 없다고 보아야 할 것이다(대법원 2013. 2. 14. 선고 2010다108579 판결).

아울러 검찰 등 국가기관의 수사 과정에서 그 직무집행이나 업무 처리가 적법하고 정당하게 이루어지고 있는지는 항상 국민의 감시와 비판의 대상이 된다(대법원 2005. 1. 14. 선고 2001다28619 판결 등 참조). 특히 대통령 선거에 미칠 정치적 영향력을 가진 사건에 관한 검찰 직무집행의 적법성·공정성에 대한 정당의 감시 기능은 정당의 중요한 임무 중의 하나이므로 이러한 감시와 비판 기능은 보장되어야 하고, 정당이 위와 같은 사항에 관하여 의혹을 제기하는 등의 감시와 비판을 하는 행위로 말미암아 공직자 개인의 사회적 평가가 다소 저하될 수 있다고 하여 곧바로 공직자에 대한 명예훼손이 된다고 할 수 없으며, 이러한 감시와 비판 기능은 그것이 악의적이거나 심히 경솔한 공격으로서 현저히 상당성을 잃은 것이 아닌 한 쉽게 제한하여서는 안 된다(대법원 2003. 7. 22. 선고 2002다62494 판결; 대법원 2006. 5. 12. 선고 2004다35199 판결 등 참조).

나아가 그러한 발언이 공직자에 대한 감시·비판을 벗어나 악의적이거나 심히 경솔한 공격으로서 현저히 상당성을 잃은 것인지는 그 발언의 내용이나 표현 방식, 의혹 사항의 내용이나 공익성의 정도, 공직자의 사회적 평가를 저하하는 정도, 사실 확인을 위한 노력의 정도, 그 밖의 주위 여러 사정 등을 종합하여 판단해야 한다(대법원 2007. 12. 27. 선고 2007다29379 판결 참조). 즉 언론·출판의 자유와 명예 보호 사이의 한계를 설정함에 있어서 표현된 내용이 공공적·사회적 의미를 가진 사안에 관한 것인 경우에는 사적인 영역에 속하는 경우와는 달리 언론의 자유에 대한 제한이 완화되어야 한다는 것이다.

기업과 관련해서 공인이나 공적 인물을 적용한 사례는 보이지 않으나 '공적 존재'라는 용어 속에 국가기관 등에 비판적·경고적 기능을 수행하는 공적 역할을 담당하는 언론사를 포함하고 있다는 점에서 특별한 기준을 적용하고 있다는 점을 알 수 있다. 즉 기업으로서의 언론사가 명예훼손 소송의 원고가 되는 경우에 있어 언론사는 일반기업과는 다른 기준에서 판단해야 한다고 인식하고 있는 것으로 나타났다(이재진·정영주, 2007; 이재진·최진호, 2015).

2002년 이후 공인 판결 경향을 분석한 이승선(2016)에 따르면 2002년 이후 법원이 도입한 공적 인물·공적 사안의 법리와 2003년 이후 새롭게 창안한 '정당한 언론 활동' 법리, 즉, '악의적이거나 현저히 상당성을 잃은 공격' 또는 '악의적이거나 심히 경솔한 공격으로서 현저히 상당성을 잃은 경우'의 법리는 공직자가 제기한 명예훼손 소송에 거의 대부분 적용되고 있는 것으로 나타났다. 동시에 2002년 이전인 1988년 도입한 진실오신의 상당성 법리도 공직자에 대한 언론의 비판적 보도의 위법성 조각 여부를 다투는 데 기본적으로 활용되었다고 판단된다.[23]

대법원도 "언론 보도가 공직자 또는 공직 사회에 대한 감시·비판·견제라는 정당한 언론 활동의 범위를 벗어나 악의적이거나 심히 경솔한 공격으로서 현저히 상당성을 잃은 것으로 평가되는 경우, 공직자 등의 수인의 범위를 벗어난 명예훼손"이라고 판단하였다(대법원 2008. 11. 13. 선고 2008다53805 판결). 한위수(2007)는 이 법리가 처음에는 진실오신의 상당성을 넓게 인정해야 한다는 취지에서 출발하였으나 나중에는 상당성 법리와 별개로 명예훼손에 대한 새로운 면책 법리를 전개했다고 평가하였다. 그러나 대법원은 공직자에 대한 언론 보도라 하더라도, 언론사의 사익적 목적이나 동기가 상당 부분 내포되어 공익성이 부정되는 경우, 충분한 진실 확인 절차를 거치지 않고 인터넷상의 정보를 토대로 공직자에 대한

23 소위 '정당한 언론 활동' 법리를 명쾌하게 적용하지 않은 하급심에서 일부 고위 공직자들이 승소하는 경향이 발견되기도 하지만, 이 법리를 적용한 대법원은 거의 대부분 공직자에 대한 언론의 비판적 보도를 면책하였다. 항소심에서 원고가 승소한 경우 파기환송되는 사례도 발견되었다.

허위보도를 한 경우에는 '정당한 언론 활동'의 범위를 벗어났다고 판결하였다.

3

# 범주별 공인 판례 분석

전술한 바와 같이 우리 법원은 공인에 대한 정의를 내리기보다는 범주화하여 사건의 성격에 따라서 공인 여부를 판단하려는 경향을 보인다. 그런데 미국의 한 법원은 공인을 범주화하는 것에 대해 "공인의 범주를 정하는 것은 해파리를 벽에 못 박는 것과 같다"고 지적하였다. 이 점은 공인이론이 자리매김한 미국에서조차도 공인을 정의하고 범주화하는 것은 복잡하고 논란이 된다는 것을 의미한다(Rosanova v. Playboy Enterprise, Inc., 411 F. Supp. 440, 443(S.D. Ga. 1976), aff'd, 580 F.2d 859(5th Cir. 1978)(문재완, 2008, 17쪽에서 재인용). 결론부터 말한다면 한국에 있어 공인의 범주별 판례는 다음과 같은 특성을 보인다.

무엇보다 '공인'을 '고위 공무원' '고위 공직자' '공직자' '공인' '공적 인물' '공적 존재' '유명 연예인' 등으로 표현하고 있다. 판결문에 따르면 공무원의 경우 「공직자윤리법」 제3조에 속하는 사람들을 공인으로 보고 있고, 공무원은 아니지만 「공직자윤리법」 제3조의2의 규정에 속하는 사람들에 대해서도 공인으로 인정하고 있는 것으로 나타났다.

그 외 인기 연예인이나 인기 방송인의 경우도 공인으로 결론짓고 있으며, 그룹 부회장, 방송사 국장, 언론사 대표에 대해서도 공인으로 인정하였다. 그런데 대통령 조카사위라 할지라도 세인(世人)의 관심을 받는 경우에는 공인으로 인정한 경우와, 국회의원 입후보자에 대해서도 공직자에 준하는 지위를 부여한 사례는 눈여겨볼 만하다.

그러나 특이하게도 지상파 방송사 최대 주주에 대해서는 공인으로 인정하지 않았다. 그리고 똑같은 전직 공무원일지라도 자리를 떠난 지 몇 년 안 되는 사람과 공무원으로 있었을 때 처리한 일이 문제가 된 경우에는 공인으로 인정하였고, 자리를 떠난 지 7년 이상 된 경우에는 공인으로 인정하지 않고 있는 점은 특이하다. 은퇴 연예인의 경우도 비록 공식 은퇴 이후 잠시 선교 목적의 위성방송에 출연했다 하더라도 공식 은퇴 기간이 10년을 넘은 경우에는 공인으로 인정하지 않았다. 또한 이름이 조금 알려진 환경운동가에 대해서도 국민의 감시와 감독에서 자유롭지 못한 공직자 신분이 아니라고 판시하였다.

판결례를 종합해 보면 「공직자윤리법」 제3조와 제3조의2 조항에 해당하는 사람들을 공인으로 보면 큰 무리가 없어 보인다. 그리고 이들 조항에는 해당하지 않더라도 사회지도자, 유명 연예인, 유명 운동선수, 유명 예술가, 재벌 회장, 당시 세인의 관심을 받는 사람 등을 공인으로 취급한 것을 알 수 있다. 그러나 이러한 범주에 속하는 사람들이 공인으로 인정받지만 이들에 대한 보도가 공적인 활동에 관련된 것이어야 공인으로서의 인정을 받는 경향이 있다는 점에서 미국의 경우와 다르다는 점을 알 수 있다.

## 공인으로 인정한 경우

### 정치인 및 공직자(선출직)

대표적인 정치인인 국회의원은 가장 확실한 공인으로 인식된다. 서울고등법원은 "국회의원인 원고는 공인이고 그 내용 또한 직무와 관련된 공적인 내용"이라고 보았다(서울고등법원 2007. 9. 19. 선고 2006나106066 판결). 이와 아울러 지방의회 의원도 정치인 범주로 분류된다. 공인인 원고(강원도의회 의원)가 김일성의 죽음을 '애도'한다는 표현을 사용한 바가 없음에도 언론 보도에 '김일성 애도편지'라는 제목을 사용하여 명예를 훼손했다며 소송을 제기한 사건에서 헌법재판소는 "편지의 인사말에 '조문'의 뜻이 담겨 있고, 이 편지가 애도가 주된 목적이 아니라고 하더라도 그 당시 공적 토론의 쟁점이었던 애도의 뜻이 담긴 인사말 부분이 있었기 때문에 신문사가 사건의 성격을 '김일성 사망 애도 편지'라고 규정한 것이 비합리적이었다고 보기 어렵다"고 판시하여, 원고 패소 판결을 내렸다(헌법재판소 1999. 6. 24. 선고 97헌마265 결정(기각)).

대전지방법원 홍성지원은 국회의원 재선거 운동기간 중 지역신문이 그 지역에 출마한 타 후보와 원고를 비교하는 기획·논평기사를 게재하였는데, 원고는 이 기사가 원고를 낙선시킬 가해 의도를 가지고 허위의 사실을 토대로 원고에게 불리하고 불공정하게 작성된 것이라고 소송을 제기한 사건을 다루고 있다. 법원은 발행·배포된 지역신문의 기사 내용에 후보자의 사회적 평가를 저하시킬 만한 구체적 사실의 적시가 없는 경우 명예훼손이 성립하지 않는다고 판결하여, 원고 패소 판결을 내렸다. 법원은 원고와 같이 국회의원에 입후보한 사람은 이른바 공적인 인물로 스스로 자신을 정치계라는 공적인 비판대에 올려놓아 이미 어느 정도 명예훼손의 위험성을 감수해야 한다고 판시하였다. 즉 법원은 선출직 공직자(후보자)에 대한 비교적 명확한 공인 규정의 근거를 제시하고 있었다(대전지방법원 홍성지원 1998. 4. 3. 선고 97가합2440 판결).

정치인은 아니지만 선출직 공직자도 정치인과 유사하게 판단하는 경향이 있는 것으로 나타났다. 대법원은 성남시 시의원인 원고의 폭언을 언론이 그대로 인용보도한 것에 대해 인격권이 침해당했다며 제기한 소송에서 고소인의 폭언 중 일부를 그대로 인용하는 형식을 취한 것은 기사의 정확성을 기하기 위한 것으로 보이고, "분을 삭이지 못했다" "괘씸죄에 해당" "감정을 추스르지 못한" 등의 표현 역시 기사의 주요한 동기 내지 목적이 고소인의 욕설 등 부적절한 언행을 지적·비판함으로써 시의회의원들로 하여금 공직자로서 적절하지 못한 언행을 시정토록 하기 위한 데 있었다는 점을 고려하면 이는 공직자의 공적 활동과 관련된 언행에 대한 언론의 감시 기능 보장을 위한 방법이라고 판시하였다(대법원 2006. 10. 13. 선고 2005도3112 판결).

또한 국회의원인 원고가 "정신대는 당사자들이 자발적으로 참여한 상업적 매춘이자 공창제였다"라고 말한 것처럼 보도해 피해를 입고 있다며 제기한 소송에서 서울고등법원은 "이 사건 기사는 국회의원인 원고의 공인으로서의 역사관에 대한 비판을 주된 내용으로 삼고 있으므로 이는 공공의 이해에 관한 사항으로서 그 목적이 공공의 이익을 위한 것으로 인정된다"(서울고등법원 2012. 6. 1. 선고 2012나8354 판결)며 원고를 공인으로 인정하였지만 사건 기사가 악의적이거나 심히 경솔한 공격으로서 현저히 상당성을 잃은 정도로까지 보인다며 원고의 손해배상청구를 받아들였다.

원고가 하남시 시의원 시절 하남시 미관지구에서의 용도 변경 제한과 관련한 조례의 제정이 지연된 틈을 타서 불법 특혜로 건물의 용도 변경을 받았고, 위법하게 증축허가를 받았다는 등의 사실이 아닌 보도로 인해 명예가 훼손되었다며 청구한 손해배상청구소송에서 서울고등법원은 "이 사건 기사는 하남시의 행정절차상의 문제점과 공직자인 원고의 시의원으로서의 행위에 대한 감시 및 하남시민 등의 알 권리와 관련된 것으로 그 공익성이 인정된다"(서울고등법원 2011. 12. 9. 선고 2008나4683 판결)며 원고를 공직자로 인정하였지만 "이 사건 기사는 정당한 언론 활동의 범위를 벗어나 악의적이거나 심히 경솔한 공격으로서 상당성을 잃은 것으로 보여진다"며 정정보도와 함께 손해배상청구를 받아들였다.

고양시 시의원인 원고가 회식자리에서 고양시의회 사무국 여직원을 성추행하였고, 시청 여성 공무원을 성희롱했다는 허위보도로 명예가 훼손되었다며 청구한 손해배상청구소송에서 의정부지법 고양지원은 "원고는 시의원으로서 공직자에 해당하고 이 사건 기사는 원고의 도덕성 내지 청렴성 등에 관한 것이므로 이 사건 기사가 원고에 대한 악의적이거나 현저히 상당성을 잃은 공격에 해당하는지 여부를 기준으로 위법성이 조각되는지를 판단하여야 할 것이다"(의정부지방법원 고양지원 2012. 12. 21. 선고 2012가단6328 판결)라며 원고를 공인으로 인정하였으며, 이에 따라 "이 사건 기사가 구체적인 정황의 뒷받침도 없이 원고를 악의적으로 모함하는 것이거나 원고에 대한 악의적이거나 심히 경솔한 공격으로서 현저히 상당성을 잃은 것으로 평가되지 않는다고 할 것이다"라며 원고의 청구를 기각하였다.

야당의 전남도당 공동위원장인 원고가 "옛 민주당 몫 대의원 40%에 대한 선정권을 자신에게 주지 않으면 전대 보이콧도 검토하겠다"라는 발언을 했으며, 비리 전력 때문에 공천에서 원천배제되었다고 보도되어 피해를 입고 있다며 청구한 손해배상청구소송에서 서울고등법원은 "원고는 과거 15대 국회의원에 당선되어 의정활동을 한 바 있고, 이 사건 보도 당시에도 민주당의 전남도당 공동위원장을 맡으면서 정당활동과 경선진행에 영향력을 행사한 공적인 인물인 점, … 언론 매체의 공인에 대한 감시 비판 기능은 그 중요성에 비추어 악의적이거나 현저히 상당성을 잃은 공격이 아닌 한 쉽게 제한되어서는 아니 된다"(서울고등법원 2010. 1. 13. 선고 2009나28099 판결)며 원고를 공적 인물로 인정하고 청구를 기각하였다.

**고위 공무원 및 정부기관의 장**

우리 법원은 공직자(공무원)의 인격권과 언론 보도의 자유가 충돌하는 경우 대체로 언론 보도의 자유를 상위의 가치로 비교형량 하고 있다는 사실을 확인 할 수 있다. 이 범주에 속하는 공직자와 관련된 대부분의 판례가 법원에서 언론의 입증책임을 완화시켜 주는 시기(2002년 이후)에 해당하는 기간에 나오는데 공인과 관련된 연구와 판례가 어느 정도 축적되던 시기이기 때문이라고 판단된다(문재완, 2004; 이재진, 2009; 이승선, 2016).

대법원은 원고(부장검사)의 사건 처리에 불만을 가진 정치인의 기자회견이 명예를 훼손했다며 원고가 제기한 소송에서, 정치인의 기자회견 내용 중에 개인에 대한 형사사건의 처리와 세무조사에 대한 불만과 항의가 포함되지 않았다고 할 수는 없지만, 기자회견을 하게 된 경위나 그 내용의 전체적인 취지로 보아 그 주목적은 개인적인 문제에서 비롯된 것이 아니라 검찰의 선거사범 처리가 불공정하고 이에 대한 불복을 정치적으로 탄압하고 있다는 의혹을 국민에게 고발하고자 하는 데에 있고, 이는 그 내용이 공공의 이익에 관한 것이라고 보아야 할 것이어서, 기자회견 내용이 진실하거나 그 내용을 진실이라고 믿을 상당한 이유가 있다면, 정치인의 명예훼손적 표현 행위는 그 위법성이 조각된다고 본 사례이다. 대법원은 공직자의 업무 처리가 정당하게 이루어지고 있는지 여부는 항상 국민의 감시와 비판의 대상이 되어야 하고, 그것이 악의적이거나 현저히 상당성을 잃은 공격이 아닌 한 쉽게 제한되어서는 안 된다고 판시하였다(대법원 2003. 7. 22. 선고 2002다62494 판결).

또한 대법원은 국립대학 교수가 자신의 연구실 내에서 제자인 여학생을 성추행하였다는 내용의 글을 지역 여성단체가 자신의 인터넷 홈페이지 또는 소식지에 게재하면서 발생한 사건에서 국립대학 교수를 공적 인물로 규정하여, 지위, 표현의 방법, 동기 및 경위 등 제반 사정을 종합하여 볼 때, 성범죄에 관한 내용이어서 명예의 훼손 정도가 심각하다는 점을 감안해도 이는 학내 성폭력 사건의 철저한 진상조사와 처벌 그리고 학내 성폭력의 근절을 위한 대책 마련을 촉구하기 위한 목적으로 공공의 이익을 위한 것으로서 비방의 목적이 있다고 단정할 수 없다고 판시하였다(대법원 2005. 4. 29. 선고 2003도2137 판결).

유사하게 서울서부지방법원은 신문사가 원고를 포함한 대통령 자문기구의 주요 인사들이 청담도 개발 사업의 추진과 관련하여 부적절한 개입을 하거나 부당한 압력 등 월권을 행사하였다는 의혹을 제기하자 원고가 명예훼손 소송을 제기한 사건에서 피고가 공인으로서의 부적절한 처신과 그로 인한 국정 신뢰도 손상을 지적하는 등 주로 공인의 공적 사항에 관한 활동과 처신에 관련된 내용을 보도하였으나, 그 내용이 공공의 이익에 관한 것이고, 그 보도 목적 또한 공익을 위한 것이라 인정된다고 판시하였다(대법원 2007. 08. 10. 선고 2006가합11012 판결).

아울러 서울고등법원은 "원고는 문제가 된 기사에서 수뢰 시점으로 주장하는 시점에 청와대의 민정수석비서관으로 재직 중이었고, 이 사건 각 기사의 보도 당시에는 법무부 차관으로 재직 중이어서 중요한 공적 인물에 해당한다"라고 판시하였는바(서울고등법원 2005. 9. 27. 선고 2004나86175 판결) 우리 법원은 청와대 비서관이나 중앙부처의 장·차관은 '중요한 공적 인물'로 분류함을 알 수 있다.

아울러 외교통상부 통상교섭본부장이었던 원고가 "외교통상부 통상교섭본부장이 쌀시장 개방 문제는 한-미 FTA에서 제외시켰다고 주장해 왔으나 결과적으로 쌀시장 개방에 관한 추가협상을 하기로 약속함으로써 국민을 기망하고 권한을 남용하였다"라는 내용의 보도에 대해 제기한 소송에서 서울중앙지방법원은 "원고는 대한민국에서 한-미 FTA 협상단 수석대표를 역임하고, 외교통상부 통상교섭본부장을 맡고 있었으므로 이른바 '공인'에 해당하고, … 쌀시장이 개방되는 경우 경쟁력이 약한 국내의 쌀농사 산업은 큰 피해를 볼 우려가 있으므로 쌀시장 개방에 관한 문제는 우리 사회의 주요한 공적인 관심 사안에 해당한다고 할 것이다"(서울중앙지방법원 2012. 5. 16. 선고 2011가합116282 판결)라며 원고를 공인으로 인정하고 원고의 청구를 기각하였다.

서울지방국세청 세원관리국장이었던 원고가 자신이 관련된 형사소송에서 공소사실 중 일부에 대해서는 무죄 선고를 받았음에도 불구하고 공소사실 전부가 유죄로 인정된 것처럼 보도해 피해를 입었다고 주장하며, 소송을 제기한 사건에서 서울중앙지방법원은 "이 사건의 기사는 고위 공무원의 직무상 비위 내지 범죄 혐의와 관련하여 이루어진 행정판결과 형사판결의 내용을 보도한 것으로서, 그 공익성이 인정된다"(서울중앙지방법원 2013. 9. 4. 선고 2012가합544341 판결)라며 원고를 공인으로 인정하였지만 보도 내용의 허위성을 문제 삼아 정정보도와 손해배상 판결을 내렸다.

또한 공정거래위원회 소비자정책국장이었던 원고가 방문판매법을 개정하면서 다단계업체들이 끊임없이 요구해 왔던 다단계업체에 유리한 조항을 상부보고도 없이 끼워 넣었고, 공정위는 법무부의 지적을 받고서야 뒤늦게 이 사실을 알게 되었으며, 원고에 대해서는 징계를 논의 중이라는 보도에 대해 제기한 소송에서, 서울고등법원은 "공정위 고위 간부인 원고가 방판법 개정이라는 공적 업무를 추진하는 과정에서 잘못을 저질렀는지 여부에 관한 것으로 공익성이 인정되고, 고위 공직자인 원고의 지위에 비추어 원고의 업무 처리에 대하여 감시와 비판을 하는 것을 쉽사리 위법하다고 판단하여서는 아니될 것"(서울고등법원 2011. 8. 26. 선고 2010나56939 판결)이라며 원고가 고위 공직자임을 인정하였지만 브도 내용이 원고에 대하여 악의적이거나 현저히 상당성을 잃은 보도라며 정정보도와 손해배상을 인정하였다.

서울중앙지방검찰청 특수수사팀 소속 검사인 원고들이 수사 과정에서 제17대 대통령선거 한나라당 이명박 후보자의 정치적 압력에 굴복하여 김경준에게 허위진술을 하도록 강요하고 그 방법으로 새벽 4시까지 잠도 재우지 않고 검찰의 구형량을 무기로 삼아 김경준을 협박하거나 설득·회유한 것으로 인식되도록 보도해 명예가 훼손되었다며 제기한 소송에서 서울고등법원은 "메모지와 녹음테이프에 담겨 있는 내용이 객관적 자료에 의하여 최종적으로 확인되지는 않았고 이 사건 기사로 인하여 검사인 원고의 사회적 평가가 저하될 수 있다고 하여 바로 원고들에 대한 명예훼손이 된다고 할 수 없고, 또한 이 사건 기사가 공직자 또는 공직 사회에 대한 감시·비판·견제라는 정당한 언론 활동의 범위를 벗어나 악의적이거나 심히 경솔한 공격으로서 현저히 상당성을 잃은 것으로 평가되지는 않는다고 할 것이다"(서울고등법원 2011. 4. 21. 선고 2009나14267 판결)라며 원고들을 공직자로 인정하고 원고 패소 판결을 내렸다.

원고가 정보통신정책연구원 원장 시절에 한 강연에서 여성을 비하하는 발언을 한 것처럼 일부 발언만을 악의적으로 왜곡해 보도했다며 제기한 손해배상청구소송에서 서울남부지방법원은 "이 사건 강연 무렵 여러 언론사에서 원고의 이 사건 발언 내용을 고위 공직자가 하기에 부적절한 발언으로 보고 문제로 삼는 기사를 게재한 사실, 그에 따라 원고가 당시 여성부에 이 사건 강연 내용에 대한 해명자료를 제출한 사실, … 여성비하 발언을 하여 물의를 일으킨 적이 있다는 내용은 그 중요한 부분에 있어서 진실하거나 진실이라고 믿을 상당한 이유가 있는 경우에 해당한다고 할 것이다"(서울남부지방법원 2013. 1. 15. 선고 2012가합 101689 판결)라며 원고를 고위 공직자로 인정하고 원고의 청구를 기각하였다.

한국보건복지정보개발연구원 원장이며 비례대표 국회의원 후보자인 원고가 직원들에게 정치후원금을 내도록 강요하고, 농사를 짓지 않으면서 쌀 직불금을 부당 수령했다는 보도로 명예가 실추되었다며 청구한 소송에서 서울서부지방법원은 "이 사건 기사에 적시된 사실은 원고가 문제 삼은 부분을 포함하여 객관적 사실과 합치되는 것으로 인정되고, 그 내용 역시 공직자 또는 비례대표 국회의원 후보로서 공직자가 될 사람의 도덕성과 업무수행 적정성 등에 대한 비판과 감시에 취지를 두고 있어 공공의 이익에 관한 것이며, 피고도 공익을 위하여 이를 보도하였다고 판단"한다며 국회의원 후보자에 대해서도 공직자에 준하는 지위를 부여하였고, 원고의 청구를 받아들이지 않았다(서울서부지방법원 2013. 7. 12. 선고 2013가합 30936 판결).

이처럼 대부분의 공직자(공무원) 판례에서 우리 법원은 공직자(공무원)를 공인으로 규정하고 있다. 또한 언론의 보도 등에서 오는 명예훼손적 표현에 대해 감수할 필요가 있다고 판시하고 있음을 확인할 수 있다.

### 경제·사회 지도자

경제·사회 지도자로서는 언론사, 언론사 대표, 방송진행자, 대학총장, 대기업 임원, 방송인, 방북유명 인사, 대통령의 친인척 등이 공인으로 인정되었다. 서울지방법원은 언론사는 사회에 공적 역할을 담당하는 '공적 단체'로 언론사가 타인에 대한 비판자로서 언론의 자유를 누리는 범위가 큰 만큼 자신에 대한 비판 수인 범위도 커야 한다고 판시하였다(서울지방법원 2001. 4. 11. 선고 99가합96928 판결). 이후 대법원도 언론사를 공인으로 보고 있다(대법원 2008. 4. 24. 선고 2006다53214 판결). 서울지방법원은 음주운전 단속에 걸린 방송사 보도국 차장을 공인으로 지칭하고, 공인의 모습을 몰래 촬영하여 보도하는 것이 공공의 이익을 위한 것이라고 판시하였다(서울지방법원 1997. 9. 3. 선고 96가합82966 판결). 대법원 판결에서는 주미 언론인이자 유력 신문사의 특파원을 제한적 공적 인물로 공인 개념을 세분화해서 규정하기도 했다(대법원 1998. 5. 8. 선고 97다34563). 그러나 이는 공인이론이나 현실적 악의 원칙에 대한 이해의 바탕 위에서 내려진 판단이라 하기에는 무리가 있다. 이후의 판례에서 우리 법원이 공인 개념을 세분화하려는 시도는 보이지 않고 있기 때문이다.

대학 총장인 원고가 연구 결과물 출간에 전혀 기여하지도 않았으면서도 자신의 이름으로 책을 냈다고 보도해 피해를 입었다고 주장한 소송에서 대법원은 "원심이 이 사건 기고문은 시민단체의 도덕성 회복이 필요하다는 취지의 글로서 공익적 성격이 있고, 시민단체의 대표이자 대학의 총장인 원고가 이 사건 책자의 출간에 기여한 사실이 없으면서 그 저자로 표기되었는지 여부는 공적인 존재인 원고의 도덕성에 관한 내용으로 공공의 이해에 관한 사항이라고 보면서도 피고 조선일보가 이 사건 쟁점표현이 진실이라고 믿을 만한 상당한 이유가 없다고 판단한 것은 … 수긍하기 어렵다”라며 원고가 공적 존재임을 인정하여 언론사에 대한 청구는 정정보도청구만 인정하였고, 기고자에 대한 손해배상청구는 받아들였다(대법원 2011. 1. 13. 선고 2008다60971 판결).

또 서울대 총장을 지낸 원고가 다른 사람과 공모하여 사기범행을 하여 구속되었다고 보도했으나 무죄 판결을 받았으므로 해당 기사에 의해 명예가 훼손되었다고 주장한 사건에서 서울중앙지방법원은 “피고가 원고의 인격을 폄하하거나 모욕을 주기 위하여 게재한 것이라고는 볼 수 없고, 원고가 공인이고 청렴성의 상징처럼 여겨지는 서울대 총장이라는 직책을 감안하면, 언론기관인 피고의 보도의 공익성, 공공성 범위 내에서 이루어진 상당한 비판이라고 보여지는 점”(서울중앙지방법원 2010. 9. 17. 선고 2009가단276740 판결)이라며 원고를 공인으로 인정하고 청구를 기각하였다.

라디오 프로그램 진행자인 원고가 자신에 대해 ‘노빠’ ‘반미주의자’ ‘좌파 방송인’ ‘패륜을 즐기는 정신 나간 여자’라는 등의 비방성 표현을 사용 보도하여 명예가 훼손되었다며 제기한 손해배상청구소송에서 서울중앙지방법원은 “원고는 라디오 방송의 시사프로그램 진행자로서 방송의 성격에 비추어볼 때, 넓은 의미에서는 ‘공인’의 범주에 포섭하여 볼 수 있는데”(서울중앙지방법원 2010. 12. 29. 선고 2010가합79614 판결)라며 원고를 공인으로 인정하였지만 손해배상청구를 받아들였다.

또한 방송인인 원고가 한때 연인이었던 사람을 폭행·감금하였고, 그 사람 명의로 사과 메일을 작성했으며, 그 사람과 6개월 전부터 동거했다는 사실이 아닌 내용을 보도하여 명예가 훼손되었다며 청구한 소송에서 서울고등법원은 “내밀한 사적 영역에 속하여 최종적이고 불가침의 영역이라고 할 수 있으므로 당사자가 동의한 경우가 아닌 이상 위 정보는 보호되어야 할 것인바, 원고가 유명 방송인으로서 공인이라고 하더라도 위 정보는 공중의 정당한 관심사에 해당한다고 볼 수 없으므로 위 기사의 보도행위는 위법성이 조각되지 아니한다"라며 원고를 공인으로 고려하면서도 명예훼손을 인정하였다(서울고등법원 2013. 1. 4. 선고 2012나53224 판결).

방송사 국장인 원고가 전주시민 생활편의 제고를 위한 공사 입찰 과정에 대한 감사의 중단을 부탁하거나 무마를 시도한 의혹이 있는 것처럼 보도해 피해를 입었다며 제기한 소송에서 광주고등법원은 "원고는 방송사의 고위 간부인 데다가, 사회적인 논쟁거리를 다루는 시사프로그램을 장기간 진행하는 등 지역사회의 여론 형성에 큰 영향력을 갖는 공적인 인물"이라며 기각 판결을 하였다(광주고등법원 2009. 7. 17 선고 2009나25 판결).

언론사 대표인 원고가 자살한 여성 연예인에게 술 접대와 성 상납을 강요했다는 등의 보도로 인해 명예가 훼손되었다며 제기한 소송에서 서울중앙지방법원은 "언론이 민주주의 사회에서 가지는 의미와 여론 형성이라는 중요한 역할을 하는 점 등을 고려해보면, 원고들은 이른바 공적 인물에 해당한다고 볼 수 있다"며 원고의 공적 인물을 인정하였고, 원고의 청구를 물리쳤다(서울중앙지방법원 2011. 11. 30. 선고 2009가합55315 판결).

한편, 한국 법원은 뛰어난 물리학자라는 이유에서 이휘소를, 세인의 관심을 끄는 인물이라는 측면에서 임수경을, 일반 공중에게 널리 알려져 있는 사람이라는 측면에서 천주교정의구현사제단 김순훈과 목사 권호경을, 의료계 원로이고 대통령을 보좌한다는 측면에서 의사 고창순을, 대통령과 친분이 있다는 측면에서 대통령 친조카 노지원을 각각 공인으로 판단하고 있었지만, 이 경우 공인이 모두 소송에서 승소하였다는 것을 확인할 수 있다. 경제·사회 지도자 중에서 공인이 승소한 경우 역시 허우 사실 등이 문제가 되었다는 점 역시 확인할 수 있다.

### 연예인과 스포츠 선수

우리 법원은 유명 영화배우, 영화감독, 가수, 스포츠 선수의 경우 1993년부터 공인으로 규정하고 있음을 확인할 수 있다(서울지방법원남부지원 1993. 9. 2. 선고 92가합18321 판결). 법원은 탤런트 활동이 일반 대중에게 미치는 영향력을 고려할 때 영화배우가 공인임을 규정하고 있다. 또한 스포츠 선수(프로야구 선수)의 경우 2006년에야 처음으로 공인으로 규정한 판례가 도출되었음을 확인할 수 있다(서울중앙지방법원 2007. 1. 24. 선고 2006가합24129 판결).

한편, 연예인과 스포츠 선수 관련 판례를 볼 때, 이들을 공인으로 규정하고 있음에도 모든 판례에서 공인이 승소하고 있음을 확인할 수 있다. 이는 사건 판례의 대상이 된 연예인/스포츠 관련 언론 보도가 충분한 사실 검증에 근거하지 않고 이루어지거나 또는 개인의 사생활과 관련되어 공적 관심사가 아니기 때문이라고 판단된다.

예컨대 영화배우 최유리 사건(92가합18321 판결, 93나43059 판결, 93나39814 판결)의 경우 최 씨가 이사장으로 있는 학원이 주선해서 해외 유학길에 오른 학생들이 막상 현지에서는 막노동을 강요당하고 있다는 부모들의 진정이 잇달아서 경찰이 최 씨를 찾고 있다는 내용을 보도한 언론에 의한 최 씨의 명예훼손 여부를 다루고 있다. 대법원은 이 사건이 공공의 이익을 위해 행하여진 것이지만, 최 씨가 유학 절차 및 경영에 참여한 사실이 없고, 취재 과정에서 보도 내용이 진실이라고 믿은 데에 상당한 이유가 있다고 보이지 않는다고 판시하였다. 또한 대법원은 연예인 겸 기업의 대표인 원고를 공인으로 판단하였으나 그 이유만으로 원고의 범죄 경력이 공공의 이해에 관한 것이라고 보기는 어렵다고 판시하였다(대법원 2007. 6. 1. 선고 2004다61372 판결).

가수이자 배우인 원고가 회사로부터 22억여 원을 받고도 광고모델 활동을 하지 않았고, 개인 용도의 시계 제작 비용을 회사 자금으로 사용하는 등 46억 원을 횡령한 혐의를 받고 있다는 보도는 사실이 아니라며 제기한 소송에서 서울중앙지방법원은 "이 사건 각 기사는 유명 연예인인 원고를 대주주 겸 광고모델로 내세운 이 사건 회사가 경영상 비위 등으로 인하여 재정상태가 부실화된 결과 투자자들에게 큰 손실을 입게 한 사안에 관한 것으로서, 전체적으로 보아 공공의 이익에 관련된 것일 뿐만 아니라 이 사건 제보 및 보도행위의 주요한 목적 또한 일응 공공의 이익을 위한 것이라고 판단된다"라며 원고에게 유명 연예인이라며 공인에 준하는 지위를 부여하였지만, 허위 사실의 보도를 이유로 손해배상을 인정하였다 (서울중앙지방법원 2011. 7. 13. 선고 2010가합120338 판결).

### 기타

이명박 대통령의 조카사위인 원고가 자신이 보유하던 비젤 주식을 메릴린치에게 매도하여 70억 원의 시세 차익을 본 후 비젤을 폐업시켰다는 보도는 사실이 아니라며 정정보도와 손해배상을 청구한 사건에서 재판부는 "원고는 대한민국의 국가원수이자 행정부의 수반인 이명박 대통령의 조카사위이고, 원고가 추진한 사업 등이 언론에 의해 수차례 보도되는 등으로 세인(世人)의 관심을 받아 공인에 준하는 지위에 있다고 보아야 하는 점"(서울중앙지방법원 2013. 1. 16. 선고 2012가합32404, 2012가합32411(병합), 2012가합32428(병합), 2012가합32435(병합) 판결) 등을 통해 원고에게 공인에 준하는 지위를 인정하였고, "이 사건 보도가 원고에 대하여 악의적이거나 심히 경솔한 공격으로서 현저히 상당성을 잃은 것은 아니어서 위법성이 조각된다"라며 정정보도는 인용하였으나, 손해배상은 기각하였다.

## 공인으로 인정하지 않은 경우

### 방송사 최대 주주

방송사의 최대 주주인 원고가 국내 정보를 미국에 유출하고, 배○○으로 하여금 신○○에게 정보교육을 하도록 시켰다는 등의 사실이 아닌 보도로 피해를 입고 있다며 제기한 기사 삭제 등 청구소송에서 대법원은 "공적 인물에 대한 명예훼손적인 표현의 위법성을 판단할 때에는 일반인의 경우와는 심사 기준을 달리하여 더 완화된 기준을 적용하여야 함은 상고 이유에서 지적한 바와 같다. 그러나 기록에 따르면 원고는 공적 인물에 해당하지 않는다 할 것인바, 원심이 같은 취지로 판단한 것은 정당하고, 거기에 상고 이유로 주장하는 바와 같은 명예훼손에 있어서 공인의 범위에 관한 법리 오해 등의 위법이 없다"라며 원고를 공인으로 인정하지 않고 원고의 기사 삭제 요청을 받아들였다(대법원 2013. 3. 28. 선고 2010다60950 판결).

### 전직 구의회 부의장

원고가 용산구의회 부의장 시절 자신의 소유 토지 및 건물을 시가보다 훨씬 비싼 가격으로 용산구에 매각했다는 보도는 과장보도라며 제기한 정정보도 등 청구소송에서 서울중앙지방법원은 "원고가 이 사건 토지 및 건물을 용산구에 매도할 당시에는 용산구의회 부의장을 사임한 후 이미 7년여가 경과한 시점으로서 원고는 사인의 지위에서 이를 매도한 것에 불과하다. … 원고가 어느 정도 공적인 지위를 가진다 하더라도 상당성을 판단함에 있어 앞서 본 공직자에 대한 기준을 그대로 이 사건에 적용하기는 어렵다"며 원고를 공인으로 보지 않았고, 명예훼손과 초상권 침해를 인정하였다(서울중앙지방법원 2011. 12. 21. 선고 2011가합27092 판결).

### 은퇴 연예인

은퇴한 탤런트인 원고가 인터뷰 의사가 없고, 기사화되기를 원하지 않는다는 뜻을 밝혔음에도, 원고가 탤런트로 활동할 당시의 사진과 최근의 사진을 게재하면서 인터뷰에 응한 것처럼 보도하여 사생활의 비밀과 자유가 침해되었다며 제기한 손해배상청구소송에서 서울중앙지방법원은 "한때는 공적 인물이었거나 유명 사건과 관련된 사인의 사생활이라도 시간의 경과에 따라 공중의 정당한 관심사가 되지 아니할 수 있다. 원고는 1978년경부터 TV 탤런트로 활동하여 왔으므로 공인으로서의 신분을 가지고 있었다고 할 수 있으나, 1988년 결혼과 함께 연예계를 은퇴한 후 일체의 언론매체와의 인터뷰에 응하지 않은 채 가정생활에만 전념하고 있음은 앞에서 본 바와 같아, 원고는 더 이상 공적 인물이 아니라 할 것이고, 공적 인물이 아닌 원고의 사생활에 대하여 대중의 관심이 갑자기 많아졌다는 이유만으로 공중의 정당한 관심사라고 볼 수 없고, 원고의 사생활 보도에 공익적 목적이 있었다고도 보기 어려우므로, 위 피고들의 주장은 받아들이기 힘들다(위 피고들은 원고가 2004년부터 1년간 CGN TV에서 매주 한 번씩 '차○○의 즐거운 책읽기'라는 프로그램을 진행하였으므로, 공인이라고 주장하나, CGN TV가 선교를 목적으로 한 특정 교회의 위성방송이라는 점에 비추어 볼 때, 위 주장도 받아들이기 힘들다)"며 원고를 공인으로 인정하지 않았다(서울중앙지방법원 2007. 1. 24. 선고 2006가합24129 판결).

### 환경운동가

환경운동가인 원고가 자신이 벌인 천성산 터널 공사 반대운동으로 인해 2조 5천억 원의 국가적 손실을 보았다고 과장보도하여 명예가 훼손되었다며 제기한 손해배상청구소송에서 서울중앙지방법원은 "원고는 비록 환경운동가로 정부와 국민의 시선을 받고 있기는 하나 국민의 감시와 감독에서 자유롭지 못한 공직자 신분은 아니며 더구나 정부의 고속철도 공사에 대하여 환경 파괴를 염려하여 반대운동을 하는 등 정부에 대하여 비판적 지위에 서 있는 점 등을 고려하여 보면 이 사건의 경우 특별히 원고로 하여금 위와 같은 명예훼손적 표현을 감수하도록 하면서까지 피고의 언론의 자유가 보장되어야 하는지 대단히 의문이다"(서울중앙지방법원 2009. 9. 24. 선고 2008가단202834 판결)라며 원고를 공인으로 보지 않고 명예훼손을 인정하였다.

### 기타

사회적으로 성공한 상징으로 인식되는 의사의 경우에도 사회적 유명세를 타지 않는 한 공인으로 판단할 수 없다는 판결이 있다. 대법원은 "원고는 평범한 정신과 의사에 불과하여 공적인 인물이라 볼 수 없는 점 … 등에 비추어 보면, 피고들이 원고가 저지른 범죄를 보도하면서 명시한 원고의 신원에 관한 사항은 공공의 이해에 관한 사항이라 할 수 없으므로 …" 위법성이 조각되지 않는다고 판결하였다(대법원 2007. 7. 12. 선고 2006다65620 판결).

그러나 성공한 유명 영화감독이라고 하더라도 진실 보도의 주의의무를 다하지 않았다면 공인원칙이 언론의 책임에 적용되지 않는다. B언론사는 청소년 성범죄를 소재로 한 사회 고발 영화를 연출하여 유명해진 A영화감독이 아내로부터 가정폭력과 아동학대를 이유로 이혼소송을 제기당하고 동시에 아내를 여러 차례 폭행하고 식칼로 위협하였으며 아들을 감금 납치하였다는 등의 이유로 고소당해 조사를 받고 있다고 보도하였다. 그 보도는 아내와의 인터뷰, 고소장에 기재된 내용을 전달하면서 A감독의 행동을 비판하는 논조로 전개되었다. 그러나 A감독은 아내를 폭행하였다는 고소사실 중 일부만 유죄로 인정되었을 뿐 나머지 폭행 부분과 식칼로 위협하였다는 부분은 무혐의 처분을 받거나 무죄가 확정되었고, 이에 A감독은 위 보도로 명예가 훼손되었다며 B언론사를 상대로 손해배상을 구하는 소송을 제기하였다.

이에 대하여 1심과 항소심은 모두 B언론사의 책임을 인정하는 판결을 하였고, 대법원은 아래와 같은 이유로 B언론사의 상고를 기각하였다. 먼저 대법원은 어떤 사람이 고소를 당하여 수사 중인 사실을 언론사가 함부로 보도하여서는 안 되는 이유를 누구나 고개를 끄떡이게 할 만큼 적확하게 지적하고 있다(대법원 2016. 5. 27. 선고 2015다33489 판결).

즉 보도의 내용이 수사기관 등에서 조사가 진행 중인 사실에 관한 것일 경우, 일반 독자들로서는 보도된 혐의 사실의 진실 여부를 확인할 수 있는 별다른 방도가 없을 뿐 아니라 보도 내용을 그대로 진실로 받아들일 개연성이 있고, 신문 보도 및 인터넷이 가지는 광범위하고도 신속한 전파력 등으로 인하여 보도 내용의 진실 여하를 불문하고 그러한 보도 자체만으로도 피조사자로 거론된 자 등은 심각한 피해를 입을 수 있는 것이다.

나아가 대법원은 이러한 보도에 대하여 언론사가 취해야 할 주의의무를 다음과 같이 구체적으로 밝히고 있다.

> "그러므로 수사기관 등의 조사 사실을 보도하는 언론기관으로서는 그 보도에 앞서 조사 혐의 사실의 진실성을 뒷받침할 적절하고도 충분한 취재를 하여야 하고, 확인되지 아니한 고소인의 일방적 주장을 여과 없이 인용하여 부각시키거나 주변 사정을 무리하게 연결시켜 마치 고소 내용이 진실인 것처럼 보이게 내용 구성을 하는 등으로 그 기사가 주는 전체

적인 인상으로 인하여 일반 독자들이 사실을 오해하는 일이 생기지 않도록 기사 내용이나 표현 방법 등에 대하여도 주의를 하여야 하고, 그러한 주의의무를 다하지 않았다면 명예훼손으로 인한 손해배상책임을 져야 한다."

즉 주의의무를 다하지 않는 경우에는 공인원칙이 적용될 수 없다는 점을 알 수 있다.

4

# 판례의 평가와 전망

## 판례에 대한 새로운 평가 경향

우리 대법원은 공인에 대한 명예훼손에서 면책되는 범위를 훨씬 넓게 인정하려는 추세에 있다. 비록 미국의 '현실적 악의의 법리'처럼 공인에 대한 명예훼손 전반에 적용되는 성립 요건의 강화나 입증책임의 전환에는 이르지 않고 있으나, 적어도 특별한 유형의 표현에 대해서는 심사 기준의 차이를 두어 종전보다 훨씬 넓게 보호하도록 하고 있다.

즉 ① 공인의 정치적 이념에 대한 의혹의 제기에 있어서는 상당성의 입증책임을 완화해 주어야 하고(소위 민노총 사건), ② 특히 좌와 우의 이념 문제에 관하여는 일방의 타방에 대한 공격이 타방의 기본입장을 왜곡시키는 것이 아닌 한 섣불리 불법행위의 책임을 인정하여서는 아니 되며(소위 KBS프로듀서사건), ③ 정당 대변인의 정치적 논평의 위법성을 판단함에 있어서는 어느 정도 수사적인 과장 표현은 용인되어야 하고(소위 전북도지사 사건, 대법원 2003. 7. 8. 선고 2002다64384 판결), ④ 공직자의 도덕성, 청렴성 또는 공직자의 업무 처리의 정당성에 관한 의혹의 제기는 악의적이거나 현저히 상당성을 잃은 공격이 아닌 한 쉽게 책임을 추궁하여서는 안 된다(전북도지사 사건, 정치보복기소주장 사건, 대전법조비리보도 사건)는 것이다.

그 이유로서는 ① 공인의 정치적 이념은 국가사회에 미치는 영향이 지대하여 이에 대한 의혹이 있으면 널리 문제 제기가 허용되고 공개토론을 받아야 할 필요가 있는 반면 특정인의 정치적 이념은 위장 가능성이 있는 데다가 그 성질상 이를 정확히 증명해 낸다는 것은 극히 어려우며, ② 좌와 우의 이념 문제는 국가의 운명과 이에 따른 국민 개개인의 존재 양식을 결정하는 중차대한 쟁점이고 이 논쟁에는 필연적으로 평가적인 요소가 수반되며, ③ 공직자의 도덕성, 청렴성 또는 공직자의 업무 처리의 정당성에 대하여는 항상 국민의 감시와 비판의 대상이 되어야 하고, ④ 민주정치 제도 하에서는 정당 활동의 자유도 너무나 중요하여 그 보장에 소홀함이 있어서는 아니 되고 정당의 정치적 주장에는 국민의 지지를 얻기 위하여 어느 정도의 수사적인 과장 표현은 용인되어야 한다는 것을 들고 있다.

이러한 대법원의 태도는 종전의 명예훼손 법리가 공인에 대한 자유로운 비판을 위축시킨 점이 없지 아니한 점을 감안하면 지극히 타당한 것이라고 할 수 있다. 또한 대법원은 피고의 책임을 인정했던 원심법원의 판결을 전부 파기하면서 새로운 심사 기준을 제시한 점에서도 공인에 대한 좀더 자유로운 비판을 할 수 있도록 고려하는 한편 대법원이 공인의 정치적 이념에 대한 의혹의 제기라는 가장 두텁게 보호받아야 할 전형적인 정치적 언론의 유형에서부터 새로운 심사 기준을 제시하기 시작하여 공직자의 도덕성 그리고 공직자의 업무집행의 정당성에 대한 의혹 제기라는 유형에 이르기까지 새로운 심사 기준의 적용 범위를 점차 확대해 온 점도 흥미롭다.

다만 대법원의 새로운 심사 기준으로서 예컨대 "타방의 기본입장 왜곡" "어느 정도 수사적인 과장 표현" "악의적이거나 현저히 상당성을 잃은 공격" 등으로 지극히 추상적인 기준을 제시할 뿐이어서 언론 종사자에게 현실적인 지침으로 작용하기에는 어려운 점이 아쉽다고 할 것이나 이는 앞으로 판례의 집적으로 구체화되리라고 기대된다.

## 언론의 예측 가능성

한위수(2004)는 대법원에서 지난 2002년부터 공인에 대한 명예훼손 책임을 인정하는 기준을 종래보다 훨씬 더 엄격히 하는 취지의 판결을 내리고 있는 점에 주목하고, 이러한 대법원의 태도가 종전의 명예훼손 법리가 공인에 대한 자유로운 비판을 위축시킨 점이 없지 아니한 사실을 감안하면 타당한 것이며 공인에 대한 자유로운 비판의 폭을 확대하려는 대법원의 강한 의지와 선도성이 돋보인다고 분석하였다.

이러한 대법원의 태도에 비추어 앞으로도 새로운 심사 기준을 제시하고 적용할 분야가 점차 확대될 것이며, 나아가 대전법조비리사건처럼 앞에서 제시된 새로운 심사 기준을 구체적으로 적용하여 위법성을 판단하는 사례도 많이 나올 것으로 보인다. 한위수(2004)는 그런 점에서 앞으로는 정치적 이념 논쟁이나 정당 대변인의 논평 등 정치적 표현은 최대한 보장되고 이에 대하여는 명예훼손 책임을 인정하는 경우가 극히 드물 것으로 전망하고 있다. 정치적 언론에 대해서는 명예훼손 소송으로서가 아니라 또 다른 정치적 언론으로 대응함으로써 자유롭고 공개적인 토론으로 해결함이 바람직하다는 취지로 판단된다.

또한 공인의 도덕성이나 업무집행의 정당성에 대한 의혹 제기에 대하여는 그 진실성이 입증되지 않거나 진실성의 확인을 위한 노력이 완전하지 않더라도 어느 정도 합리적인 근거만 있으면 위법성이 없다고 판단될 것으로 보인다. 이에 대하여는 대법원이 전북도지사 사건(대법원 2003. 7. 8. 선고 2002다64384 판결)에서 한 판시는 시사하는 바가 크다고 할 것이다.

실제로 종래 국민적 관심의 대상이 되면서도 정치적으로 민감한 사건의 수사에 있어서 그 수사기관이 아니고서는 의혹의 진위를 가리는 것이 현실적으로 매우 어려운 데도 수사내용에 대하여는 보안이 철저하게 지켜짐으로써 국민들의 의구심을 해소하기에 아쉬움이 있었던 일이 없지 않았고 바로 이러한 경우에 정당이나 언론의 역할이 필요하다는 사회적 요구가 존재하였다.

비록 명예훼손의 경우에도 공인이론이 명확히 확립되어 있지는 않지만 판결에 근거해서 살펴보자면 재판의 경우 공인/사인 여부에 따라서 판결의 기본적 원칙이 있을 수 있다. 기존의 공인 관련 명예훼손 판결을 분석한 류영재 판사(2016)는 명예훼손죄가 법률로 규정되어 있는 현행 법체계에서는 최대한 언론의 자유를 위축시키지 않고, 재판 과정에서 입증책임의 전환이 일어나지 않도록 주의하며 헌법합치론적으로 법률을 해석하고 재판을 진행해야 한다고 주장하였다. 이를 통해서 재판을 실시하는 경우 〈도식 2-1〉 같은 형태의 결과가 도출될 수 있다고 보았다(104-105쪽).

〈도식 2-1〉에서 나타나는 내용은 비록 공인이론이 명확하지는 않지만 재판에서 일정 부분 적용되고 있음을 보여준다. 다시 말하자면 공인과 관련된 공적인 사안에 관련되었고 비방의 목적이 없다고 한다면, 보도 내용이 사실이 아니더라도 면책될 수 있다는 것을 도식적으로 잘 보여준다. 그러나 비방의 목적은 인정되지 않는다 하더라도 사실이 허위이거나 고

도식 2-1 **상황별 공인원칙 적용 가능성**

① 사인의 사적인 사안에 관한 사실 적시(비방목적 ○) + 언론 · 출판 + 사실의 허위성(○) + 고의(○) = 형법 제309조 제2항 또는 정보통신망법 제70조(벌칙) 제2항 인정

② **공인이나 공적인 사안에 관한 사실 적시**(원칙적 비방목적 ×) + 언론 · 출판 + 사실의 허위성(○) + 고의(엄격한 고의)(○) = 형법 제307조 제2항 인정

③ 사인의 사적인 사실에 관한 사실 적시(비방목적 ○) + 언론 · 출판 + 사실의 허위성(×) + 고의(×) = 형법 제307조 제1항 (사생활 침해 범죄로 볼 수 있음)

④ **공인이나 공적인 사안에 관한 사실 적시**(원칙적 비방목적 ×) + 언론 · 출판 + 사실의 허위성(×) + 고의(엄격한 고의)(×) = 형법 제307조 제1항 - 형법 제310조에 의한 위법성 조각 = 무죄

⑤ **공인이나 공적인 사안에 관한 사실 적시**(원칙적 비방목적 ×) + 언론 · 출판 + 사실의 허위성(○) + 고의(엄격한 고의) = 형법 제307조 제1항 - 형법 제310조(예외적 범위 확대)에 의한 위법성 조각 = 무죄

**출처** 류영재(2016).

의성이 드러나는 경우 공인이론은 인정되지 않음을 알 수 있다. 공인에 대한 보도라고 하더라도 진실성 또는 진실이라고 믿은 상당한 이유(상당성)는 포기되지 않는다는 것이다. 다시 말하자면 보도 대상이 공인이라고 하더라도 결코 사실 확인을 하지 않은 채 함부로 보도해서는 안 된다는 것이다.

이와 아울러 어느 특정인을 비방하거나 비난하는 데 보도의 내용이나 방향이 이미 정해져 있다고 한다면 공익성이 인정되지 않는다는 것을 알 수 있다. 특히 공익성이 강조되는 범죄 관련 보도에 있어서 반드시 범인이나 범죄 혐의자의 신원을 명시할 필요가 있는 것은 아니고 범인이나 범

죄 혐의자에 관한 보도가 반드시 범죄 자체에 관한 보도와 같은 공공성이 있다고 볼 수는 없다고 판시하였다(대법원 1998. 7. 14. 선고 96다17257 판결).

1999년 6월 24일 피해자가 공적 인물인지 아니면 사인인지, 그 표현이 공적인 관심 사안에 관한 것인지 순수한 사적 영역에 속하는 사안인지의 여부에 따라 명예훼손적 표현의 헌법적 심사 기준에는 차이가 있어야 하며 공적 인물의 공적 활동과 관련된 명예훼손적 표현은 그 제한이 더 완화되어야 하며 개별 사례에서의 이익형량에 따라 그 결론도 달라져야 한다고 하는 헌법재판소의 결정(1999. 6. 24. 선고 97헌마265 결정)이 나온 이래, 민사상으로 타인의 명예를 훼손하는 행위를 한 경우에도 그것이 공공의 이해에 관한 사항으로서 그 목적이 오로지 공공의 이익을 위한 것일 때에는 진실한 사실이라는 입증이 된다면 그 행위에 위법성이 없다고 보고 있다.

또한 비록 "진실한 사실이라는 증명이 없더라도 행위자가 그것을 진실이라고 믿을 만한 상당한 이유가 있는 경우에는 위법성이 없다"라고 보고 있으며(대법원 2013. 2. 14. 선고 2010다108579 판결), 공인의 경우 "특히 공직자의 도덕성·청렴성이나 그 업무 처리가 정당하게 이루어지고 있는지 여부는 항상 국민의 감시와 비판의 대상이 되어야 한다는 점을 감안하면, 이러한 감시와 비판 기능은 그것이 악의적이거나 현저히 상당성을 잃은 공격이 아닌 한 쉽게 제한되어서는 안 된다"라고 주장하였다(대법원 2003. 9. 2. 선고 2002다63558 판결 등).

아울러 검찰 등 국가 기관의 수사 과정에서 그 직무 집행이나 업무 처리가 적법하고 정당하게 이루어지고 있는지는 항상 국민의 감시와 비판의 대상이 된다고 피력하였다(대법원 2005. 1. 14. 선고 2001다28619 판결 등 참조). 특히 대통령 선거에 미칠 정치적 영향력을 가진 사건에 관한 검찰 직무 집행의 적법성·공정성에 대한 정당의 감시 기능은 정당의 중요한 임무 중 하나이므로 이러한 감시와 비판 기능은 보장되어야 하고, 정당이 위와 같은 사항에 관하여 의혹을 제기하는 등의 감시와 비판을 하는 행위로 말미암아 공직자 개인의 사회적 평가가 다소 저하될 수 있다고 하여 곧바로 공직자에 대한 명예훼손이 된다고 할 수 없으며, 이러한 감시와 비판 기능은 그것이 악의적이거나 심히 경솔한 공격으로서 현저히 상당성을 잃은 것이 아닌 한 쉽게 제한되어는 안 된다는 것을 알 수 있다(대법원 2003. 7. 22. 선고 2002다62494 판결; 대법원 2006. 5. 12. 선고 2004다35199 판결 등 참조).

결국 오랜 기간 동안 다수의 판결을 통해서 자리를 잡은 미국의 경우만큼은 아닐지라도 우리 법원은 공인에 대해서는 사인과 달리 보도해야 한다고 구분하고 있으며, 공인이 누구인지에 대해서는 그 범주를 조금씩 확장해나가고 있는 경향을 보인다고 할 수 있다. 언론 전문가들은 언론·출판의 자유와 명예 보호 사이의 한계를 설정함에 있어서 표현된 내용이 공공적·사회적인 의미를 가진 사안에 관한 것인 경우에는 사적인 영역에 속하는 경우와는 달리 언론의 자유에 대한 제한이 완화되어야 한다고 지적한다(심석태, 2014; 이승선, 2016).

흥미롭게도 판례에 따르면 비정치적이고 현직에 종사하는 인물은 명예훼손의 경우에는 기본적으로 면책될 수 있는 가능성이 크지만, 사생활 침해나 초상권 침해의 경우 그 가능성은 사안에 따라 다르며 특히 초상권 침해의 경우에는 공인이론이 거의 적용이 안 되는 것으로 나타났다(이재진·동세호, 2015). 이러한 범주 분류가 언론에 있어서 정확한 가이드라인은 되지 않으나 최대한 예상 정도를 높임으로서 명예훼손 등으로 인한 위축 효과를 줄일 수 있을 것으로 판단된다. 이는 법원에서도 인정하고 있는 언론의 권력 감시·비판 기능을 보장하기 위해서도 꼭 실시되어야 할 것으로 판단되는 만큼 이 책에서의 분석이 우리나라의 언론의 자유를 확장시키는 데 실질적인 효과가 있다고 기대된다.

지난 30여 년간 언론환경의 변화와 판결 경향을 연구한 함석천(2011)은 군사독재를 벗어나 문민정부를 거쳐 언론이 '숨 쉴 공간'을 찾기까지 숨가쁘게 달려온 점을 지적하면서도 앞으로 판결이 언론환경에 어떻게 영향을 줄지는 예측하기 힘들다고 지적한다. 적어도 법원 판결이 언론환경의 방향성을 제대로 설정하는 데 중요한 역할을 했으며 이는 높은 시민 의식과 함께 오늘날의 언론의 자유를 만들어 냈다고 피력한다. 이러한 지적은 대단히 타당하다. 이러한 이해에 근거해서 본다면 우리나라의 경우 언론의 자유와 올바른 언론환경의 방향성 설정 속에서 공인이론이 만들어지고 다듬어져 왔고 계속해서 발전해나가고 있다고 보아야 할 것이다.

제3장

# 공인과 사생활권 침해

# 1 사생활권의 법체계

## 언론에 있어 개인 사생활권의 의미

### 사생활과 사생활 침해

사생활이란 무엇이며 그리고 그 권리 개념은 언제부터 시작된 것인가? 영어로는 프라이버시(Privacy)라고 하는 사생활은 아주 다양한 내용으로 이루어지기 때문에 한마디로 이를 정의하기는 쉽지 않다. 우리나라의 경우 1987년 「헌법」과 2005년 「언론중재법」에서 기본권으로 인정된 사생활에 대해 정의 내리는 법 규정은 존재하지 않는다. 사생활에 대한 권리 개념의 필요성을 주창한 미국의 워렌과 브렌다이스(Warren & Brandeis)는 사생활권을 'right to be let alone'이라고 정의하였다. 즉 사생활이란 외부의 간섭을 받지 않고 안위(평온)를 누리는 상태라고 할 수 있으며, 사생활권이란 이러한 안위를 누릴 수 있는 권리가 된다.

사생활권(right to privacy)의 개념은 사법 역사상 가장 최근의 기본권에 속한다. 사생활권이 처음으로 법적인 권리로 인정된 것은 20세기 초 미국에서였다(이재진, 2006; 2009). 물론 사생활과 관련한 권리 개념이 필요하다는 요구는 그 이전부터 존재하였다. 특히 언론과의 관계를 고려한 사생활 보호의 필요성은 1890년 12월의 새뮤얼 워렌(Samuel Warren)과 루이스 브랜다이스(Louis Brandeis)가 하버드 로스쿨의 학술지 『하버드 로 리뷰(Havard Law Review)』에 게재한 "Right to Privacy"라는 제하의 논문에서 잘 나타나 있다.

이들은 당시 저명한 법학자이자 판사였던 토마스 쿨리(Thomas M. Cooley)가 제시한 'right to be let alone'이라는 개념에 나타나 있는 '사생활' 개념이 보호받을 때가 되었다고 주장하면서, 특히 언론 보도의 문제로 인한 개인 보호의 필요성을 피력하였다. 시기적으로 볼 때 당시는 선정적 보도로 인하여 인권에 대한 심대한 침해를 일삼는 소위 옐로우 저널리즘(Yellow Journalism, 황색 저널리즘)이 만연한 시기였다(이재진, 2002). 이 시기에 언론은 사실에 대한 진위 여부를 확인하지 않은 선정적이고 자극적인 보도 경쟁을 일삼음으로써 급기야 미국과 스페인 간의 전쟁(미·서 전쟁)까지 발발하게 한 원인이 되었다(차배근, 2014).

워렌과 브랜다이스는 논문에서 "언론은 모든 방면에서 그 우월성(priority)과 품격(decency)의 한계를 넘어서고 있다. 가쉽(gossip)은 더 이상 게으르고 사악한 사람들만의 전유물이 아니라 철면피(effrontery)는 물론이고 언론업계에 의해서도 추구되고 있다 … 문명이 발달하고 삶이 복잡하고 힘들어지면서 어떤 이는 세상으로부터 은연 자적하는 것을 필요로 하게 되고, 문화의 은밀한 영향력 아래서 인간은 점점 더 세상에 알려지는 것에 대해 민감해져 간다 … 그래서 혼자 있을 수 있는 것과 개인 생활의 영위라는 것은 개인들에게 대단히 필요하다. 그런데 작금의 기업들과 발명품은 개인의 프라이버시를 침해하면서 인간을 육체적인 피해보다 더 심각한 정신적 고통이나 고뇌에 빠트리게 한다"고 갈파하였다(Warren & Brandeis, 1890, p.196).

이와 함께 이들은 일반인들에 대한 사진을 허락받지 않은 채 배포하는 행위, 신문에 의한 사생활 침해 문제 등에 대해 무언가 법적인 구제책이 마련되어야 한다는 분위기가 조성되고 있다고 주장하였다. 그러나 사생활권을 이유로 공공의 이익에 관련된 어떠한 표현도 금지되어서는 안 되는데, 단지 이 권리는 공중이 이를 알아야 할 아무런 이익이 없는 사적인 사항을 피해자의 의사에 반해 공표하는 것을 방지하기 위해서 필요하다고 보았다. 아울러 아무리 사적인 사항이라도 당사자가 직접 공개한 것이거나 공개에 동의한 경우에는 책임을 묻지 말아야 한다는 면책의 기준도 제시하였다(심석태, 2015).

이들의 논문이 나온 후 한동안 논의가 없다가 캘리포니아(California) 주에서 1899년 명예훼손법의 일부를 개정하면서 "사전 동의 없이 개인의 초상을 책, 신문, 유인물 또는 포스터 등에 공표하는 자는 경범죄에 처한다"는 요지의 법안을 통과시켰다(한병구, 2000, 282쪽). 이는 최초의 사생활 관련 법안이라고 볼 수 있을 것이다. 그러나 3년 뒤인 1902년 뉴욕(New York) 주에서 발생한 Roberson v. The Rochester Folding Box Co. 사건에서 뉴욕 주 대법원은 하급심의 판결을 깨고 사생활권을 인정하지 않았다. 이 사건은 프랭클린 밀스(Franklin Mills)라는 제분회사가 원고의 동의 없이 초상을 도용하여 광고 포스터에 이용함으로써 시작되었다(171 N. Y.538). 뉴욕 주 대법원은 이 업체에 대해 아무런 책임이 없다는 취지의 판결을 내렸다. 비록 이 판결이 사생활권을 인정하지는 않았지만 사생활권이 필요성에 대해서 지적했다는 점에서 중요한 의미를 갖는다.

이 판결이 있은 이후 일반인의 사진을 상업적 목적으로 마음대로 사용했음에도 불구하고 그 책임을 물을 수 있는 방법이 없다는 점에 대해 사회적 논란이 커지게 되었고 뉴욕 주 의회는 1903년 광고나 상업적 목적으로 개인의 성명이나 사진 등을 허락 없이 사용하는 것을 범죄로 규정하는 법률을 통과시켰다. 1905년에는 조지아(Georgia) 주 의회가 "사진 또는 성명을 상업적 또는 광고 목적으로 이용하는 것은 불법"이라는 규정을 통과시켰다(팽원순, 1984).

이와 함께 최초로 사생활권을 인정한 판례가 1905년 조지아 주에서 나오게 된다. Pavesich v. New England Mutual Life Insurance Co. 사건에서 조지아 주 대법원은 예술가인 원고의 사진을 본인의 동의 없이 도용한 보험회사에 대해서 하급심 결정을 뒤엎고 2만 5천 달러의 손해배상을 결정하였다(122 Ga. 190). 이 판결 이후 프라이버시권은 20세기 후반부에 들어서면서 미국의 민법적 권리로서 인식되면서 몇몇 주는 프라이버시법을 제정하고 어떤 주는 보통법을 통하여 프라이버시권을 수용하기 시작하였다. 그리하여 동의(consent) 없이 광고의 목적으로 개인의 이름이나 사진을 이용할 수 없도록 하였다.[24] 이때부터 법원들은 점차 비록 진실한 것이지만 개인적으로는 당황스러운 개인적 사실들의 게재를 금하는 프라이버시 보호법을 확대시켰으며, 입법자들은 예외적인 경우에는 형법을 통해서 개인의 프라이버시를 보호하는 규정을 두기도 하였다(Gillmor et al., 1996). 그러던 것이 1938년에 미국 법조계에서 불법행위 관련 법률과 판례 해석의 기준으로 인정되는 리스테이트먼트(Restatement)에서 사생활권을 불법행위의 한 유형으로 명시하면서 이런 논란도 막을 내리게 되었다.

---

24 프라이버시권의 개념은 처음 개인적 초상이나 성명을 광고 등의 상업적 목적으로 무단으로서 사용되는 것을 막기 위한 것으로 제시되었다.

그럼에도 사생활권이 기본권인가에 대한 논의는 계속되었는데, 사생활권이 무엇을 의미하는가에 대해서는 1960년대에 들어서야 구체적인 유형으로서의 모습을 갖추게 된다. 이는 UC 버클리 법대학장이었던 윌리엄 프로서(W. Prosser, 1960)에 의해서 잘 정리되었는데, 그는 "프라이버시"(Privacy)라는 제하의 논문에서 프라이버시 침해의 유형을 네 가지로 구분하였다(pp.383-423).

첫째, 사적 사실(private facts)을 함부로 공개하는 행위이다. 이는 당사자가 원하지 않은 사적인 사실을 공개해 당사자를 당혹스럽거나 민망하게 만드는 것이다. 다시 말하자면 공개하면 사회적으로 곤란할 수 있는 개인 관련 내용을 공개적으로 드러내는 것이다. 이러한 공개는 특정 인사들에 한정되지 않고 여러 사람에게 이루어져야 침해가 인정된다. 즉 언론의 보도가 항상 공적인 내용을 다루는 것은 아니며, 사적 사실이 대단히 중요한 공적 관심사가 되기도 한다.

둘째, 개인이 누리는 안위에 대해 침입(intrusion)하는 행위이다. 이는 개인적 공간에 대한 물리적 침범뿐 아니라 망원렌즈 등을 사용하여 개인의 사적 생활을 엿보는 것도 포함된다. 즉 침범이 되기 위해서는 그 침범의 대상이 되는 공간이나 사안이 사적인 것으로 이를 침범한 행위가 합리적인 사람이 납득할 수 없는 것이어야 한다. 그러나 취재원이 동의 또는 허락을 하는 경우 사생활 침해로부터 면책될 수 있다.

셋째, 공중을 오인(false light)하도록 보도하는 것이다. 다시 말하자면 기사 내용의 일부에 대한 강조 또는 삭제를 통하여 개인이 특정한 이미지를 가질 수 있게 한 것을 말한다. 이는 또한 맥락성이 탈락함으로써 발생하기도 한다.

넷째, 타인의 이미지나 성명, 음성, 초상 등의 상업적 남용(appropriation)의 경우이다.

프로서는 이러한 분류를 하면서 공인에 해당하는 사람들은 자신들의 명성이나 공적 활동 등에 상응해서 사생활권을 상실한다고 지적하였다. 공인이 자신의 명성을 이용하면서 다른 한편으로 사생활권의 방패 뒤에 숨는 것은 부당하다는 것이다. 특히 언론과 개인의 프라이버시가 충돌하는 경우 언론은 헌법에 근거해 정당한 공적 관심사를 보도할 권리가 있기 때문이라는 설명이다(심석태, 2015).

프로서가 정리한 4가지의 프라이버시 침해유형 이외의 비교적 최근에 언론 관련 소송에 등장하고 있는 불법행위가 바로 의도적인 '감정적 고통'(emotional distress)을 유발하는 것이다. 일반적으로 감정적 고통에 대한 주장은 보통의 행위를 벗어나서 타인에게 극히 수치심을 느끼게 하는 농담이나 우스개 이야기와 같은 경솔한 언행을 규제하기 위한 것이다. 이를 위해서는 피고는 대단히 불법적인 행위를 해야 하며, 피고가 정신적 고통을 주기 위한 의도에서 행위 했으며, 실제로 심각한 감정적인 고통이 발생했는가를 증명해야 한다(Zelezny, 1997, pp.183-184).

프로서의 논문 이후 사생활권은 점차 소극적이고 방어적 개념에서 점차 사생활 영역을 자유롭게 형성할 수 있도록 보장을 해야 한다는 적극적인 개념으로 발전하게 된다(Grisworld v. Connecticut, 381 U.S. 479). 더구나 공공기관, 기업 등의 개인정보 수집과 보관이 늘어나면서 사적 정보의 관리나 그로 인한 사생활의 자유에 대한 침범 가능성은 새로운 국면을 맞는다. 사생활권은 단순한 방어적 권리 개념을 넘어서서 '사적 정보의 자기결정권'으로 불리면서 개인들에 대한 정보를 대량으로 수집해 관리하고 있는 기관 등에 대한 정보 수집이나 관리, 공개 등을 함부로 하지 못하도록 요구하는 적극적인 권리로 발전하게 되었다.

### 사생활권 법리의 발전

우리나라에서의 개인의 사생활은 법적인 보호의 영역으로 규정되고 있으나 그 역사는 그렇게 오래된 것은 아니다. 우리나라에서 사생활이 개인의 기본권으로 인정된 것은 1980년 「헌법」 제16조에서부터이다. 그러던 것이 현행 헌법인 1987년 「헌법」 제17조에 사생활의 비밀과 자유 조항이 들어가면서 비로소 사생활이 개인의 권리로서 인정받기 시작하였다. 「헌법」 제17조는 "모든 국민은 사생활의 비밀과 자유를 침해받지 아니한다"로 규정하고 있다. 이에 근거하여 개인은 타인으로부터의 간섭이나 강제에 의해 사생활의 비밀과 자유를 침해받지 않으며 피해에 대한 구제를 받을 수 있게 되었다. 아울러 개인의 사생활권이 다른 개인의 기본권과 충돌하는 경우 적절한 이익형량을 해야 한다.[25]

이를 받아 「형법」 제316조, 제317조에는 개인의 사생활의 비밀과 평온을 보호하기 위하여 일정한 개인의 비밀을 침해하거나 누설하는 행위를 처벌하는 규정을 두고 있는바, 이상을 종합해보면 사람은 자신의 사생활의 비밀에 관한 사항이 함부로 타인에게 공개되지 않을 법적 이익을 가진다고 할 것이므로, 개인의 사생활의 비밀에 관한 사항을 부당하게 공개하는 것은 불법행위를 구성하게 된다는 것이 우리 판례의 경향이라고 할 수 있다.

개인의 사생활권이 가장 큰 쟁점이 되는 것이 바로 표현의 자유 또는 언론의 자유 영역과의 충돌이다. 특히 언론사의 취재·보드의 자유라는

---

25 「헌법」 제21조 제4항에서는 "언론·출판은 타인의 명예나 권리 또는 공중도덕이나 사회윤리를 침해하여서는 아니 된다. 언론·출판이 타인의 명예나 권리를 침해한 대에는 피해자는 이에 대한 피해의 배상을 청구할 수 있다"라고 규정하고 있다.

영역과의 충돌은 불가피하다. 왜냐하면 언론의 보도에 있어 개인의 사생활과 관련된 뉴스가 포함될 수밖에 없기 때문이다. 이는 현대에 와서 보편적인 현상으로 자리매김했는데 인터넷과 SNS의 발달로 인하여 더욱 확산되고 있다. 다시 말하자면 개인의 사생활이 언론의 보도에 의해서 침해될 가능성이 대단히 크다는 것이다. 최근에 급증한 연예인이나 유명 인사의 사생활 관련 보도는 이러한 점을 잘 보여준다.

우리나라 저널리즘 영역에서 사생활 침해가 중요한 쟁점으로 등장한 것은 1980년대 말부터라고 할 수 있다. 1987년 헌법 이전까지는 사생활권 침해와 명예훼손이 구분되지 않았기 때문에 권리 개념은 존재하였으나 사생활권을 따로 설정하지는 않았다. 따라서 사생활 침해로 인한 언론 관련 판결은 1987년 이전에는 존재하지 않았다. 그러나 이후에도 사생활 침해 단독으로 나온 판결보다는 명예훼손 등과 함께 도출된 판결들이 더 많았다. 그러다가 1990년대 들어서 점차 사생활 관련 단독 판결들이 나타나게 되고 법원은 개인의 사생활 보도를 얼마나 할 수 있는가에 대해서 판단을 내리기 시작한다. 특히 공인의 사생활에 대해서 어느 정도 보도할 수 있는가에 대해서 고민하기 시작한다.

그러다가 2005년 「언론중재 및 피해구제 등에 관한 법률」(2005. 1. 27. 법률 제7370, 이하 언론중재법)이 제정되면서 개인의 사생활은 법률로서도 규정된다. 「언론중재법」 제5조 제1항은 "언론은 생명·자유·신체·건강·명예·사생활의 비밀과 자유·초상·성명·음성·대화·저작물 및 사적 문서, 그 밖의 인격적 가치 등에 관한 권리(이하 '인격권'이라 한다)를 침해하여서는 아니 된다"라고 규정하여 학설과 판례에 의해 인정되던 '인격권'을 법률상 명문화하고, '사생활의 비밀과 자유'도 그 인격권의 한 종류로서 명시하기에 이르렀다.

법률상의 규정만 본다면 사생활 침해는 어떤 경우에드 용납되지 않을 것처럼 보인다. 그러나 민사상 문제되는 '사생활의 비밀과 자유'의 내용을 구체적으로 들여다보면, 그 의미가 아직까지 명확하다고 할 수 없고 현재도 형성돼가는 단계에 있다고 보아야 한다. 단 언론 관련 판결에 있어서는 사생활권이 개인의 고유한 기본권으로 인정받는 틀이 마련되었다고 할 수 있다. 따라서 개인이 언론 보도로 인하여 사생활에 피해를 입은 경우 이에 대한 피해구제를 법원이나 언론중재위원회에 청구할 수 있게 되었다.

전술한 대로 1990년대 후반부터는 개인정보보호 등과 함께 개인의 사생활에 대한 사회적 관심이 급증하면서 보도로 인한 개인의 사생활 침해와 피해구제에 대한 관심이 동시에 커지게 된다. 일반인과 공인을 구분하여 이를 판단하고자 하는 판례들이 도출되기 시작한다. 공인의 경우에는 일반인 또는 사인보다 언론 보도로 인한 사생활 침해에 대해서 더욱 수인해야 한다는 논리가 정립된다. 그러나 이는 대단히 불명확한 법리로 보여진다. 왜냐하면 사생활 영역과 사생활이 아닌 영역을 어떻게 구분할 수 있는지, 공인이 누구인지, 공인의 사생활 보도를 어느 정도 할 수 있는지, 그리고 사생활 보도에 있어 어떻게 해야 언론의 위법성이 면책되는지에 대한 법원의 기준 제시가 없다면 언론의 자유와 개인의 인격권 간의 적절한 이익형량이 쉽지 않을 것이기 때문이다. 여기서는 이러한 문제에 대해서 집중적으로 살펴보고자 한다.

우리나라의 경우 사생활권 또는 프라이버시 개념이 소개되기 시작하는 것은 1960년대로 알려져 있다(심석태, 2015). 중견 언론인들의 연구·친목단체로 만들어진 '관훈클럽'이 발행하는 『관훈저널』 제2호(1961년 간행)에 "프라이버시의 권리: 개인의 사생활영역과 보도의 한계"라는 글이 실리면서 언론과 관련하여 프라이버시가 알려지기 시작하였다. 미국에서 프로서(Prosser)의 논문이 1960년에 나온 점을 감안한다면 우리나라에의 소개는 대단히 빠른 편이라고 할 수 있다. 새로운 인격권의 하나로 프라이버시권을 소개하는 이 글은 언론 보도가 프라이버시권을 침해하지 않기 위한 구체적인 가이드라인까지 제시하였다. 이처럼 프라이버시에 대한 초기 논의는 법조 실무 영역으로 확장되었다.

우리나라에서 처음으로 사생활권이 법적 근거를 갖게 된 것은 전술한 바와 같이 1980년 헌법에서이다. 권력을 장악한 신군부 주도로 1980년 10월에 개정된 이른바 제5공화국 「헌법」 제16조는 "모든 국민은 사생활 비밀과 자유를 침해 받지 아니한다"고 규정하여 처음으로 헌법적 권리로 선언하였다. 정권의 정당성에 대한 논란 속에 집권한 제5공화국은 한편으로는 언론통폐합을 등의 조치를 취하면서도 처음으로 사생활권 등 개인의 기본권을 강화하는 헌법을 제정하였다. 1987년 전면 개정된 현행 헌법에서는 제17조로 조문 변화만 있었을 뿐 그대로 유지되고 있다. 이뿐만 아니라 당시 도입된 각종 언론 자유에 대한 제한 규정도 오늘까지 이어지고 있다.

본격적인 판결은 아니지만 1982년 서울민사지법은 당시 율산그룹 대표 신선호 씨가 『신선호와 율산 드라마: 서울은 지금 몇 시 인가』라는 책을 펴낸 출판사 기린원에 대해 자신의 사진을 허락 없이 게재한 데 대해 출판금지 가처분을 청구한 사건에서 초상권 침해, 구체적으로는 허락 없는 초상의 상업적 사용에 해당하는 것이라 보았다(82카19263). 이 사건에서는 허락 없는 초상의 상업적 사용에 대한 판단에 있어 헌법 제16조의 사생활권을 근거로 들었다.

이 판결 이후 사생활권이 본격적으로 쟁점이 된 것은 1990년대에 중반부 정도에 와서이다(심석태, 2015). 전술한 바와 같이 초기에는 명예훼손과 사생활 침해의 구분이 엄격하지 않았기 때문(서울민사지방법원 1993. 12. 7. 선고 93가합25344 결정)에 대개 명예훼손과 병행하여 사생활권 침해를 판단하였다. 그러다가 사생활의 비밀을 침해한 것이 중심이 된 본격적인 판례가 나온 것은 1996년이었다(95나25819). 성형수술을 받은 사람이 TV방송에 익명으로 인터뷰했으나 방송 과정에서 누구인지 알아볼 수 있게 한 사건에서 서울고등법원이 사생활의 비밀과 초상권 침해를 모두 인정한 판례인데, 대법원에서 그대로 확정되었다. 이 사건은 다름대로 의미가 크다. 왜냐하면 1960년대 초 사생활권이 논의된 이후 35년 이상 지난 후에 본격적인 사생활 침해 관련 판결이 나온 것이기 때문이다. 판결 이후 사생활의 비밀과 자유 개념은 개인의 사적 활동이 타인에 의해 침해되거나 사생활이 함부로 공개되지 않도록 할 소극적 권리를 넘어 적극적인 권리로도 인정을 받기 시작하였다. 결국 이러한 권리에 대한 침해가 곧 사생활 침해라고 할 수 있다.

법원의 전체적 판결 경향을 살펴보면, 우선 대법원은 사생활과 관련된 사항의 공개가 사생활의 비밀을 침해하는 것으로서 위법하다고 하기 위한 요건을 제시한다. 이는 첫째, 공표된 사항이 일반인의 감수성을 기준으로 하여 그 개인의 입장에 섰을 때 공개되기를 바라지 않는 것에 해당되어야 하고, 둘째, 일반인에게 아직 알려지지 않은 것으로서 그것이 공개됨으로써 그 개인이 불쾌감이나 불안감을 가질 사항에 해당해야 한다는 것이다(대법원 2006. 12. 22. 선고 2006다15922 판결).

이러한 사생활 침해의 경우 어떠한 상황에서 면책될 수 있는가? 사생활 침해의 면책 사유로 우리 법원은 '공적 관심사'를 들고 있다. 예를 들어 유명 연예인이 되기 전 성행위가 담긴 비디오테이프 내용 공개, 이혼과 관련된 내력 등의 공개, 유명 가수의 교제 및 결혼 소식 보도, 원고의 비밀에 속하는 편지의 내용, 누드모델로 활동하고 있다는 인터뷰 방영, 미혼 여성의 성적 체험 내용 공개, 사적인 경제 활동과 관련된 사항의 보도, 구체적인 재산 내역 공개 등에 관해 사생활 침해의 성립 여부가 문제되었을 때, 법원은 과연 그러한 사실들이 '공중의 관심사'에 해당하는지를 중점적으로 살펴 불법성을 판단하였다.

법원은 뉴스가 보도적·교육적·계몽적 가치를 지닌 경우라면 면책될 수 있겠지만 단순히 오락적 가치만을 가진 경우에는 당연히 공중의 정당한 관심사라고 볼 수 없다고 보았다. 그러나 양자를 구별하는 절대적인 기준이 있는 것은 아니다. 정당한 공적 관심사인지 아닌지를 결정할 때는 결국 해당 시기의 관습이나 가치관을 참고할 수밖에 없기 때문이다. 미국의 경우 정당한 공적 관심사인지를 따질 때는 특히 공적 인물(public figure), 공적 기록(public record) 등이 그 인정 근거로 거론된다. 공적 인물의 경우에는 보호받는 사생활의 범위가 매우 좁고, 언론이 공적 기록에 담긴 내용을 보도하는 것은 그대로 공적 관심사에 해당하는 것으로 본다. 그러나 사생활과 관련된 경우에는 판단이 달라질 수 있다.

「언론중재법」 제5조 제2항은 인격권 침해가 사회상규에 반하지 아니하는 한도 내에서 피해자의 '동의'에 의하여 이루어지거나 또는 언론 등의 보도가 '공공의 이익'에 관한 것으로서 진실하다고 믿는 데에 정당한 사유가 있는 경우에는 … 보도 내용과 관련하여 책임을 지지 않는다고 규정하고 있다. 이에 따르면 사생활 침해가 발생하는 경우 동의가 있는 경우에는 면책될 수 있다고 규정하고 있다.

그러나 '공중의 정당한 관심사'와 함께 중요한 위법성 조각사유가 되는 '동의'와 관련해서는 언론의 항변이 받아들여지지 않는 것이 보통이다. 판결례에 따르면, 성적 체험을 기사화함에 있어 그 내용들 중 일부에 관한 명시적인 동의를 했다고 하더라도 이를 전체에 대한 포괄적인 동의라고 보기 어려우며, 일간 연예신문사 소속 기자임을 밝히면서 수차례에 걸쳐 이혼 사유 및 배경과 관련한 소문의 진위에 관해 질문했을 때 뉴스 앵커 및 기자로서 다년간 근무한 경험이 있던 자가 전화취재에 응해 답변한 것만으로는 보도에 대한 동의가 있었다고 보기 어렵다고 해 엄격한 태도를 취하고 있다(서울중앙지방법원 2005. 8. 12. 선고 2004가합47227 판결 등).

또한 모 그룹의 부회장인 원고 정○○과 약혼자인 원고 한○○의 결혼을 위한 가족 상견례 행사와 데이트 장면 등을 불법 촬영 보도하면서 결혼계획과 약혼자 원고 한○○의 실명, 이혼 경력 등을 적시하여 원고들의 사생활을 침해하였다며 제기된 소송에서 법원은 "원고 정○○은 이른바 '공적 인물'의 지위를 취득하게 되어 그의 재혼을 둘러싼 사생활은 일반인의 지대한 관심을 끌 만한 사항에 해당하게 되었다고 할 것이고, 원고 한○○ 역시 원고 정○○과의 재혼에 관련된 범위 내에서 일반인들의 관심의 대상이 되었다고 볼 수 있는바"(서울고등법원 2012. 3. 9. 선고 2011나89080 판결)라고 하여 원고들이 공적 인물임은 인정하였다. 단 "피고들은 원고들의 동의 없이 원고들의 사생활의 영역에 속하는 양가 상견례, 데이트 장면 등을 상세히 묘사하고, 원고들을 무단 촬영한 사진을 함께 실어 이 사건 보도를 함으로써 원고들의 사생활의 비밀과 자유를 침해하였다 할 것"이고 "원고들의 상견례 및 데이트 현장의 구체적인 분위기나 대화 내용 등은 일부 사람들의 단순한 호기심의 대상이 될 수는 있을지라도 그 자체로 공중의 정당한 관심사에 해당한다고 인정하기 어렵다"라고 판단하여 원고들의 사생활 침해를 인정하였다.

## 2 공인과 사생활

### 알 권리 대상으로서의 공인의 사생활

공인의 사생활에 대한 보도가 어느 정도 허용되는가에 대한 의문이 시작된 1990년대에는 사생활 침해와 명예훼손이 구분이 되지 않았던 시기였기 때문에 개인의 초상권에 대한 권리 개념은 존재하였으나 법원도 사생활 영역 또는 사사적(私事的) 영역을 별도로 설정하지는 않았다. 그러다 1987년 전면 개정된 「헌법」 제17조에 사생활의 비밀과 자유 조항이 들어가고 1990년대 후반부터 개인의 사생활의 비밀과 자유에 대한 사회적 관심이 증대하면서 누가 공인이며 공인의 사적인 영역을 어느 정도까지 보도할 수 있는가에 대한 사회적 논의가 확대되기 시작하였다.

간단히 말하자면 공인의 사생활에 대해 어느 정도 보도할 수 있는가에 대한 명확한 답은 존재하지 않는다. 제2장 '공인과 명예훼손'에서 지적한 바와 같이 우리 법원은 비록 공인 또는 공적 인물(공적 존재)이라는 용어를 사용하기도 하지만 누가 공인인가를 구체적으로 정의한 바도 없으며, 언론의 공인에 대한 사생활 보도가 어느 정도 허용될 수 있는지에 대해 설시한 바도 없다. 공인의 사생활에 대한 보도의 정도가 일반인의 경우보다는 더욱 허용될 수 있다는 정도의 판결은 다수 존재하지만,[26] 미국과 같은 선례구속원칙이 없는 우리 법체계하에서는 누가 공인인지 그리고 공인의 보도는 어디까지 허용되는가의 판단은 사안을 다루는 판사에 따라서 다를 수밖에 없다.

우리나라에서 1990년대 말에 공인에 대한 본격적인 연구(이재진, 1999; 임유진, 1998)가 시작된 이래 언론법학자들은 관련 연구들을 통해서 과연 우리나라에서의 공인은 누구인가를 규명하려는 노력을 기울여 왔다. 공인의 범주를 설정하고 사생활 보도로 인해 문제가 발생하는 경우 이 범주에 속하는 사람들이 누구이며 또 일반인과는 어떤 다른 면책 사유가 적용되는지를 이론적으로 다루어보고자 하였다.

현재까지의 연구 결과는 공인의 범주를 명확히 설정하고 이 범주에 속하는 공인들에 대해서는 어느 정도 사생활 영역에 대한 보도할 수 있다는 정답을 내놓기가 힘들어 보인다. 기존 연구는 이러한 문제는 판결로서 해결해야 할 부분이고 앞으로 더 많은 판례가 도출되어야 해결될 수 있을 것으로 판단하였다.

언론은 국민의 알 권리의 영역에 공인의 사생활에 대한 정보도 포함될 수 있다고 믿는 경향이 강하다(이재진, 2014). 또한 인터넷이나 SNS가

26 헌법재판소는 "신문 보도의 명예훼손적 표현의 피해자가 공적 인물인지 아니면 사인인지, 그 표현이 공적인 관심 사안에 관한 것인지 순수한 사적인 영역에 속하는 사안인지의 여부에 따라 헌법적 심사 기준에는 차이가 있어야 한다"라고 명시하였다(헌법재판소 1999. 6. 24. 선고 97헌마265 결정).

발달한 현대사회에는 이미 알려질 대로 알려진 이야기이므로 보도에 문제가 없다고 생각한다. 사실 알 권리의 영역은 국가와 개인 간의 관계를 다루는 영역에서 개인과 개인 간의 관계를 다루는 영역으로 확대 발전되어 왔다는 것이 다수설이다(박용상, 2013a; 이재진, 2006). 따라서 공인 또는 공적 인물로 판단되는 개인의 사적인 정보도 알 권리의 영역에 일정 부분 속한다고 판단할 수 있을 것이다.

문제는 우리나라처럼 법적인 안정성이 약한 언론법 체계하에서는 언론이 취재보도를 하면서 예측을 하는 것이 힘들며, 이로 인해 언론은 시행착오를 거듭할 가능성이 크다. 언론은 인터넷이 발달한 현대에서 이미 알려질 대로 알려진 정보인데 이에 대해 보도하는 것이 뭐가 문제인가라고 생각하기도 한다. 그러나 그 판단을 확신하기에는 위험이 따른다.

공인의 경우 사생활을 보호할 것인지는 이익형량을 통하여 그 위법성을 판단하게 된다. 그러나 이에 대한 판결들이 일관성을 갖고 있지는 않다. 외국의 경우 영국 왕자의 부부 문제와 이혼 문제를 보도한 것이 적법하다고 한 판결이 있다.[27] 그러나 독일의 전 총리인 슈뢰더가 아내와 문제가 있고 유명 TV 저널리스트와 부적절한 관계를 가졌다고 보도한 것을 금지한 하급심 판결도 있다.[28] 이 판결에서는 사생활 보도를 막을 만한 공공의 이익이 없다고 보았다.

이에 따르자면 현재의 우리 법리는 사적인 정보 중 내밀한 영역과 사사적 영역을 구분하고 있지 않고 있다는 것이 특징적이다. 이러한 이유로

27 BGH, NJW 1999, 2893, 2894

28 LG Berlin, AfP 2003, 174, 176; LG Berlin, Afp 2006, 394, 395

사생활권 영역에서는 공인과 사인의 법 적용상의 차별성이 거의 없다(박용상, 2013b). 공인의 사사적 영역의 경우에는 특정 사실을 등의 없이 또는 묵시적 동의하에 밝힐 수 있는 가능성이 좀 더 열려 있어야 하는데 이러한 영역에서도 법원의 판단은 엄격한 것으로 보인다. 이러한 법원의 엄격한 법리해석은 좀 더 유연해져야 할 필요가 있다는 지적이 있다.

그래서 당사자가 유명세를 타고 있는 대중스타로서 공인에 속한다고 판단되는 경우 사생활과 관련된 정보라 하더라도 사회적 상규에 어긋나지 않는 긍정적인 내용인 경우라면 공적 관심사에 속하는 사사적인 것으로 보는 것이 상당하다고 판단된다. 그 영역 또한 점차 넓혀 가는 것이 바람직해 보인다. 만일 그 내용이 사실이 아닌 경우에는 차후에 이를 관련 법을 적용하여 해결하면 될 것이다. 인터넷과 대중매체가 밀접하게 얽혀 있는 시대를 살아가는 대중스타들은 점차 무거워 지는 짐을 지고 갈 수밖에 없을 것으로 생각된다.

## 공인의 사생활 영역에 대한 사회적 합의

우리 법원은 명예훼손은 물론이고 사생활권과 관련해서도 공인에 대한 정의를 내리고 있지 않다. 다시 말하자면 공인의 사생활에 대해서는 어느 정도까지의 보도가 가능한가에 대해서는 언급하고 있지 않다는 것이다. 기존의 논의와 법원의 판결례 분석을 통해서 나타난 바에 따르면 공인의 공적 정보는 공개가 가능하다고 하면서도 사적 정보의 경우에 어느 정도까지 공개할 수 있는지에 대해서는 판단하고 있지 않다(이재진, 2006). 언론중재법과 이에 기한 판례에 근거하자면 일단 공인으로 인식되는 경우 사적인 정보라고 하더라도 공개가 사회상규에 어긋나지 않으며 그 내용이 공중의 정당한 관심사의 영역에 속하는 것으로 판단되는 경우에는 공개가 가능하다고 할 것이다(한위수, 2004).

그러나 법원은 단순히 공중의 정당한 관심사이기보다는 그 사실이 진실에 가까운 경우이며, 공개가 가능한 것은 실제 내용의 큰 주제나 사실 자체(예를 들어 누가 결혼을 했다, 누가 이혼을 했다)이지 그 세부적인 내용이 아니라는 것(예를 들어 누구와 결혼을 했는가, 왜 이혼을 했는가)에 대체로 일치한다. 그런데 이러한 법원의 판단은 자칫 표현(언론)의 자유와 알 권리를 침해할 가능성이 있다는 지적이 있다(이재진, 2014). 왜냐하면 세부적 내용이 담겨져 있지 않은 기사는 무의미하기 때문이다.

따라서 공인의 사적 영역의 보도에 있어서는 '적절한 비교형량'이 이루어져야 한다. 박용상(1997)은 "내밀한 영역의 경우 보도가 원칙적으로 허용이 안 되며 공적인 영역이나 사회적 영역에 관한 것인 경우 이는 최대한 허용한다. 그 사이에 속하는 사사(私事)적 영역에 있어서는 양자의 이익형량에 따라서 공개의 여부가 결정되어야 한다"라고 간파하고 있다. 이에 따르자면 현재의 우리나라 법리는 사적인 정보 중 내밀한 영역과 사사적 영역을 구분하고 있지 않기 때문에 공인과 사인의 법 적용상의 차별성이 거의 없다고 할 수 있다. 즉 미국식의 공인이론에 따르면, 공인의 사사적 영역의 경우에는 특정 사실을 동의 없이 또는 묵시적 동의하에 밝힐 수 있는 가능성이 좀 더 열려 있어야 하는데 이러한 영역에서도 법원의 판단은 엄격하다는 것이다.

언론의 보도가 개인의 인격권을 침해하는 경우가 종종 발생하는 가장 큰 이유는 언론이 판단하는 공인의 범주와 법원의 공인 범주가 상이하기 때문이다. 기존 연구에 따르면 한국과 미국의 법원의 판결에서 나타난 다양한 형태의 공인들은 미디어 접근 자발성을 한 축으로 하고 정책 결정이나 자원 분배에 있어서의 영향력을 또 다른 축으로 할 때 자발적·정치적 공인(공직자, 정치인, 정당 등), 자발적·비정치적 공인(연예인, 스포츠 스타), 비자발적·정치적 공인(기업대표, 문화계 인물), 그리고 비자발적·비정치적 공인(범죄 연루자, 피해자)으로 구분할 수 있다(이승선, 2004).

이러한 구분에 따르자면 자발적·정치적 공인의 경우에 가장 사생활 보호의 정도가 떨어진다고 할 수 있는 반면 비자발적·비정치적 공인의 정도는 상대적으로 더욱 많은 보호를 받게 된다. 즉 정치인들의 사생활의 비밀과 자유는 일반인이나 범죄 혐의자보다도 덜 보호받게 된다는 것이다. 그런데 여기서 애매한 영역이 자발적·비정치적 공인과 비자발적·정치적 공인이다. 이러한 영역에 누가 속하는가에 대해서 법원은 피력한 바가 없다.

언론의 경우 언론 스스로 공인에 대한 보도는 좀 더 자유롭고 비판적으로 할 수 있어야 하며 국민의 알 권리 충족을 위해 불가피하다고 판단하는 경향이 많이 나타난다. 이러한 판단은 때로 언론인으로서의 사명감이나 소명의식에서 기인하기도 하는데 섣부른 판단이 법적 분쟁을 불러올 위험이 있다. 법원의 공인에 대한 인식은 사건에 따라 달라질 수 있는 반면 언론은 공인을 나름대로 범주화해서 판단하려는 경향이 있다(이재진, 1999; 이재진·이창훈, 2010; 이재진·동세호, 2015).

또한 언론은 공인에 관한 사적 정보도 국민들의 알 권리 충족을 위해 보도되어야 할 사안으로 판단하는 경향이 아직도 남아 있다. 그런데 비록 어떤 사건이 진실이고 공익적인 것이어서 명예훼손으로부터는 면책된다고 하더라도 사생활 침해의 경우에는 진실의 면책 사유가 적용되지도 않으며, 당시 사건이 공중의 정당한 관심사가 될 수 있는가도 명확하지 않다. 언론이 이를 쉽게 예측할 수 없는 문제점이 존재한다. 결국 법원에서 판단하고 있는 공인의 범주에 속하는가, 그리고 관련 사안이 '공중의 정당한 관심사'가 될 수 있는가에 있어서는 언론과 법원 사이에 괴리가 존재하고 있음을 알 수 있다.

언론은 법원에 비해(비록 법원도 공인의 범주를 명확하게 판단하고 있지는 않지만) 좀 더 공인의 범주를 더 넓게(광범위하게) 인식하고 있으며, 공인이며 동시에 사회적으로 부정을 행하거나 불법적인 범죄행위와 관련된다고 생각되면 취재보도가 허용된다고 판단하는 경향이 크다. 물론 그렇지 않은 경우에는 망설이다가 꼭 해야 할 취재를 못하게 될 수도 있으며 정작 해야 할 언론의 사회적 역할과 기능을 못하게 될 위험성도 있다. 그럼에도 개인적 인권의 중요성에 대한 인식이 커지고 있다는 점을 언론은 신중하게 판단해야 할 것이다. 법원의 판결 경향도 이러한 점을 강조하고 있다.

## 공인의 사생활 보호의 한계

공인의 사적 정보 보도에 있어서는 적절한 이익형량이 이루어져야 한다. 이와 관련하여 독일의 후브만(Hubmann)의 인격권 보호 범위 구분이 시사하는 바가 크다. 후브만은 인격권의 보호 범위로 개인영역, 사적 영역, 그리고 비밀영역을 들었다. 이후 인격영역 구분에 대한 다양한 견해가 제시되었는데 가장 널리 수용되고 있는 것이 벤첼(Wenzel, 1994)의 구분인 것으로 알려져 있다. 벤첼은 인격영역을 5개의 영역으로 구분하고 있다.[29] 이

29 이하는 주로 Wenzel, *Das Recht der Wort-und Bildberichterstattung*, 4. Aufl., 1994, RN 5.29ff. 에 의한 것이다. 그리고 Dunz, *BGB-RGRK*, 12. Aufl., 1989, §823 Anh. I, RN 12ff도 마찬가

를 좀 더 구체적으로 살펴보면 다음과 같다.

① 내밀영역(Intimsphäre 또는 Intimbereich): 내밀영역은 인간의 자유의 최종적이고 불가침적인 영역을 포함한다. 내밀영역에 해당하는 것으로 '성(性)적 영역'에 관한 사항을 들 수 있다. 이것은 가장 좁은 인격영역으로서, 제3자의 침입으로부터 가장 강력한 보호를 받는다. 권리자가 이를 포기할 수도 있지만, 그 포기는 예외적으로 인정된다. 정치가의 경우에도 내밀영역은 보호를 받으며, 특히 선거운동에서도 마찬가지이다.

② 비밀영역(Geheimsphäre): 비밀영역은 이성적으로 평가를 할 경우 공공에게 노출되어서는 안 될 인간의 생활영역이라고 할 수 있다. 예를 들어 개인적인 편지의 내용, 비밀스러운 전화 내용, 사생활에 관한 일기 등이 이에 속한다.[30] 비밀영역에 속하는 사항들이 비밀스러운 성격을 갖고 있는 경우에, 원칙적으로 당사자의 동의가 있어야만 공개할 수 있고, 동의한 방식에 따라 공개해야 한다. 나아가 직업적·영업적 기록도 비밀영역으로서 보호받을 수 있다고 본다.[31] 정보에 관한 자기결정권은 원칙적으로 개인적인 생활 사실을 언제, 어떤 한계 내에서 공개할지를 스스로 결정할 권능이다. 따라서 당사자의 비밀유지 의사가 있어야 비밀영역으로서 보호될 수 있고, 비밀영역에 속하는 사실이 일반적으로 알려진 경우에는 인격권에 의한 보호를 받지 못한다.

---

지이다.

30 형법의 비밀침해죄, 업무상 비밀누설죄는 비밀영역을 보호하는 것이라고 한다.

31 BGHZ 73, 120; BGH NJW 62, 32.

③ 사적 영역(Privatsphäre): 사적 영역은 가족, 가정, 친구, 친척과 같이 친밀한 범위 내에서 이루어지는 일상생활의 영역으로, 결혼 전의 이야기, 부부간의 다툼 등이 이에 속한다. 가족 구성원이나 친구 등 가까운 사이에서는 친밀성 때문에 좀 더 솔직하게 행동할 수 있기 때문에 보호를 받아야 한다. 또한 사적인 대화가 직업과 관련된 경우에도 사적 영역에 속할 수 있다. 유명인이나 정치가도 사적 영역에 관하여 보호를 받는다.[32] 그러나 사적 영역은 절대적인 보호를 받지는 못한다. 사적 영역이 언론에 보도된 경우에는 언론, 표현의 자유와 긴장 관계에 있게 된다. 이러한 경우 이익형량을 해야 하는데, 제반 사정에 비추어 정보의 이익이 당사자의 개인적인 이해보다 우월한 경우에는 언론이 당사자의 동의를 받지 않고 사적 영역에 관하여 공표하더라도 적법하다고 인정된다.[33] 가령 '시대사적 인물'(유명인)의 경우에는 사적 영역이나 가족의 영역에 관한 정보에 대하여 정당한 공공의 이익이 있다고 볼 수 있다. 그러나 신문의 독자에게 오락거리를 제공할 필요에서 보도하는 경우에는 사적 영역에 대한 공격을 정당화하지 못한다.[34]

32 BGHZ 73, 120. 이 판결은 기민당(CDU)의 간부인 원고들의 사적인 전화를 도청한 내용을 보도한 것에 대하여 인격권 침해를 인정한 것이다.

33 BVerfGE 35, 202(Lebach 사건). 한편 BGHZ 27, 284는 대화 상대방의 동의 없이 대화를 녹음하는 것은 통상 일반적 인격권을 침해하는 것이라고 하고, 증거를 수집하려는 목적이 있다는 것만으로 인격권의 침해를 정당화할 수 없다고 하였다.

34 OLG Hamburg NJW 1970, 1325. 이 판결에서 프러시아의 프리드리히 윌리엄 왕자의 부인인 원고의 이혼의사에 관한 신문 보도가 문제되었다. 원고는 프리드리히 윌리엄 왕자와 결혼함으로써, 결혼에서 출생한 아들과 함께 호헨졸레른 가문의 구성원이 되었다. 그러나 그렇다고 하더라도 그녀를 그 사생활을 언론이 동의 없이 보도할 수 있는 시대사적 인물이라고 볼 수는 없다. 그녀의 남편은 공공의 삶에서 맡은 역할도 없고, 예술, 과학 또는 스포츠에 관하여 일반적인 관심을 불러일으키지도 않았기 때문에, 시대사적 인물이라고 볼 수 없다. 호헨졸레른 가

④ 사회적 영역(Sozialsphäre): 사회적 영역은 사회공동체의 구성원으로서 활동하는 개인의 생활영역으로, 직업 활동이나 사회활동이 이에 속한다. 사회적 영역에 관해서도 언론이 당사자의 동의 없이 자유롭게 보도할 수 없다. 원칙적으로 당사자에게 보도 여부에 대한 결정권이 유보되어 있다. 그럼에도 언론은 사회적 영역의 경우 사적 영역의 경우보다 훨씬 자유롭게 보도할 수 있다.

⑤ 공개적 영역(Öffentlichkeitssphäre): 공개적 영역은 모든 사람이 인식할 수 있고, 경우에 따라서는 인식해야 할 인간 생활의 영역으로, 사회·정치적 영역, 국가영역이 있다. 이에 관하여 보도를 하는 것은 인격권 침해에 해당하지 않는다. 그러나 공개적 영역에서 녹취한 개인의 대화나 촬영된 사진을 영리 목적으로 이용하는 것까지 허용되는 것은 아니다.

인격영역을 좀 더 단순하게 내밀영역, 사적 영역, 공공 또는 사회적 영역으로 구분하기도 한다.[35] 내밀영역은 건강, 성별, 일기장에 기록한 개인

---

문의 최연장의 직계 자손이라는 사실만으로 그를 시대사적 인물이라고 볼 수 없고, 프러시아의 루이스 페르디난트 왕자가 그들 중에 포함되는지도 사실상 의문의 여지가 있다. 원칙적으로, 현재의 역사는 현재 중요하고 일반적으로 이익이 있는 사건들을 포함하는 것으로 이해되어야 한다. 호헨촐레른 가문의 구성원들은 이러한 점에 비추어 현재의 시대사적 인물에 해당하지 않는다. 왜냐하면 그들이 정치적 또는 문화적 삶에서 지위를 점하고 있지 않기 때문이다. 만약 루이스 페르디난트 왕자가 실제로 독일 국민이 그를 부를 경우에는 준비가 되어 있다고 말하였다고 하더라도 현세의 역사적 인물이 되지는 아니한다. 왜냐하면 이는 개인의 주관적 태도에 관한 문제가 아니기 때문이다. 단절이 있기는 하였지만, 독일은 50년 동안 공화국이었고, 호헨촐레른 가문은 황제 빌헬름 2세의 퇴위 이래 역사적 중요성밖에 가지지 않게 되었다.

35 Löffler/Ricker, Handbuch des Presserechts, 5. Aufl., 2005, 325.

적인 생각 등이 있다. 여기서는 내밀영역과 비밀영역을 구분하고 있으나, 인격영역은 두 영역을 합친 것으로 볼 수 있다. 사적 영역은 가족, 집과 부부생활을 포함한다. 사적 영역의 공표는 이익형량을 통해서 결정된다. 사회적 또는 공공 영역에는 정치 활동이나 경제 활동이 포함된다.

인격영역론이 광범위하게 수용되는 독일의 경우 종전에 내밀영역은 절대적인 보호를 받아야 하고, 그것을 침해한 경우에는 위법성을 띠게 된다고 판단해 왔다. 그러나 최근에 내밀영역에 대해서도 이익형량이 필요하다는 판례가 나왔다.[36] 그리고 비밀영역, 사적 영역 등 그 밖의 영역에 대한 침해가 문제되는 경우에는 영역의 구분에 따라 해결할 수 없고 정보 획득의 방법이 더 중요한 의미를 갖는다는 견해가 있다.[37] 원칙적으로 사기, 즉 고의로 착오를 유발하게 하는 것은 그 자체로 위법하다. 그러므로 인터뷰를 요청하는 사람이 자신의 신분을 속여 인터뷰를 받은 경우에는 위법하다고 한다.

사생활을 공개하는 경우에는 정보 획득의 방법과 유포된 사실의 종류를 고려하여 위법성을 판단해야 한다. 타인의 사생활에 관한 정보를 적법하게 획득한 경우에도 이를 공개하는 것이 위법하게 될 수 있다. 그런데 진정한 사실을 적법하게 획득하여 이를 유포하는 경우에는 적법성이 추정된다. 그리하여 그것을 금지시키고자 하려면 특별한 근거가 필요하다. 그

36 BGH, NJW 1988, 1984, 1985; OLG Hamburg, NJW 1967, 2314, 2316; KG Berlin Afp 2004, 371.

37 그 이유는 첫째, 민주주의와 사법사회는 자유로운 정보와 의사소통에 의존하는 것인데 "비밀영역"(Geheimsphäre)에 대한 절대권을 인정할 수 없고, 둘째, 예컨대 사진을 은밀하게 촬영하는 것으로부터 보호하는 것은 사적 영역이나 내밀영역에 특유한 것은 아니고, 거래관계에서도 원칙적으로 동일하게 보장되기 때문이다.

러나 위법하게 획득한 정보를 공표하는 경우에는 위법성이 예상된다. 그리고 의사, 변호사, 세무사, 신용기관, 사용자, 종업원 등이 침묵의무에 위반하여 정보나 인격적 요소를 유포하는 경우에도 위법성이 추정된다. 즉 어떤 사실을 발표하는 것이 당사자에게 특히 손해를 가하는 성질이 있다며 이는 위법성이 있다는 것이다.

반면, 우리 법원은 어디까지가 '사적 정보'인지에 대해 언급하고 있지 않다. 다시 말하면 법원은 공인의 공적인 정보는 공개가 가능하다면서도

표 3-1 **인격영역론에 따른 보도 범위**

| 구분 | 내용 | 예시 | 보도 가능 여부 | |
|---|---|---|---|---|
| | | | 당사자 동의 | 공익적 목적 |
| 내밀 영역 | 고도의 사적 영역, 가장 핵심적이며 불가침의 영역 | 양심의 영역<br>성적 영역 | 가능<br>(단 최대한 신중할 것) | 불가 |
| 비밀 영역 | 의식적 비밀 보존 의사<br>사회통념상 비밀 보호 필요성<br>법률에 의한 보(형법, 우편법, 통신비밀보호법) | 대화, 편지, 통신<br>직무상 지득한 비밀 | 가능 | 엄격한 요건하에서 허용 |
| 사사적 영역 | 제한적 인적 범위 내에서의 접근가능성 | 가족, 가정<br>개인의 성격, 습관 | 가능 | 비교형량에 의해 가능 |
| 사회적 영역 | 인격의 발현이 다른 사람과의 접촉하에 이루어지는 영역 | 직업 활동, 행사 참가, 거리 통행 | 가능 | 비교형량에 의해 가능<br>(공익>사익) |
| 공개적 영역 | 모든 사람에 의해 인식될 수 있고 인식되어야 하는 영역 | 정치적 영역(정당 활동, 시위, 선거운동) 국가적 활동 | 보도에 아무런 제약이 없음 | |

**출처** 양재규(2017, 58쪽)

공인의 사적 정보의 경우 어느 정도까지 공개할 수 있는지에 대해서는 판단하고 있지 않다. 언론중재법 등 관련 법 규정과 관련 판례에 근거하면 일단 공인으로 인식되는 경우 사적인 정보라 하더라도, 그 공개가 사회상규에 어긋나지 않으며 그 내용이 공중의 정당한 관심사의 영역에 속하는 것으로 판단되는 경우는 공개가 가능하다고 할 수 있다. 양재규(2017)는 이를 표로 잘 정리하였다. 〈표 3-1〉에서 양재규는 사생활 영역에 있어 세부 영역별로 보도 가능 여부를 설명하고 있다.

이처럼 인격영역론은 인격영역을 구분하여 인격권에 의한 보호의 정도를 다르게 보는 것이다. 가령 내밀영역은 절대적 보호를 받고, 사적 영역은 이익형량을 통하여 해결하며, 사회적 영역에 대해서는 사적 영역보다 자유롭게 보도할 수 있다. 그러나 인격영역을 구분하는 방법이 통일되어 있는 것은 아니다. 가령 내밀영역과 비밀영역을 구분하지 않고 설명하기도 한다. 양재규는 이러한 형태의 분류가 우리나라 법원의 판결에서도 나타나기 시작하였다고 본다. 공인의 사생활과 관련하여 2011년 구글블로그를 통해 성행위 동영상이 공개된 유명 방송인 사건에서 우리 법원은 사적인 영역도 유형화가 가능하다고 판단하고 "공인의 경우에도 일정한 요건하에서 공개가 가능할 수 있으나 남녀 간의 성적 교섭과 같은 인간자유의 최종적이고 불가침한 영역은 절대로 보호되는 것으로 …"라고 판시하여 제한적이나마 인격영역론적 접근을 하고 있다고 피력하였다(대법원 2013. 6. 27. 선고 2012다31628 판결).

따라서 공인의 사적 정보 보도에 있어서는 적절한 균형과 조화가 이루어져야 한다. 적어도 사적 정보의 경우에도 내밀한 영역과 사사적 영역을 구분해야 한다. 우리 법리는 사적인 정보 중 아직까지 '내밀한 영역'과 '사사적 영역'을 구분하고 있지 않기 때문에 공인과 사인의 법 적용상의 차별성이 거의 없다고 할 수 있다. 공인의 사사적 영역의 경우는 특정 사실을 동의 없이 또는 묵시적 동의하에 밝힐 수 있는 가능성이 좀 더 열려 있어야 하는데 이러한 영역에서도 법원의 판단은 아직 엄격한 것으로 보인다.

# 3 대중스타의 사생활

## 현대 사회에서 대중스타의 의미

대중스타가 비록 정치인이나 고위 공직자와 같이 권력을 가진 존재는 아니라 하더라도, 현대 사회에서의 이들의 영향력을 부정할 수는 없다.[38] 다시 말하자면 대중스타가 제도적 권력의 기반 위에 존재하는 것은 아니지만 이들의 생활양식이나 일거수일투족에 많은 사람들이 동조하거나 관심을 보이고, 나아가 사회적인 여론 형성에 있어서도 중요한 역할을 한다는 사실에서 이들의 사회적 영향력을 쉽게 생각할 수는 없다(권영성, 2004).

또한 직접적으로 정치적인 존재는 아니라 하더라도 정치적인 쟁점을 어떻게 해결해나갈 것인가의 방향 설정에 영향을 끼치기도 한다. 다시 말하자면 대중스타가 중요한 결정권자(decision-maker)는 아니지만 대중의

38 스타는 "권력이 없는 엘리트"라고 정의되기도 한다(Dyer, 1995, 165쪽).

표상에 대한 주요한 통제력을 발휘하며 특정한 사회적 역할을 강화하고 사람들의 신념이나 가치 체계에 영향을 미친다고 할 수 있다(Dyer, 1995; Brown, 1980).

특히 알 권리의 대상이 특정의 정치인 집단에 머무르지 않고 그 범주가 점차 커지고 있다는 점에서 볼 때, 대중스타에 관한 정보는 알 권리의 대상이라고 주장하는 경우도 늘어나고 있다(박용상, 2013b). 그러나 이로 인하여 개인의 사생활과 표현(언론)의 자유가 충돌하는 일이 빈번하게 발생하게 된다. 비록 언론중재법에 관련된 규정이 있기는 하지만 이러한 경우에 어떠한 법리를 적용할 것인지가 쉽지 않다는 점에서 대중스타의 의미를 찾을 수 있다.[39]

이와 같이 사회적으로 중요한 존재로 인정되는 대중스타란 도대체 어떤 사람인가? 대중스타란 '유명세'(인지도)를 먹고 사는 존재이다. 대중스타의 사회적 지위와 부를 가져다주는 것이 바로 그들의 유명세이다. 이러한 유명세는 대중매체를 매개로 하는 것으로 대중매체에 자주 등장하여 많은 사람들에게 노출될수록 유명세를 더욱 크게 누리게 된다. 그런데 대중매체를 통하여 유명세를 누릴수록 이들의 사생활에 대한 침해는 불가피해진다. 특히 인터넷의 등장으로 사생활 침해의 가능성은 더욱 커지고 있는데, 대중스타의 경우에는 유명세의 대가로 일정 부분의 사생활을 포기할 수밖에 없다(Burr, 2004).

39 언론중재법 제5조 ② 인격권 침해가 사회상규에 반하지 아니하는 한도 안에서 피해자의 동의에 의하여 이루어지거나 또는 언론 등의 보도가 공공의 이익에 관한 것으로서 진실한 것이거나 진실하다고 믿는 데에 정당한 사유가 있는 경우에는 법률에 특별한 규정이 없는 한 그 보도 내용과 관련하여 책임을 지지 아니한다.

또한 대중스타는 연예인과 유사하게 그 재능과 명성, 그리고 생활양식으로 인하여 일반인에 알려지게 되고, 그 행위나 인격에 대해 일반인이 관심을 가지는 스포츠 스타를 포함한다(권영성, 2004). 이때 대중스타인가의 여부를 판단할 경우 가장 중요한 요인은 대중매체와의 관계이다. 대중스타는 일반인보다 언론에 노출되는 빈도가 훨씬 높고, 대중으로부터 주목을 이끌어 내기 위해 자발적이고 적극적으로 언론에 접근하고자 하며, 때로 선정적 또는 부정적으로 보도되기는 하나 이를 통해 유명세를 타게 되며 나아가 언론에 대해 반박하거나 해명하는 것도 용이할 수 있다(이재진, 2004).

구체적으로 대중스타는 세 가지 측면에서 일반인과 다르게 인식된다(윤성옥, 2007; Nordhaus, 1999; Ware, 1997). 첫째, 대중스타는 자신을 대중매체를 통해 널리 알리고 싶어 하고 이를 추구하는 경향이 있다. 얼마나 자신이 알려지는가 하는 것이 궁극적으로 자신의 전문성이나 능력을 인정받는 척도로서 인식되기도 한다. 둘째, 대중스타의 사생활은 대중이 알고자 하는 공적인 정보로 인식되는 경향이 있다. 일반 수용자들은 대중스타가 어떻게 살아가는지를 알고 싶어 하기 때문에 공적인 관심영역에 존재한다고 인식된다. 언론은 대중스타의 사생활 정보를 전달하는 것이 국민의 알 권리 충족이라는 의무를 행하는 것이라고 생각한다. 셋째, 대중스타는 이미 자신이 대중매체의 집중적인 조명을 받고 있기 때문에 자신의 사생활이 원하든 원하지 않든 노출될 가능성이 있다는 사실을 인식하고 있다고 판단하는 경향이 있다. 따라서 대중스타는 자신이 원하지 않는다고 하더라도 사생활이 노출되는 것에 대해서 인내심을 발휘해야 한다. 이러한 이유로 미국의 경우 사생활 보호 관련 법은 대중스타의 사생활이 언론에 의해 보호될 수 있는 여지를 남기지 않은 것이라는 지적이 있다.

## 대중스타의 법적 지위

유명세를 통해서 대중의 관심을 끌고 있는 대중스타는 법적으로 어떠한 위치를 누리게 되는가? 누가 단순한 명예훼손이나 사생활 침해에 대해 어느 정도 수인해야 하는 공인으로서의 대중스타의 범주에 속하는가? 이는 한마디로 설명할 수 없다. 왜냐하면 명확한 공인이라고 할 수 있는 정치인을 제외하면 유명인에 대해서는 많은 요인들을 고려해야 하기 때문이다. 그래서 대중스타의 범주에 누가 속하는가 하는 점은 기존 이론적 논의나 관련 판례를 통해서 유추할 수밖에 없다. 즉 대중매체에 의해 유명세를 누리는 정도를 기준으로 협의의 대중스타와 광의의 대중스타로 구분할 수 있을 것이다. 협의의 대중스타 범주에는 독자들이나 시청자들에게 익숙한 가수, 배우, 탤런트, 개그맨, 모델 등을 포함할 수 있다. 한편 광의의 대중스타는 협의의 스타와 아울러 운동선수, 유명 앵커, 인기 정치인, 인기 강사나 교수를 포함한다(이재진, 2006; 이재진·이창훈, 2009).

그러나 대중스타라고 해서 모두 같은 정도의 사생활 침해가 인정되는 것은 아니다. 오히려 일반인에 준용되는 법적 규정이 적용될 수 있다. 학계의 경우 유명세를 타는 대중스타는 대개 공인으로 판단하는 경향을 보인다(이승선, 2004; 김옥조, 2007). 특히 이승선(2004)은 공인을 자발적·정치적 공인, 자발적·비정치적 공인, 비자발적·정치적 공인, 비자발적·비정치적 공인의 4개 부류로 구분하고, 대중스타라고 할 수 있는 연예인이나 스포츠 스타를 자발적·비정치적 존재로서의 공인이라고 보았다.

자발적이고 정치적 공인으로 된 부류는 미국 명예훼손법에서 판단하는 전적인 공인(all-purpose public figure)에 가까운 것인 반면, 비자발적·비정치적 공인은 제한적 공인(limited purpose public figure)에 속한다고 볼 수

있다(Pember & Calvert, 2007/2008).[40]

대중스타를 이러한 구도에서 놓는다면 자발적·비정치적 공인과 비자발적·비정치적 공인 2개의 범주 모두에 속한다고 할 수 있을 것이며, 일반적 대중스타는 자발적·비정치적 공인으로, 범죄와 연루되어 언론에 보도된 경우는 비자발적이고 비정치적인 측면에서의 공인에 해당한다고 볼 수 있다. 다만 선거와 관련하여 공적인 활동을 하는 경우는 자발적이며 정치적인 공인에 속한다고 할 수 있다(이승선, 2004).

그런데 공인 여부를 따지는 데 있어 이재진(2004)은 현재 대단히 인기 있는 대중스타와 현직이 아닌 과거의 대중스타의 보호 정도를 달리해야 한다고 주장한다. 그는 기존 연구에서 제시된 공인의 범주에 동의하면서도 일반적으로 공인이라고 볼 수 있는 '시효'가 존재한다는 점을 함께 고려해야 하기 때문에 현재 활발한 활동을 하고 있는가 아니면 과거에 어떠한 유명세를 누렸는가를 추가적으로 살펴보아야 한다고 지적한다.

그러나 이러한 다양한 견해에도 불구하고 아직도 법적으로 공인의 지위에 속할 수 있는 대중스타가 누구인가는 확실치 않다. 따라서 누가 공인에 속하고 누가 속하지 않는가의 이분법적 판단보다는 '공인성'(공인으로의

---

40 미국의 경우 대표적인 공인은 선출직 공직자나 입후보자, 정부의 중요 정책 결정자, 고위 공직자 등이다. 전적 공적 인물(all-purpose public figure)은 '유명 인사'를 포함하는 것으로 연예인, 프로 스포츠 스타, 대기업 총수 등이 이에 해당한다. 여기에 더하여 공직자나 유명인은 아니지만 어떤 지위와 관련된 보도로 인해 또는 특정한 공적 논쟁에 참여하거나 센세이셔널한 범죄로 인하여 인지도가 높아진 인물을 '제한적인 공적 인물'(limited public figure)이라 한다. 예를 들어 유명 선수는 아니지만 경기의 승부조작에 연루된 것으로 지목된 선수나 흉악범 등이 이에 해당한다. 이러한 구분에 대한 비판도 많이 제기되고 있으나 미국 법원은 여전히 일관된 법리를 적용하고 있으며 프라이버시 관련 분쟁에도 적용된다(염규호, 2000; Pember & Calvert, 2007/2008).

범주화 정도)이라는 일직선상의 어느 한 곳에 위치하는가에 따라서 공인에 가까운지 아닌지로 판단해야 할 것으로 보인다.

대중스타의 사생활 침해가 법적인 분쟁으로 가는 일이 늘어나고 있으며 여전히 법원의 판단이 공인 여부를 결정하는 잣대가 된다는 점에서 기존의 판결례를 분석하여 공인성의 정도를 판단할 수 있는 기준들을 제시할 수 있을 것이다. 이러한 기준을 통하여 논란이 된 인물이 '상당한 정도 공인에 가깝다고 판단하는 경우'에는 현재 공인으로 분류되는 인물들과 유사한 정도의 법적 기준을 적용해야 할 것이다.

## 대중스타의 사생활 침해 유형과 면책 사유

비록 대중스타의 사생활이 모두 보호받지 못하는 것은 아니지만 대중스타에 대한 소식은 공중의 정당한 관심사일 뿐 아니라 이들의 사생활과 관련된 소식도 국민의 알 권리의 일부라고 판단되고 있다. 이러한 법리적 혼란 속에서 스타의 사생활 침해가 계속 발생하게 된다. 스타의 권리침해 유형을 106건의 판결례를 통하여 본격적으로 연구한 윤성옥(2007)의 연구에 따르면, 1991년부터 2007년까지의 전체 소송 건수의 47.2%(명예훼손 45.3% + 기타 1.9%)를 제외한 52.8%가 사생활이나 초상권 또는 퍼블리시티권 침해와 관련되었다. 이 중 가장 많은 건수는 초상권 침해로 나타났으며, 사적 정보의 공개를 통해서 사생활이나 명예를 훼손한 경우는 13건(13.3.8%), 범죄에 연루되어 보도된 경우는 4건(4.1%)으로 나타났다. 사적 정보와 관련된 경우 그 내용은 연애설, 결혼·이혼, 성형수술 등 사적인 비밀영역에 관한 것이었다.

대중스타들의 손해배상 청구액은 대개 1억 원 이상이었으며, 20억 원 이상 청구한 경우도 2건으로 나타났다. 이에 대해 법원이 인용한 경우 손해배상액을 1천만 원에서 1억 원 이하로 책정하고 있어 여타의 손해배상 청구액에 비해 상당히 낮은 금액의 손해배상을 명하고 있는 것으로 나타났다. 남성 스타의 경우에는 범죄 연루 보도에 있어서 높은 비율을 차지했고, 여성 스타의 경우에는 음란이나 선정성에 관련된 것이 남성보다 훨씬 많았다. 전체 106건의 소송에서 매체가 피소인으로 나타난 경우는 34건이었고, 이 중 인터넷이 피소된 경우는 4건(11.8%)으로, 인터넷이 스타의 명예훼손이나 사생활 침해에 대해서 일정 부분 책임을 지게 된다는 것을 알 수 있다. 가장 많이 피소된 매체는《일간 스포츠》지로 13건에 달하였다(38.2%).

면책 사유와 관련 대법원 판례에 따르면 '공중의 정당한 관심'의 대상이면 사생활을 공개해도 면책(위법성의 조각)된다. 그러나 극히 내밀한 영역은 공중(일반인)의 정당한 관심사가 되지 못한다. 판례에 따르면 '일부 사람의 흥미 위주 관심사는 공중의 정당한 관심사가 아닌 것'이다. 언론이 때로 국민의 알 권리를 보도의 정당성 요건으로 내세우기는 하나 이것이 사생활 침해에 대한 면책 사유로서 인정되지는 않는다.

결국 공인에 대한 사적 정보의 공개나 초상권의 침해가 어느 정도 허용될 수 있는가에 관하여 명확하게 판단하는 것은 어렵다. 기존의 학술적인 논의나 법원의 판결문을 통해서도 이러한 문제를 명확히 해결하기는 불가능해 보인다. 선례구속의 원칙이 없는 우리나라 법체계하에서는 이러한 판단은 결국 개별 사건을 다루는 판사들의 판결에 따를 수밖에 없다. 대법원 판례에 따르면 '공중의 정당한 관심사'이면 사생활을 공개해도 위법성이 조각된다고 할 수 있으나 보도 내용이 진실한 것이어야 하며, 사생활 영역 중 '극히 내밀한 영역'은 공중의 정당한 관심사가 되지 못한다.

이러한 점에서 판사들은 언론의 자유와 사생활권이라는 이익을 적절히 비교형량 해야 하는 부담을 지게 되며, 판결 과정에서 다양한 요인들을 고려하게 될 것이라 예상할 수 있다(이재진, 2004; 이승선, 2004). 예를 들어 공개의 목적이 공익적이었는지, 그 내용이 공중의 정당한 관심사에 관한 것인가를 판단해야 할 것이다. 또한 사적인 정보의 공개가 국민의 알 권리 충족에 얼마나 기여할 수 있는지도 판단할 것이다. 좀 더 구체적으로 사적인 정보가 얼마나 정치적인 성향의 것이며, 그 행위가 자발적이었는가, 그리고 범죄나 불법행위와 얼마나 관련이 있는가와 미디어에 얼마나 쉽게 접촉할 수 있는 능력이 있는가에 대한 판단이 있을 것으로 보인다. 이에 반해 언론은 공인의 사생활 보도를 하는 경우 이러한 법원의 판단 기준을 정확히 인식해야 한다는 부담을 질 수밖에 없다.

기존의 판례나 학술연구들은 대중스타의 사생활권 판단에 있어 정치적인가 아닌가 하는 요인, 그리고 자발적인가 아닌가 하는 요인을 중요한 판단 기준으로 제기하고 있다. 즉 관련 대중스타가 정치적인 인물인가 그렇지 않은가 하는 점과 공적 결정(public decision)에 영향을 미치기 위해서 자발적으로 참여했는가 아닌가를 판단해야 한다는 것이다. 이러한 정치성이나 자발성 요인 이외에도 대중스타의 유명세를 살펴보아야 한다는 지적이 있다. 즉 얼마나 대중에게 알려져 있으며 대중의 정당한 관심이 높은가를 판단해야 한다는 것이다. 아울러 현재 활동 중인가 하는 요인도 살펴야 한다. 왜냐하면 현시점에서 유명한 사람이 과거의 유명인보다는 더욱 공인에 가까울 수 있기 때문이다. 아울러 해당 인물의 공개된 정보가 범죄보도 등을 포함하는 사회적 쟁점에 얼마나 관련되어 있는가를 고려해야 한다. 이 밖에 법원에 따라서는 해당 인물이 미디어에 대해 얼마나 용이하게 접근할 수 있는지를 고려할 수 있을 것으로 보인다.

이처럼 다양한 요인들을 종합적으로 고려하여 해당 인물이 공인에 얼마나 가까운가를 판단하고 사생활 침해 여부를 결정해야 할 것으로 보인다. 앞에서 열거된 요인들 중 어디에 우선순위를 두어야 할 것인가에 대해서는 판결 담당자에 따라서 다를 수 있을 것이다. 또한 더 많은 판결이 나오면서 다른 고려 요인들이 도출될 수 있을 것으로 보인다. 그러나 결국은 판사가 이러한 요인들을 최대한 상황에 맞게 고려하여 공인성 여부와 공개의 인격권 침해 여부 등을 판단하게 될 것으로 보인다. 유사하게 박용상(2013b)은 개인의 인격권과 표현의 자유(알 권리)와의 비교형량을 위해서는 하나의 기준에 의존할 것이 아니라 개인 법익의 종류와 부문에 관하여 세분화를 시도하고, 그에 대립하는 공익을 다양한 조합에 의해 비교형량 하는 방안을 고려해야 한다고 지적한다. 이러한 고려 요인에는 보도가 공적 인물 또는 사인을 대상으로 한 것인가, 또 공적 인물에는 그 지위 및 공공 참여도에 따라 여러 유형이 존재하며, 그러한 공적 인물에 대한 보도라 할지라도 그 사안이 그의 여러 생활영역 중 사적 영역에 관한 보도인가, 공적 영역에 관한 보도인가를 검토해야 한다고 주장한다.

이승선(2004)은 공인 판단과 사생활 침해에 있어 공직자 같은 명확한 공인과 불명확한 공인을 법적으로 달리 판단하는 이중적인 잣대가 필요하다고 보았다. 이러한 판단은 올바른 것으로 보인다. 그러나 이와 함께 해당 스타가 얼마나 공인에 가까운가 하는 공인성 정도 판단이 병행되어야 할 것으로 보인다. 비록 상당한 공인성을 가진 사람과 그렇지 않은 사람의 차이 정도가 어느 정도 유의미하며 어떤 방식으로 법을 달리 적용할 것인가에 대해서는 좀 더 논의가 필요할 것이라고 보이나, 공인의 범주가 점차 확대되어가고 있다는 점을 감안하여 최대한 다양한 요인을 고려한 공인성 정도 판단을 통해 문제를 해결한다면 큰 문제가 없을 것이라 생각된다.

그러나 대중스타가 비록 공인으로 판단되었다고 하더라도 이들의 사생활이 완전히 보호되는 것은 아니라는 점에서 사생활에 대해 어떤 내용을 어느 정도까지 허용할 수 있는가 하는 문제는 여전히 남아 있다. 실제로 잘못된 사적 정보의 공개가 엄청난 사회적 파장을 불러일으켜 대중스타들의 활동을 막아버릴 수도 있기 때문이다.

현대 대중스타들의 경우, 언론이나 인터넷 등을 통하여 자신들의 생활 기반인 인기를 얻고자 하며 때로는 이를 위한 홍보 전략으로 사생활을 공개하는 등의 활동도 공공연히 하고 있다는 점, 그리고 자신들이 원치 않는 내용은 언론이 보도할 수 없도록 압력을 가할 수도 있다는 점 등에서 사생활 공개의 허용의 범위를 정하는 것은 쉽지 않을 것으로 보인다.[41]

기존의 논의와 법원의 판결례 분석을 통해서 나타난 바에 따르면 공인의 공적인 정보는 공개가 가능하며, 공인의 사적 정보의 경우에 어느 정도 공개할 수 있는지는 명확치 않다. 그러나 언론중재법과 판례에 근거하자면 일단 공인으로 인식되는 경우 사적인 정보라고 하더라도 공개가 사회상규에 어긋나지 않으며 그 내용이 공중의 정당한 관심사의 영역에 속하는 것으로 판단되는 경우에는 공개가 가능하다고 할 것이다. 그러나 법원은 단순히 공중의 정당한 관심사이기보다는 그 사실이 진실에 가까운 경우이며, 공개가 가능한 것은 실제 내용의 큰 주제나 사실 자체(예를 들어 누가 결혼을 했다, 누가 이혼을 했다)이지 그 세부적인 내용이 아니라는 것(예를 들어 누구와 결혼을 했는가, 왜 이혼을 했는가)에 대체로 일치한다. 이러한

41 대중은 언론을 통해 연예인 부부가 증가하고 있고 이들이 어떻게 결혼에 이르게 되었는가에 대한 사랑 이야기를 심심찮게 접하게 된다. 이들의 결혼 발표 또는 결혼식에 대한 보도가 대중스타들의 인기를 배가시키며 동시에 엄청난 부가가치를 창출하는 홍보 효과를 낳게 된다.

법원의 판단은 자칫 표현(언론)의 자유와 알 권리를 침해할 가능성이 있다. 왜냐하면 세부적 내용이 담겨져 있지 않은 기사는 무의미하기 때문이다.

## 법원의 대중스타에 대한 이해

대중스타가 누구인가를 명확히 하기 어려운 것과 같이 대중스타들의 사생활 침해에 관련된 판례를 모두 수집하고 분석하는 것은 실제로 불가능하다. 따라서 여기서는 대중스타를 유명 연예인과 스포츠 스타에 국한하여 이들과 관련된 대표적 판례들을 살펴보고자 한다. 이러한 것은 자의적 판단에 근거하는 것이지만 적어도 대중스타의 공익성을 판단할 수 있는 기준을 구성하는 요인을 찾는 데는 큰 문제가 없을 것이라 생각된다. 대중스타들의 사생활 침해로 인한 소송은 대개 대중매체나 인터넷을 통한 사적인 사실(정보)을 공개하거나 초상권을 침해함으로써 발생하게 된다.

### 대중스타의 요건

우리나라 법원은 사생활 침해와 관련하여 대중스타가 누구인가에 대해서 명확하게 정의를 내리고 있지는 않으나, 여러 판결을 종합적으로 판단하여 유추할 수 있을 것으로 보인다. 관련 판결(서울고등법원 1996. 9. 20. 선고 96나24196 판결; 서울고등법원 2004. 10. 12. 선고2003나55334 판결; 서울중앙지방법원 2005. 7. 6. 선고 2004가합82527 판결) 등에 따르면 대중스타는 "일반인에게 널리 알려진 유명 연예인 또는 유명 인기 연예인, 연예인으로서 널리 알려진 인물 등 대중에게 미치는 영향력이 큰 인물"을 의미하며, 이러

한 부류의 사람들을 공인으로 인정하고 있는 것으로 파악할 수 있다.[42]

다시 말하자면 대중스타가 되기 위한 요건은 전술한 '유명세'가 있어야 하고, '인기'를 누리는 연예인이어야 하며, 이들이 대중매체를 통해서 대중에게 상당한 '영향력'을 행사할 수 있는 인물이어야 한다. 이때 영향력이란 공적인 절차에 자발적으로 참여하여 영향력을 행사하는 것을 포함할 뿐 아니라 간접적으로 사회적 영향력을 발휘할 수 있는가의 여부를 따져서 판단해야 할 사항이다.

대중스타라고 하더라도 연예계 현역에서 은퇴한 경우에는 공인으로 인정하지 않은 판결이 있다. 한때 유명 여배우였던 원고의 동생과 관련하여 동생이 마치 원고의 숨겨진 딸인 것 같은 인상을 보도한 데 대해 원고의 사생활 침해를 인정한 사건에서, 법원은 "원고는 기사를 작성할 당시 이미 영화계를 은퇴하고 가정생활에 전념하고 있어 더 이상 공인으로 볼 수 없다"라고 판시하였다(서울지방법원 1997. 2. 26. 선고 96가합31227 판결).

서울지방법원은 유명 가수 신해철과 윤 모 씨가 근거 없는 결혼설을 보도하는 바람에 피해를 입었다며 한 스포츠 신문을 상대로 낸 손해배상 청구소송에서 원고 승소 판결을 내면서, 비록 신해철의 경우 결혼 얘기가 대중의 정당한 관심사에 해당하는 내용이기는 하지만 보도 내용의 상당성이 인정되지 않아 위법하다고 판결하였다. 법원은 언론사가 제대로 사실 확인을 하지 않은 점을 지적하면서 "신해철과 결혼한 사람이 미스코리아 뉴욕 진 출신이라는 점만으로 공인으로 보기는 어려운 만큼 실명과 사진을 게재한 것은 부당하다"라고 하여 대중스타의 기준이 유명세를 포함

42 판례의 전체적 경향은 대중스타의 법적 지위에 대해 일관되게 공인으로 인식하고 있는 것으로 나타났다(윤성옥, 2007).

한다는 것을 다시 한 번 확인하였다(서울지방법원 2001. 12. 19. 선고 2001가합8399 판결).

이러한 법원의 판단을 종합하자면 대중스타가 명확히 누구인가를 판단하기보다는 여러 요소를 고려하여 일직선상의 위치를 지움으로써 대중스타인지 아닌지를 가릴 수 있을 것으로 판단된다. 다시 말하자면 과거보다는 현재 인기를 누리고, 유명하며, 대중의 관심을 끌며, 사회적 영향력이 있고, 대중매체에 자주 등장하며, 대중매체에의 접근이 용이할수록 공인에 가깝다고 하겠다. 공인이라는 일직선상의 어느 곳에 위치할 것인가는 궁극적으로 법원이 판단할 일이지만 적어도 위의 요건들을 만족시킬 수 있는 인물은 공인에 속하는 대중스타로서 인식할 수 있을 것이다. 따라서 공인의 사적 정보 보도에 있어서는 적절한 균형과 조화가 이루어져야 한다. 적어도 사적 정보의 경우에도 내밀한 영역과 사사(私事)적 영역을 구분해야 한다.

전술한 바와 같이 원칙적으로 개인의 내밀한 영역에 속하는 정보의 경우, 이를 본인의 동의 없이 함부로 공개해서는 안 된다. 예를 들어 이혼 여부와 사유, 출생의 비밀, 개인의 병력(병의 유무)과 같이 타인에게 부정적으로 비추어지거나 오인을 야기할 수 있는 정보는 함부로 보도할 수 없도록 되어 있다. 만일 이러한 보도를 통해 개인의 인격권이 침해된다면 내용의 진실성 여부와 상관없이 민사상의 책임을 지게 된다. 이에 대해 우리 대법원은 사람은 자신의 사생활의 비밀에 관한 사항을 함부로 타인에게 공개당하지 아니할 법적 이익을 가진다고 판시한 바 있다(대법원 1998. 9. 4. 선고 96다11327 판결).

### 공중의 정당한 관심사

언론이 불안하게 되어 언론 자유가 위축되는 상황을 방지하기 위해 적어도 사생활 침해에 관한 이익형량의 결과를 미리 예측할 수 있도록 그 기준을 구체화하려는 노력이 필요하며, 지금도 계속되고 있다. 전술한 바와 같이 이익형량의 대표적인 기준으로 우리 대법원이 정립한 것이 '공중의 정당한 관심사'이다. 대법원은 "개인의 사생활의 비밀에 관한 사항은, 그것이 공공의 이해와 관련되어 공중의 정당한 관심의 대상[43]이 되는 사항이 아닌 한 비밀로서 보호되어야"한다고 판시하여 '공중의 정당한 관심사'에 속하는 경우에는 사생활 침해에 해당하는 보도라 해도 위법성이 조각된다고 보았다. 또한 "본인의 승낙을 받고 승낙의 범위 내에서 그의 사생활에 관한 사항을 공개할 경우 이는 위법한 것이라 할 수 없다"고 판시하여 사생활 침해의 위법성 조각사유로서 승낙이나 동의를 들고 있다(대법원 1998. 9. 4. 선고 96다11327 판결).

나아가 언론중재법은 명문으로 인격권 침해 전반에 대한 위법성 조각사유를 규정하고 있다. 즉 동법 제5조 제2항은 "인격권의 침해가 사회상규에 반하지 아니하는 한도 안에서 피해자의 동의에 의하여 이루어지거나 또는 공적 관심사에 대하여 중대한 공익상 필요에 의하여 부득이하게 이루어진 때에는 위법성이 조각된다"라고 규정하고 있는바 이는 같은 조 제1항에 따르면 사생활 침해에도 적용될 수 있다.

우리 법원은 모든 사생활의 비밀이 공개되지 못하는 것이 아니라 "그것이 공공의 이해와 관련되어 공중의 정당한 관심의 대상이 되는 사항이

---

43 미국에서의 'legitimate concern to the public' 개념에서 유래

아닌 한"이라는 단서를 달고 있다. 즉 공적 관심사와 관련되고 공익적 목적에 부합하는 경우 사생활에 대한 정보는 공개될 수도 있다는 것이다. 결국 공인의 사생활에 속하는 영역에 있어서 일반 사인과는 달리 그 보도가 공공의 이해와 관련되어 공중의 정당한 관심의 대상이 되는 사항에 관하여 보도한 것이라면 당사자의 동의가 없더라도 위법성이 조각될 수 있다(서울고등법원 2001. 5. 31. 선고 2000나11081 판결; 서울지방법원 2001. 12. 19. 선고 2001가합8399 판결).

물론 사생활의 공개를 허용하는 경우에도 당사자의 '동의'를 얻어야 하고, 동의를 얻은 범위 내에서만 공개되어야 하지만 공개의 허용 정도는 일반인과는 달라질 수 있다. 따라서 현행법상 일반인의 경우에는 원칙적으로 유효한 동의가 없이는 사적인 영역에 대해 보도하거나 공개할 수 없으나 공인에 해당하는 경우에는 동의 없이 사적인 사항을 공개한 경우에도 공적 관심사에 해당하거나 또는 공공의 정당한 알 권리가 인정되는 범위 내에서는 위법성이 조각될 수 있다고 하겠다.

그러나 법원은 유명 여성 연예인의 성행위가 담긴 비디오테이프의 내용을 몇 장의 사진과 함께 보도한 사건에서, 당사자가 공인이라서 사생활 침해를 감수해야 한다는 피고의 항변을 수용하지 않았다(서울중앙지방법원 2000. 10. 11. 선고 99가합109817 판결). 법원은 "(연예인이 되기 전의) 원고를 공인이라고 할 수 없고, 설사 원고가 이 사건 비디오테이프를 통해서 공인이 되었다고 하더라도 그를 통해 공적 관심사로 된 것은 이 사건 비디오테이프를 찍었다는 사실 자체이지 이 사건 비디오테이프가 담고 있는 영상이나 음향의 내용은 아니다"라고 언급하였다. 법원은 비디오테이프에 담긴 내용이 이미 공지된 사실이고, 촬영에 응한 원고가 추후 공개될지 모른다는 위험을 감수한 것이며 법익을 포기하거나 침해를 묵시적으로 추인했다는 것으로 항변하였으나 이는 모두 배척되었다. 이 판례에서 주목할 점은 법원이 진실한 사실, 즉 비디오테이프가 있다는 사실은 정당한 관심사라고 보았으나 사실의 세부적 내용, 즉 그 비디오테이프를 어떤 사람과 찍었는가 등에 관한 것은 정당한 관심사에 속하지 않는다는 것이다(김경환, 2006). 즉 유명 연예인의 성생활과 관련된 세세한 정보는 공적인 이익에 부합하는 공중의 정당한 관심사의 영역에 속하지 않는다고 판단하였다.

또한 원고의 결혼과 이혼 전력, 결혼 생활, 출산과 양육에 관한 사항을 공개한 사안이 문제된 판결에서 법원은 "사생활 공표의 위법성은 공표된 사생활이 공중의 정당한 관심의 대상이 되는 사항인지 여부(표현 목적의 공공성), 공표된 내용이 진실에 부합하는지 여부(표현 내용의 진실성), 사실을 왜곡하거나 주제와는 무관한 내용이 포함되어 있는지 또는 주로 호기심에 호소하는 흥미 본위의 품위 없는 표현을 사용한 것은 아닌지 여부(표현 방법의 상당성) 등을 모두 종합하여 개별·구체적으로 판단함이 상당하다"라고 하여 비교형량 기준을 제시하고 있다(서울중앙지방법원 2005. 8. 12. 선고 2004가합47227 판결).

결국 사생활 침해로부터 면책되기 위해서는 무엇보다 공익성이 요구된다. 공익성과 관련된 판례를 분석한 연구에 따르면 공적인 이익에 관련된 내용은 크게 ① 국가안전 보장과 사회질서 유지, ② 반사회범죄 방지, ③ 대중계몽, ④ 소비대중 이익 보호와 사회적 손실의 4가지 주제와 직접 관련된다(이재진·이성훈, 2003). 이러한 4가지 주제와 관련된 사적인 정보의 경우에는 공개를 통해 달성할 수 있는 이익이 개인의 권익에 대한 보호보다 크기 때문에 공개가 가능할 수 있다. 그러나 공익성에 대하여 우리 법원은 공중의 정당한 관심사인가 또는 원고가 공인인가를 통해 판단하거나, 이를 동시에 거론하는 경우도 있었다. 즉 공익성의 구성 요건에 공인으로서의 원고의 지위와 공적인 목적을 종합하여 사용하는 것으로 나타났다.

아울러 문제된 기사에서 보도된 사실들이 '공중의 관심사'에 해당하는지를 중점적으로 살펴 불법성을 판단하였다. 따라서 뉴스가 보도적·교육적·계몽적 가치를 지닌 경우라면 면책될 수 있겠지만 단순히 오락적 가치만을 가진 경우에는 당연히 공중의 정당한 관심사라고 볼 수 없다. 그러나 양자를 구별하는 절대적인 기준이 있는 것은 아니다. 정당한 공적 관심사인지 아닌지를 결정할 때는 결국 해당 시기의 관습이나 가치관을 참고할 수밖에 없기 때문이다. 미국의 경우 정당한 공적 관심사인지를 따질 때는 특히 공적 인물(public figure), 공적 기록(public record) 등이 그 인정 근거로 거론된다. 공적 인물의 경우에는 보호받는 사생활의 범위가 매우 좁고, 언론이 공적 기록에 담긴 내용을 보도하는 것은 그대로 공적 관심사에 해당하는 것으로 본다.

그러나 사생활과 관련된 경우에는 판단이 달라질 수 있다. 예를 들어 서울고등법원은 유명 방송인의 이혼 사유와 그 배경에 관한 사항을 보도해 사생활을 침해한 것이 공중의 정당한 관심사에 해당하는지에 관해 그 방송인을 공인이라고 인정하면서도 위법성을 인정하였다. 위법성의 근거는 다음과 같다. ① 보도 내용이 그의 혼인 중의 출생자가 그 배우자가 아닌 타인의 자녀라는 소문에 관한 것으로서 이는 남녀 간의 성적 교섭과 밀접한 관련이 있는 것으로 통상의 가족관계나 혼인, 이혼에 관한 것에 비하여는 보호의 정도가 높은 영역에 속하는 점, ② 명예와 깨끗한 이미지를 생명으로 하는 여성 방송인으로서 위와 같은 소문이 보도되는 경우 그것이 사실이든 아니든 치명적인 불이익을 입는 반면 위와 같은 근거 없는 소문에 대한 공중의 관심이란 유명인에 대한 선정적인 호기심에 불과해 정당한 관심사라고 보기 어렵다는 점 등이다(서울고등법원 2001. 5. 31. 선고 2000나11098, 2000나11104 판결).

또 다른 판결(서울중앙지방법원 2001. 12. 19. 선고 2001가합8399 판결)에서 법원은 유명 가수의 교제 및 결혼 소식을 보도한 데 대하여 그 가수 및 상대방 여자가 허위의 사생활 사항 보도로 인한 프라이버시권 침해를 당했다는 점을 인정하였다. 당시 법원은 위법성 판단의 일반론으로서 "공중의 정당한 관심사에 관한 언론 보도라도 그 보도 내용은 진실한 것이어야 함이 원칙이고, 진실하지 않다고 하더라도 적어도 언론기관이 진실이라고 믿을 상당한 이유가 있는 경우라야 위법성이 조각되는 보도로서 언론의 자유의 범위에 포함되는 것"이라고 판시하였다. 그러면서 위 가수에 대한 관계에서는 "공중의 정당한 관심사에는 해당하나 그것이 진실이라거나 진실이라고 믿을 상당한 이유가 있는 경우라고 볼 수 없어 위법성이 조각되지 않고, 그 상대방 여자에 대한 관계에서는 그 실명의 게재가 공중의 정당한 관심사에 해당하지 않아 역시 위법성이 조각되지 아니한다"고 판단하였다. 결국 법원은 공인의 사적 사항에 관한 보도로서 공중의 정당한 관심의 대상이 된다고 하더라도, 언론이 진실 보도 의무를 저버렸다며 책임을 지운 것이다.

그럼에도 판례는 유명 연예인은 공인이고, 그의 사생활은 공중의 정당한 관심사에 해당할 경우가 있다는 점을 수긍하고 있다. 대법원은 "개인의 사적인 신상에 관한 사실이라고 하더라도 그가 관계하는 사회적 활동의 성질이나 이를 통하여 사회에 미치는 영향력의 정도 등의 여하에 따라서는 그 사회적 활동에 대한 비판 내지 평가의 한 자료가 될 수 있는 것"이라 하여 그 적시의 동기가 공공의 이익을 위한 것이라면 위법성이 조각될 수 있음을 밝혔다(대법원 1996. 4. 12. 선고 94도3309 판결).

다만, 과거에 인기 여배우였던 윤 모 씨 관련 기사에 대한 사안에서 법원은 "원고는 1966년경부터 영화배우로 활동하여 왔으므로 공인으로서의 신분을 가지고 있었다고 할 수 있으나 위 기사 작성 당시에는 이미 영화계를 은퇴하여 프랑스에서 가정생활에 전념하고 있어 더 이상 공인으로 볼 수 없다"고 판시하여, 한때는 공인이었던 이의 사생활이라도 시간의 경과에 따라 공중의 정당한 관심사에 해당할 수 없음을 지적하기도 하였다(서울지방법원 1997. 2. 26. 선고 96가합31227 판결).

대중의 인기를 먹고사는 당대의 스타는 스타로서 누리는 혜택에 필적해 지나치지 않은 범위에서 대중의 호기심을 충족시켜 주어야 할 필요가 존재한다. 사생활 침해라는 개념은 정보화의 발전, 언론의 기능 및 형태의 다변화, 사회적 가치관이나 관습의 변화에 따라 그 의미와 폭이 달라질 수 있고, 그 유형 또한 매우 다양하다. 우리 법원도 대중 스타로서 누리는 혜택만큼 일반인보다는 사생활 침해에 대해서 좀 더 수인해야 한다고 지적한 바 있다. 따라서 앞서 거론한 사생활 침해의 위법성 여부를 살피는 요건 또한 새로운 침해 유형의 등장에 따라 더욱 발전하고 변화할 수밖에 없을 것이다.

특히 인터넷의 발달로 실시간으로 정보가 유통되고 공개되는 현대 사회에서 스타의 결혼은 상대가 누구든 루머나 악플에서 완전히 자유롭지 못한 것 또한 현실이다. 연예인의 처지에서는 너무 숨겨도 의혹을 사고, 공개한다고 해도 행복을 보장받을 수 없는 딜레마를 느낄 수밖에 없는 것이다. 실제로 대중스타의 사생활과 관련된 보도의 많은 부분이 이들의 연애 관계, 성형수술, 부부 불화, 이혼 문제, 또는 심한 경우 자살의 원인 등에 관한 것들이다. 판례에 따르면 일반인들의 경우에는 이러한 내용의 공개는 당연히 사생활 침해 분쟁으로 연결될 수 있다. 그러나 대중스타의 경우에는 사적인 정보가 공개된다고 하더라도 이것이 공익적 목적에 부합하는 공중의 정당한 관심사에 속한다고 법원이 판단하게 되면 위법성이 조각될 수 있을 것으로 이해된다.

중요한 것은 전술한 바와 같이 대중스타가 완전히 사생활의 비밀 보호를 포기한 것으로 볼 수는 없다는 것이다. 다시 말하자면 일정한 부분의 사생활 보호는 인정한다는 것이다. 그러나 여전히 어떠한 사안을 보호해야 되는가(어떤 것은 왜 안 되는가?) 하는 문제, 인터넷 게시판에 공인으로서의 대중스타들의 동의를 일일이 얻어서 올려야 하는가에 대한 근거는 아직 제시되지 못하고 있는 상황이다.

소위 차화연 씨 사건(서울중앙지방법원 2007. 1. 24. 선고 2006가합24129 판결)의 경우 원고를 인터뷰한 사실이 없음에도 인터뷰한 것처럼 사생활을 보도한 사건을 다루고 있다. 법원은 연예계를 은퇴한 후 일체의 언론매체와의 인터뷰에도 응하지 않은 채 가정생활에만 전념하고 있는 원고가 공인이 아니고, 공적 인물이 아닌 원고의 사생활에 대한 대중의 관심이 증가했다는 이유만으로 공중의 정당한 관심사라고 볼 수 없고, 원고의 사생활보도에 공익적 목적이 있었다고 보기 어렵다고 판단하고 있다. 법원은 "한때는 공적 인물이었거나 유명 사건과 관련된 사인의 사생활이라도 시간의 경과에 따라 공중의 정당한 관심사가 되지 아니할 수 있다. 원고는 1978년경부터 TV 탤런트로 활동하여 왔으므로 공인으로서 신분을 가지고 있었다고 할 수 있으나, 1988년 결혼과 함께 연예계를 은퇴한 후 일체의 언론 매체와의 인터뷰에도 응하지 않은 채 가정생활에만 전념하고 있음은 앞에서 본 바와 같아, 원고는 더 이상 공적 인물이 아니라 할 것이고, 공적 인물이 아닌 원고의 사생활에 대하여 대중의 관심이 갑자기 많아졌다는 이유만으로 공중의 정당한 관심사라고 볼 수도 없고, 원고의 사생활 보도에 공익적 목적이 있었다고도 보기 어려우므로, 위 피고들의 주장은 받아들이기 힘들다 … 오히려 원고가 기자가 묻는 질문에 몇 가지 대답은 했으나, 인터뷰를 분명하게 거절하고 기사화에 반대한다는 뜻을 표명한 사실은 앞에서 본 바와 같다. 만일 위 피고들의 주장대로라면 기자 신분임을 밝히고 수시로 전화하여 질문과 답변이 오갔을 때는 언제나 그 전화 통화 내용을 정리하여 인터뷰가 있었고, 기사화에 동의하였던 것으로 간주하여 보도할 수 있다는 결론이 되어 부당하다"라고 판시하였다(서울중앙지방법원 2007. 1. 24. 선고 2006가합24129 판결). 원고가 인터뷰를 분명하게 거절하고 기사화에 반대한다는 뜻을 표명한 사실에 비추어 볼 때 피고들의 주장은 이유 없다면서 피고 조선일보 생활미디어와 피고 학원사는 원고에게 1,000만 원의 손해배상금을 지급하라는 판결을 내렸다(서울중앙지방법원 2007. 1. 24. 선고 2006가합24129 판결). 이는 사회적 영향력과 책임성에 있어 정치인, 공직자(공무원)에 비해 연예인/스포츠 스타를 저평가하고 있는 한국 법원의 인식을 추측해볼 수 있는 부분이다.

유명 연예인 왕○○(예명: 전○○)과 소속 매니지먼트 회사는 통신사 뉴시스가 "영화배우 전○○, '올 11월 소속사 사장과 결혼'" 제하의 기사에서 원고 전○○이 소속사 사장과 결혼한다는 허위 내용을 적시, 이를 뉴시스 홈페이지와 각종 포털 사이트에 게재해 원고 왕○○에 대한 명예훼손과 사생활 침해를 유발하였고 이 기사로 원고는 물론 원고가 소속된 회사의 명예도 훼손해 재산상의 손해를 입었다면 손해배상청구소송을 제기하였다. 서울중앙지방법원은 이 사건 기사가 공중의 정당한 관심사여서 사생활 침해에 대한 위법성이 조각될 수 있는지 여부에 관하여, 원고 왕○○은 일반인들에게 널리 알려진 유명 연예인으로서 상당한 인기를 누리고 있는 '스타'로 이른바 '공적 인물'이라고 할 수 있을 것이므로, 원고 왕○

○의 사생활에 관한 사항에 해당하는 것이라도 공중의 정당한 관심의 대상인 경우도 있을 수 있을 것인데, 이 사건 기사의 경우 미혼의 유명 여자 연예인인 원고 왕○○의 결혼 예정 사실 등을 보도하고 있어 그 내용이 일반인들로서 관심을 가질 만한 것이라고 하여 당사자의 동의 없이도 공개가 가능한 공중의 정당한 관심의 대상임을 인정하였다.

그러나 공중의 정당한 관심의 대상이라 하더라도 기사가 진실하다거나 진실이라고 믿을 만한 상당한 이유가 있어야 한다면서, 원고 왕○○이 원고 회사의 대표이사인 정○○과 결혼할 예정이었다거나 예정인 사실을 인정할 증거가 없으므로 이 사건 기사가 진실에 부합하는 것이라고 보기 어렵다고 판단하였다. 또한 피고들로서는 원고 또는 그와 밀접한 관계가 있는 사람들 등을 상대로 최소한의 사실 확인을 위한 취재 등을 한 다음에 보도해야 함에도 뉴시스 소속 기자는 특별히 원고나 그와 밀접한 관계가 있는 사람들에게 그 진위 여부에 대한 확인 취재 없이, 단지 일부 연예계 종사자들로부터 그와 관련된 얘기를 듣고 기사를 작성한 점 등에 비추어 볼 때, 피고들에게 이 사건 기사를 진실이라고 믿은 데에는 상당한 이유가 있었다고 보기 어렵고, 달리 이를 인정할 증거가 없다며 원고에 대한 사생활 침해를 인정하였고, 3,000만 원의 손해배상금을 지급하라는 판결을 내렸다(서울중앙지방법원 2005. 7. 6. 선고 2004가합82527 판결).

원고는 피고 조선일보 생활미디어가 발행하는 월간 『여성조선』에서 "드라마 '○○과 ××'의 원조 '○○' 차○○ 본지에만 심경고백" 제목의 기사, 피고 동아일보사가 자신이 발행하는 월간 『여성동아』 "'○○과 ××'의 ○○역 차○○ 은퇴 후 근황" 제목의 기사, 피고 학원사가 자신이 발행하는 월간 『주부생활』 "'○○과 ××' 궁금한 왕년의 톱스타 차○○이 직접 전한 근황 인터뷰" 제목의 기사를 통해 인터뷰 요청을 거절하였음에도 불구하고, 허락 없이 사진을 게재하여 초상권을 침해하였다고 주장하며 피고들을 상대로 소송을 제기하였다.

피고 조선일보 생활미디어와 피고 학원사는 원고는 과거에 한 시대를 풍미했던 유명 연예인이었고, 원고가 출연했던 드라마는 지금도 케이블 TV를 통해 종종 방송되며, '○○와 ××'의 리메이크 소식과 동시에 원고에 관한 기사가 쇄도했는바, 원고는 공적 인물이고, 이 사건 각 기사는 공중의 정당한 관심사를 보도한 것이며, 이 사건 기사를 작성한 기자들은 원고와 전화 인터뷰를 한 후 원고와의 전화 통화 내용을 기초로 하여 이 사건 기사를 작성하고, 과거 원고가 모 종교 위성 방송에 출연하여 과거의 일을 털어놓았던 내용을 취재하여 기사의 내용을 보강하였으므로, 인터뷰하였다고 기사화한 사실은 허위가 아니고, 원고가 이 사건 각 기사의 보도에 묵시적으로 동의하였다고 주장하였다.

원고가 사회 저명인사라는 점을 고려했을 때 자신이 공개한 내용과는 다른 내용의 정보가 유통되어 사생활을 침해받더라도, 보통 사람보다 그 침해를 감내해야 할 수인 한도가 커진다고 봄이 상당하다는 판결이 있다. 원고는 피고 일요신문사가 "처녀 갑부 이○○ ××대표의 과거" "이○○은 누구" 제목의 기사와 "이○○ '사기 결혼'의 실체"라는 제목의 기사에서 원고가 이미 결혼한 전력이 있고 전 남편과의 사이에서 아들까지 출산하였음에도 이와 같은 사실을 숨기고 아들을 전 시댁에 맡겨 둔 채 사실상 방치하는 등 양육에 관한 책임을 회피하고 있다는 취지의 기사를 게재해 원고의 사생활을 침해하고 사회적 평가를 저하시켰다며 손해배상을 청구하였다.

서울중앙지방법원은 원고는 자신의 경영관, 인생관, 결혼관, 가족관 등이 이미 언론매체 또는 자신의 자서전을 통해 일반 대중에 널리 알려진 이른바 사회 저명인사라 할 것이고, 원고가 사회 저명인사가 된 경위, 언론매체들과 행한 원고의 인터뷰 내용, 그로 인해 언론매체의 보도를 접한 일반대중이 원고에 대하여 가지게 된 인식 등을 모두 고려해보면, 원고는 이 사건 보도가 있기 전에 언론매체, 자서전 등을 통해 자신의 사생활 중 밝고 긍정적인 면을 적극 홍보하여 더욱 유명해진 사정이 엿보인다고 밝혔다. 비록 원고는 자신의 개인정보 중 자신이 원하는 정보만을 대중에게 공개하고, 나머지 정보는 이를 공개하지 않을 수 있는 개인정보의 공개에 관한 결정권을 가진다고 할지라도, 원고가 사회 저명인사라는 점을 고려하면 실제로 자신이 공개한 내용과는 다른 내용의 정보가 유통되어 결과적으로 사생활을 침해받더라도, 보통 사람의 사생활 침해에 비해 그 침해를 감내해야 할 수인 한도가 커진다고 봄이 상당하며, 이러한 견지에서 일반대중으로서는 원고가 임의로 공개한 내용뿐 아니라, 그와 다른 내용의 정보에 관하여도 그 진위가 무엇인지를 알 정당한 이익을 가진다고 판시하였다(서울중앙지방법원 2005. 8. 12. 선고 2004가합47227 판결).

또한 법원은 원고가 과거 결혼한 전력이 있고, 사망한 전 남편과의 사이에 고등학생인 아들이 있으며, 아들은 현재 전 시댁에서 양육하고 있다는 등의 내용은 모두 진실에 부합함은 앞서 본 바와 같고, 한편 이 사건 게시물 및 이 사건 제1기사의 표현 방법의 상당성에 관하여도 보건대, 원고를 미혼으로 잘못 알고 있는 일반 대중에게 진실을 전달할 목적으로 원고의 과거 결혼 경력과 아들이 존재함을 전 시부모의 진술을 토대로 밝히고, 또한 위와 같은 목적을 위해 필요한 한도 내에서 원고의 전 남편과의 혼인경위, 미국 유학생활 중의 혼인생활, 전 남편의 사망 경위, 귀국 후의 아들의 부양 관계 등을 적시하고 있다고 여겨지며, 달리 흥미 본위의 품위 없는 표현을 사용한 것으로 보이지 아니한다고 판단하였다.

요약하면 우리나라 법원의 판결 경향은 단순히 공중의 정당한 관심사이기보다는 그 사실이 진실에 가까운 경우이며, 공개가 가능한 것은 실제 내용의 큰 '주제'나 '사실 자체'(예를 들어 누가 결혼을 했다, 누가 이혼을 했다)이지 그 '세부적인 내용'이 아니라는 것(예를 들어 누구와 결혼을 했는가, 왜 이혼을 했는가)에 대체로 일치한다. 그런데 이러한 법원의 판단은 자칫 헌법에서 보장하는 언론의 자유와 국민의 알 권리를 침해할 가능성이 있다. 왜냐하면 전술한 바와 같이 세부적 내용이 담겨 있지 않은 기사는 무의미하므로 이를 쓰지 말라는 것은 기사를 내지 말라는 말과 다름없다고 해석되기 때문이다. 공인원칙과 사생활권이 조화로운 비교형량이 요구되는 부분이라고 할 수 있다.

제4장

# 공인과 초상권 침해

# 1 보도로 인한 공인의 초상권 관련 쟁점

최근 우리 사회가 직면한 가장 복잡한 문제 중 하나가 보도, 특히 방송보도에 의한 초상권 침해 소송의 증가이다(심석태, 2014; 박재영 외, 2013; 양재규, 2009; 이재진, 2006 등). 이는 인터넷신문 등 다양한 매체가 등장하고 있음에도 초상권 침해는 방송 매체가 풀어야 할 어려운 숙제로 여전히 남아 있음을 의미한다. 2014년 세월호 참사 등 방송의 재난보도로 인하여 초상권 침해 문제는 더욱 크게 부각되었다. 세월호 사고 초기 우리 방송은 구조자나 실종자, 희생자는 물론 오열하는 유가족들의 근접 영상을 여과 없이 보도하면서 기자들의 비윤리적 취재 관행에 대한 비판과 함께 초상권과 관련된 다양한 반발을 불러왔다(기자협회보, 2014. 4. 30., 3면).

방송보도로 인한 초상권 침해는 이처럼 무분별한 재난보도에서만 나타나는 현상이 아니라 속보 경쟁과 상업성에 매몰되어 개인의 인격권 보호에 소홀했던 우리 언론의 현주소를 보여주는 것이기도 하다. 신문과는 달리 방송의 경우 영상을 통해 현장을 생생하게 시청자들에게 전달해야 하기 때문에 방송의 실수나 오류로 인하여 영상에 등장하는 개인들의 초상권을 침해할 위험성이 상존한다. 최근 몇 년간 언론 보도에 있어 쟁점이 되고 있는 범죄자의 초상 보호의 문제도 이 같은 방송의 딜레마를 드러내는 것이다(이재진, 2013a). 다시 말하자면 방송은 보도에 있어 상당한 정도의 주의를 기울이지 않는다면 초상권 침해로 인한 소송에 처하게 될 수 있다.

이와 같은 이유로 방송사나 기자 측에는 방송보도가 개인의 초상권을 침해했을 경우 이로부터 면책될 수 있는 요건은 무엇이며, 그 요건은 어떠한 조건에서 어느 범주에까지 적용되는가에 대해 예상할 수 있어야 한다(심석태, 2014). 방송보도가 때로 잘못되어 불신을 초래하고 소송을 불러오기도 하지만 방송보도가 민주적 여론 형성과 국민의 알 권리 충족 등 공익적인 역할을 하는 것은 의심할 여지가 없기 때문에 방송의 자유와 개인의 인격권 사이의 조화로운 이익형량이 요구된다.

이러한 이익형량은 우리나라의 경우 언론중재법상의 인격권 규정과 법원의 판례를 통해서 살펴볼 수 있다. 현행 「언론중재법」 제5조 규정과 다양한 판례에서 나타나는 초상권 침해에 대한 면책 사유는 '동의'(consent)와 '공익성'이다. 즉 방송보도의 대상이 되는 사람의 동의를 얻는 경우에 면책이 될 수 있거나 또는 보도의 목적이나 내용이 대단히 공익적인 경우에는 면책의 가능성이 있다는 것이다.

그러나 초상권 침해의 면책 사유가 어떠한 방식으로 적용되는지에 대해서는 아직까지 일관된 판결이 나오고 있지 않다(김재협, 2014). 초상권과 관련된 면책 사유를 규정한 법 규정은 존재하지만 이를 적용하는 법원의 판단이 일관되지 않은 경우 다양한 쟁점이 발생하게 된다(심석태, 2014). 무엇보다 신속하게 영상으로 보도해야 하는 방송의 경우 어떠한 상황에서 어떻게 보도해야 초상권 침해에 해당하는지의 여부를 가늠하기가 상당히 어렵다. 또한 공인의 경우에 일반인과는 어떻게 다르게 보도할 수 있으며 소위 '범죄 혐의자'(피의자)의 경우 초상권의 보호에 있어 면책 사유로서의 동의가 어떻게 적용될 수 있는지도 명확하지 않다.

아울러 초상권의 재산권적 성질을 갖는 퍼블리시티권(초상 영리권)은 우리 법원에서 얼마나 인정하고 있으며 이 경우에 동의가 면책 사유로서 어느 정도 적용될 수 있는지에 대하여 판결이 엇갈리고 있다. 마지막으로 동의를 하는 경우에도 서면 동의를 해야 하는 것인지 아니면 동의를 받지 않고서도 보도를 할 수 있도록 어느 정도 방송의 취재보도의 자유를 인정하고 있는지에 대해서도 명확한 판결례를 찾을 수 없다. 다시 말하자면 초상권과 관련해서는 현재 그 법리가 구성되고 있는 과정이라고 할 수 있다.

이러한 점에 근거하여 이 장에서는 언론에 의한 초상권 침해의 면책 요건으로 가장 기본적인 동의의 요건과 범위를 보다 명확히 함으로써 방송에 있어서는 보도의 예측성을 제고하고 동시에 보도로 개인의 초상권이 무분별하게 침해되는 것을 방지하는 한편 공인과 사인을 구분하여 초상권을 적용할 수 있는 방안이 있는지를 살펴보고자 한다.

비록 당시에는 독자적인 권리로 인정되지 않고 명예훼손이나 사생활 침해의 일부로서 인정되었으나 1980년대까지만 해도 언론에 의해 초상권 침해가 대단히 빈번하였다. 그러나 최근처럼 그 피해구제를 법원에 청구하기보다는 피해 당사자가 인격권이 침해되었다며 개인적 항의 차원에서 항변하거나 이에 대해 언론사가 비공식적인 사과 등으로 무마하는 경우가 많았다. 하지만 1990년대 이후 인권의식이 강해지고 초상권을 개인의 권리로서 인식하면서 언론중재위원회에 조정을 신청하거나 법원에 손해배상 소송을 제기하는 경우가 늘어났다(김재형, 2012; 손영준, 2012).

전술한 바대로 언론중재법에 따르면 언론이 개인의 초상을 보도하려면 원칙적으로 당사자의 동의를 받아야 한다. 「언론중재법」 제5조 제2항에는 "인격권 침해가 사회상규에 반하지 아니하는 한도 안에서 피해자의 동의에 의하여 이루어지거나 또는 언론 등의 보도가 공공의 이익에 관한 것으로서 진실한 것이거나 진실하다고 믿는 데에 정당한 사유가 있는 경우에는 법률에 특별한 규정이 없는 한 그 보도 내용과 관련하여 책임을 지지 않는다"라고 규정해 초상권 침해의 면책 사유로 동의를 명시하고 있다. 그런데 동의와 함께 공공의 이익, 즉 공익성을 동의와 함께 병기함으로써 '공익성이 높은 보도의 경우에는 동의의 정도가 낮을 수 있다'라는 해석이 가능하도록 되어 있다. 즉 방송의 취재보도의 자유와 개인의 초상권과의 이익형량은 언론중재법에 명시된 동의와 공익성에 근거하여 이루어지게 된다. 그러나 전술한 바와 같이 동의가 없는 경우에는 공익성이 강하다고 해도(예를 들어 '공인 관련 보도') 실제로는 면책되지 못할 가능성이 크다는 점에서 가장 핵심적 면책 사유는 '동의'라고 할 수 있다.

따라서 법원이 재판을 통해 이러한 면책 사유 규정으로서의 '동의'를 어떻게 해석하고 적용하는가 하는 것이 이익형량의 지침이 되며 방송에는 어떻게 보도하는 것이 초상권 침해를 최소화할 수 있는가를 판단하는 기준이 된다. 이러한 점에 근거하여 다음과 같은 몇 가지의 질문을 살펴보고자 한다.

무엇보다도 방송에 의한 초상권 침해 소송의 현황과 특징은 어떠한가에 관한 것이다. 여기서는 방송 관련 초상권 침해 판결 전체를 수집하여 소송의 건수 및 요지, 승패 및 요건, 그리고 개인의 인격권과 방송의 취재보도의 자유를 어떻게 비교형량 하는가에 대해서 살펴본다. 다음으로 살펴볼 것은 방송에 의한 초상권 침해 소송에서 나타난 동의에 대한 법원의 이해는 어떠한가에 대한 것이다. 여기서는 초상권 침해의 면책 사유로서의 동의의 정의와 범주 및 요건 그리고 소위 '묵시적 동의'가 보도의 공익성과 비교형량 하는 데 있어 어떻게 적용되는가를 분석한다. 마지막으로 방송에 의한 초상권 침해 소송에서 나타난 범죄(혐의)자에 대한 초상권 보호 정도에 대하여 법원은 어떻게 이해하고 있는가 하는 것이다. 여기서는 언론중재법상 동의와 함께 적용되는 공익성이 판결에서 어떻게 적용되는지를 공인과 관련된 사건 그리고 범죄 혐의자가 관련된 사건을 중심으로 살펴보고자 한다.

이러한 문제에 대한 해답을 구하기 위해 우리 대법원 홈페이지와 헌법재판소 홈페이지, 그리고 관련 판례가 수록된 참고 자료 등을 통하여 초상권 침해 판결이 처음 나온 1982년부터 2015년까지 33년 동안 도출된 판결례 전체를 수집하여 이를 분석하였다. 구체적으로 판례 수집은 대법원 종합법률정보(www.scourt.go.kr), 인터넷 종합법률서비스 사이트인 로앤비(www.lawnb.com), 언론중재위원회가 발간하는 『국내 언론관계 판결집』(1~15권), 언론진흥재단의 '최근의 국내언론관계 판결', 그리고 『언론중재』지에 소개된 '최근의 국내언론관계판결'을 통해 실시하였다. 이러한 방법을 통해 판결례 및 결정 사례를 수집하였다.

판례 검색을 위한 키워드로는 '초상' '초상권' '인격권' '사생활 침해' '프라이버시' '퍼블리시티권', 그리고 '명예훼손'을 설정하였으며 검색된 판례 중 언론·출판과 관련 없는 초상권 침해 소송은 제외하였다. 상소를 통해 판결 내용이 중복되는 판결의 경우 분석은 하되 판례 목록에는 상급심만 기재해 1건으로 분류하였다. 판례집과 판례검색을 통하여 전체 86건의 판례가 수집되었으며, 이중 실제적인 분석 대상인 방송 관련 판례는 54건으로 나타났다.

판례 분석을 통한 연구는 소송과 관련하여 어떠한 침해가 발생하고 이에 대해 어떠한 법적 해결이 이루어지는지 판례의 경향과 총체적인 청사진을 제시한다(이재진, 2002). 이 때문에 판사들의 시각이 집약되어 있는 판례를 분석하고 그 추이와 경향성을 추출함으로써 초상권 보호의 기준을 설정하고, 언론의 취재와 보도에서 초상권 보호를 위해 무엇에 특히 유의해야 하는지를 추론할 수 있다. 또한 언론의 자유가 위축되지 않으면서도 개인의 초상권을 적절하게 보호할 수 있는 요건은 무엇인지 구체적 판례와 통시적 분석을 통해 면책 기준을 찾는 데 큰 도움이 된다.

2

# 기존 연구 분석

## 기존 연구의 경향

초상권과 관련된 첫 판결은 1982년 서울민사지방법원이 내린 가처분 사건인 것으로 알려져 있다(박순국, 1993, 33쪽). 이 사건은 당시 율산그룹 대표였던 신선호 씨가 출판사 기린원에서 펴낸 책 『신선호와 율산 드라마: 서울은 지금 몇 시인가』를 대상으로 허락 없이 자신과 가족의 초상을 무단으로 이용했다고 주장함으로써 시작되었다.[44] 법원은 비록 공개된 것이라고 하더라도 상업적 목적을 띠는 책에 무단으로 사용한 것은 초상권을 침해한 것이라고 판단하면서 관련 사진을 삭제하지 않은 채 책을 출판해서는 안 된다고 결정하였다(서울민사지법 1982. 7. 21. 선고 82카19263 결정).

이 결정이 있은 후부터 초상권의 권리 개념과 보호 범위를 명료화하

44 1982년 7월 23일 서울민사지방법원은 본인의 동의 없이 가족사진과 함께 율산그룹의 성장과 몰락 과정을 그린 책을 판매 금지 조치하는 판결을 내리며 초상권을 처음 인정하였다.

려는 논의들이 등장하기는 하였으나 본격적인 연구가 나오기 시작한 것은 1990년대에 들어서이다. 1990년대 초반까지는 언론진흥재단(구 언론연구원/언론재단)이 발행하던 잡지 『신문과 방송』과 언론중재위원회가 발간하던 『언론중재』를 중심으로 논의가 이루어졌다. 언론에 의한 초상권 침해에 대한 논의가 시작되고 법원에서 이를 수용하는 데에는 제5공화국 「헌법」 제21조에 제2항으로 언론 보도로 인한 피해에 대한 구제 조항을 마련한 것이 계기가 되었다는 지적이 있다(심석태, 2014). 당시 동조 제2항은 "언론·출판이 타인의 명예나 권리를 침해한 때에는 피해자는 이에 대한 피해의 배상을 청구할 수 있다"라고 규정하였다.

헌법에 이러한 조항이 삽입되면서 1980년 『신문과 방송』에 처음 '초상권'이라는 용어가 등장한다(신규호, 1980). 여기서 저자는 '본인의 승낙 없이는 함부로 사진을 찍거나 그것을 공표해서 안 되는 권리'로 초상권을 이해하고 있다. 이는 초상권을 인격권의 일부로서 인식하는 것이라고 볼 수 있다. 당시에 이러한 논의가 실제로 저자가 밝히듯 방송의 인격권 침해에 대한 우려에서 나온 것인지에 대해서는 명확하지 않으나 현재의 초상권에 대한 이해와 유사한 것이라고 할 수 있다.

이러한 이해와 유사하게 안용교(1982)는 『언론중재』에서 초상권의 개념과 관련 미국과 유럽의 접근방법상의 차이를 소개하면서 무단 촬영이나 무단 녹음은 사생활의 자유를 침해하는 것이라고 보았다. 보도와 관련한 사진 취재의 경우 사진이 보도의 목적 외에는 사용되지 않도록 한다는 조건에서 취재활동을 제한하지 않도록 해야 한다고 보았다(6~7쪽). 이는 개인의 초상권과 취재·보도의 자유와의 이익형량이 필요함을 시사한 것이다. 같은 호 『언론중재』에서 한상범(1982)은 초상권을 명예, 프라이버시와 구분되는 별도의 인격권으로 파악하였다. 그러나 당시는 완전히 독립된 형태의 권리 개념으로서의 초상권 개념은 아니고 사생활권에 포함되는 형태의 권리 개념이었다고 할 수 있다(14~15쪽).

초상권 논의는 1986년에 사진기자에 대한 논의에서 계속된다. 『신문과 방송』에서 조영래(1986)는 초상권을 "촬영 기타의 방법으로 자기의 초상을 허가 없이 묘사 당하거나 또는 공표 당하지 않을 권리"라고 정의하였다(42~45쪽). 초상권의 침해가 미디어의 기술발전에 따른 기만적 취재(몰래카메라) 등 때문에 발생한다고 간주하고 언론 보도에 있어서의 면책 사유로 '공익성'과 '저명인'을 제시하였다. 또한 초상권 침해가 '모든 촬영과 묘사'에서 문제가 되는 것이 아니라 어떤 '고통'을 주는 경우에 문제가 된다고 보았다. 이 역시 초상권을 사생활권의 일부로 보는 견해라고 판단된다.

1993년에 다시 한 번 『신문과 방송』에서 보도사진과 인권 문제를 다루면서 초상권의 권리 범주를 좀 더 명확히 하려는 시도가 나타난다. 한병구(1993, 27쪽)는 초상권을 본인의 동의 없이 함부로 촬영되지 않을 권리와 무단 촬영된 초상 사진의 공표를 거절할 권리, 초상 사진을 무단으로 영리 목적으로 사용되지 않을 권리로 정리하였다. 이는 20여 년이 지난 오늘날 인정되는 초상권의 권리 범주와 거의 유사한 것이다. 또한 초상권 보호의 근거를 헌법 제17조에서 찾으면서 역시 초상권을 사생활권의 일부로 파악하려고 하고 있음을 알 수 있다.

초상권에 대한 연구는 관훈클럽에서 발행하는 잡지인 『관훈저널』에서도 한 번 다루어 진 바 있으나 위의 연구들과 차이를 보이는 논의는 나오지 않았다. 결국 이러한 연구들과 글을 토대로 초상권을 살펴보면 초상권은 사생활권의 일부로 바라보는 시각이 지배적이었다고 할 수 있다.

그러던 것이 1993년을 지나면서 초상권의 범주를 좀 더 넓게 파악하는 시각이 제시된다. 이는 무엇보다 논의를 비단 헌법의 측면에서뿐 아-

니라 민법 측면에서도 가능하다는 점에서 나타난다. 예를 들어 「민법」 제751조가 규정한 '기타 정신적 고통'을 정조, 생명, 초상 등의 침해로 파악하자는 주장이 되기 되었다(김주수, 1997). 미국식의 사생활권의 논리의 적용이 필요하다는 논의도 제기되었다(이은영, 2005). 그러나 초상권을 사생활권의 일부로 파악하는 점은 크게 다르지 않았다. 초상권의 침해유형을 정리하여 명료화하려는 시도도 있었다(안상운, 1995).

이러한 연구 경향은 2000년 초에 들어서까지 유사한 모습을 보인다. 그러나 점차로 초상권의 권리 개념을 강화하고 그 보호 범위를 명료화하면서 초상권을 포괄적인 인격권의 범주에서 이해하기보다는 하나의 독립적이고 특수한 인격권으로 이해해야 한다는 논의들이 나오기 시작한다. 이러한 논의에는 초상권을 촬영·작성 거절권과 공표 거절권은 인격권으로서 그리고 초상 영리권은 재산권으로서 별도의 권리로 파악해야 한다는 주장도 포함되었다. 또한 공공장소에서의 초상권의 인정 여부에 대한 논의를 시도하였다. 재산권으로서의 퍼블리시티권에 대한 권리 개념의 필요성도 제기되기도 하였다(김경호, 2004; 고명식, 2003; 한위수, 1999).

그러나 초상권에 대한 본격적인 연구와 논의는 2005년 언론중재법이 제정됨으로써 초상권이 인격권의 일부로서 규정되고 면책 사유가 명시되면서 시작되었다고 하겠다. 실제로 「언론중재법」 제5조 제1항에서 명시된 인격권의 권리 범주에 초상이 포함되었다고 하더라도 기존의 「민법」 제751조에 의해서 보호되지 못하던 새로운 인격권이 보호받게 된 것도 아니며 그동안 모호했던 개념들이 명료화된 것도 아니다(심석태, 2014). 그럼에도 새롭고 독립된 인격권의 성립과 연관된 다양한 연구와 논의를 촉발하였다. 특히 초상권 침해의 면책 사유에 대한 논의 및 공인 관련 초상권 침해에 대한 주제들이 본격적으로 다루어지게 되었다는 점에서 의미가 있다(함석천, 2006; 유의선, 2008; 엄기열, 2010; 이승선·김연식, 2008; 한지영, 2008; 손원선, 2009; 손영준, 2012; 차형근, 2012; 이재진, 2013a; 심석태, 2014 등).

예를 들어 함석천(2006)은 공공장소에서 촬영한 사진이나 영상을 동의 없이 일상의 시사보도에 사용하는 경우에 있어서까지 일률적으로 초상권 침해로 다루는 것은 인격권을 지나치게 보호하는 것이라고 본다. 그는 사진이나 영상이 촬영되고 공표되는 것 자체를 고통스러워한다고 전제하는 것을 절대화해서는 안 될 것이라고 경계한다.

그런데 언론중재법이 제정되었으나 법 규정이 명확하지 않기 때문에 초상권 침해의 유형과 동의의 적용 범위 등에 대해 논의는 이루어졌음에도 불구하고 아직까지 사생활권과 초상권의 관계를 명확하게 정립하지는 못한 것으로 보인다. 이러한 경향은 2010년대에 들어서도 계속되는데 이는 논의가 정밀하게 이루어지지 못한 이유에 기인한 것으로 보인다. 최근의 논의는 초상의 인격적 권리로서의 측면이나 언론법적 측면보다 초상의 상업적 사용에 따른 경제적 분쟁 가능성, 그리고 재산권적 측면에 대한 논의가 활발하고 전개되고 있다. 그중에서도 지적재산권적 측면에서의 초상권 또는 퍼블리시티권에 대한 논의가 초상권을 사생활권으로부터 독립된 권리로서 인식하게 만드는 데 기여하고 있는 것으로 파악할 수 있다(심석태, 2014).

## 초상권의 법리적 특성과 발전

초상권은 사람의 얼굴 기타 사회통념상 특정인임을 식별할 수 있는 신체적 특징에 관하여 함부로 촬영 또는 공표되지 아니하며 영리적으로 이용되지 않을 권리를 말한다(대법원 2006. 10. 13. 선고 2004다16280 판결). 즉 초상권은 사람이 자신의 초상에 대해 가지는 일체의 인격적 및 재산적 이익을 내용으로 하는 권리(이승선·김연식, 2008)로 특정인임을 식별할 수 있는 신체적 특징으로 얼굴과 목소리, 성명, 필체 등을 포함한다는 것이라고 할 수 있다(유의선, 2008).

법원은 "초상권이라 함은 사람이 자신의 초상에 대하여 갖는 인격적, 재산적 이익을 의미하는 것으로서, 헌법 제10조(행복추구권), 민법 제751조 제1항(재산 이외의 손해의 배상) 등의 규정에 의할 때 모든 국민은 인격권의 일종으로서 초상권을 침해받지 아니할 권리가 있다. 이러한 초상권은 사람이 자기의 얼굴 기타 사회 통념상 특정인임을 식별할 수 있는 신체적 특징에 관하여 함부로 촬영 또는 작성되지 아니하고, 촬영된 사진 또는 작성된 초상이 함부로 공표, 복제되지 아니하며, 초상이 함부로 영리목적에 이용되지 아니할 권리를 포함하는 것"이라고 밝히고 있다(서울지방법원 2000. 7. 4. 선고 99나83698 판결).

초상권 침해는 그림이나 광고 서적 등 다양한 형태로 이루어지지만 신문과 방송 등 대중매체의 취재 보도로 인한 초상권 침해가 자주 문제가 된다(손원선, 2009; 유의선, 2008).[45] 특히 미디어와 통신기술의 발달로 사진이나 영상의 비중이 커지면서 초상의 사용 빈도가 높아지고 언론 보도와 관련해 초상권 침해가 독립된 청구 원인이 되는 사례가 늘어났다(함석천, 2006). 언론은 특히 공익성이 크고 뉴스 가치가 있다고 판단할 경우 상대방의 동의 없이 촬영 취재에 임하는 취재 관행이 아직도 남아 있는데다

---

45 언론에 의한 초상권 침해가 문제되는 것은 인격권 침해로 인한 피해가 광범위하고 심대할뿐더러 한 번 침해되면 원상회복이 쉽지 않기 때문이다.

한시라도 빨리 경쟁사에 앞서 뉴스나 프로그램을 내보려는 속보 경쟁도 초상권 침해요인으로 작용하고 있다(심석태, 2014). 초상권은 독일에서 형성된 인격권 이론과 미국에서 발전한 프라이버시에 관한 논의가 발전되어 오면서 법리적 기반이 마련되었다. 초상권의 성격에 관련 미국의 경우 초상권 침해를 프라이버시 침해의 일환으로 보고 있는데(박경신, 2003), 프라이버시 침해를 성명과 초상 침해를 비롯한 사생활의 비밀을 침해하는 넓은 의미로 해석하고 있다(함석천, 2006).

구체적으로 살펴보면 미국의 경우 공인과 관련하여서는, 비록 개인적으로는 사생활 침해에 해당할 수 있는 사안도 그 내용이 해당 지역사회에서 중요한 공적 관심사가 되는 경우 초상권 침해를 포함한 사생활 침해에서 대개 면책되는 경향이 있다. 예를 들어 공적 이익의 대상이 되는 공직자나 공적 인물들의 초상권은 대개 인정되지 않으며(Page v. Something Weird Video, 24 Media L. Rep.(BNA) 1489), 사인의 경우에도 상업적인 도용이 아닌 공익적인 순수한 뉴스 기사의 경우 초상권이 인정되지 않는다(Baugh v. CBS, Inc., 828 F.Supp. 745 (N.D.Cal. 1993)).

정리하면 우리 법원은 초상권을 ① 얼굴 기타 사회통념상 특정인임을 식별할 수 있는 신체적 특징을 함부로 촬영 또는 작성하지 않을 권리, 즉 촬영 작성 거절권, ② 촬영된 사진 또는 작성된 초상이 함부로 공표 또는 복제되지 않을 권리, 즉 공표 거절권, 그리고 ③ 초상이 함부로 영리 목적에 이용되지 않을 권리, 즉 초상 영리권을 포함하는 것으로 판단하고 있다(서울고등법원 1996. 6. 18. 선고 96나282 판결).

이 중 촬영·작성 거절권은 얼굴 기타 사회통념상 특정인임을 식별할 수 있는 신체적 특징을 함부로 촬영 또는 작성하지 않을 권리로서 특정인임을 식별할 수 있는 신체적 특징의 판단은 초상권이 침해된 당사자를 아는 사람이 알아볼 수 있으면 족한 것으로 해석하고 있다. 이러한 촬영·작성거절권과 관련된 핵심적 쟁점중의 하나가 공공장소에서의 촬영이다. 전술한 바와 같이 침해 당사자의 주관적 감정만을 기준으로 초상권 침해 여부를 판단하게 되면 예측이 어렵게 되고 당사자의 주관적 감정에 따라 촬영 여부가 결정된다면 언론의 자유가 지나치게 위축되는 문제가 생기게 된다는 것이다.

이에 대해 공공장소에서 일일이 동의를 받지 않고 촬영하는 것만으로 당사자가 느끼는 감정에 따라 초상권 침해가 된다는 주장(장현우, 2013)과 초상권 침해 판단이 지나치게 주관적이어서 언론의 자유를 제약할 수 있다는 주장이 엇갈리고 있다(함석천, 2006). 또한 비록 공개된 장소라고 해도 초상권자가 뉴스 가치가 있는 공인이 아닌 한 특정 개인이 부각되게 촬영·공포하는 것도 특정 개인에 대한 초상권을 침해하는 것이 된다는 지적도 있다(유의선, 2008, 393쪽).

공표거절권은 부정적인 보도와 관련하여 초상의 사용을 금지하는 권리를 의미한다. 사진을 게재하면서 "이 사진은 기사와는 관계 없습니다"라는 문구를 붙이는 경우라도 부정적인 기사와 함께 사진을 게재한 이상 독자나 시청자들에게 보도와 사진이 관련이 있다는 인상을 심어준 것으로 초상권 침해가 된다. 초상권자와 직접적인 관련이 없는 보도에 초상을 사용하는 경우에도 공표 거절권으로서의 초상권 침해가 된다. 아울러 명백하게 공표 목적과 어긋나게 초상을 사용한 경우에도 초상권 침해에 해당한다(서울고등법원 1996. 6. 18. 선고 96나282 판결).

초상 영리권은 초상이 영리적으로 이용되지 아니하고, 영리적으로 사용되는 경우 그 대가를 구할 수 있는 권리를 말한다. 유명인의 초상 영리권이 주로 문제가 되는데 광고 등 상업적 목적으로 동의 없이 유명인의 초상을 사용하는 경우 초상권 침해를 이유로 손해배상이나 이익반환을 청구할 수 있다.

이러한 세 가지 기준으로 볼 때 초상권의 침해는 ① 초상 본인 동의 없이 사용한 경우, ② 타인의 주거를 무단 침입하여 초상 본인 몰래 촬영한 경우, ③ 자료 사진이나 초상을 본인의 동의 없이 사용한 경우, ④ 다른 매체에 실린 사진을 복제하여 무단 전재한 경우, ⑤ 정보원으로부터 사건과 관련 없는 사진을 제공받아 게재한 경우, ⑥ 촬영 조건과 다르게 게재된 경우, ⑦ 사실과 다르게 왜곡하여 사진을 사용한 경우, ⑧ 독자의 흥미를 끌기 위해 기사와 관계없는 사진을 삽입한 경우 등에서 발생한다고 할 수 있다(안상운, 1995).

아울러 면책 사유로 동의가 적용될 수 있는지를 판단할 때 ① 초상 본인의 동의 받지 않고 촬영·게재·방영하는 경우, ② 입수한 사진(영상)을 본인 동의 없이 사용한 경우, ③ 다른 매체에 게재된 초상 사진을 무단 전재한 경우, ④ 자료 사진이나 화면을 이용할 때 초상이 실린 매체의 동의는 받았으나 초상 본인의 승낙 없이 사용한 경우, ⑤ 초상 본인의 동의는 받았으나 그 동의의 범위를 넘어선 경우 등에서는 면책될 수 없는 것이라고 볼 수 있다(김옥조, 2006 등).

아울러 소송을 제기한 사람이 공인인지 사인인지의 구분과 일반인인지 유명인지의 구분 또한 요구된다. 초상권 관련 판결에 있어서 '공인이론'을 최초로 적용한 판례가 1996년의 소위 이휘소 사건이다. 서울중앙지방법원은 이 사건에서 창작적 문학작품인 소설에서 이휘소의 성명 사진 등을 이용하였다 할지라도 그러한 행위 자체는 초상의 상업적 활용이라고 단정하기 어렵고 이휘소는 이미 많은 사람들이 알고 있는 공인이라면서 단지 이휘소의 대형 사진이 별도로 제작되어 별책 부록으로 제작된 것만 초상권 침해로 인정하고 있다(서울중앙지법 1996. 9. 6. 선고 95가합72771 판결).

유명인의 초상이 가지는 재산권적 측면을 따로 인정해 퍼블리시티권(Right of Publicity)을 인정할 것인가에 대해서는 논란이 되고 있다. 초상의 잘못된 이용으로 인한 재산적 손실을 보상할 수 있게 퍼블리시티권의 도입이 필요하다는 주장(이승선, 2006; 함석천, 2006)과 성문법 체계인 우리 법 체계에서 요건과 보호 대상, 구제 수단 등을 구체적으로 명시하는 법률 없이 퍼블리시티권을 인정할 수 없다는 주장(정경석, 2007; 윤재윤, 2006)이 맞서고 있다.

재산권적 측면에서의 퍼블리시티권이 아직까지는 명시적으로 받아들여지고 있지는 않지만 퍼블리시티권의 도입 필요성에 대한 주장이 점차 힘을 얻고 있다. 퍼블리시티권의 보호 대상은 초상권과 유사하지만 보호 대상을 재산권의 측면에서 바라보는 지적재산권의 한 분야로 보아 초상권은 인격권이지만 퍼블리시티권은 지적재산권이라는 점에서 근본적 차이가 있다고 보기 때문이다(함석천, 2006, 213쪽). 시사보도 프로그램에서 초상권을 영리적으로 사용하는 경우는 드물지만 기획보도나 특집보도의 경우 다양한 화보나 자료화면을 사용하는 경우가 많은데 경우에 따라 초상에 대한 손해배상의 문제가 생길 수도 있다. 정경석(2007)은 초상을 상업적으로 이용한다는 것은 상품 또는 서비스를 광고와 연계시켜 이용하는 것을 의미하고 뉴스 보도나 비평, 소설과 같은 창작적 작품과 관련하여 활용하는 것은 상업적 이용이 아니라고 본다.

## 초상권 침해의 면책 사유를 둘러싼 쟁점들

언론에 의해 개인의 인격권이 침해되었다면 인격권을 우선해 법적 제재를 가할 것인지 아니면 언론의 면책을 허용해 알 권리 또는 언론의 자유에 우선을 둘 것인지 두 기본권의 충돌을 어떻게 해결할지는 복잡한 문제이다. 여기서 언론의 자유는 언론의 취재, 보도의 자유만을 의미하는 것이 아니라 어떠한 사항에 대해서 생각하는 바를 외부에 표현할 수 있는 표현의 자유를 포함한다(이재진, 2006, 11쪽).

인격권이란 인격적인 이익을 기본 내용으로 하는 사적 권리로 구체적으로는 생명, 신체, 사생활의 비밀, 초상권 등을 포함한다(언론중재법 제5조 1항). 우리나라는 미국처럼 언론의 자유를 다른 인격권에 비해 우월적 권리로 인정하고 있지 않다(성낙인, 2014; 이재진, 2006; 한위수, 1996).[46] 우리나라의 경우 초상권을 포함한 인격권은 헌법에 의해 보장이 명문화되고 언론중재법으로 명시되고 그 침해에 대한 구제가 민법으로 규정되어 판례 및 개별 사건에 의해 그 내용이 점차 구체화되어 왔다(정혜전, 2009).

기존의 연구들은 자유 민주주의의 가장 핵심적 권리인 언론의 자유에 의해 초상권 침해가 초래될 경우 침해 여부만으로 위법성을 판단할 수 없고 개별 초상권 특성과 양태에 따라 이익형량을 통해 언론의 면책 여부를 판단해야 한다고 지적한다. 이를 위해서는 인격권으로서의 초상권에

---

46 우리나라는 헌법 제21조 1항에서 "모든 국민은 언론·출판의 자유와 집회, 결사의 자유를 가진다"고 규정하면서도 제21조 4항에서는 "언론·출판은 타인의 명예 또는 공중도덕이나 윤리를 침해해서는 안 된다"고 규정해 언론의 자유가 무제한 보장되는 절대적 권리가 아님을 명확히 하고 있다.

대한 언론의 침해가 어느 선에서 면책되는지에 관한 논의는 두 권리의 접점을 찾아 개별 사건과 판례를 통해 구체화하는 과정이 선행되어야 할 것이다.

실제로 인격권을 둘러싼 가장 핵심적인 쟁점은 언론 보도로 인한 인격권 침해를 어떻게 해결하는가이다. 언론의 보도에 있어서 개인의 초상권 침해가 발생했을 때 언론의 자유라는 법익과 어떻게 이익형량을 할 것인가의 문제가 발생한다. 이에 대해 우리 대법원은 "두 법익이 충돌하였을 때 그 조정을 어떻게 할 것인지는 구체적인 경우에 사회적인 여러 가지 이익을 비교하여 표현의 자유로 얻어지는 이익, 가치와 인격권의 보호에 의해 달성되는 가치를 비교형량 하여 그 규제의 폭과 방법을 정해야 할 것이다"라고 판시한 바 있다(대법원 1998. 10. 11. 선고 85다카29 판결).

이러한 대법원의 판시에 따르면 우리 법원은 초상권이 침해됐을 경우 피해자의 동의가 없는 한 위법성 판단을 구체적 사안에서 모든 상황을 종합적으로 고려하여 침해법익과 피해법익의 이익형량을 통하여 내려야 한다. 그러나 기존의 관련판례를 분석한 한 연구에 따르면 우리 법원은 두 법익의 이익형량에 있어 언론에 의해 초상권이 침해됐을 때 침해가 위법하지 않다는 것은, 그것을 주장하는 언론사가 입증하게 함으로써, 언론의 자유보다는 개인의 초상권 보호에 중점을 두는 경향이 있는 것으로 나타났다(손원선, 2009, 217쪽; 이재진, 2013b).

이러한 딜레마는 사회 비리와 관련된 공인의 초상을 공개하거나 연쇄살인범 같은 흉악범의 초상을 공개하는 경우에 더욱 심각해진다. 즉 당사자의 동의를 얻기가 불가능한 범죄현장 등에서 불가피하게 몰래카메라 등으로 촬영하고 이를 공표하는 경우 '중대한 공익상 필요'라는 언론의 판단이 초상권 침해의 면책 사유로 인정될 수 있는가의 문제가 남는다. 만일 구조적인 비리 고발이나 사회비판적 내용의 보도에서 초상 사용에 당사자의 동의를 얻는 것이 애초부터 불가능한 경우까지 동의를 구하지 못했다고 해서 취재와 보도를 할 수 없다면 언론의 자유가 위축될 가능성이 있다.

따라서 언론의 자유와 개인의 초상권 사이의 비교형량이 적절히 이루어져야 하는데 이는 언론이 개인의 초상을 보도하기 위해 원칙적으로 동의가 필요하다면 어떤 경우에 동의가 필요하고, 필요한 동의의 범위는 어디까지인가에 대한 기준이 마련되어야 한다. 실제로 이에 대한 명료하고 명확한 기준 설정이 없어 이해 당사자들의 예측 가능성과 법적 안정성을 해칠 우려가 있다는 지적들이 있다. 따라서 언론에 의한 초상권 침해 시 언론이 면책을 주장할 수 있는 기준 설정이 필요하다.

더욱 쟁점이 되는 것은 「언론중재법」 제5조에서는 사회상규에 어긋나지 않는 범위 내에서의 동의를 초상권 침해의 면책 사유로 들고 있다는 점이다. 다시 말하자면 사회상규에 어긋나는 범위의 보도는 동의가 있더라도 초상권 침해가 될 수 있다는 것이다. 그런데 우리 법에는 사회상규를 정의하는 규정이 없다. 사전적 의미로 본다면 사회상규란 국가질서의 존엄성을 기초로 한 국민 일반의 건전한 도의감 또는 공정하게 사유하는 일반인의 건전한 윤리감정을 말한다(위키백과). 이에 따르면 인간의 존엄성에 관련된 정보, 사진 또는 동영상을 공개하여 사생활의 비밀과 자유를 침해한 경우에는 이익형량을 할 필요 없이 항상 위법하다고 할 수 있다. 예를 들어 당사자의 동의가 있다고 하더라도 성행위를 촬영하는 행위나 또는 사진이나 동영상을 공표하는 것 등은 사회상규에 어긋난 것이므로 초상권 침해에 해당한다(손원선, 2009, 214쪽).

또한 민법상 하자 있는 의사표시도 사회상규를 벗어난 동의에 해당한다. 여기에는 ① 의사무능력자의 동의, ② 선량한 풍속 기타 사회질서에 위반한 사항을 조건으로 하는 동의, ③ 피해자의 궁박, 경솔, 무경험으로 인하여 현저히 공정을 잃은 내용을 조건으로 하는 동의, ④ 피해자의 동의가 선의가 아니라는 것을 가해자가 인식하거나 중대한 과실로 인식하지 못한 동의, ⑤ 동의 조건의 중요부분에 악의나 착오가 있는 경우, ⑥ 사기나 강박에 의한 동의 등을 들 수 있다(차형근, 2012, 69쪽).

아울러 초상권이 침해되었더라도 동의를 받으면 원칙적으로 위법성이 없지만 동의를 받았다고 하더라도 동의 범위를 넘어 초상을 사용한 경우는 역시 초상권 침해가 된다(김경호, 2004; 차형근, 2012; 한위수, 1999). 즉 피해자의 동의를 받았다고 하더라도 언론중재법상 초상권 침해의 위법성이 조각되기 위해서는 승낙은 당연히 사회상규에 반하지 않아야 한다. 구성 요건을 조각시키는 경우는 사회상규에 반하지 않을 것임을 요하지 않는다(차형근, 2012). 동의를 받았다고 하더라도 면책이 되려면 동의는 사적 공간이나 사적 사항을 통제할 권리가 있는 당사자의 승낙이 있어야 한다(서울고등법원 2001. 10. 11. 선고 99나66474 판결). 그러나 언론의 취재 관행으로 정당화될 수 있는 경우에는 면책이 인정된다(김경환, 2006).

동의는 명시적 동의뿐 아니라 묵시적 동의도 포함된다. 즉 초상의 작성과 공표에는 원칙적으로 동의 또는 승낙이 있어야 하는데 그 범위에 대하여는 대체적으로 촬영의 작성이나 공표를 알고 있거나 예상하면서도 적극적으로 이의를 제기하지 않거나 제지하지 않으면 묵시적 동의가 있는 것으로 인정하는 것이 대체적인 학설의 입장이다. 다만 묵시적 동의가 인정되기 위해서는 촬영과 공표의 범위, 그리고 사용목적을 객관적으로 추정할 수 있는 상황일 것을 요한다. 예를 들어 언론 보도 가능성이 높은 운동경기나 콘서트장에 있거나 길거리 응원에 나섰다가 방송이나 신문 등의 촬영 대상이 되어 초상이 공표된 경우 묵시적 동의가 있는 것으로 보아야 한다(함석천, 2006). 또한 카메라 앞에서 스스로 촬영에 응해 포즈를 취하거나 카메라를 피하지 않고 웃으면서 촬영에 응한 경우도 초상 촬영과 공표에 관해 묵시적 동의가 있는 것으로 보아야 한다. 그러나 비록 공개된 장소라고 하더라도 초상권자가 뉴스 가치가 있는 공적 인물이 아닌 한 동의 없이 특정 개인이 부각되게 촬영 공포하는 것도 특정 개인에 대한 초상권을 침해하는 행위로 위법성이 인정된다(유의선, 2008; 2015).[47]

동의를 받지 않고 언론취재와 보도에서 촬영과 공표가 가능하려면 어떤 요건을 갖춰야 하는가. 언론중재법에는 초상권 침해 면책 사유로 동의와 함께 "공적 관심사에 대하여 중대한 공익상 필요에 의해 부득이하게 이루어진 때에는 위법성이 조각된다"라고 규정하고 있다. 그런데 여기서도 무엇이 '공적 관심사'이고 어떠한 경우에 '중대한 공익상 필요'가 있다고 볼 것인지에 대해서는 논란이 있어 왔다.

우리 법원은 초상권이 침해될 경우 피해자의 동의가 없는 한 위법성이 있는지 여부에 대한 판단은 구체적 사안에서 모든 상황을 종합적으로 고려하여 내리고 있다. 대법원은 2016년 선고한 판결에서 "초상권 침해가

---

47 미국 법원은 공개된 장소에서 언론에 의해 촬영된 사진이나 영상은 뉴스 가치성의 인정 여부에 따라 공개를 허용할 것인지를 결정하고 있다(손원선, 2009, 194쪽). 여기서 말하는 뉴스 가치성은 「언론중재법」상의 '공익성'이나 '중대한 공익상 필요'와 유사한 개념으로 볼 수 있다. 뉴스 가치성의 판단에 대해 미국 캘리포니아 법원은 ① 기사의 사회적 가치, ② 기사가 사적 영역을 침해한 정도, ③ 원고가 공적 관심사에 참여한 정도 등을 고려해야 된다며 세 가지 기준을 제시하고 있다. 미국 연방순회법원은 여기에 '논리적 관련성'을 추가해 원고가 참여하는 공적인 일과 공개된 사실 간에 실질적으로 관련성이 있는지를 고려해야 한다는 것이다. 이로써 원고가 공인 또는 사인으로 구분할 수 없는 경우에 불가피하게 발생할 수 있는 어려움을 피해 갈 수 있게 되었다(동세호, 2016 재인용).

공공의 이해에 관한 것으로서 공중의 정당한 관심사의 범위 내의 것이라면 침해자의 이익이 우선시되어 위법성이 조각된다"라며 언론의 손을 들어주면서 '공중의 정당한 관심사'인지를 결정할 때 피해자가 공인인지 사인인지를 구분할 필요 없이 피해자의 활동이 '공중의 정당한 관심사'인지를 가려 판단해야 한다고 판시해 초상권 침해의 위법성 여부에 대한 기준을 제시한 바 있다(대법원 2006. 10. 13. 선고 2004다16280 판결).

그러나 위법성 조각사유인 '공중의 정당한 관심사'가 과연 무엇인지 판단이 여전히 쉽지 않고, 언론의 자유와 초상권이 충돌할 때 이익형량에 의한 판단을 하려면 매번 법원의 판단에 의존해야 하므로 법적 안정성을 해치고 언론 자유 위축 효과를 초래할 우려가 있다는 비판을 받고 있다(박용상, 1997). 따라서 이익형량의 결과를 미리 예측할 수 있도록 그 기준을 체계화 · 구체화하는 것이 필요하다는 요청이 계속되어 왔다(김경환, 2006).

한편, 2014년 내려진 헌법재판소의 결정은 비록 범죄 혐의자의 초상권보호와 직접 관련된 것은 아니나 공중의 정당한 관심사 또는 묵시적 동의와 관련하여 암시하는 바가 크다(헌법재판소 2014. 3. 27. 선고 2012헌마652 결정). 이 사건은 원래 보험사기범으로 체포되어 경찰 조사를 받던 혐의자가 자신의 수사관서에서 수사받는 장면을 언론이 보도할 수 있도록 한 경찰의 행위가 위헌이라고 심사를 청구한 것이다. 신문과 방송은 수갑이 채워진 채 수사를 받는 모습을 보도에 내보냈고, 일부 언론은 혐의자의 성씨와 나이를 적시하기도 하였다. 이에 대해 헌법재판소는 수사받는 장면을 언론에게 보도하도록 한 경찰의 조치는 위헌이라고 판단하면서 언론도 기본적으로 범죄 혐의자의 초상이 공개되도록 취재보도할 공익적 목적이 인정되지 않는다고 판시하였다. 혐의자가 수사받는 장면을 보도한 것은 실제로 사건의 사실감과 구체성을 추구하고 범죄 정보를 좀 더 실감나게 제공하려는 목적 외에는 어떠한 공익도 없다고 보면서 보도 허용의 정당성을 인정하지 않았다.

헌법재판소는 "피의자의 얼굴은 개인의 인격주체성을 결정짓는 가장 기본적인 정보로서 공개 시 어떠한 개인정보보다 각인 효과가 크고, 현대 정보화 사회에서 신문이나 방송에 한 번 공개된 정보는 즉각 언제나 인터넷을 통해 다시 볼 수 있다는 점에서 그 파급효과가 예전보다 훨씬 강력하다"라고 판시하면서 범죄 혐의자의 초상권을 다루는 태도가 더욱 신중해졌음을 보여주고 있다(박아란 · 김민정 · 최지선, 2017). 다만, 범죄 혐의자가 공인이거나 특정강력범(흉악범) 또는 성폭력범인 경우 예외적으로 인정됨을 암시하고 있다.

이러한 헌법재판소의 결정에 따르면 예외성이 인정되는 범죄 혐의자들에 대한 초상권 침해는 비록 이들의 동의를 받지 않더라도 면책될 수 있다고 해석될 수 있다. 그러나 이 외의 경우에는 어떠한 상황에서도 범죄 혐의자들에 대한 초상 공개를 할 수 없다는 해석도 가능하다. 다시 말하자면 현실적으로는 언론 보도의 공익성에 대한 고려에 근거한 '묵시적 동의'는 범죄 혐의자 보도에 있어 허용되지 않는다는 것이다. 이는 결국 국민의 알 권리를 충족시켜야 하는 언론 보도의 공익성에 대한 고려를 하지 않는다는 것을 의미한다. 이러한 점에서 헌법재판소의 결정은 범죄 혐의자의 인격권의 보호와 국민의 알 권리 보장이라는 두 법익의 충돌을 어떻게 해결할 것인가에 대한 논란을 잠재우기보다는 더욱 가중시킬 것으로 예상된다(양재규, 2014).

## 3 판례 분석

### 판례의 경향 및 특징

관련 판례집과 판례 검색을 통하여 언론 보도로 인하여 발생한 초상권 침해 관련 총 84건의 판례를 수집하였다. 이는 초상권을 단독으로 청구한 사건뿐 아니라 명예훼손이나 사생활 침해 등과 함께 청구된 판례를 모두 포함한 것이다. 이를 간단히 살펴보면 〈표 4-1〉과 같다.

언론매체별로 살펴보면 본 연구의 분석 대상인 방송 관련 판례가 48건(62%)으로 가장 많았고 잡지와 서적이 16건(21%), 신문이 7건(9%), 인터넷 언론 6건(5%), 방송과 신문이 2건(3%)순으로 나타났다. 특징적인 것은 2006년 이후부터는 인터넷에 의한 초상권 침해 소송 건수가 증가 추세에 있다는 점이다. 아울러 1990년대까지만 해도 선정적 보도가 많았던 잡지를 상대로 하는 초상권 소송이 전체의 절반 이상을 차지했으나 2000년대 들어 잡지를 대상으로 한 소송이 급격히 감소한 반면 방송을 대상으로 하는 소송이 눈에 띄게 증가해 전체의 약 70% 가량을 차지하고 있다.

표 4-1 **언론매체별 초상권 소송**

| 언론매체 | 소송 건수(%) | 2000년 이전 | 2000년 이후 |
|---|---|---|---|
| 방송 | 48 (62%) | 9 | 39 |
| 신문 | 7 (9%) | 0 | 7 |
| 잡지, 서적 | 16 (21%) | 13 | 4 |
| 방송, 신문 | 2 (3%) | 0 | 2 |
| 인터넷 언론 | 6 (5%) | 0 | 6 |
| 계 | 84 (100%) | 22 | 62 |

이처럼 방송을 대상으로 하는 초상권 침해소송이 크게 증가한 것은 방송 매체의 특성상 영상 활용을 기본으로 하기 때문에 그만큼 초상권을 침해할 가능성이 클 뿐만 아니라 방송의 영향력이 인쇄매체에 비해 압도적으로 커지면서 초상권 침해로 인한 피해가 크고 이를 둘러싼 분쟁도 함께 증가하고 있음을 알 수 있다(이재진, 2013b).[48] 본 연구의 주요 분석 대상인 방송 관련 판례의 현황은 다음의 〈표 4-2〉와 같다.

〈표 4-2〉에서 보는 바와 같이 방송 관련 초상권 판결 전체 54건 중 피고, 즉 방송이 승소한 경우(기각 결정)가 15건 27.8%로 나타났다. 반대로

48 전체 판례 중 언론사가 승소한 사건은 22건, 패소한 사건은 55건으로 언론사 승소 비율은 28.6%에 그쳤다. 언론사가 승소한 사건을 유형별로 보면 공인 또는 공적 인물을 인정해 면책을 인정한 것이 8건(36.4%)으로 제일 많았고 이미 공개된 초상 5건, 집회·시위 관련 3건, 피해자 특정 어려워 기각된 것이 3건, 기타 3건으로 나타났다. 대상으로 분석한 결과 초기 명예권 소송의 한 부분으로 다루어지던 초상권 침해 주장이 차츰 명예훼손과 별개의 소송으로 다루어지기 시작하면서 초상권을 명예권과 독립적인 인격권으로 다루는 경향이 있는 것으로 드러났다.

방송이 패소한 경우는 39건 72.2%로 나타나 피고인 방송이 패소한 경우가 압도적인 것으로 드러났다. 이는 개인이 방송을 상대로 초상권의 침해를 주장하면서 소송을 제기하는 경우 특정한 요건이 아닌 한 승소할 가능성이 대단히 크다는 점을 암시한다. 이 경우 특정한 요건이 무엇인가가 중요하다.

이를 판단하기 위해 원고를 공인과 사인으로 구분하여 살펴보았다. 원고를 공인/사인으로 구분하여 살펴보았더니 전체적인 승패 결과와 약간 다른 결과를 보였다. 원고가 공인인 판결은 9건으로 전체 54건에서 약 16.7%을 차지하는 것으로 나타났다. 9건의 공인 관련 판결 중 피고인 방송이 승소한 경우는 5건(55.6%)이고 패소한 경우는 4건(44.4%)으로 나타나 전체 판례의 승·패소율(승 72.2% 패 27.8%)과는 다소간 차이를 보이고 있다.[49]

이는 1990년대 후반 이후 공인 또는 공적 인물 이론을 적용하여 언론에 의한 초상권 침해에 대한 면책이 크게 늘어났다는 연구 결과와 상치된다(이구현·이재진, 2001; 이재진, 2006). 오히려 초상권 판례를 통해 보자면 공인도 보도가 초상권을 침해했다고 주장하는 경우 소송에서 이길 수 있는 확률이 다른 기본권 침해보다 상당히 높은 것으로 나타났다. 공인이 방송에 대해 패소한 5건의 사건에 있어 그 사유는 [무동의 그러나 공인]이 4건, [예상과 달리 사용 그러나 공중의 정당한 관심사] 1건이었다. 이는 공인이라고 하더라도 초상권 관련 판결에서는 다른 기본권 침해 판결에서보다 승소할 확률이 상대적으로 높다는 것을 보여주는 것이다.

---

49 그러나 공인에 대한 보도로 인한 초상권 소송의 승패 비율은 명예훼손이나 사생활 침해 판결의 승패 비율에 큰 차이가 없다는 점을 알 수 있다(이재진, 2013b).

표 4-2 **방송보도 관련 초상권 소송**

| 번호 | 사건 번호 | 매체 | 원고 | 청구 원인 | 침해 내용 | 동의 여부 | 판결 결과 | 비고 |
|---|---|---|---|---|---|---|---|---|
| 1 | 1992. 2. 20.<br>서울지법 남부지원<br>89가합3975 | 방송 | 교사 | 명예훼손<br>사생활<br>침해 | 초등학생을 대상으로 하는 의식화 교육과 관련해 교사에 방송인터뷰에 응하고 대담에 응한 경우 | 동의 | 기각 | 초상권을 프라이버시권의 하나로 본 판결 |
| 2 | 1996. 6. 18.<br>서울고법<br>96나282 | 방송 | 임수경<br>공인 | 명예훼손<br>초상권 | 공인의 결혼식 장면을 고가의 웨딩드레스와 관련된 보도의 자료화면으로 사용한 경우 | 예상과 달리 사용 | 1000만 원<br>(1심 기각) | 1심<br>1995. 11. 24.<br>남부지원<br>94가합13495 |
| 3 | 1996. 2. 2.<br>서울고법<br>95나25819 | 방송 | 사인 | 초상권<br>사생활<br>침해 | PD 수첩에서 유방 확대 수술 부작용 피해자의 모습을 그림자 처리하였으나 원고의 눈·코·입 모양과 머리 모양이 주위 사람들이 인식 가능하고 음성을 변조하지 않고 방송한 경우 | 동의의 범위초과 | 5000만 원<br>(1심 기각) | 3심은<br>1998. 9. 4.<br>대법원96다11327<br>상고기각 |
| 4 | 1997. 9. 3.<br>서울지법<br>96가합82966 | 방송 | 앵커<br>공인 | 명예훼손<br>초상권 | 음주단속 과정에서 방송사 앵커가 기자신분임을 밝히며 음주 단속을 회피하는 듯한 장면을 몰래 촬영해 방송 모자이크도 일부 안 됨 | 무동의 | 기각<br>(2심) | 공인 |

| 번호 | 사건 번호 | 매체 | 원고 | 청구 원인 | 침해 내용 | 동의 여부 | 판결 결과 | 비고 |
|---|---|---|---|---|---|---|---|---|
| 5 | 1998. 1. 13.<br>서울고법<br>97나43156 | 방송 | 대학생 | 초상권<br>사생활<br>침해 | 발랄한 대학생 신입생 환영회 모습을 긍정적으로 방송하겠다고 촬영 동의를 얻은 후 '공포의 통과의례'라는 제목으로 유흥에 물든 부정적 신입생 환영회의 모습을 방영하고 동의 없이 화장실에서의 대화 등을 방영한 경우 | 동의범위<br>초과 | 1심<br>원고1<br>600만 원<br>원고2<br>200만 원<br>원고3, 4<br>각 400만 원<br>2심<br>항소기각 | 1심<br>1997. 8. 7.<br>남부97가합8022 |
| 6 | 1998. 7. 9.<br>서울고법<br>97나47790 | 방송 | 사인 | 명예훼손<br>초상권<br>신용평가<br>저하 | 연비 향상에 실효가 있는 제조업자를 실효가 없는 업자들과 함께 출연시키면서 연비 향상 장치가 과장광고인 것처럼 보도 | 예상과 달리<br>사용 | 2000만 원 | |
| 7 | 1999. 4. 2.<br>서울지법 남부지원<br>98가합16587 | 방송 | 일용직 | 명예훼손<br>초상권<br>사생활 | 신원을 알아보지 못하도록 하겠다는 약속을 어기고 전직 인신매매범인 것처럼 촬영 방영 | 동의<br>범위<br>초과 | 원고1<br>3000만 원<br>원고2<br>2000만 원 | |

| | | | | | | | | |
|---|---|---|---|---|---|---|---|---|
| 8 | 1999. 10. 22.<br>서울지법<br>99나49001 | 방송 | 카드회사<br>영업소장 | 초상권<br>음성권<br>사생활 | 음주운전자의 촬영 거부 의사를 무시하고 누구인지 알아볼 정도로 촬영 방영 | 무동의 | 1500만 원 | 1심 1500만 원 |
| 9 | 2000. 7. 4.<br>서울지법<br>99나83698 | 방송 | 택시기사 | 초상권<br>(단독) | 도주차량 검거에 기여한 모범운전자 인터뷰를 일요스페셜 프로그램에 방영한 후 영상사업단이 이를 비디오테이프로 판매한 경우 | 예상과 달리 사용 | 200만 원<br>(1심은 기각) | |
| 10 | 2001. 1. 11.<br>서울고법<br>99나66474 | 신문<br>방송 | 교수 | 명예훼손<br>초상권<br>사생활<br>침해 | 음대 교수가 음대지망생을 상대로 불법과외 교습하는 현장을 무단 촬영해 보도 | 무동의 | 1심<br>초상권<br>부분은<br>기각<br>사생활<br>침해만<br>2심<br>1000만 원 | |
| 11 | 2000. 12. 19.<br>서울지법<br>민사합이12부 | 방송<br>(케이블) | 가수<br>공인 | 초상권<br>저작권 | 호텔에서 열린 가수 신중현의 라이브 공연을 무단으로 녹화 방영 | 무동의 | 3000만 원 | 연합뉴스<br>2000. 12. 19. |

| 번호 | 사건 번호 | 매체 | 원고 | 청구 원인 | 침해 내용 | 동의 여부 | 판결 결과 | 비고 |
|---|---|---|---|---|---|---|---|---|
| 12 | 2000. 8. 23.<br>서울지법<br>99가합30768 | 방송<br>신문 | 육군<br>중사 | 명예훼손<br>초상권 | 판문점 공동경비구역에서 사망한 김훈 중위의 사인과 관련하여 부소대장인 원고가 자신의 알리바이를 위해 애쓴 듯한 인상을 주는 장면을 편집 방송 | 예상과 달리 사용 | 7000만 원 | |
| 13 | 2000. 10. 11.<br>서울지법<br>99가합109817 | 방송<br>신문 | 사인 | 명예훼손<br>초상권<br>사생활 침해 | 유명 연예인과 성행위 중인 원고의 등쪽 상반신이 나오는 비디오테이프 중의 한 장면을 사진으로 전환하여 게재한 경우 | 무동의 | 피고1<br>2억<br>피고2, 3<br>6000만 원<br>피고4<br>1억2천만 원 | |
| 14 | 2000. 10. 11.<br>서울지법<br>2000가합4673 | 방송 | 법원<br>사무관 | 명예훼손<br>초상권 | 지하철에서 성추행하다 적발된 공무원이 인터뷰에 응하였으나 얼굴을 그대로 내보낸 경우 | 동의범의 초과 | 피고1<br>500만 원<br>피고2<br>200만 원 | |
| 15 | 2000. 10. 25.<br>서울동부지법<br>2000가단21636 | 방송 | 식당<br>종업원 | 사생활<br>초상권 | 몰래카메라로 원고의 얼굴과 모습을 촬영 보도해 직업이 드러나게 한 경우 | 무동의 | 100만 원 | |

| | | | | | | | | |
|---|---|---|---|---|---|---|---|---|
| 16 | 2001.10. 10.<br>서울지법<br>2001가합1961 | 방송 | 사인 | 명예훼손<br>초상권 | 공개수배25시라는 프로그램에서 다른 혐의로 이미 구속 중임을 확인하지 않고 원고를 여권사기, 밀매 등의 피의자로 초상을 방영한 경우 | 무동의 | 원고1<br>1000만 원<br>원고2 (처)<br>400만 원<br>원고3, 4(자)<br>각 200만 원 | |
| 17 | 2002. 3. 28.<br>서울고법<br>2001나48486 | 방송 | 의사 | 사생활<br>초상권 | 인터뷰 당시 동의 없이 원고의 하반신만 나오는 화면 방영 | 무동의 | 기각 | 초상권 주장은<br>2심에서 추가 병합 |
| 18 | 2002. 10. 11.<br>서울남부지법<br>2001가합14741 | 방송 | 사인 | 초상권<br>사생활 | A 방송사 제작진이 짝퉁 동호회 회원들에게 동호회를 소개한다고 인터뷰하였는데 막상 방송에는 당초 취지와는 전혀 다르게 인터뷰를 편집하여 방송해 초상권이 침해당한 경우로 보아 B방송사가 문제 삼은 경우 | 동의 | 기각 | |
| 19 | 2003. 1. 11.<br>서울지법<br>2001가합38642 | 신문<br>방송 | 지휘자 | 명예훼손<br>초상권 | 얼굴이 포함된 연수회 지휘 장면을 배경으로 사기사건을 보도한 경우 연주회 장면과 얼굴 방영은 보도 내용과 밀접해 위법성이 없다 | 무동의 | 기각 | |

| 번호 | 사건 번호 | 매체 | 원고 | 청구 원인 | 침해 내용 | 동의 여부 | 판결 결과 | 비고 |
|---|---|---|---|---|---|---|---|---|
| 20 | 2003. 7. 4.<br>서울지법<br>2002가단234723<br>(2심) | 방송<br>신문<br>잡지 | 연예인<br>공인 | 명예훼손<br>초상권 | 강간치상혐의로 수사를 받고 있는<br>연예인 모습 방영 | 무동의 | 기각 | 공인 |
| 21 | 2004. 5. 20.<br>서울남부지법<br>2003가합8979 | 방송 | 사인들 | 사생활<br>초상권 | 신분노출 방지를 조건으로<br>가정폭력사례로 인터뷰에 응하였으나<br>신분노출방지가 불완전 | 동의범위<br>초과 | 원고1<br>1000만 원<br>원고2(자녀)<br>300만 원<br>원고3.4(자녀)<br>각 700만 원 | |
| 22 | 2005. 9. 7.<br>서울남부지법<br>2005가합2738 | 방송 | 사인 | 초상권 (단독) | 교통사고로 어렵게 살아온 사람의<br>베스트셀러를 다큐멘터리로<br>만들었는데 이를 짧게 편집하여<br>보험설계사 교육 등에 사용한 경우 | 예상과 달리<br>사용 | 각 500만 원 | |
| 23 | 2005. 10. 7.<br>서울지법<br>2004가합46767 | 방송 | 사업가<br>공인 | 명예훼손<br>초상권 | 소속회사와의 갈등을 제보하고 인터뷰<br>했으나 이와 달리 신세대경영인으로<br>잘못 알려지게 된 경위와 언론의<br>기여도를 중점적으로 부각한 경우 | 예상과 달리<br>사용 | 기각 | 사생활이어도 공중의<br>정당한 관심사 |

| 1 | 2 | 3 | 4 | 5 | 6 | 7 | 8 | 9 |
|---|---|---|---|---|---|---|---|---|
| 24 | 2006. 1. 20.<br>서울지법<br>2005가합26111 | 방송 | 사인 | 명예훼손<br>초상권 | 해외인턴십 프로그램의 문제점을 취재하기 위하여 알선업체에 신분을 속이고 취재하고 건물 외경 사무실 입구 등과 직원들을 모두 모자이크 처리 음성도 변조 | 무동의 | 기각 | |
| 25 | 2008. 1. 17.<br>대법원<br>2007다59912 | 방송 | 사인 | 초상권<br>(단독) | 부모들의 동의 없이 신생아를 촬영하였는데 미숙아로 오인시킬 소지가 있는 경우 | 무동의 | 400만 원<br>700만 원 | 1심<br>2006. 7. 7.<br>3000만 원 |
| 26 | 2006. 7. 20.<br>안산지법<br>2005가단16980 | 방송 | 사인 | 사생활<br>초상권 | 무면허 의료업자에 의한 파라핀 주사 후유증으로 고생하는 피해자를 촬영 보도하면서 눈을 포함한 윗부분은 모자이크 처리하였으나 코를 비롯한 아랫부분이 선명하게 드러난 경우 | 동의<br>범위<br>초과 | 700만 원 | |
| 27 | 2006. 10. 13.<br>서울지법<br>2006가합71378 | 방송 | 국회의원<br>공인 | 명예훼손<br>초상권 | 국회의원이 국회본회의장에서 동료 의원에게 상임위 배정에 불만을 표시하는 장면을 촬영 방송한 경우 | 무동의 | 기각 | 공인 |

| 번호 | 사건 번호 | 매체 | 원고 | 청구 원인 | 침해 내용 | 동의 여부 | 판결 결과 | 비고 |
|---|---|---|---|---|---|---|---|---|
| 28 | 2006. 11. 9.<br>서울남부지법<br>2005가합18444 | 방송 | 사인 | 초상권<br>(단독) | 원고가 남산 순환도로에서 차 머플러에 불꽃을 튀기며 빠른 속도로 달리는 모습을 보여주고 인터뷰하는 것에 동의했지만 어느 방송에 어떤 용도로 사용될지 모르는 경우 | 동의범위<br>초과 | 500만 원 | |
| 29 | 2006. 11. 29.<br>서울고법<br>2005가단286190 | 방송 | 의사 | 초상권<br>명예훼손 | 슈퍼박테리아 병원 감염 위험이라는 프로그램 중에 동의 없이 원고에 관한 사진과 기사가 담긴 신문을 촬영 방영 | 무동의 | 1000만 원 | |
| 30 | 2008. 5. 27.<br>서울고법<br>2007나11059 | 방송 | 사인 | 초상권<br>(단독) | 얼굴을 식별할 수 없도록 연주 장면을 촬영하여 드라마에 삽입하겠다는 약속을 어기고 연주자가 누구인지 알 수 있게 방영한 경우 | 동의범의<br>초과 | 각 200만 원<br>(2심)<br>각 1300만 원 | 1심 2006. 11. 29.<br>서울2006가합36290 |
| 31 | 2007. 1. 10.<br>서울남부지법<br>2006가단56477 | 방송 | 사인 | 초상권<br>사생활 | 국제결혼정보업체가 주선한 국제가정송년회모임에서 노래하며 춤추는 장면을 동의 없이 촬영 방영 | 무동의 | 각 100만 원 | |

| | | | | | | | | |
|---|---|---|---|---|---|---|---|---|
| 32 | 2007. 5. 4.<br>서울남부지법<br>2006가합9577 | 방송 | 사인 | 명예훼손<br>초상권<br>사생활 | 호스피스제도의 필요성에 관한 방송이라는 설명에 인터뷰에 응하였으나 소극적 안락사 문제를 주제로 인터뷰를 사용하고 초상과 목소리 노출 | 동의범위 초과 | 1000만 원 | |
| 33 | 2007. 9. 19.<br>서울고법<br>2006나10606 | 방송 | 사인 | 명예훼손<br>초상권 | 분양대행업체를 운영하는 원고가 회사 사무실에서 걸어 나오는 장면을 동의 없이 촬영해 방영 | 무동의 | 2000만 원 | 2심 |
| 34 | 2007. 11. 1.<br>서울남부지법<br>2006가합14784 | 방송 | 사업가<br>공인 | 명예훼손<br>초상권 | 바다이야기 도박게임과 관련해 원고가 억대 로비를 하였다고 보도하면서 얼굴 사진과 회사 동영상 방영 | 무동의 | 각 5000만 원 | 초상권 침해 부분은 부정 |
| 35 | 2007. 11. 6.<br>서울남부지법<br>2007가합13887 | 방송 | 노조<br>조합장 | 명예훼손<br>초상권 | 원고의 초상이 이미 공개되어 있고 기사와 직접 관련 있으며 출처가 명시돼 위법성이 없다 | 무동의 | 기각 | |
| 36 | 2007. 12. 27.<br>서울남부지법<br>2007가합9017 | 방송 | 사인 | 초상권<br>사생활 | 몰래카메라로 비만 치료와 관련된 원고의 초상을 촬영하였으나 모자이크 처리 후 방영 | 무동의 | 기각 | |

| 번호 | 사건 번호 | 매체 | 원고 | 청구 원인 | 침해 내용 | 동의 여부 | 판결 결과 | 비고 |
|---|---|---|---|---|---|---|---|---|
| 37 | 2008. 3. 26.<br>서울지법<br>2007가단40534 | 방송 | 사인 | 초상권<br>사생활 | 결혼정보업체 대표와의 교제 중 상습폭행이 동의 없이 방영되고 예상한 것과 다른 방법과 용도로 재차 방영 | 무동의 | 600만 원 | |
| 38 | 2008. 4. 3.<br>서울남부지법<br>2007가합14910 | 방송 | 사인 | 명예훼손<br>초상권 | 명의를 도용한 렌터카가 범행도구로 사용돼 명의 도용당한 사람이 뉴스에서 공개수배된 경우 | 무동의 | 원고1<br>2000만 원<br>원고2, 3, 4<br>(가족)<br>각 500만 원 | 공개수배 |
| 39 | 2008. 12. 24.<br>서울고법<br>2008나55247 | 방송 | 사인 | 명예훼손<br>초상권 | 강도 살인 혐의로 공개 수배하는 방송하였으나 무죄 판결이 확정된 경우 | 무동의 | 원고1<br>500만 원<br>(부모)<br>각 200만 원<br>원고4, 5, 6<br>(형제)<br>각 100만 원 | 2심 |
| 40 | 2008. 10. 31.<br>서울남부지법<br>2008가합2419 | 방송 | 목사 | 초상권<br>사생활 | 교회 내부 교육용 동영상을 동의 없이 방송하였으나 목사는 공적 인물이므로 초상권 공표 수인하여야 한다 | 무동의 | 기각 | 공인 |

|  |  |  |  |  |  |  |  |  |
|---|---|---|---|---|---|---|---|---|
| 41 | 2008. 8. 20.<br>대법원<br>2009다41038 | 방송 | 사인 | 초상권<br>사생활 | 전화여론조사를 하고 있는 원고의 초상을 직장 상사의 동의만 받고 촬영해 방영한 경우 | 무동의 | 기각 | 1심은<br>서울중앙지법<br>2008. 12. 3 선고<br>2008가단140565 |
| 42 | 2009. 5. 19.<br>서울남부지법<br>2009가합311 | 방송 | 사인 | 초상권<br>사생활 | 주의력 결핍 과잉행동장애 장면을 담은 피촬영자의 영상을 폐기 약속을 어기고 다른 3개 프로그램에서 다시 방송 | 예상과 달리 사용 | 원고1<br>100만 원<br>원고2, 3<br>각 200만 원 |  |
| 43 | 2010. 3. 26.<br>부산지법<br>2009나18455 | 방송 | 사인 | 초상권<br>사생활 | 설연휴 교통상황을 보도하면서 명시적 동의 없이 요금징수 장면을 촬영 보도 | 무동의 | 100만 원<br>(1심 기각) | 묵시적<br>동의 여부 |
| 44 | 2009. 11. 24.<br>서울동부지법<br>2008가단62527 | 방송 | 변호사 | 명예훼손<br>초상권 | 수임료가 과다하다는 내용의 방송을 하면서 취재나 인터뷰 거부 의사를 표시했음에도 실명과 초상을 공개 | 무동의 | 500만 원 |  |
| 45 | 2010. 7. 1.<br>서울고법<br>2009나18455 | 방송 | 사인 | 명예훼손<br>초상권 | 파마 값의 비밀이라는 제하의 방송에서 미용 가격표가 잘 보이지 않는 곳에 게시한 다음 고액의 요금을 요구한 사례로 원고의 미용실을 방영한 경우 | 무동의 | 100만 원 |  |

| 번호 | 사건 번호 | 매체 | 원고 | 청구 원인 | 침해 내용 | 동의 여부 | 판결 결과 | 비고 |
|---|---|---|---|---|---|---|---|---|
| 46 | 2010. 9. 9.<br>서울지법<br>2010나23226 | 방송 | 사인 | 사생활<br>초상권 | 의사가 방송에 출연하면서 보관하던 원고의 코 사진을 촬영하여 방영 | 무동의 | 항소<br>기각으로<br>1심<br>600만 원<br>확정 | 1심<br>서울중앙지법<br>2010. 5. 14 선고<br>2009가소322524 |
| 47 | 2010. 11. 4.<br>성남지법<br>2010가합1018 | 방송 | 어린이 | 사생활<br>초상권 | 이단교회로 지목되는 교회의 어린이 합창단원의 모습을 무단으로 촬영 방영 | 무동의 | 각 700만 원 | 2심 |
| 48 | 2011. 1. 18.<br>수원지법<br>2010나28946 | 방송 | 미성년자 | 초상권<br>(단독) | 원고가 신봉하는 종교가 이단이라는 취지의 부정적인 평가가 담긴 주장을 뒷받침하기 위하여 원고의 신체적 특징을 가리지 않은 채 원고의 교회 및 교주 찬양노래를 부르는 동영상을 방송 | 무동의 | 100만 원 | 2심<br>확정 |
| 49 | 2011.10. 20.<br>의정부지법<br>2011나15011 | 방송 | 사인 | 초상권<br>사생활 | 제보자가 실업급여를 부당하게 받게 해주는 브로커의 존재를 알렸으나 음성을 변조하지 않고 모자이크 제대로 처리하지 않고 방영 | 동의범위<br>초과 | 700만 원<br>(1심 300만 원) | 1심<br>2011. 4. 1.<br>의정부지법<br>2010가단15011 |

|  |  |  |  |  |  |  |  |  |
|---|---|---|---|---|---|---|---|---|
| 50 | 2012. 2. 7.<br>서울남부지법<br>2011가단43086 | 방송 | 사인 | 초상권<br>(단독) | 원고들의 사전 동의 없이 다큐멘터리 프로그램에 원고들이 술을 마시며 대화하는 모습을 방송하여 원고들의 초상권을 영리적 목적으로 사용하였으며 초상권을 침해함 | 무동의 | 각 300만 원 | 확정 |
| 51 | 2012. 7. 19.<br>서울서부지법<br>2011가합10952 | 방송 | 사인<br>범죄<br>혐의자 | 초상권<br>(단독) | 경찰로부터 입수된 CCTV을 방송할 때 신체의 일부만으로 피촬영자의 특정이 곤란한 경우, 단지 동의 없이 촬영이 이루어졌다는 사정만으로 초상권이 침해되었다고 볼 수 없음 | 무동의 | 기각 | 확정 |
| 52 | 2012. 9. 19.<br>남부지법<br>2011가단102015 | 방송 | 사인<br>아파트<br>경비원 | 초상권<br>(단독) | 프로그램이 공익적인 목적하에 제작·방영되었다 하더라도, 그러한 공익 달성을 위해 위 프로그램 중에 원고들의 초상을 넣지 않으면 안 되는 어떤 필요성이나 초상권 보호절차를 생략, 배제해도 용인될 만큼의 **긴급성**이 있었다고 인정할 만한 증거가 없는 점 등에 비추어 위 초상권 침해의 위법성이 조각된다고 할 수 없음 | 무동의 | 각 100만 원 | 서울고등법원<br>2013. 4. 26.<br>화해권고결정 |

| 번호 | 사건 번호 | 매체 | 원고 | 청구 원인 | 침해 내용 | 동의 여부 | 판결 결과 | 비고 |
|---|---|---|---|---|---|---|---|---|
| 53 | 2012. 11. 1.<br>서울남부지법<br>2011가합15231 | 방송 | 사인<br>범죄<br>혐의자 | 초상권<br>성명권<br>사생활 | 지명수배 중인 원고의 실명과 초상을 공개함으로써 더 이상의 피해를 예방하고 조속한 검거에 일조하도록 한다는 공익이 원고의 성명권, 초상권, 사생활의 비밀과 자유라는 사익보다 우월하다고 판단됨 | 무동의 | 기각 | 확정 |
| 54 | 2013. 5. 24.<br>수원지법<br>2011가단55579 | 방송 | 사인 | 초상권<br>사생활 | 입양한 아이들의 학대 의혹을 제시한 방송의 보도 내용을 방영하면서 원고가 운영하는 약국 건물과 약국 상호를 노출하여 원고의 초상권 및 사생활 침해 | 무동의 | 800만 원 | 확정 |

공인과 달리 사인의 경우 45건의 사건 중에서 방송을 상대로 승소율이 83.3%에 달해 사인의 초상권 침해에 대한 피해구제가 잘 이뤄지고 있는 것으로 나타났다. 사인이 피고인 방송에 패소한 경우(즉 방송 승소)는 8건 27.1%로 나타났는데, 그 사유를 살펴보면 [동의]가 2건, [무동의 그러나 강한 공익성] 1건, [무동의 그러나 모자이크 처리 및 음성변조] 2건, [무동의 그러나 하반신(신체 일부)] 1건, [무동의 그러나 기존의 초상 공개] 1건, [무동의 그러나 직장 상사의 동의] 1건으로 나타났다. 비록 건수가 많지는 않으나(5건) 사인 관련 판결에 있어 촬영 대상의 '무등의'의 경우에도 공익성 등 상황적 측면을 고려하여 면책이 일부 가능하다는 점을 보여준다.

비록 인격권의 일부이기는 하나 심석태(2014)의 연구에서 지적한 바와 같이 초상권이 독립적인 기본권 개념으로 판단되기 시작했다는 점을 발견할 수 있었다. 실제로 초상권이 단독으로 초상권만을 피해구제로 청구하여 판결한 사건은 8건으로 나타났는데 흥미롭게도 이는 모두 방송 매체와 관련된 것이다. 언론사를 상대로 초상권 침해를 단득 청구 사유로 소송을 제기해 원고가 승소한 2000년을 기점으로 청구 원인별 언론사 패소율에도 변화가 일어났다. 2000년 이후에 초상권 침해를 단독 청구 사유로 하는 소송의 경우 총 8건 중 7건에서 방송이 패하여 방송사 패소율은 87.5%인 것으로 나타났다(〈표 4-3〉).

2000년 이전만 해도 명예훼손이나 사생활 침해 등과 함께 제기된 초상권 관련 언론소송 22건 가운데 18건에서 언론사가 패소해 언론사 패소율은 82%로 집계되었다. 2000년 이후 제기된 소송 가운테 초상권 침해를 단독 청구 사유로 하는 소송에서는 언론사 패소율은 이전과 비해서 약간 높아진 것을 알 수 있다. 초상권 단독으로 소송이 나오기 시작한 것은

표 4-3 **초상권 단독 청구 소송**

| 번호 | 사건 번호 | 매체 | 원고 | 청구 원인 | 침해 내용 | 동의 여부 | 판결 결과 | 비고 |
|---|---|---|---|---|---|---|---|---|
| 1 | 2000. 7. 4.<br>서울지법<br>99나83698 | 방송 | 택시 기사 | 초상권 | 도주차량 검거에 기여한 모범운전자 인터뷰를 일요스페셜 프로그램에 방영한 후 영상사업단이 이를 비디오테이프로 판매한 경우 | 예상과 달리 사용 | 200만 원<br>(1심은 기각) | |
| 2 | 2005. 9. 7.<br>서울남부지법<br>2005가합2738 | 방송 | 일반인 | 초상권 | 교통사고로 어렵게 살아온 사람의 베스트셀러를 다큐멘터리로 만들었는데 이를 짧게 편집하여 보험설계사 교육 등에 사용한 경우 | 예상과 달리 사용 | 각 500만 원 | |
| 3 | 2008. 5. 27.<br>서울고법<br>2007나11059판결 | 방송 | 일반인 | 초상권 | 얼굴을 식별할 수 없도록 연주 장면을 촬영하여 드라마에 삽입하겠다는 약속을 어기고 연주자가 누구인지 알 수 있게 방영한 경우 | 동의범위 초과 | (2심)<br>각 1300만 원 | 1심<br>서울중앙지법 2006. 11. 29.선고2006가합36290 판결 |
| 4 | 2008. 1. 17.<br>대법원<br>2007다59912 | 방송 | 일반인 | 초상권 | 부모들의 동의 없이 신생아를 촬영하였는데 미숙아로 오인시킬 소지가 있는 경우 | 무동의 | 400만 원<br>700만 원 | |

| | | | | | | | | |
|---|---|---|---|---|---|---|---|---|
| 5 | 2011. 1. 18.<br>수원지법<br>2010나28946 | 방송 | 미성<br>년자 | 초상권 | 원고의 신체적 특징을 가리지 않은 채 원고의 교회 및 교주 찬양노래를 부르는 동영상을 방송 | 무동의 | 100만 원 | 2심<br>확정 |
| 6 | 2012. 2. 7.<br>서울남부지법<br>2011가단43086 | 방송 | 사인 | 초상권 | 원고들의 사전 동의 없이 다큐멘터리 프로그램에 원고들이 술을 마시며 대화하는 모습을 방송하여 원고들의 초상권을 영리적 목적으로 사용 | 무동의 | 각 300만 원 | 확정 |
| 7 | 2012. 7. 19.<br>서울서부지법<br>2011가합10952 | 방송 | 사인<br>범죄<br>혐의자 | 초상권 | CCTV을 방송할 때 신체의 일부만으로 피촬영자의 특정이 곤란한 경우, 동의 없이 촬영이 이루어졌다는 사정만으로 초상권이 침해되었다고 볼 수 없음 | 무동의 | 기각 | 확정 |
| 8 | 2012. 9. 19.<br>서울남부지법<br>2011가단102015 | 방송 | 사인<br>아파트<br>경비원 | 초상권 | 프로그램이 공익적인 목적하에 제작·방영되었다 하더라도, 초상권 부후 절차를 생략, 배제해도 용인될 만큼의 긴급성이 있었다고 인정할 만한 증거가 없는 점 …<br>위법성이 조각된다고 할 수 없음 | 무동의 | 각 100만 원 | 서울고법 2013. 4. 26.<br>화해권고결정 |

2000년이므로 초상권 침해만을 대상으로 소송을 제기한 것은 2000년 이후로 사료되며 이전까지는 명예나 사생활과 병행하여 소송이 제기되었음을 알 수 있다. 언론사가 승소한 사건(1건)의 경우 원고가 비록 사인(범죄 혐의자)이기는 하나 원고가 특정될 만큼 신체가 드러나지 않은 점이 면책 사유로 적용되었다. 이처럼 명예훼손 등과 함께 초상권 침해 구제를 청구한 사건보다 초상권이 단독 청구 사유로 제기된 언론소송에서 언론사 패소율이 높아진 것은 주목할 만한 현상이다.

이렇게 초상권을 단독 청구 원인으로 하는 분쟁에서 언론사 패소율이 늘어난 이유는 무엇보다 초상권에 대한 권리의식이 높아지면서 사회적 평가를 저하하는 명예훼손과 결부되지 않더라도 당사자가 원하지 않는 초상 공개 자체만으로 초상권 침해 소송을 제기하는 경우가 많아졌기 때문이라고 볼 수 있다. 특히 방송 프로그램에서의 초상권에 대한 영리적 이용을 막으려는 소송이 집중되어 언론사의 패소율이 높아졌다고 하겠다.

아울러 초상권 침해를 명예훼손 사건으로 함께 다룰 때에는 형법상 명예훼손의 면책 사유로 진실성과 상당성, 공익성과 공공성 요건으로 언론사가 면책될 가능성이 컸으나 초상권을 단독 청구 사유로 제기한 사건에서는 동의와 공익성 이외에 면책 사유가 실질적으로 적용될 가능성이 적어져 언론사 패소율이 높아진 또 다른 이유가 되었다고 할 수 있다. 결과적으로 언론중재법 제정으로 인하여 초상권을 포함한 인격권이 명문화되면서 언론에 의한 초상권 침해 사건에 있어 면책 사유가 축소되는 상황이 되었다.

## 면책 요건으로서의 '동의'의 범위에 대한 법원의 인식

명시적으로 당사자의 동의 또는 승낙을 받아 초상이 작성되는 경우, 그 초상의 사용 범위에 대하여 우리 법원은 대체로 초상 작성 당시의 통상적 이용 범위를 벗어나 평판을 저하시키거나 동의의 조건을 충실히 이행하지 않는 경우를 제외하고는 초상의 공표에 동의가 면책 사유로 적용된 것으로 본다(서울고등법원 1996. 6. 18. 선고 96나282 판결).

'동의'를 면책 사유로 적용하여 판결한 판례의 내용을 구체적으로 살펴보면 법원은 동의에 대해서 다음과 같이 판시하고 있다.

> 공표를 승낙하였다 하더라도 **동의의 본래 의미와 목적**과는 달리 당사자의 가치를 저하시키거나 그에게 불리한 방법으로 공표하거나, 또 **당사자가 동의한 때에 전혀 고려할 수 없었던 사정**하에서 공표하였다면, 그 공표는 초상권 침해가 된다(서울남부지방법원 2005. 9. 22. 선고 2005가합2739 판결).

> 방송사가 원고의 **익명성을 보장하는 조건**으로 인터뷰를 허락하였음에도 불구하고 **원고들의 얼굴과 실명을 노출하고 음성을 변조하지 않아** 원고의 명예와 초상권, 사생활의 자유를 침해하였다(서울남부지방법원 2007. 5. 4. 선고 2006가합9577 판결).

> 무면허 의료업자에게 파라핀 주사를 맞았다가 후유증으로 고생하는 피해자를 촬영 보도하면서 눈을 포함한 얼굴 윗부분은 **모자이크 처리하였으나 코를 비롯한 얼굴 아래 부분이 선명하게 드러나 주위 사람들이 알아 볼 수 있게 방영**된 경우 초상권 침해가 인정된다(안산지방법원 2006. 7. 20. 선고

2005가단16980 판결).

유방 확대 수술 부작용 피해자의 모습을 **그림자 처리**하였으나 **원고의 눈 코입 모양과 머리 모양이 주위 사람들이 인식 가능**하게 하고 **음성을 변조하지 않고** 방송해 당사자의 초상권을 침해하였다(대법원 1998. 9. 4. 선고 96다11327 판결).

방송사는 제보자가 직접 브로커를 접촉하게 하고 인터뷰를 내보내면서 **음성변조를 하지 않고 모자이크 처리를 제대로 하지 않아** 주변인에게 신원이 드러나 초상권 침해로 인한 피해를 입었다(의정부지방법원 2011. 10. 20. 선고 2011나15011 판결).

음대 교수의 불법과외 단속현장에 동행해 경찰관의 허락을 받고 방송사 기자가 불법과외 혐의를 받고 있는 음대 교수의 **사적 공간인 연습실에서 촬영**을 강행한 경우 법원은 사생활 침해와 초상권 침해에서 면책될 수 없다. 동의는 사적 공간이나 사적 사항을 통제할 권리가 있는 자에 의해 이루어진다(서울고등법원 2001. 10. 11. 선고 99나66474 판결).

대학 **병원 측의 동의**를 받았지만 당사자의 동의 없이 생후 1개월 된 신생아와 젖을 물리는 어머니의 초상을 촬영해 방영한 경우 신생아와 어머니에 대한 초상권 침해가 인정된다. 원고가 **별다른 제지를 하지 않아 묵시적으로 동의한 것이라는** 방송사 측의 주장을 인정할 만한 아무런 증거가 없어 이유 없다(서울고등법원 2007. 7. 25. 선고 2006나80294 판결).

촬영 당시 원고는 어느 방송에 **어떤 용도로 쓰이는지 알지 못했고** 원고가 **촬영 사실을 알고 인터뷰에 응했다는 것만으로는 초상의 사용을 묵시적으로 동의하였다고 추인하기 어렵고** 이를 인정할 근거가 없다(서울남부지방법원 2005. 9. 22. 선고 2005가합2739 판결).

외주제작사 프로그램에 대해 공중파 방송사는 최종적인 편집 권한이 있으므로 방송사가 **아무런 조치나 확인 없이** 폭주족으로 나온 원고의 얼굴이나 목소리를 그대로 방영한 것은 원고의 초상권을 침해한 것이다(서울남부지방법원 2006. 11. 9. 선고 2005가합18444 판결).

원고가 촬영 사실을 알고도 인터뷰에 응했다는 점만으로는 **원고가 초상의 사용 등을 묵시적으로 동의하였다고 추인하기에 부족**하다(서울남부지방법원 2008. 4. 3. 선고 2007가합14910 판결).

이와 같은 판결 내용을 토대로 '동의'에 대한 법원의 인식을 정리하면 첫째, 우리 법원은 초상 촬영과 사용에 동의했다고 하더라도, 예상과 달리 원래의 목적과 다른 형태로 공개하거나 동의했던 원래 의미의 목적과는 달리 당사자의 가치를 저하시키거나 당사자에게 불리한 방법으로 공표하였다면 초상권 침해로 본다.

둘째, 신분 노출 방지 또는 익명을 조건으로 인터뷰에 응하였으나 방송사의 화면 처리(모자이크 처리, 그림자 처리 등)나 음성변조가 미흡해 주변 사람들로부터 특정인임을 알아 볼 수 있는 경우에는 동의가 있었음에도 초상권 침해를 인정하고 있다.

셋째, 원래 동의를 했던 방송을 통하여 방영한 것은 동의 범위 내의 것으로 인정하였지만 이를 대량 복제하여 판매한 것은 '동의'로 인정되지 않는다. 즉 영리를 목적으로 대량으로 복제 판매하거나 영리 목적이 아니더라도 불특정 다수를 상대로 반복적으로 방영하도록 제공하는 것은 원 방송 프로그램의 통상적인 범위를 벗어난 것으로 보고 원고의 추가적인 동의가 있어야 한다고 보았다.

넷째, 법원은 공인이나 보도 가치가 있는 공익상 특별한 사유가 아닌 한 동의를 면책의 기본 요건으로 요구하는데, 이때 동의를 엄격하게 해석함으로써 가급적 동의의 범위를 좁게 해석하려는 경향을 보이고 있다. 이는 동의의 범위를 협소하게 만드는 것을 언론의 자유에 대한 과잉 규제로 판단하지 않는다는 것을 의미한다고 하겠다.

다섯째, 동의의 주체에 관하여는 피촬영자 당사자에 한정하고, 원칙적으로 피촬영자가 관계되는 관계 기관(예를 들어 감독 기관이나 입원 병원) 동의만으로는 당사자의 동의를 갈음할 수 없는 것으로 보고 있다. 동의는 사적으로 초상권이나 사적 공간을 통제할 수 있는 사람에게서 받아야 한다. 다만 초상권자의 동의를 얻기 힘든 상황에 공익성이 매우 강한 보도의 경우에는 감독자의 동의를 받은 경우 당사자의 동의를 얻은 것으로 예외적으로 인정하고 있다.

여섯째, '묵시적 동의'를 인정받으려면 언론이 동의를 구하기 위하여 노력했거나 묵시적 동의를 인정할 만한 명시적 증거를 필요로 하는 등 보다 엄격한 근거를 요구하는 것이 법원의 판결 경향이다. 촬영 사실을 알고 인터뷰에 응하는 것만으로는 부족하고 촬영에 묵시적으로 동의하였다고 하더라도 어느 방송 프로그램에 어떠한 용도로 쓰일지 알지 못했다면 초상 공개에 대해 동의한 것이 아니라고 보고 있다.

일곱째, 비록 법원이 명시적으로 판시한 것은 아니나 보도의 주요 대상의 근처에서 전체적인 스케치나 상황을 보여주기 위한 장면에서 부차적으로 카메라에 비친 인물들에 대해서도 최대한 초상권을 보호하고 있다고 하겠다.

## 범죄(피의)자의 초상권에 대한 법원의 인식

신속한 보도를 요하는 방송에 있어서 범죄 관련 보도는 대단히 중요한 방송의 책무이지만 이를 어떻게 해야 하는가는 매우 난해한 문제가 아닐 수 없다. 왜냐하면 범죄 혐의자의 초상이 관련되기 때문이다. 따라서 법원의 방송에서 나타난 범죄 혐의자의 초상권 보호에 대한 인식이 어떠한지를 아는 것이 필요하다. 범죄 혐의자 관련 방송으로 인한 초상권 소송은 아래 〈표 4-4〉와 같다.

무엇보다 범죄 관련 보도는 공익성이 대단히 강하다고 할 수 있다. 범죄 관련 보도로 범죄를 예방하고 시청자들에게 범죄자는 징벌을 받는다는 카타르시스를 제공하기도 한다. 전술한 바와 같이 방송은 범죄 관련 보도에 있어서 범죄 혐의자(또는 범죄자)의 초상권이 어느 정도 보호되는가 하는 문제에 봉착하게 된다. 특히 법원이 보도의 공익성을 어느 정도 고려하고 있는가에 따라서 소송에서의 승패가 좌우될 가능성이 있다. 〈표 4-4〉에서 보는 바와 같이 방송의 범죄 관련 초상권 소송은 8건으로 나타났다.

총 8건의 소송 중 방송이 패소한 경우가 6건(75%), 승소한 경우가 2건(25%)이었다. 범죄(혐의)자에 대한 초상이 침해되었다고 판단한 판결이 기각한 경우보다 훨씬 많이 나타나고 있음을 알 수 있다. 방송이 패소한 6건

중 방송 대상의 동의를 받지 않은 경우가 5건, 그리고 동의 범위를 초과한 경우가 1건으로 나타났다. 이 경우 법원은 언론(보도)의 자유나 언론의 공익성에 대한 고려를 하지 않는 것으로 나타났다. 언론의 자유를 범죄 혐의자의 초상권을 이익형량 하는데 있어 오히려 개인의 초상권을 과하게 보호하려는 경향을 보인다고 할 수 있다.

방송이 승소한 2건의 경우 법원은 1건에서 '공인' 면책을 적용하였으며, 1건에서는 '공익성' 면책을 적용하였다. 강간치상혐의로 수사를 받는 연예인의 모습을 방송한 사건에서 법원은 방송 대상이 된 연예인을 '공인'으로 판단하면서 비록 당사자의 동의는 받지 않았으나 경찰의 수사장면과 같은 공적인 절차를 방송함과 아울러 혐의자가 유명 연예인으로 공인이라는 점이 면책 사유로 고려되었다. 나머지 1건에 있어 법원은 사기혐의를 받고 구속된 오케스트라 기획자에 대한 보도에 있어 KBS, MBC, SBS 방송 3사가 검찰로부터 넘겨받은 연주회 실황공연 장면을 넣어 오케스트라 지휘자이지만 구속사건과 관련이 없는 원고의 모습이 방송된 것은 보도 목적에 비추어 필요하고 상당한 정도에 그친다고 보아 위법성이 없다고 판단하였다(서울중앙지방법원 2003. 1. 10. 선고 2001가합38642 판결). 보도상의 공익성을 인정한 것으로 판단된다.

방송이 패소한 4건에 있어 법원은 범죄보도가 비록 공공의 이익과 관련된다고는 하나 오보로 인한 언론의 책임으로부터 면책되기 위해서는 범죄 사실이 극히 중대하고 신속히 검거해야 하는 급박한 사정이 존재해야 하며, 비록 경찰 기록에 근거하였다고 하더라도 수사 기록에 나타나지 않은 범죄 수법을 가상적으로 묘사하거나 사실 확인 등의 충분한 노력을 기울이지 않으면 안 된다고 판시하였다. 이러한 점은 공개수배 프로그램도 예외가 아니라고 보았다. 그런데 이들 방송 패소 사건의 경우에는 방송의

표 4-4 **범죄 혐의자 관련 초상권 침해 소송**

| 번호 | 사건 번호 | 매체 | 원고 | 청구 원인 | 침해 내용 | 동의 여부 | 판결 결과 | 비고 |
|---|---|---|---|---|---|---|---|---|
| 1 | 2000. 10. 11.<br>서울지법<br>2000가합4673 | 방송 | 법원<br>사무관 | 명예훼손<br>초상권 | 지하철에서 성추행하다 적발된 공무원이 인터뷰에 응하였으나 얼굴을 그대로 내보낸 경우 | 동의범의<br>초과 | 피고1<br>500만 원<br>피고2<br>200만 원 | 방송 패 |
| 2 | 2001. 1. 11.<br>서울고법<br>99나66474 | 신문<br>방송 | 교수 | 명예훼손<br>초상권<br>사생활 | 음대 교수가 음대지망생을 상대로 불법과외 교습하는 현장을 무단 촬영해 보도 | 무동의 | 1심<br>초상권<br>부분은 기각<br>사생활<br>침해만<br>2심<br>1000만 원 | 방송 패 |
| 3 | 2001. 10. 10.<br>서울지법<br>2001가합1961 | 방송 | 사인 | 명예훼손<br>초상권 | 공개수배25시라는 프로그램에서 다른 혐의로 이미 구속 중임을 확인하지 않고 원고를 여권사기, 밀매 등의 피의자로 초상을 방영한 경우 | 무동의 | 원고1<br>1000만 원<br>원고2 (처)<br>400만 원<br>원고3.4(자)<br>각 200만 원 | 방송 패 |

| 번호 | 사건 번호 | 매체 | 원고 | 청구 원인 | 침해 내용 | 동의 여부 | 판결 결과 | 비고 |
|---|---|---|---|---|---|---|---|---|
| 4 | 2003. 1. 11.<br>서울지법<br>2001가합38642 | 신문<br>방송 | 지휘자 | 명예훼손<br>초상권 | 얼굴이 포함된 연주회 지휘 장면을 배경으로 사기사건을 보도한 경우 연주회 장면과 얼굴 방영은 보도 내용과 밀접해 위법성이 없다 | 무동의 | 기각 | 방송 승 |
| 5 | 2003. 7. 4.<br>서울<br>2002가단234723<br>판결(2심) | 방송<br>신문<br>잡지 | 연예인 | 명예훼손<br>초상권 | 강간치상혐의로 수사를 받고 있는 연예인 모습 방영 | 무동의 | 기각 | 방송 승<br>공인 |
| 6 | 2008. 12. 24.<br>선고<br>서울고등<br>2008나55247<br>판결 | 방송 | 사인 | 명예훼손<br>초상권 | 강도 살인 혐의로 공개 수배하는 방송하였으나 무죄 판결이 확정된 경우 | 무동의 | 원고1<br>500만 원<br>(부모)<br>각 200만 원<br>원고4,5,6<br>(형제)<br>각 100만 원 | 방송 패<br>2심 |

| | | | | | | | | |
|---|---|---|---|---|---|---|---|---|
| 7 | 2012. 7. 19.<br>서부지법<br>2011가합10952 | 방송 | 사인<br>범죄<br>혐의자 | 초상권 | 경찰로부터 입수된 CCTV을 방송할 때 신체의 일부만으로 피촬영자의 특정이 곤란한 경우, 단지 동의 없이 촬영이 이루어 졌다는 사정만으로 초상권이 침해되었다고 볼 수 없음 | 무동의 | 기각 | 방송 패 |
| 8 | 2012. 2. 7.<br>남부지법<br>2011가단43086 | 방송 | 사인 | 초상권 | 원고들의 사전 동의 없이 다큐멘터리 프로그램에 원고들이 술을 마시며 대화하는 모습을 방송하여 원고들의 초상권을 영리적 목적으로 사용 | 무동의 | 각 300만 원 | 방송 패 |

대상이 공인이 아니라 사인(일반인)인 것으로 나타났다. 만일 사인이 아니라 공인인 경우라면 다른 판단을 했을 수 있다고 보인다(박용상, 2013a).

종합적으로 우리 법원은 범죄 혐의자의 경우에도 초상권 보호는 필요하다는 일관된 판단을 하고 있는 것으로 나타났다. 따라서 이들에 대한 방송의 경우 신속한 보도라는 이유로 인하여 동의를 받지 않은 채 보도하거나 원래 동의의 범주 이상으로 보도하지 않도록 유의해야만 한다. 단지 범죄 혐의자가 공인의 경우에는 보도의 공익적 성격을 감안하여 면책이 가능하다고 보여진다.[50] 그러나 이때에도 보도 당시 언론이 그렇게밖에 보도할 수 없는 상황이라는 점이 고려되어야 한다.

50 공인이 아닌 경우라도 「특정강력범죄의 처벌에 관한 특례법」에 따라 예외적으로 허용될 수는 있다. 동법 제8조의2(피의자의 얼굴 등 공개) ① 검사와 사법경찰관은 다음 각 호의 요건을 모두 갖춘 특정강력범죄사건의 피의자의 얼굴, 성명 및 나이 등 신상에 관한 정보를 공개할 수 있다(1. 범행수단이 잔인하고 중대한 피해가 발생한 특정강력범죄사건일 것, 2. 피의자가 그 죄를 범하였다고 믿을 만한 충분한 증거가 있을 것, 3. 국민의 알권리 보장, 피의자의 재범방지 및 범죄예방 등 오로지 공공의 이익을 위하여 필요할 것, 4. 피의자가 「청소년 보호법」 제2조제1호의 청소년에 해당하지 아니할 것). ② 제1항에 따라 공개를 할 때에는 피의자의 인권을 고려하여 신중하게 결정하고 이를 남용하여서는 아니 된다.

## 4 결론 및 제언

최근 언론 보도로 인한 초상권 침해에 대한 다양한 논의가 활발하게 이루어지고 있다. 논의의 대상이 되는 판결들 중 가장 많은 부분이 방송과 관련된 것이다. 그럼에도 방송과 관련된 판례 전체를 대상으로 분석한 연구는 아직 없었다. 즉 전체 판결을 대상으로 방송의 자유와 개인의 초상권 간의 분쟁의 해결을 분석하여 이익형량 과정을 이론화하려는 시도는 아직 없었고, 초상권의 권리 범주를 소개하거나 특정 쟁점에 대한 대표적인 판례 분석을 통한 논의들이 주를 이루었다.

이러한 점에 근거하여 여기에서는 기존의 파편적인 연구들을 지양하고 방송과 초상권 법리를 정밀화할 수 있는 이론적 논거를 제시하고자 하였다. 특히 언론에 의한 초상권 침해의 면책 요건으로 가장 기본적인 동의의 요건과 범위를 보다 명확히 함으로써 언론의 무분별한 초상권 침해를 줄여 개인의 초상권 보호를 강화하고, 언론사에는 초상권 촬영과 공표에 대한 보다 명확한 기준을 제시함으로써 초상권 관련 보도에 더욱 신중하도록 유도하고자 하였다. 특히 초상권 침해의 면책 요건에 대한 법원의 인식을 살펴 초상을 공개할 수 있는 기준을 설정하고 개인의 인격권 보호와 함께 방송의 취재보도의 자유를 보장하는 이익형량의 기준을 밝히고자 하였다.

이를 위해 초상권 관련 판례가 처음 나온 1982년부터 현재까지의 초상권 관련 판례를 수집하여 전체적 성향을 파악하고 이 중 방송 관련 판례들을 선별하여 이를 분석 대상으로 삼았다. 전체적으로 볼 때 비록 최근 인터넷 언론 관련 매체의 초상권 소송이 증가하고 있으나 여전히 방송 관련 판례가 다른 매체에 비해서 월등히 많은 것으로 나타났다. 이는 방송에 있어 초상권 침해가 당면한 가장 중요한 법적인 쟁점이라는 것을 시사한다. 방송을 대상으로 한 초상권 침해소송이 증가한 것은 방송 매체의 특성상 영상을 활용하기 때문인 것으로 보인다. 특히 방송의 영향력이 인쇄매체에 비해 압도적으로 커지면서 초상권 침해로 인한 피해가 크고 이를 둘러싼 분쟁도 함께 증가하고 있음을 알 수 있다(이재진, 2002). 분석 결과 다음과 같은 사실들이 드러났다.

첫째, 방송의 보도로 인한 초상권 침해 판례가 처음으로 등장한 해는 1992년이었다. 인쇄매체에 대한 초상권 관련 판례가 1982년에 처음 나온 점을 감안한다면 10년이 지난 후에 초상권 문제가 본격적으로 다루어졌음을 알 수 있다. 즉 방송이 초상권 침해와 관련된 가장 많은 소송이 발생하고 있으나 그 이전에는 주로 잡지와 서적의 사진 초상이 문제가 되었다가 이후 방송 관련 초상권 소송이 크게 늘어났다는 것이다. 1996년에 방송의 보도에 대해 처음 공인을 적용한 판결이 나왔고, 2000년에 초상권 단독 판례가 나오면서 방송에 의한 초상권 법리가 정착되어 왔다. 최근에는 인터넷 매체에 대한 초상권 소송이 증가하고 있으나 방송 매체는 여전히 전체 초상권 관련 소송 중 가장 많은 비중을 차지하고 있다.

흥미롭게도 방송이 초상권 소송에서 패소하는 비율이 여타 다른 매체보다 높게 나타났다. 초상권만을 대상으로 한 판결에서 방송은 1건을 제외하고 모두 패소한 것으로 나타나서 명예훼손 등과 병행한 소송에서보다 방송의 패소율이 더 높게 나타났다. 언론중재법 시행 이후 개인의 인격권 보호는 더욱 강화된 반면 언론의 자유 측면에서는 면책 범위가 더 줄어들어 초상권 보호에 관한 한 더욱 신중한 접근이 요구된다고 하겠다. 전체적으로 볼 때 우리 법원은 방송의 매체적 특성에 대한 그러를 별도로 하고 있지는 않은 것으로 보인다.

둘째, 언론에 의한 초상권 침해의 중요한 면책 사유인 동의와 관련하여 우리 법원은 언론 자유나 알 권리와 개인의 인격권의 이익형량에 있어서 개인의 인격권에 더 무게를 두고 있는 것으로 나타났다. 촬영에 있어 기본적으로 공인과 사인의 구분 없이 동의를 받아야 하며 동의를 받았다고 하더라도 동의의 범주를 벗어나거나 원래의 목적과 다른 형태로 공개되는 경우에는 초상권이 침해되는 것으로 나타났다. 또한 동의를 한 경우에도 화면 처리나 음성변조 등 최대한 신원이 노출되지 않도록 최대한의 노력을 기울여야 하며, 원래 방송하려고 했던 것 이상의 영리적 목적을 띤 사용(복제 판매 등)은 초상권 침해가 인정되는 것으로 드러났다. 또한 동의를 받는 경우 개인의 초상이나 사적 공간을 통제할 수 있는 주체의 동의를 받아야 하며 그렇지 않은 경우 보도의 목적만으로 묵시적 동의를 구한 것으로 인정되지 않는다.

셋째, 범죄 혐의자에 대한 초상권 보호는 일부 예외적인 경우를 제외하면 일반인들과 같이 보호되는 것으로 나타났다. 무엇보다 범죄 혐의자가 체포되거나 수사를 받는 장면을 본인의 동의 없이 촬영하는 경우 경찰이나 검찰의 촬영 동의를 받았다고 하더라도 범죄 혐의자 개인의 초상권 침해가 된다. 판결 분석 결과 범죄 혐의자가 공인으로 인정되는 경우에는 이미 구속되어 있지 않는 한 보도의 공익성이 인정되어 초상권 침해로부터 면책되는 것으로 나타났다. 결국 대단히 예외적인 경우를 제외하면 범죄 혐의자에 대한 보도는 묵시적 동의가 적용되지 않으며 결국 방송은 보도에 있어 명예훼손보다 더욱 신중을 기해야 한다. 이러한 점은 최근의 헌법재판소의 결정의 요지와 일치한다. 분석 대상 판례는 아니지만 최근 헌법재판소 결정은 범죄 혐의자에 대한 보도는 단지 예외적인 경우에만 동의 없이 촬영하고 보도하는 것이 인정된다고 판시했는데 이는 범죄 혐의자가 공인, 특정 강력 범죄 또는 중대한 성범죄자인 경우만을 포함한다.

종합적으로 법원의 판결은 초상권과 관련된 우리나라 법리는 대단히 예외적인 경우를 제외하면 동의의 범주나 보도의 공익성에 대한 인정을 대단히 좁게 해석하여 인격권으로서의 개인의 초상권을 거의 완벽하게 보장해 주는 경향을 보인다. 다시 말하자면 언론의 자유나 국민의 알 권리와 개인의 초상권의 비교형량에 있어 매체의 특성이나 보도의 공익성 여부에 대한 고려가 반영되지 않고 있는 것으로 나타났다. 오히려 인터넷 시대가 되면서 언론 보도로 인한 피해가 더욱 커질 수 있다는 점에 무게를 두고 있는 것으로 보인다.

이러한 법원의 인식은 개인의 초상권 침해가 언론의 배려심 없는 자의적인 보도에 기인한다는 지적도 있다(심석태, 2014). 언론 스스로도 언론은 보도에 있어 개인의 초상권 보호보다 공익성을 내세우며 초상권 침해를 합리화하려는 경우가 많았다는 점을 인정하기도 한다(류종현·심석태, 2015). 초상권 침해가 발생하는 경우 언론은 공익상 필요에 의해서 보도가치가 있는 '공익성' 또는 '정당한 공적 관심사'란 이유에서 당사자의 동의나 승낙을 받지 않고 이를 보도했다는 것이다.

그러나 언론의 입장에서는 뉴스 가치가 있다고 판단되는 경우에는 이를 신속하게 보도해야 할 공적인 책무가 존재한다. 특히 방송의 경우에는 더욱 그러하다고 볼 수 있다. 판례 분석의 결과 이러한 방송 미디어의 특수성이 이익형량에 있어 고려되지 못하는 점은 법익의 형평성에 있어서 논란을 가져올 수 있을 것으로 판단된다. 기존 연구들도 언론중재법상 인격권 침해 면책 사유로 규정된 '공익성'이 오랫동안 이론과 판례 축적을 통해 명예훼손 소송에서 형법상 면책 사유로 적용되는 '공익성'만큼 강력한 힘을 발휘하지 못하고 있다는 문제를 제기한 바 있다(이승선·김연식, 2008; 심석태, 2014).

공익성과 연결되는 묵시적 동의에 대한 법원의 재고려도 필요할 것이다. 왜냐하면 많은 뉴스들이 범죄보도나 부정부패를 고발하는 경우가 많은데 동의의 범주를 너무 좁게 해석하고 묵시적 동의를 인정하지 않거나 동의나 승낙을 얻기 위한 주의의무나 노력을 얼마나 했는지를 엄격하게 묻는 경우에는 초상권 침해를 이유로 보도를 할 수 없는 위축효과가 올 수밖에 없기 때문이다.

특히 '묵시적 동의'의 범주에 대해서는 법원의 더욱 세밀한 검토가 필요할 것이다. 언론사는 관행적으로 당사자가 촬영에 뚜렷한 이의 제기나 저지가 없으면 일단 묵시적으로 동의하는 것으로 간주하고 있는 반면, 판결에서 법원은 이를 받아들이지 않고 이를 입증할 증거를 일관되게 요구하고 있다. 이처럼 법원이 묵시적 동의를 잘 인정하지 않으려는 것은 묵시적 동의를 인정하면 언론이 초상권자에게 동의를 구하고자 하는 노력을 게을리할 것으로 예상하기 때문으로 분석된다.

그러나 방송 프로그램을 제작하는 기자나 PD는 대상이나 상황이 선뜻 취재나 촬영 협조를 얻기 어려운 경우 초상 촬영 자체가 당사자들의 사회적 평가를 저하시키거나 피해를 유발하지 않는 한 시간상 제약 등의 이유로 우선 취재와 촬영을 시작해 당사자의 항의나 이의 제기가 없고 인터뷰에도 별다른 저항 없이 응하는 경우 묵시적으로 촬영과 방영에 동의했다고 간주하는 경우가 많다.

물론 어떠한 상황에서도 우선적으로 당사자들의 동의를 얻기 위한 노력이 선행되어야 하는 것은 당연하지만 실제 뉴스나 프로그램 제작 현실에서는 일일이 동의를 얻기 위해 노력했다는 증거를 남기면서 취재하고 촬영할 만큼 여건이나 시간이 허락하지 않는 경우가 많고 자칫하면 취재나 촬영 기회 자체를 놓칠 수 있다. 법원이 요구하는 묵시적 동의에 대한 명시적 증거나 동의 노력은 당위성은 타당하지만 실제 취재 촬영 현장은 이를 충족하기가 어려운 게 현실이다. 이러한 사정을 우리 법원이 감안할 필요가 있을 것이다.

제5장

# 미국의 공인 법리

# 1 공인이론 형성의 배경

미국에 있어서의 공인 관계 법리를 탐구하는 것은 의미심장한 일이다. 왜냐하면 현대적 '공인이론'은 미국에서 태동되고 발전되었다고 할 수 있기 때문이다. 그런데 공인 법리를 이해하기 위해서는 우선 1791년 제정된 수정헌법 제1조(the First Amendment)에 의해 보호되는 언론 자유(freedom of press)의 발전 과정에 대한 이해가 선행되어야 한다. 무엇보다 헌법상의 보호를 받는 언론의 자유는 여타의 개인적 기본권에 비해 우월적인 위치에 있는 것으로 인식되어 왔다는 점을 알아야 한다. 표현의 자유(freedom of expression)가 개인의 가치의 발현, 진리의 발견, 시민들의 정책에의 참여를 위해서 필수적인 기본권인 반면 언론의 자유는 정부와 권력에의 감시와 견제(checking value)를 위한 권리이며 국민들의 알 권리를 실현하기 위한 전제조건이다. 그러나 아무리 언론의 자유가 중요하다 해도 이는 절대적인 것은 아니며, 언론의 자유와 여타의 개인적 기본권이 서로 충돌하는 경우 이들 사이의 조화로운 이익형량이 이루어져야 한다.

이 책의 전반부에서도 소개된 바와 같이 현재 우리가 알고 있는 공인이론은 1964년 설리번 사건(New York Times v. Sullivan)에서 시작되었다. 그러나 현재의 법리와는 다르기는 하지만 공인이라는 용어가 1964년 이전에도 사용되었다. 이때 공인은 사회적으로 유명해지거나 공적인 결정에 자의적이거나 타의적으로 참여한 사람이라기보다 '높은 신분의 사람' 즉 베스트 맨(best man)을 의미하였다(Rosenberg, 1980). 이들에 대한 명예훼손은 다른 일반인들에 대한 명예훼손보다 더욱 중대한 범죄로 인식되었다. 그러던 것이 소위 베스트 맨에 대한 어떠한 형태의 보도는 수정헌법 제1조상의 표현의 자유 영역에 속한다고 판단하게 된다. 결론적으로 보자면 미국에서는 공인 또는 공적 인물의 경우 일반인보다 피해 구제를 까다롭게 함으로써 언론의 자유와 개인의 명예권이 충돌하는 경우 언론의 자유를 우월적 권리로서 판단하는 경향을 보이고 있다(Schauer, 1984).[51]

## 명예훼손에서의 공인

미국의 공인이론 또는 현실적 악의 원칙(actual malice rule)은 1964년 뉴욕 타임스 대 설리번 사건(New York Times v. Sullivan)으로부터 발전

51 미국의 헌법학자 샤우어(Schauer, 1980)는 영국과 미국의 명예훼손법에 대해 비교 분석하면서 같은 보통법(common law) 전통을 가진 영국과 미국의 경우에도 명예훼손법상의 법리가 이질적임을 밝히고 있다. 그는 명예훼손법이란 각 사회의 고유한 상황을 반영하는 것이며, 명예훼손 현상에 대한 해결은 각 사회가 명예의 중요성과 언론 자유의 중요성에 두는 사회적·정치적 가치에 따라서 결정된다고 피력하였다. 그는 미국의 수정헌법 제1조상의 언론 자유의 보장에 대해 언급하면서 미국의 경우 영국과는 달리 언론 자유를 우월적인 권리로 보고 언론 자유에 대한 침해는 개인의 명예에 대한 피해보다 더욱 심각한 것으로 이해하는 전통이 세워졌다고 주장하였다.

해 왔다. 연방대법원은 설리번 사건에서는 공직자를, 1966년 베어 사건(Rosenblatt v. Bear, 383 U.S. 75)에서는 하급 공무원까지를 공인의 범주를 포함시켰다. 버츠와 워커 사건(Curtis Publishing Co. v. Butts; Associated Press. v. Walker, 388 U.S. 130 (1967))에서는 사인을 포함한 공적 인물로, 로젠블룸 대 메트로 미디어 사건(Rosenbloom v. Metromedia Inc., 403 U.S. 29 (1971))에서는 공·사인의 구분 없이 공적 관심사(matter of public concern)까지 현실적 악의 원칙이 확대 적용되었다. 그러나 1974년 거츠 사건(Gertz v. Robert Welch., Inc., 418 U.S. 323)에서는 개인의 명예 보호를 위해 공인의 공적 관심사에 대해서만 현실적 악의를 적용해야 한다고 판결하여 공직자에서 공적 인물, 공적 관심사로 이어지는 과정을 거치면서 공인에 대한 개념과 원칙이 자리잡게 되었다.

### 설리번 사건과 허위 보도의 보호

현행 미국 언론법의 두드러진 특징은 잘못된 내용의 표현, 즉 허위 보도의 경우라도 보호한다는 데 있다. 비록 표현된 내용에 잘못이 있다고 하더라도 이를 보호해야 할 사회적 이익이 그로 인한 개인의 명예 침해보다 더 크다고 판단되는 경우 허위 보도도 언론의 자유의 영역에서 보호를 받는다는 것이다. 따라서 허위보도는 일종의 필요악이라고 간주되고 있다고 해도 과언이 아니다. 그 시발점이 된 1964년 설리번 사건은 진실하지 않은 내용도 보호받는다고 판시한 최초의 판례이다. 설리번 사건 이전까지 명예훼손은 수정헌법 제1조상의 영역에서 다루어지지 않았으며, 어떠한 방식으로든지 피해가 입증되면 명예훼손으로 언론을 처벌할 수 있는 '엄격한 책임주의'(strict liability)원칙이 적용되었다.

그러던 것이 이 사건에서 미 연방대법원은 언론의 자유를 규정한 수정헌법 제1조를 명예훼손 사건에 처음으로 적용하였다. 즉 최초로 명예훼손을 헌법적인 논의로 다루게 된 것이다. 국방성 기밀문서 폭로사건, 워터게이트 탐사보도 그리고 정부기관이나 고위 공직자들에 대한 언론이나 일반 시민들의 거침없는 비판을 가능케 한 것은 다름 아닌 설리번 사건이라고 해도 결코 과언이 아니다(염규호, 2014).

수정헌법 제1조를 상징적으로 '재탄생'시킨 이 사건은 1960년대 초의 미국 인권운동의 와중에서 비롯되었다. 이는 직접적으로는 민권 탄압과 관련한 언론 보도를 표적으로 한 소송사건이었다. 1960년 3월 말에 마틴 루터 킹 변호위원회는 "그들의 커가는 목소리에 귀를 기울여라"(Heed Their Rising Voices)라는 의견광고를 뉴욕타임스에 실었다.

이 전면 광고는 앨라배마(Alabama) 주 몽고메리 시 경찰들로부터 남부 흑인 대학생들이 겪은 과잉 진압 등을 상세히 주장하였다. 다만 몇 가지 부정할 수 없는 오류들이 그 주장에 포함되어 있었다. 그러나 원고인 몽고메리 시 경찰국장 L. B. 설리번은 전혀 언급되지 않았다. 하지만 그는《뉴욕 타임스》에 광고 철회를 요구했고, 뉴욕타임스는 이 요구를 거부하였다. 그러자 설리번은 앨라배마 법원에 50만 달러의 손해배상을 청구한다.

이 판결을 앨라배마 주 대법원이 인정함에 따라 뉴욕타임스는 미국 연방대법원에 상고하였다. 앨라배마 법원이 적용한 명예훼손법에 대해 연방대법원은 "공직에 관한 행위를 비판한 사람들에 대해 공무원이 명예훼손 소송을 하는 경우, 수정헌법 제1조와 제14조가 요구하는 언론 표현의 자유를 보호하는 여건을 제공하지 못함으로써 헌법상 불충분하다"라고 결정하였다. 기존의 명예훼손법의 법리를 깨고 연방대법원은 미국 역사상 처음으로 "명예훼손법은 헌법적인 제한을 절대로 받을 수 없는 것이 아니라, 수정헌법 제1조의 요구를 충족하는 기준에 입각해서 평가되어야 한다"라고 판시하였다. 즉 역사상 처음으로 명예훼손적 표현을 범죄행위가 아닌 표현으로서 표현의 자유라는 헌법적 권리 개념에 포섭한 것이라 하겠다.

연방대법원은 "모든 사실적인 오류 때문에 공직자에 대한 비판을 처벌하면 공적 관심사에 대한 담화는 약화될 것이다"라고 판시하였다. 나아가 연방대법원은 명예훼손에 대한 새로운 판결원칙을 설정하게 된다. 연방대법원은 "본 법원은 (언론 표현 자유의) 헌법상 보장으로 다음과 같은 연방기준이 요구된다고 생각한다. 즉 자기의 공적인 행위에 관한 명예훼손적인 허위 사실을 이유로 손해배상을 원하는 공직자는 문제된 언사가 '현실적 악의'를 갖고서 행해졌음을 입증해야만 한다"라고 판시하였다. 즉 명예훼손으로 피해를 입었다고 주장하는 공직자의 경우 기자나 편집자의 현실적 악의를 입증하지 못한다면 문제된 보도에 대한 피해구제를 받을 수 없다는 것이다.

연방대법원은 "자유롭게 토론하다 보면 잘못된 표현은 불가피하며, 표현의 자유가 생존하는 데 필요한 숨 쉴 수 있는 공간(breathing space)을 확보하기 위해서는 잘못된 내용의 표현도 보호되어야 한다"라고 설명하였다. 판결문을 쓴 윌리엄 브레넌(William Brennan) 대법관은 '공적인 토론은 정치적인 의무다. 이것은 미국 정부의 본질적인 원칙이어야 하며, 이러한 토론은 정부나 공직자에 관한 격렬하고 신랄하며 때로는 불쾌할 정도의 날카로운 공격이 포함되는데, 이는 결코 억제되어서는 안 되며, 활발하고 최대한 광범위하게 허용되어야 한다"라고 판시하였다. 설리번 판결은 결국 공직자에 대한 언론의 비판을 봉쇄하려는 기도를 가능한 한 방지하기 위해서 비록 허위라고 할지라고 '수정헌법 제1조의 핵심적인 의미'에 따라서 그 비판적 기고문은 보호된다는 언론의 자유 원칙을 확립하였다고 해석할 수 있다.

연방대법원의 주된 관심은 사람들에게 발언 내용의 진실을 입증하라고 강요하면 거짓말하는 사람에게만 부담을 주는 데 있는 것이 아니라, 진실이라고 믿고 있지만 처벌이 두려워 발언을 스스로 자제(self-control)하는 사람들에게도 나타나는 '위축효과'(chilling effect)에 있다. 즉 사람들이 말을 아끼게 되면 사회적으로 의미 있는 공적 관심사에 대한 비판 기능은 약화될 수밖에 없다는 것이다. 연방대법원의 시각에서 보면, 잘못된 내용 표현도 위축효과를 방지하기 위해서 우리 사회가 불가피하게 참아야 할 대상인 것이다.

다시 말하자면 연방대법원은 "언론이 직업적인 특성과 사회적 기능(역할)에 있어 본질적으로 진실성을 입증하는 것이 어렵다"라는 것을 인정하고, 공직자(public official)의 경우 언론에 대해 '현실적 악의'(actual malice)를 입증하지 않는 한 명예훼손에 대한 피해 보상을 구할 수 없다고 하여 언론에 대해 획기적인 결정을 내리게 된다. 연방대법원은 "공직자가 자기 직무 행위와 관련된 명예훼손적인 허위보도에 대해서 손해배상을 구하기 위해서는 그 보도가 현실적 악의에 기한 것임을 입증해야 하는 것은 헌법의 요구"라고 판시하였다.

연방대법원은 현실적 악의라는 개념이 언론인이나 편집인이 기사의 발행 당시에 기사의 내용이 진실이 아니라는 것을 인지하고 있었거나, 내용의 진실성 여부에 대해 주의를 기울이지 않고 무시한 경우(when the defamatory statements were published, the communicator either knew they were false, or published with reckless disregard of truth or falsity)를 의미한다고 보았다. 즉 이는 보통법상의 악의(malice), 앙심(spite), 증오(hatred), 원한(ill will), 범의

(desire to harm)와는 별개의 것으로 언론의 직업적 특성과 사회적 역할에 맞게 연방대법원에서 창조되어진 개념이다.

아울러 연방대법원은 원고에게 현실적 악의를 설득력 있게 명백히(with convincing clarity) 증명하라고 요구하기 때문에 원고가 승소하기란 사실상 불가능하다. 설리번 사건에서 일부 대법관들은 공무원에 대한 비판에 대해 절대적 면책을 주장하는 동조의견(concurring opinion)을 냈다.

하지만 현실적 악의 기준에서 오보는 거의 절대적인 보호를 받는다. 그 후 연방대법원은 자기 보도 내용이 거짓일 수 있다는 것을 확연히 알 정도(with the high degree of awareness of their probable falsity)라야 형사책임을 물을 수 있다고 판결했으며, 무분별하게 무시한 경우란 공표되는 내용의 진실성을 심각하게 의심할 때(serious doubts as to the truth of his publication)라고 판시하였다.

가장 중요한 점은 이러한 연방대법원의 입장이 보통법상의 법리적 전통을 배척하였다는 점이다. 즉 설리번 사건 이전까지 사실입증의 책임이 언론 측에 있었는데, 이후 진실 입증의 책임은 언론 측(피고 측)으로부터 개인 측(원고 측)으로 넘어가게 되어 언론은 큰 짐을 덜게 되었다. 진실 입증책임의 전환이 일어난 것이다. 이는 미국 언론법 역사에서 가장 획기적인 사건으로 언론법에 대해서는 보통법의 단절을 불러왔다.

### 공인이론의 발전

#### 1) 공인이론의 정착

설리번 사건 이후 연방대법원은 현실적 악의 원칙 또는 공인이론의 적용 범위를 놓고 상당한 기간 동안 논쟁을 벌이게 된다. 논쟁은 그 표현된 내용이 공적 이익(public interest) 또는 공적 관심사(public concern)인지 여부로 정하자는 내용기준 접근방식(content-based approach)과 원고의 신분을 기준으로 나누자는 신분기준 접근방식(status-based approach)으로 나타났다. 이 논의의 이면에는 비교형량 방법과 범주별 접근방법의 장단점 비교가 자리 잡고 있었다고 해도 과언이 아니다. 공공 이익 또는 공적 관심사를 기준으로 할 경우에는 발생한 사안별로 그 이익을 비교형량 하게 되는 반면 신분을 기준으로 하면 범주화(유형화)가 쉬워지기 때문이다.

설리번 사건에서 연방대법원은 수정헌법 제1조의 보호를 받는 범위를 "공무원이 자기의 공무에 대한 비판에 대항해서 낸 소송"(an action brought by a public official against critics of his official conduct)의 피고라고 분명히 밝혔다. 하지만 판결문에 공무원이라는 신분이 자주 언급되면서 잘못된 내용의 표현이 헌법적 보호를 받아야 하는 이유가 '공무에 대한 비판'이라는 내용보다는 '공무원(공직자)'이라는 신분에 있는 것처럼 해석될 여지가 많았다.

그런데 설리번 판결 후 8개월이 지났을 때쯤 선고된 개리슨 사건(Garrison v. Lousiana, 379 U.S. 64 (1964))에서 연방대법원은 '공무에 대한 비판'이라는 요건을 사실상 제거하였다. 연방대법원은 비판 내용이 공무원의 '업무 적합성'(fitness for office)에 관련된 것이면 어떠한 내용이라도 괜찮다고 본 것이다. 따라서 연방대법원은 공무원의 공적인 일에 대한 비판뿐 아니라 사적인 문제에 대한 비판에도 현실적 악의 기준을 적용할 수 있다고 판단하였다. 이 판결은 일반인에게는 사적인 문제로 간주될 만한 사안도 공무원이 명예훼손 소송을 제기했을 경우에는 그렇게 취급되어서는 안 된다는 의미를 담고 있다. 이 판결 이후 공무원에 관한 보도는 어떤 내용을 담고 있던 간에 그의 업무 적합성을 검증한다는 명분 아래 보호받을 수 있게 되었다.

그러나 1974년 거츠 사건(Gertz v. Welch, Inc.)에서 연방대법원은 로젠블룸 사건에서의 판결을 위헌으로 간주하면서, 현실적 악의 원칙은 사인(private person)에게는 너무 과도한 부담을 지우는 결과를 초래한다고 인식하고 현실적 악의 원칙의 적용 범위를 공인에 한정하도록 하였다. 여기서 연방대법원은 누가 공인이며 사인인가에 대한 기준을 제시하였는데, 공인이란 "무릇 공적 논의에 어떠한 영향을 행사할 목적으로 참여하여 그 명성이나 악명을 떨친 사람"으로 정의하였다. 계속해서 연방대법원은 사인은 공인과 달리 매스 미디어를 통해 공중의 주목을 이끌어 내고자 하는 것도 아니며 명예훼손적 언사에 대해 반박하기 위해서 매스 미디어에 접근할 수 있는 능력이나 정도가 공인에 비해 부족하기 때문에 공인보다는 더 많은 보호를 필요로 한다고 보았다.

연방대법원은 명예훼손법상 '공적 인물' 이론을 처음으로 상세히 다루었다. 연방대법원은 사적 인물과 공적 인물을 구별하는 두 가지 근거를 제시하였다. 첫째, 전술한 바와 같이, 공적 인물은 사적 인물에 비해 대개 효과적인 의사 전달 수단인 매스 미디어에 대한 접근이 훨씬 용이하며 제 문제들에 대한 반박을 할 수 있는 보다 현실적인 기회를 갖고 있다. 둘째, 공적 인물들의 대부분은 특별히 현저한 역할을 자발적으로 수행함으로써 공적인 인물의 지위를 갖게 된다는 것이다.[52]

---

52 '일반적인 공적 인물'이 되려면 모든 목적과 상황에서 그의 명성이나 악명이 영향력을 미치지 않을 곳이 없을 정도의 경우라 할 것이다. '일반적인 공적 인물'에 속하는 사람들은 흔치 않으며 지극히 유명한 사회 저명인사나 정치, 경제의 활동가가 이 그룹에 속한다. '제한적인 공적 인물'은 "자발적인 그리고 의도적인 행위로 특정의 논쟁을 해결하는 데 영향을 미치고자 하는 사람으로서 의도된 행위가 사람들에게 그렇게 인식되면 그 분쟁의 해결이 직접적인 참여자

이러한 연방대법원의 판결을 근거로 워싱턴 D.C. 순회법원에서는 1980년 발트바움 대 페어차일드 출판사 사건(Waldbaum v. Fairchild Publishing, Inc., 627 F.2d 1287 (D.C. Cir. 1980))에서 세 가지 요인을 핵심적 근거로서 '제한적 공적 인물'을 파악하였다. 즉 제한적 공인이 되려면 첫째, 구체적인 공적 논쟁의 해결에 큰 영향을 주려고 기도하거나 혹은 현실적으로 큰 영향을 준다고 예상(추정)되는 경우이며, 둘째, 그 논쟁이 직접적인 당사자들 이외의 사람들에게 실질적인 파급 효과를 가져오거나 이를 예견할 수 있으며, 셋째, 이러한 결정을 함에 있어 법원은 관계된 사실을 전체적으로 합리적인 사람의 기준에 근거해서 파악해야 한다고 판시하였다(염규호, 2000).

나아가 제2연방순회법원은 1984년 러먼 대 플린트 출판사 사건(Lerman v. Flynt Distributing Co., 745 F.2d 123 (2d Cir. 1984))에서는 네 가지 요인의 공인과 사인의 구별 방법을 제안하였다. 명예훼손 소송의 피고는 원고가 제한적인 공적 인물이 되기 위해서는 다음과 같은 점을 입증해야만 한다고 보았다. 이는 첫째, 소송의 사유가 된 사건 이전에 타인에게 영향을 주기 위해서 원고가 자기의 견해에 일반인의 관심을 성공적으로 유도했는지의 여부, 둘째, 원고가 소송의 사유와 관련된 공적인 분쟁에 자발적으로 뛰어들었는지의 여부, 셋째, 원고가 공적인 분쟁에 탁월한 위치를 점했는지의 여부, 넷째, 원고가 언론 매체에 정기적으로 접근할 수 있는 관계에 있는가의 여부이다(Zelezny, 2004).

---

이외의 사람들에게 가시적인 영향을 줄 수 있음을 타당하게 말할 수 있어야 한다. 이러한 제한적인 공적 인물이 되려면 문제된 명예훼손 언사는 그 분쟁과 합당한 관련성을 갖고 있어야만 한다"는 것이다(이재진, 2003b).

이후 1985년 던 앤드 브래드스트리트사 대 그린모스 건설회사 사건(Dun & Bradstreet Inc. v. Greenmoss Builders 472 U.S. 749 (1985))에서 연방대법원은 거츠 판결을 재해석하고 공적 관심사 기준을 다시 도입하였다. 연방대법원은 수정헌법 제1조는 단지 "공공의 관심사와 관련된 언사만을 보호한다"라고 판시하면서 사인의 경우 수정헌법 제1조상의 표현의 자유에 대한 침해의 보상이 해당 주(state)의 이익과 비교형량을 통해 이루어야 한다고 보았다.

유사하게 1986년 필라델피아 신문사 대 헵스 사건(Philadelphia Newspapers v. Hepps, 475 U.S. 767)에서 연방대법원은 "공적 관심사에 대한 진실한 언론이 억압되지 않도록 하기 위하여" 명예훼손 소송의 원고가 공인이며 논의되는 명예훼손적 언사가 적어도 공적 관심사에 관련된 경우, 원고는 그 언사가 진실이 아님을 입증해야 하는 의무를 지게 된다고 보았다. 이 사건으로 설리번 사건 이후 발전해 오던 공인이론은 일단 다음과 같이 정리되었다.

첫째, 원고가 공무원 또는 공인이면 상대방의 현실적 악의를 설득력 있게 명쾌하게 입증할 때 배상을 받을 수 있다. 공무원일 경우 업무 적합성과 관련된 내용이면 사적인 문제도 현실적 악의 기준이 적용된다는 것이다. 결국 공무원에 관한 한 거의 모든 오보가 헌법적 보호를 받게 되었다.

둘째, 원고가 사인이고 보도된 내용이 공적 관심사일 경우 대부분의 주에서 원고는 상대방의 '과실'을 입증하면 실제 피해액을 배상받을 수 있다. 하지만 원고가 추정적 손해배상 또는 징벌적 손해배상을 받으려면 현실적 악의를 증명해야 한다.

셋째, 원고가 사인이고 보도된 내용도 사적인 것에 불과할 경우, 원고는 상대방의 현실적 악의를 증명하지 않더라도 보상적 손해와 징벌적 손해를 모두 배상받을 수 있다. 따라서 보통법(common law)상의 엄격책임주의 원칙이 적용된다(문재완, 2004).

### 2) 범주별 접근 방법의 도입

공인이론을 본격적으로 검토하기에 앞서 먼저 유념해야 할 것은 공인이론과 그 모태인 현실적 악의 기준은 범주별 접근방법(categorical approach)에서 시작됐다는 점이다. 사실 미국에서 역사적으로 표현의 자유를 제한하는 사안을 분석할 때 가장 많이 사용되는 방법은 이익의 비교형량(balancing) 분석이었다. 이러한 접근 방법은 표현의 자유를 보장해서 얻는 사회적 이익과 그로 인해 개인이 입게 되는 피해를 비교해서 판단하는 방식이다. 명예훼손 소송에서도 사안별로 이익형량(ad hoc balancing) 하는 방법이 가장 흔히 사용되어 왔다. 하지만 이렇게 할 경우 어떤 종류의 표현이 법원에서 받아들여질지, 거부될지 미리 알 수 없다는 점이 문제로 지적된다.

반면 범주별 접근방법은 예측 가능성이 높다는 것이 큰 장점이다. 연방대법원은 이 방법도 자주 활용한다. 일정한 종류의 표현은 언론의 자유의 보호 범위 밖에 있다는 채플린스키 사건(Chaplinsky v. New Hampshire, 315 U.S. 568 (1942))은 그 대표적인 예이다. 연방대법원은 "아주 한정적이지만 어떤 종류의 표현은 이를 억제하고 처벌하더라도 전혀 헌법적인 문제를 일으키지 않는다. 음란(the lewd and obscene), 신성모독(the profane), 명예훼손(the libelous), 모욕적 또는 도발적 언어(the insulting or fighting words), 즉 말을 하기만 하면 바로 폭력을 초래하거나 평화를 깨뜨리는 경향성이 있는 표현 등이 여기에 해당한다. 이러한 종류의 표현은 사상을 전혀 전달하고 있지 않으며, 사회적 가치도 질서와 도덕을 지키려는 사회적 이익과 비교하면 아주 미미하다"라고 판시하였다.

설리번 판결도 범주별 접근방법에 기초하고 있다.[53] 보통법상 명예훼손적 표현은 원래 헌법의 보호 대상이 아니었다. 그러나 설리번 판결로 공무원의 공무와 관련된 보도에서 헌법의 보호를 받지 못하는 오보의 유형이 '모든 명예훼손사건'에서 '허위임을 알았거나 무모할 정도로 경시해서 발생한 명예훼손사건'으로 대폭 축소되었다.

이 판결은 범주별 접근방법을 통해 헌법의 보호 범위를 넓힌 것이다. 언론의 자유를 보장해서 얻는 사회적 이익과 그로 인한 개인의 피해를 사안별로 비교형량 하는 방법은 설리번 사건에서 전혀 사용되지 않았다. 설리번 판결의 성과는 정부를 자유롭게 비판하도록 허용함으로써 비교형량 분석이나 명백하고 현존하는 위험 원칙 등의 중요성을 경감 또는 폐기시킨 데 있다는 평가가 나온 것도 이 때문이다. 이러한 범주별 접근과 이익형

53 불법행위법 리스테이트먼트 제2판 제580A조는 '공무원(public officials, 공직자라 번역하기도 한다)과 공적 인물에 대한 명예훼손'이라는 표제로 "공무원과 공적 인물에 대한 허위의 명예훼손적 의사표시에 대하여 (a) 진술이 거짓이고 타인의 명예를 훼손한다는 사실을 알고 있는 경우, 또는 (b) 이러한 사실에 대하여 무모하게 무시하고 행위를 한 경우"에단 책임이 있다고 규정하고 있다. 위 규정의 다음 조문인 제580B조에서는 '사인에 대한 명예훼손'이라는 표제로 "사인에 대한 허위의 명예훼손적 의사표시에 대하여 (a) 진술이 거짓이고 타인의 명예를 훼손한다는 사실을 알고 있는 경우, (b) 이러한 사실에 대하여 무모하게 무시하고 행위를 한 경우, (c) 이를 확인하지 않고 과실로 행위를 한 경우"에만 책임이 있다고 정하고 있다. 위 규정은 명예훼손 책임에 관하여 '공무원과 공적 인물에 대한 명예훼손'과 '사인에 대한 명예훼손'으로 구분하고 있다. 피해자의 지위 또는 신분에 따라 2가지로 구분하고 있고, 공무원과 공적 인물에 대한 명예훼손에서는 위 (a)와 (b)에 해당하는 경우(위 두 경우를 합하여 '현실적 악의'라고 한다)에 한하여 책임을 진다. 그러나 사인에 대한 명예훼손에서는 현실적 악의가 있는 경우는 물론 위 (c), 즉 과실이 있는 경우에도 책임을 진다. 위 규정에서 허위의 명예훼손적 의사표시라고 정하고 있기 때문에, 위 규정은 허위의 사실로 명예를 훼손한 경우에 한하여 적용되고 의견의 표현에 대해서는 적용되지 않는다.

량이 어떻게 이루어졌는가를 알기 위해서는 대표적인 두 건의 연방대법원 판결을 살펴보는 것이 필요하다.

먼저 소위 로젠블룸 사건(Rosenbloom v. Metromedia, Inc. 403 U.S. 29 (1971))이다. 이 사건에서 연방대법원은 의견이 크게 갈리면서 공인이론은 일시적으로 후퇴하는 모습을 보인다. 원고 로젠블룸은 공무원도, 공인도 아닌 평범한 일반인이었다. 피고인 지역 라디오 방송국은 로젠블룸이 음란 서적을 판매하다 체포되었다고 보도했으나, 사실 로젠블룸이 판매한 책은 음란물이 아니었다. 브레넌 대법관은 보도된 내용이 공적 관심사이기만 하면 원고가 저명한 사람이던 무명이던 상관없이 설리번 사건의 현실적 악의 기준을 적용해야 한다고 주장하였다. 결국 연방대법원은 로젠블룸 사건에서 잘못된 표현의 보호 대상을 판별하는 기준을 '원고의 신분'에서 '표현된 내용'으로 전환한 셈이다.

이에 대해 할란과 마샬 두 대법관은 반대 의견을 냈다. 마샬 대법관은 크게 두 가지를 지적하였다. 하나는 사람의 일은 모두 잠재적으로 공적 관심사이기 때문에 이 기준을 사용하면 사인의 명예를 보호하지 못하는 문제가 있다는 것이다. 다른 하나는 공적 관심사를 기준으로 할 경우 법원은 어떤 표현이 여기에 해당하는지 사건별로 결정해야 하는데, 이처럼 불명확한 기준은 위축효과를 초래해 궁극적으로 언론의 자유를 침해할 것이라는 지적이다.

브레넌 대법관과 마샬 대법관 모두 언론의 자유를 주창했지만 서로 강조하는 내용이 달랐다. 브레넌 대법관은 공적 관심사라는 포괄적인 기준을 통해서 지금 발생한 오보로 인한 언론사의 책임을 경감시키는 데 주력하였다. 반면에 마샬 대법관은 현재의 판결이 앞으로 언론의 자유에 어떠한 영향을 미칠 것인지에 관심을 더 기울였던 것이다.

로젠블룸 사건 3년 뒤, 마샬 대법관의 견해는 소수 의견에서 다수 의견으로 바뀌게 된다. 이 사건은 거츠(Gertz)라는 변호사가 자기를 공산주의자라고 보도한 언론사를 상대로 낸 소송으로 시작되었다. 이 사건에서 대법원은 그동안의 논쟁을 일단락 짓고, 언론의 자유와 개인의 명예 훼손 사이의 새로운 조화점을 찾았다. 연방대법원은 오보가 모두 보호될 수 없다는 의미에서 잘못된 사상(false ideas)과 잘못된 표현(false statements)을 구별해야 한다는 점을 먼저 강조하였다.

연방대법원은 "미국 수정헌법 제1조하에서 잘못된 사상이란 없다. 의견(opinion)은 아무리 해롭더라도 다른 사상에 의해서 수정되어야지 법관이나 배심원의 양심에 의존해서는 안 된다. 그러나 사실을 잘못 기술한 표현(false statements of fact)에는 헌법적 가치가 없다. 의도적인 거짓말이나 부주의한 실수는 공적인 문제(public issue)에 대해 제지 받지 않고, 건전하고, 광범위하게 토론하는 데 있어서의 사회적 이익을 크게 높이지 않는다"라고 판시하였다.

그렇다고 연방대법원이 잘못된 표현을 모두 보호하는 것은 아니다. '불가피한 잘못'을 헌법의 보호 아래 둔 것이다. 그 기준으로 연방대법원은 로젠블룸 사건에서와 달리 공적 관심사를 제시하지 않았다. 공적 관심사라는 이름 아래 잘못된 표현이 지나치게 보호될 수 있다고 본 것이다. 연방대법원은 그 대신 공무원이나 공적인 인물에 관련된 잘못된 표현만을 헌법의 보호 대상에 넣었다. 파웰 대법관이 쓴 다수 의견은 로젠블룸 판결에서 마샬 대법관이 소수 의견으로 지적한 문제를 또 다시 언급하였다. 공표된 내용이 공공 이익(public interest)에 관련된 문제인지 아닌지를 사안에 따라 결정하면 예측 가능성이 없기 때문에 사상의 자유로운 교환을 저해한다고 본 것이다.

파월 대법관은 공인과 사인을 구별하는 것이 정당하다는 근거로 두 가지를 제시하였다. 첫째는 자력구제(self-help)의 유무이다. 공무원이나 공인은 대개 효과적인 커뮤니케이션 수단에 접근하기 쉽기 때문에 사인보다 잘못된 보도에 대응하기 쉽다고 본 것이다. 둘째는 위험의 수용(assumption of risk)이다. 공인은 사인보다 '공적 관심사'에 영향을 미치려는 욕구가 더 크고 또 그럴 능력도 더 있기 때문에 공적인 비판을 더 받을 수밖에 없고 명예훼손에도 그만큼 더 많이 노출되어 있다는 것이 이 두 번째 정당성의 근거이다. 공인은 자발적으로 공적 관심사에 자기를 내놓은 만큼 그로 인해 파생적으로 발생하는 위험 역시 자기가 부담해야 하지만, 사인은 전혀 그렇지 않기 때문에 명예훼손으로부터 보호해야 할 필요성이 공인보다 더 크다고 본 것이다.

이러한 거츠 사건의 의미는 구체적으로 첫째, 원고의 신분(지위)을 기준으로 현실적 악의 기준을 적용하라는 것이다. 둘째, 거츠 판결에서 미 연방대법원은 현실적 악의 기준이 무한정 확장되는 데 제동을 걸었다는 것이다. 앞서 본 것처럼 로젠블룸 사건에서는 공인이 아닌 일반인이 낸 명예훼손 소송에서 보도 내용이 공적 관심사라는 이유로 현실적 악의 기준을 적용, 원고 청구를 기각하였다. 하지만 거츠 사건에서는 일반인이라는 이유로 현실적 악의 기준을 적용할 수 없다고 판시하였다. 셋째, 연방대법원은 추정적 손해 또는 징벌적 손해(presumed damages or punitive damages)가 배심원에 의해서 남용되는 데 대해서도 제동을 걸었다는 것이다. 그 전까지 배심원들은 구체적인 손해 액수에 대한 입증이 없어도 거액의 배상을 결정하는 일이 잦았다. 연방대법원은 거츠 사건에서 원고가 현실적 악의를 입증하지 못할 경우 배상 받을 수 있는 금액은 실제 피해액(actual injury)에 한정된다고 판결하였다.

그런데 거츠 판결(Gertz v. Welch, 418 U.S. 323 (1974))에서 폐기된 토젠블룸 판결은 11년 뒤 던앤브래드스트리트 사건(Dun & Bradstreet v. Greenmoss builders, 472 U.S. 749 (1985))에서 그 의미가 다시 살아났다. 이 사건은 신용평가회사인 던앤브래드스트리트가 한 건설회사가 파산을 신청했다는 잘못된 정보를 고객들에게 알려줘서 발생한 사건이다. 연방대법원은 여기에서 거츠 판결을 재해석하고 공적 관심사(public concern) 기준을 다시 도입하였다.

파웰 대법관은 거츠 사건이 공적 관심사가 아닌 내용을 다룬 것은 아니라며, 공적 관심사는 수정헌법 제1조의 보호를 받아야 하는 핵심이라고 강조하였다. 왜냐하면 수정헌법 제1조는 정치나 사회가 바람직한 방향으로 변화할 수 있도록 사상의 자유로운 교환을 무제한 보장하기 위해 만들어진 것이라고 보았기 때문이다. 그러나 파웰 대법관은 순수하게 사적인 문제를 언급한 보도는 수정헌법 제1조가 같은 정도로 보호하지 않는다고 판단하였다. 따라서 이런 경우에는 비록 원고가 현실적 악의를 증명하지 못하더라도 추정적 손해와 징벌적 손해를 배상 받을 수 있다는 것이 던앤브래드스트리트 판결의 요지이다. 던앤브래드스트리트 판결로 뉴욕타임스 판결 이후 발전해 오던 공인이론은 다음과 같이 정리되었다.

유사하게 1986년 소위 헵스 사건(Philadelphia Newspaper, Inc. v. Hepps, 475 U.S. 1134)에서 연방대법원은 "공적 관심사에 대한 진실한 언론이 억압되지 않도록 하기 위하여" 명예훼손 소송의 원고가 공인의 경우 논의되는 명예훼손적 언사가 적어도 공적 관심사에 관련된 경우 그 언사의 비진실성을 증명해야 하는 의무를 지게 된다고 보았다.

### 3) 면책 사유로서의 공인이론

공인과 관련하여 명예훼손법이 어떻게 발전해 왔는가를 살피기 위해서는 명예훼손 소송에 있어 면책 사유(legal defenses)가 어떻게 변모해 왔는가를 아는 것이 필수적이다. 왜냐하면 명예훼손법에 있어서의 면책 사유는 빈번히 발생하는 명예훼손 소송으로 인하여 언론의 본질적인 측면이 훼손되지 않도록 하기 위한 법적 장치이기 때문이다.

무엇보다 미국의 명예훼손법상 언론이 개인에 대한 명예훼손의 책임을 면제받기 위해서는 게재된 내용이 진실해야 한다. 이를 면책 사유로 인정하는 전통이 시작된 것은 1735년 소위 존 피터 젱거(John Peter Zenger) 사건이 계기가 되었다고 할 수 있다. 그러나 뉴햄프셔(New Hampshire) 주 등 몇몇 주에서는 표현 행위자에게 '악의적 의도'(malicious intent)가 있으면 진실성의 면책이 부정되는 등 그 적용에 있어 일치하지 않았다. 그러다가 설리번 사건과 이후의 허버트 대 랜도 사건(Herbert v. Lando, 441 U.S. 153 (1986)) 등을 통해서 연방대법원이 현실적 악의 원칙을 확립함에 따라 명예훼손이 성립하기 위해서는 당연히 표현의 허위성이 요구되는 것으로 인식되어 왔다.

진실성과 함께 공정한 논평(fair comment)도 중요한 면책 사유였다. 이는 공공의 이해에 관한 사항이나 일반 공중의 관심사인 사항에 관해서는 누구라도 논평의 자유를 갖는 것이며 그것이 공적 활동과 무관한 것으로서 개인적 정보의 폭로나 인신공격이 아니고 또 그 논평이 공정한 한은 그 용어나 표현이 아무리 격렬하고 저속하다고 해도, 또 그 결과로서 피논평자가 사회에서 받는 평가가 저하된다고 하더라도 논평의 주체가 면책된다는 것이다. 이에 반해 공정한 보도(fair report)는 보통법의 법리에 근거하는 것으로 공공기관의 업무나 절차를 공정하게 전파하는 경우에는 명예훼손의 책임을 묻지 않는 것을 말한다. 공정한 보도의 면책이 성립되기 위해서는 보도가 정확하고 공정해야 하며 악의가 없어야 한다.

비교적 최근에 발전하고 있는 면책 사유이며 논란이 있는 것이 바로 중립적 보도(neutral report)이다. 이는 1977년 에드워드 대 전국 조류 협회 사건(Edwards v. National Audubon Society, 556 F.2d 113)에서 다루어졌기 때문에 이를 오두본 면책(Audubon privilege)이라고 한다. 이 사건에서 제2연방순회법원은 "뉴욕 타임스가 미국의 권위 있는 환경단체인 '전국 조류 협회'(National Audubon Society)가 비판한 내용을 그대로 보도한 것은 비록 그 내용의 진실성이 의심스럽다고 할지라도 뉴스 가치가 있는 기사를 보도하는 것을 막아서는 안 된다"라고 판시하면서 언론사의 면책을 인정하였다. 그런데 이 판결을 두고서 과연 새로운 헌법적 면책 사유를 인정해야 하는가에 대해 많은 논란이 있었고 하급심 판결들도 상반되는 결과들을 낳았다. 연방대법원은 아직까지 이를 인정하지 않았으며 이를 입법화하려는 시도들도 크게 성공하지 못하고 있는 실정이다.

이러한 면책 사유와 더불어 수용되어 온 현실적 악의 원칙은 공직자와 공적 인물로 하여금 언론을 상대로 승소하기 힘들게 만드는 핵심적 요인이다. 현실적 악의 원칙에 대한 최근의 비판과 논의들은 '현실적 악의 원칙'의 적용을 헌법 이론상 표현(언론)의 제한이라는 이유로 폐기하자는 주장보다는 현실적 악의 원칙을 계속 유지하되 현재의 문제점을 보완해나가자는 경향이 뚜렷하다. 그럼에도 현실적 악의 원칙을 공직자에 국한하지 않고 공적 인물로까지 확대 적용한 것은 큰 오류라는 지적이 계속되고 있다. 다시 말하자면 현재의 명예훼손법은 개정되어야 한다는 비판이다(염규호, 2000).

## 공인이론에 대한 논란

1) 과도한 적용

비록 법적 안정성을 가장 중요하게 생각하는 미국에서 만들어진 이론이지만 공인이론은 언론법 영역에서 상당한 논란을 불러 일으켰다. 법적 안정성을 위해 공인이론을 과도하게 적용한 결과였다. 이렇게 공인이론의 적용에 있어 논란을 일으킨 사건들 중에서 무엇보다 1971년 오칼라 스타배너 기업 대 댐런(Ocala Star-Banner Co. v. Damron, 401 U.S. 295)에서 공무원 또는 공직 후보자에 대한 명예훼손 책임이 문제되었다.

레너드 댐런(Leonard Damron)은 소도시의 시장이자 조세사정인(tax assessor) 후보였다. 그런데 형제인 제임스 댐런(James Damron)이 위증죄로 기소되었는데, 이에 대한 기사에서 신문 편집자는 착오로 위증죄로 재판을 받게 될 사람이 레너드 댐런이라고 생각하고 기사를 게재하였다. 결과적으로 신문사는 아무런 근거 없이 레너드 댐런에 대한 보도를 하였고 그는 조세사정인 선거에서 패배하였다. 댐런은 신문사를 상대로 한 손해배상 소송을 제기하여 승소하였으나, 이 판결은 연방대법원에서 파기환송되었다. 즉 비록 기사가 허위이자 명예훼손적이기는 하나 위 기사가 공무원 및 공직 후보자의 자격과 관련되었기 때문에 위 기사는 명백하게 설리번 판결의 면책특권(privilege)의 범위에 속한다는 것이다. 연방대법원은 비록 신문사가 명백히 극도로 부주의하였지만 현실적 악의가 없었으므로, 레너드 댐런에게는 구제 수단이 주어지지 않는다고 보았다.

공직자가 아닌 공적 인물의 명예훼손이 문제가 된 루드 대 핀니 사건(Rood v. Finney, 418 So.2d 1 (La. Ct. App.), cert. denied, 420 So.2d 979 (La. 1982), cert. denied, 103 S. Ct. 1254 (1983))에서 루이지애나 주 법원은 공적 인물 또

한 현실적 악의를 입증하지 않으면 피해구제가 힘들다고 판시하였다. 이 사건에서 플로이드 루드(Floyd Rood)는 '하이웨이 골프'(highway golf)라는 활동을 통해 청소년을 돕는 일을 한 프로 골퍼였는데, 그는 청소년들의 약물 남용에 반대하는 전시회를 개최하면서 전국을 돌기 위하여 기금을 모으려 하였다. 루드는 언론 보도 자료에서 하이웨이 골프를 "(일반적인) 약물 중독 문제를 해결하는 것을 돕기" 위해 고안한 것이라고 설명하였다. 루드는 이 보도자료를 UPI 기자에게 주었는데, 그는 이 이야기를 휴스턴 신문(Houston Chronicle) 등에 전송하였다. 그러나 휴스턴 신문에서는 이 이야기를 게재하면서 루드가 "자신의 약물 중독 문제를 해결하는 것을 돕기 위해 창안한" 스포츠라고 보도하였다. 과실로 한 단어가 바뀌었고, 그 결과 플로이드 루드는 약물중독자인 것처럼 기사화되었다. 루드가 명예훼손을 이유로 소를 제기하였으나, 법원은 루드를 공인으로 판단하여 약식 판결로 넘겼고 여기서 그는 패소하였다. 루드가 휴스턴 신문의 과실 이외에는 어떤 것도 입증할 수 없었기 때문이다. 뉴욕 타임스 판결과는 달리 위 두 판결은 언론사의 책임을 인정하여야 한다고 생각할 수 있다. 그러나 위와 같은 허위 보도에 대해서도 언론사의 책임을 부정해야만 언론의 자유를 보장한 수정헌법 제1조의 목적이 달성된다고 보고 있는 것이다.

#### 2) 공인과 사인 구분의 불명확성

전술한 바와 같이 미국에서의 공인이론은 원고가 공인인지 사인인지 여부, 즉 신분이나 지위에 따라 명예훼손 책임 요건을 다르게 보고 있다. 즉 공인은 언론사의 '현실적 악의'를 입증해야 하지만, 사인은 언론사의 과실(negligence)을 입증하는 것으로 충분하다. 따라서 공인과 사인의 구별은 미국 명예훼손법에서 핵심적인 요소이다. 명예훼손의 피해자가 사인인 경우에는 공익성이 있는지 여부와 상관없이 현실적 악의 기준을 적용해야 하는 것은 아니다. 이러한 경우에는 연방대법원이 관여하지 않고 각 주의 명예훼손법에 따라 규율된다. 42개 주에서 사인의 경우에 과실이 있으면 명예훼손 책임을 지지만, 뉴저지(New Jersey) 주 등 4개 주에서는 현실적 악의 기준을 채택하고 있고, 뉴욕 주에서는 중대한 과실(gross negligence) 기준을 채택하고 있다(Smolla, 2014).

그런데 공인 중 가장 확실한 공인인 공무원의 경우에도 모두가 공인의 범주에 속하는 것은 아니다(김재형, 2014). 즉 현실적 악의 기준이 적용되는 공무원은 모든 공무원을 의미하는 것은 아니고, 공무원 중에서 중요한 지위에 있는 사람을 말하는 것이라 판단할 수 있다. 일단 선출직 공무원과 고위직 공무원은 확실한 공인으로 분류될 수 있다. 또한, 경찰관 등 법집행을 담당하는 공무원도 공인에 포함된다. 공직 후보자나 흥미롭게도 퇴직한 공무원에 대해서도 현실적 악의 기준이 적용된다.

그런데 이와 같은 공무원을 공무원이 아닌 공적 인물과 구별할 것인지 문제된다. 그러나 미국 판례에서 이 구별은 중요하지 않다. 즉 공적 인물과 공무원을 구분해서 얻는 이익이 그다지 크지 않다는 것이다. 공적 인물에 대해서도 공무원에게 적용되는 기준과 동일한 기준이 적용되기 때문이다. 즉 공인으로 판단된 사람은 법적으로 공무원과 동일한 취급을 받는다. 예를 들어 운동선수 마이클 조던이나 지휘자 레오나드 번스타인은 명예훼손 소송에서 대통령이나 상원의원의 경우와 동일하게 취급된다(Schauer, 1984, p.908).

공무원에 대한 명예훼손과 공인에 대한 명예훼손을 구분하지 않는 것에 대해서는 비판적인 견해가 있다(Curtis Publishing Co. v. Butts, 388 U.S. 130 (1967)). 공적 인물에 대한 논평이 수정헌법 제1조에 의하여 보호되어야 한다고 하더라도, 공인의 경우 공무원에 대한 논평만큼 엄격하게 보호해야 하는 것은 아니라는 것이다. 가령 공무원이 아닌 공인의 경우에는 현실적 악의 기준을 충족하지 못한 경우에도 책임을 인정해야 한다는 것이다(Rosenbloom v. Metromedia, Inc., 403 U.S. 29 (1971)). 즉 공인인지 여부를 판단하기 어려운 경우가 많다. 미국에서도 누가 공적 인물이고 누가 아닌지에 관한 쟁점은 여전히 논란이 되고 있다.

또한 공적 인물은 여러 종류로 분류된다는 점에서 공인과 공무원의 구분이 필요하다는 의견도 제시된다(박용상, 2013b). 공적 인물의 분류 중 중요한 의미를 가지는 것은 전면적(무제한적) 공적 인물(unlimited/pervasive/all-purpose public figure)과 제한적 공적 인물(limited/vortex public figure)의 구분이다. 일단 공적 인물이 위 두 유형 중 어느 것에 해당하든지 무조건 현실적 악의 기준이 적용된다. 그러나 전면적 공적 인물의 경우에는 모든 명예훼손 행위에 현실적 악의 기준이 적용되지만, 제한적 공적 인물의 경우에는 공적 인물 지위를 발생시킨 공적 논쟁에 관한 발언에 대해서만 현실적 악의 기준이 적용된다.

전면적 공적 인물에 관한 기준이 명확한 것은 아니지만, 전면적 공적 인물은 사회적으로 광범위한 영향력을 갖고 모든 분야에서 공적인 인물로 취급되는 사람을 말한다. 예를 들면 대통령선거에 출마한 상원의원, 전국적인 명성을 가진 연예인이나 스포츠 스타, 유명한 작가, 유명한 사회운동가나 종교 지도자, 유명 변호사 등이 이에 포함된다. 공적 논쟁에 뛰어들었다고 볼 수 있는 정치인뿐 아니라 연예인과 같이 공적 논쟁과는 무관하게 그의 명성을 이유로 전면적 공적 인물이 될 수 있는 경우도 있다. 또한 끔찍한 범죄를 저지른 흉악범도 여기에 속할 수 있다. 뉴욕 타임스와 같은 주요 언론사가 원고로서 소를 제기하는 경우에 주요 언론사도 전면적 공적 인물에 속한다.

제한적 공적 인물은 관련 문제의 해결에 영향력을 행사하기 위하여 특별한 공적 논쟁의 전면에 자발적으로 나선 사람을 말한다. 제한적 공적 인물은 특정한 공적 논쟁에 자발적으로 참여함으로써 비판적인 보도와 논평의 대상이 될 수 있는 위험을 감수하였다고 볼 수 있다. 따라서 이들은 공적 논쟁과 합리적인 관련성이 있는 경우에만 공적 인물로 취급된다. 연예인이나 운동선수가 이에 속한다. 그러나 연방대법원의 판결에 따르면 유명 기업가의 전처는 공적 인물이 아니다.

공적 인물을 자발적 공적 인물과 비자발적인 공적 인물로 구분하기도 하는데, 비자발적인 공적 인물로는 공적 인물의 가족이나 범죄의 피해자 등을 들 수 있다. 자신의 비자발적 행위로 공적 인물이 될 가능성이 있지만, 비자발적 공적 인물로 인정되는 경우는 거의 없다. 공적 인물과 현실적 악의에 관한 판례가 표현의 자유를 보장하는 데 중대한 역할을 하였음은 분명하다. 그러나 미국의 판례에서 공적 인물의 개념이나 기준이 명확한 것은 아니다. 공적 인물인지 사적 인물인지, 전면적 공적 인물인지 제한적 공적 인물인지 판단하는 기준이 혼란스러운 것처럼 보인다. 공무원에 대한 현실적 악의 기준을 공무원이 아닌 공적 인물에 적용한 것에 대해서도 비판적인 견해가 있다. 그리하여 명예훼손 책임의 성립여부에 관한 새로운 기준을 제시하는 견해도 많지만, 미국의 판례는 쉽게 바뀌지 않을 것으로 예상된다.

### 3) 공인의 프라이버시 침해

미국의 경우 프라이버시와 관련해서는 공인은 명예훼손과 유사하게 현실적 악의를 입증해야만 프라이버시 침해로 인한 피해의 구제를 받을 수 있다. 일반적으로 사생활의 공표가 프라이버시 침해가 되기 위해서는 ① 사적 사실들의 공개가 사적 공개가 아니라 공적인 공개이어야 하고, ② 공중에 공개된 사실들이 공적 사실이 아니라 사적 사실이어야 하며, ③ 공개된 사실이 통상의 감수성을 가진 합리적인 사람에게 매우 불쾌하게 여겨지는 것이어야 한다. 미국 제2차 불법행위 리스테이트먼트(Restatement (Second) of Torts)는 제 652D조에서 '사생활의 공표'에 관하여 다음과 같이 정하고 있다. 타인의 사생활에 관한 사안을 공표한 자는 그의 프라이버시 침해에 대하여 타인에게 책임이 있다. 다만 공표된 사실이 합리적인 사람에게 매우 불쾌하고, 공중의 정당한 관심사가 아닌 것이어야 하며, 일반인에 대한 보도라고 하더라도 공중의 정당한 관심사에 속하는 경우에는 프라이버시 침해가 되지 않는다. 원고에 관한 기사나 사진이 원고를 당혹스럽게 하거나 감정적인 괴롭힘을 주는 경우에도 보도할 가치가 있다면 공표를 할 수도 있다. 이를 '보도 가치 원칙'(newsworthiness principle)이라고 한다.

미국에서는 대체로 타인에게 잘못된 인상을 심어주는 행위를 프라이버시 침해로 보고 있다. 이것을 명예훼손과 구별할 수 있는지 문제된다. 허위의 사실을 적시한다는 점에서는 명예훼손과 마찬가지이다. 그러나 잘못된 인상으로 인한 프라이버시 침해는 명예를 훼손할 필요가 없기 때문에, 명예훼손과는 구별된다. 미국 제2차 불법행위 리스테이트먼트 제652E조는 '사람에 대한 잘못된 인상을 심어주는 공표'라는 표제하에 다음과 같이 규정하고 있다.

"타인에 관한 사안에 대하여 공중에게 잘못된 인상을 심어주는 공표를 한 자는 다음과 같은 경우 프라이버시 침해에 대한 책임이 있다. (a) 타인에 대하여 심어준 잘못된 인상이 합리적인 사람에게 있어 심하게 불쾌하고, (b) 행위자가 공표한 사안의 허위성과 타인에게 심어질 잘못된 인상에 대하여 알았거나 무모하게 무시하면서 행위를 한 경우" 공중에게 잘못된 인상을 심어주는 표현으로 인한 프라이버시 침해는 공인에 대한 명예훼손의 경우와 마찬가지로 현실적 악의 기준이 적용된다.

타임사 대 힐 사건(Time, Inc. v. Hill, 385 U.S. 374 (1967))에서는 허구에 근거한 연극이 범죄피해자인 원고의 실제 경험을 재연한 것이라고 보도한 것이 프라이버시 침해가 되는지 문제되었다. 연방대법원은 언론기관이 과실로 원고에 대하여 잘못된 인상을 불러일으키는 표현을 사용하였다고 하더라도 현실적 악의가 없는 한, 프라이버시 침해에 대한 책임을 지지 않으며, 언론기관이 진실이 아님을 알고 있었거나 또는 그 진위를 무분별하게 무시하였다는 점을 원고가 증명해야만 언론기관이 프라이버시 침해로 인한 책임을 진다고 판결하였다.

이 판결 이후에 나온 거츠 사건에 의하여 이 판결의 법리가 수정되어야 하는지 논란이 있었으나, 공중에게 잘못된 인상을 심어주는 경우에는 명예를 훼손하는 것은 아니기 때문에 현실적 악의 기준이 적용된다고 볼 수 있다.

아울러 미국의 경우 공적 인물의 사생활이나 사진 또는 영상을 보도하는 경우에는 허위보도의 경우와 달리 언론이 거의 책임을 지지 않는다. 그 근거로 공적 인물은 ① 공개를 원했거나 공개에 동의했다는 점, ② 그의 존재나 직업이 이미 공적 성격을 띤다는 점, ③ 언론은 대중에게 공익에 관한 정당한 관심 사항으로 된 것을 알릴 특권을 헌법상 보장받는다는 점 등을 든다. 그러나 유명한 영화배우라도 친구끼리 모여 노는 것과 같은 단순한 사생활은 프라이버시에 의하여 보호된다(강경근, 1999; 김영철, 1999; 김재협, 1999).

그리고 언론이 공공의 이익에 관한 사항을 보도한 경우에는 프라이버시 침해가 되지 않는다. 뉴스 가치가 있는 것을 보도하는 것은 국민의 알 권리를 충족시키는 것으로 언론의 자유에 의하여 보장되어야 하기 때문이다. 공공의 이익은 정보의 이익이라고도 하는데, 사회구성원이 어떤 사실을 아는 데 정당한 관심을 가지고 있고, 그것을 아는 것이 사회에 이익이 되는 것을 의미한다. 미국의 판례는 영화사가 원고 등 비만한 여성들이 살빼는 기구를 이용하여 체조하는 장면을 촬영하여 영화관에서 뉴스 영화의 일부분으로 상영한 사안에서, 이를 공공의 이익에 관한 것이라고 보았다.

그러나 단순히 대중의 호기심을 충족시키는 것에 불과한 것은 정당한 관심의 대상이라고 보기 어렵다. 1983년 디아즈 대 오클랜드 트리뷴 사건(Diaz v. Oakland Tribune, 139 Cal. App.3d 118)에서는 대학 최초의 여성 학생회장인 디아즈의 성전환 사실을 보도하는 것이 허용되는지 문제되었다 법원은 원고가 학생회장으로서 일정한 목적하에 공적인 인물이 되지만, 성별은 뉴스 가치가 없다고 보아 프라이버시 침해를 인정하였다.

그럼에도 언론이 항상 유리한 것은 아니다. 예를 들어 1977년 소우 '인간 대포알'(Human Cannonball) 사건에서 연방대법원은 원고의 인간 대포알 연기 전체를 텔레비전 뉴스 프로그램에서 보도하는 것은 원고의 프라이버시를 침해하는 것이라고 판시하였다. 원고인 휴고 자키니(Hugo Zacchini)는 서커스단에서 대포에서 발사되어 200피트를 날아가 네트에 떨어지는 연기를 해왔는데, 언론사가 원고의 승낙 없이 불법적으로 그 자신의 전문가적 자산(professional property)을 도용했으며 그 연기의 향후 경제적 가치를 위협했다는 이유로 손해배상을 청구하였다. 연방대법원은, 비록 상업적 도용에 대한 주장은 뉴스 내용으로부터는 인정되지 않는다는 원칙에도 불구하고, 수정헌법 제1조상의 특권은 아무리 뉴스 프로그램이라고 하더라도 원고의 동의 없이 전문가의 연기 과정 전체를 보도하는 것에는 적용되지 않는다고 주장하였다(Zacchini v. Scripps-Howard Broadcasting Co., 97 S.Ct. 2849 (1977)).

한편 꽤 오래된 사건인 바버 대 타임사 사건(Barber v. Time Inc., 348 Mo. 1199 (Mo. 1942))에서 원고의 성명을 밝힐 필요가 있는지 문제되었다. 바버(Barber) 여사는 희귀병에 걸려 종합병원에 입원하여 치료를 받고 있었다. 병의 증상은 계속 먹어도 체중이 줄어드는 특이한 것이었다. 이 사실이 언론에 알려지자 해당 사진기자는 그녀의 항의에도 불구하고 사진을 찍어 신문에 보도하였다. 타임지는 '의학란'에 그녀에 관한 기사를 게재하였는데, 이 기사의 표제는 '굶주린 대식가'이었고 그녀의 얼굴을 클로즈업한 사진 아래에는 "탐욕스러운 대식가 바버, 그녀는 열 사람 분을 먹는다"라는 문구가 쓰여 있었다. 미주리 주 대법원은 프라이버시권에는 사적 사항을 공개당하지 않고 가정이나 병원에서 의학적 치료를 받을 수 있는 권리가 포함되고, 공중에게 의학 정보를 제공하기 위하여 원고의 성명을 밝힐 필요는 없다고 하여 원고 승소의 판결을 하였다.

이에 관한 연방대법원은 매우 확고한 태도를 취하고 있다. 연방대법원은 콕스 방송사 대 콘 사건(Cox Broadcasting Corp. v. Cohn, 420 U.S. 469 (1975))에서 언론기관이 소송 기록에 있는 강간 피해자의 이름을 보도한 경우에도 프라이버시 침해를 부정하였다. 플로리다 스타지 대 비제이에프 사건(The Florida Star v. B. J. F., 491 U.S. 524 (1989))에서는 경찰이 공중에 배포한 보도자료에서 입수한 강간 피해자의 이름을 공표한 것에 대하여 민사 책임을 인정하는 것이 수정헌법 제1조에 부합하는지가 문제되었다. 연방대법원은 이 경우에도 프라이버시 침해를 부정하였다. 문제된 정보가 형사사법절차가 개시되지도 않았고 용의자도 특정되지 않은 시점에서 경찰이 배포한 보고서에서 나온 경우에도 보도할 수 있다는 것이다. 그러나 매콘 텔레그래프 출판사 대 태이텀 사건(Macon Telegraph Publishing Co. v. Tatum, 208 Ga.App. 111 (430 S.E.2d 18)(1993))에서 조지아(Georgia) 주 고등법원은 침입자가 손에 칼을 들고 바지를 내린 상태에서 침대에 접근하는 순간 그를 총으로 쏘아 죽인 여자의 이름과 주소를 공표한 것은 프라이버시 침해에 해당한다고 보았다.

그런데 공적 기록 즉, 연방의회나 지방의회의 회의 및 절차, 그리고 법원 관련 기록 등을 뉴스로 보도하거나, 뉴스 가치가 있다고 판단되는 공적인 사항에 대한 보도의 경우에는 언론의 프라이버시 침해 책임을 묻지 않는다(성낙인, 1999). 대표적인 예를 들면 1988년 로마나인 대 칼린저(Romanine v. Kallinger) 사건에서 뉴저지 주 대법원은 뉴스 가치성과 공적 기록의 기준을 적용함으로써 언론의 면책을 인정하였다. 사건은 원고인 칼린저가 1975년 체포된 이후 8년 만인 1983년에 칼린저의 생애와 범죄를 그린 『구두쟁이』(*The Shoemaker*)라는 책을 한 출판사에서 출간함으로써 시작되었다. 칼린저는 자신의 명예훼손과 프라이버시 침해를 이유로 손해배상 소송을 제기하였다. 이에 대해 법원은 첫째, 그것은 뉴스로서의 가치가 있기 때문에 공공의 정당한 관심사가 될 경우에는 프라이버시 침해가 되지 아니하며, 둘째, 그것은 법원의 공적 기록에 포함된 사실을 공표한 것이므로 상당한 기간이 경과하였다고 하더라도 뉴스로서의 가치가 약해지지 아니한다고 판시하였다(537 A.2d 284 (N.J. 1988)).

종합하자면 일반적으로 공인의 경우 매우 개인적인 정보를 제외하고 정보의 공익성이 인정되는 경우에는 프라이버시라고 해도 그 침해를 인정하지 않는 경향이 크다고 할 수 있다. 또한 프라이버시 침해로 인한 피해구제를 받기 위해서 공인은 언론의 현실적 악의를 입증해야 한다. 명예훼손 만큼 엄격하게 현실적 악의가 적용되지는 않지만 사적 정보라고 하더라도 공적 관심사가 되는 경우에는 프라이버시 침해가 인정되지 않거나 된다고 하더라도 공인이 그 현실적 악의를 입증하고 피해구제를 받는 것은 매우 어렵다고 하겠다.

# ② 공인과 현실적 악의

공인 법리의 핵심은 '현실적 악의 원칙'이라고 해도 과언이 아니다. 설리번 사건 이후 공인의 현실적 악의에 대한 논의는 이후 많은 명예훼손 판례에서 끈질기게 계속되어 왔다. 이러한 많은 판례들 중 여기서는 현실적 악의 원칙의 정립에 영향을 끼쳤던 판례들을 선별적으로 분석한다.

현실적 악의 원칙의 정립의 초기 단계에 있어 중요한 판례는 전술한 1967년 커티스 대 버츠 사건(Curtis Publishing Co. v. Butts, 388 U.S. 130) 및 에이피 대 워커 사건(AP v. Walker, 389 U.S. 28)이다. 연방대법원은 이 두 사건을 같은 날에 판결하면서 과연 현실적 악의가 어디까지 적용될 수 있는가에 대한 적용 범위를 설정해 준다. 하급심의 경우 두 사건 모두 언론에 대해 손해배상을 명령한 배심원의 결정에 손을 들어주면서 설리번 사건에서 적용된 현실적 악의 원칙은 공직자에만 적용되며 여기에 관련된 사람들은 공직자가 아니기 때문에 현실적 악의를 입증할 필요가 없다고 판단하였다. 그러나 연방대법원은 현실적 악의 원칙이 공직자가 아닌 공적 인물(public figure)에도 적용되어야 한다고 피력하였다.

먼저 버츠 사건에서 연방대법원은 피소 언론사인 『새터데이 이브닝 포스트(The Saturday Evening Post)』의 행위가 현실적 악의를 구성한다고 판결하였는데, 본 판결은 현실적 악의를 구성하는 요인에 대해 구체적 설명을 제공하고 있다. 본 판결에서 주심 판사였던 할란(John Harlan) 대법관은 진실에 대한 무분별한 무시를 판단하기 위해 피고 언론사의 내용이 진실성과 책임 있는 보도라는 기준에 비추어 얼마나 심각하게 이탈되어 있는가를 알아보는 데 초점을 두었다. 이 사건은 조지아대 풋볼 코치였던 왈리 버츠(Wally Butts)가 자신의 숙적 관계에 있던 앨라배마대학 풋볼 팀의 코치와 경기 결과를 조작 공모하였다고 포스트지가 폭로한 데 대해 명예훼손 소송을 제기하면서 시작되었다. 당시 포스트지는 전과 경력이 있는 한 사람이 전화 통화를 엿듣고 제보한 내용을 기사화하였는데, 이때 보도의 근거는 제보자가 작성한 메모였다. 판결에서 연방대법원은 포스트지의 문제가 된 기사는 경기가 있은 후 6개월 정도 지나서 나온 것이기 때문에 포스트지는 보도 내용을 검증할 만한 충분한 시간이 있었다는 점, 그리고 제보자가 교육 수준이 낮고 전과 기록이 있는 사람이었다는 점, 그리고 포스트지가 공모 주장의 당위성을 확인하기 위하여 경기의 내용을 다시 검토하는 등의 노력을 기울이지 않았고, 필요한 조사에 게을리했던 점 등이 복합적으로 작용하여 '현실적인 악의를 구성'한다고 보면서 5대 4의 투표로 하급심의 결정을 확정하였다.

워커 사건(AP v. Walker, 388 U.S. 130 (1967))의 경우 피고 AP 통신사가 전 육군 장성이며 정치권과 관련되어 있는 백인 인종차별주의자인 원고 에드윈 워커(Edwin Walker)가 미시시피대학에서 반분리정책을 집행하고 있던 경관들을 학생들로 하여금 공격하도록 자극했다고 보도하면서 시작되었다. 연방대법원은 공적 인물의 경우 비록 공직자처럼 공적 임무를 수행하는 것은 아니지만 사회를 운영하는 데 있어 상당한 영향력을 발휘하기 때문에 공적 인물에게도 현실적 악의 원칙이 적용되어야 한다고 주장하였다. 그러나 연방대법원은 버츠(Butts) 사건에서처럼 보도된 내용이 불합리한 것도 아니었고 또한 원고가 AP통신사의 이러한 기사의 보도 자체가 현실적 악의를 구성한다는 증거를 찾아내지 못하였기 때문에 원고는 언론사에 그 피해 보상을 구할 수 없다고 밝혔다. 특기할 것은 연방대법원이 AP통신사의 성격상 취급 뉴스가 시간을 다투는 핫 뉴스(hot news)였다는 점을 강조한 것이었다. 아울러 연방대법원은 공적 인물도 설리번 판결에서 나타난 것과 같이 공직자와 마찬가지로 현실적 악의를 "명백하고 확실한 증거"(clear and convincing evidence)를 통해서 밝혀야만 한다는 점도 다시 한 번 강조하였다. 이 사건들은 훗날 현실적 악의와 관련 공적 인물의 개념을 설정함에 있어 방향을 제대로 제시했다기보다는 불필요한 방향 모색의 부담을 하급 법원에 안겨주는 결과를 낳았다는 비판을 듣기도 한다.

현실적 악의 원칙을 이해하기 위해서 버츠 사건만큼 중요한 사건이 바로 1968년의 성 아망트 대 톰슨 사건(St. Amant v. Thompson, 390 U.S. 727)이다. 이는 공직 후보자가 마치 뇌물을 받은 것처럼 암시한 언론의 보도에 대한 명예훼손 소송인데, 당시 언론은 당사자(원고)가 아닌 타인을 인터뷰하고 그 내용의 진위 여부에 대하여 확인하지 않은 채 이를 공표한 것이 문제가 되었다. 하급심에서는 보도 내용의 진위 여부를 고려하지 않은 당시 언론의 행위가 현실적 악의 원칙의 "무분별한 무시"(reckless disregard)의 요인에 해당한다고 보았다. 그러나 연방대법원은 하급심의 판결을 뒤집으면서 비록 언론의 행동이 무책임하게 보이지만 이것이 무분별한 무시의 요건을 충족시키지는 않는다고 판단하였다. 연방대법원은 현실적 악의 원칙에 있어서의 무분별한 무시란 '일반적 적용'보다는 '개별적 판결'(case-tocase adjunction)에 입각해야 한다고 밝히면서, 무분별한 무시를 통하여 현실적 악의를 입증하기 위해서는 언론의 행위가 공표사실의 진실성에 대하여 상당한 정도의 의심이 내포되어 있었다고 믿을 만한 충분한 증거가 있어야만 한다고 주장하였다. 이때 보도 내용이 진실이라고 잘못 믿었던 경우와 명백한 조작 행위(fabrication)는 구별되어야 하며, 정보제공자의 진실성 또는 기사 내용의 정확성을 의심할 만한 명백한 이유가 없는 한 현실적 악의는 증명될 수 없다고 지적하였다.

이러한 원칙들은 약 10여 년간 법원에 의해서 충실히 지켜져 왔다. 그럼에도 어떤 행위들이 구체적으로 현실적 악의에 속하는가에 대해서는 논란의 여지가 많았다. 현실적 악의의 구체적인 행위에 대해 처음으로 밝힌 판례가 1966년의 골드워터 대 긴즈버그 사건(Goldwater v. Ginzburg, 261 F. Supp. 784 (S.D.N.Y. 1966))이다(1969년 연방대법원 확정). 이는 1964년 당시 미국 대통령 선거운동 기간 중 『Fact』지의 기자인 골드워터(Goldwater)가 후보인 랄프 긴즈버그(Ralph Ginzburg)를 일종의 '정신 질환자'라고 보도함으로써 촉발되었다. 골드워터는 "심정적 자서전"이라는 제목의 칼럼에서 긴즈버그를 비하하면서 자신의 기사는 1,189명의 정신과 전문의를 상대로 한 설문 조사의 결과에 근거했다고 주장하였다. 문제는 보도에 이용된 설문의 질문들이 정신과 의사들에게서 긴즈버그가 마치 정신 질환을 앓고 있는 사람처럼 응답을 유도하도록 대단히 주도면밀하게 조작되었으며, 기자는 기사 작성에 유리하게 응답한 설문들만을 조작적으로 해석하고 이를 보도하였다는 점이다. 즉 골드워터는 잡지사 측의 편집 방향에 부합하는 것들만을 허위로 취합·보도하여 마치 정신과 의사들이 긴즈버그를 정신 질환자로 진단하고 있는 것처럼 보이도록 조작하였다. 골드워터는 재판에서 긴즈버그가 공직을 지망하는 후보이기 때문에 잡지사의 현실적 악의를 명백하고 확실한 증거를 통해 입증해야 한다고 주장하였다. 연방대법원은 잡지사의 연구 조사 조작 행위는 현실적 악의를 구성할 충분한 조건을 갖추었다고 보면서 긴즈버그에 손해배상을 명하였다.

2년 후인 1979년 허버트 대 랜도 사건(Herbert v. Lando, 441 U.S. 153)의 경우 원고가 본심 이전 절차인 선서증언(deposition: 본심 전 상대의 변호사들과 피고, 원고가 모여서 재판에 이용되어질 증거를 보완하기 위하여 상대에게 심문하는 절차)에서는 언론의 '현실적 악의를 입증할 수 있는 증거를 얻기 위해 어떤 질문을 할 수 있는가'의 여부를 다루었다. 민사법상 대개 선서증언에 의해서 증거가 확보될 수 있으며 본심에서 의외의 증거 제공이나 돌발적인 상황이 벌어지지 않도록 하는 것이 관례이다. 보도의 대상이 된 전 육군 중령 앤써니 허버트(Anthony Herbert)는 CBS의 "60 Minutes" 제작자인 랜도(Lando)가 자신이 베트남전에 참가했을 당시의 행적에 대한 보도에서 그의 명예를 훼손하였다고 주장하였다. 선서증언에서 CBS는 대개의 질문에는 응답하면서도, 보도를 하는 데 있어 왜 특정의 사안들만 조사하면서 다른 것들은 제외시켰는지, 그리고 왜 특정인들만 인터뷰하고 다른 사람들은 제외시켰는지, 그리고 랜도가 "60 Minutes"의 제작자와 가진 인터뷰의 전체 내용은 어떤 것이었는지에 대해서는 대답을 거부하였다.

연방대법원 화이트(White) 대법관은 CBS가 보여준 '선서증언'에서의 태도는 현실적 악의인 진실에 대한 "무분별한 무시"(reckless disregard of truth)의 요건을 만족시키는 것은 사실이나, 이는 언론사의 견해, 태도, 생각, 결론 등에 의해서 증명되는 것이 아니라 "궁극적으로 사실이 추론 가능한 객관적인 증거에 의해서 이루어져야 한다"라고 강조하였다. 계속해서 화이트 대법관은 재판 전치절차인 선서증언이 대단히 소모적이고 비생산적인 것이라고 비판하면서 이러한 선서증언을 통해서는 가장 중요한 증거라고 생각되는 것만이 본심에서 허용되어야 한다고 주장하였다. 원고는 언론사의 진실에 대한 무분별한 무시를 입증하기 위해 피고의 심리 상태와 편집 과정을 조사해야 했는데, 이는 엄청나 비용을 초래하는 것이었으며, 피고 또한 방어에 상응하는 비용이 소요되었다. 본 사건은 언론이 자신의 정보원을 공개해야 하는가라는 또 다른 이슈와 함께 만일 현실적 악의가 존재하였는지를 결정할 목적으로 "정신적 과정"(mental processes)에 대한 발견이 이루어졌다면 그러한 정신적 과정에 대한 조사가 수정헌법 제1조에 위배되지 않는다는 점을 강조하고 있다. 다시 말하자면 수정헌법 제1조상의 언론 자유에 관련된 면책특권도 필요한 증거를 구하기 위해서는 상황에 따라서는 인정되지 않는다는 점을 보여주고 있다.

1980년대 들어오면서 어떠한 행위들이 현실적 악의의 정의에 부합하는가에 대한 논의들이 계속해서 확산되었다. 먼저 1983년 발생한 헌트 대 리버티 로비 사건(Hunt v. Liberty Lobby, 720 F.2d 631)에서 제11연방순회법원은 원래 "상식적으로 존재할 수 있다고 생각되지 않는 이야기"나 "신뢰성 낮은 정보원"에 의존하는 것이 현실적 악의를 구성할 수 있다고 보았다. 법원은 잡지가 1963년 당시 CIA가 케네디 대통령 암살을 목적으로 워터게이트 사건에 연루되어 있었던 하워드 헌트(Howard Hunt)를 거세할 계획이었다는 내용을 현 정부와 법적인 문제로 갈등을 겪고 있는 전 CIA 요원이 쓴 책을 바탕으로 기사화한 것은 현실적 악의가 있었다는 증거라고 판결하였다. 법원은 잡지의 편집자들은 충분한 지식을 갖추고 있지 않은 취재원에 기자들이 의존하게 만들어서는 안 되었다고 판시하였다. 동시에 잡지의 경우 사후 확인을 할 만한 충분한 시간적 여유가 있었음에도 불구하고 문제가 되는 기사를 조사해보려는 의지나 노력이 없었다고 보면서 보도 당시 있을 법하지 않은 이야기가 아닌 데도 편집자가 그것을 믿고, 그 진실성의 여부를 확인해보려 하지 않은 점은 현실적 악의를 구성하는 행위라고 설명하였다. 법원은 보도 당시 일반적으로 불가능한 것으로 생각되는 이야기를 사실로 믿었다는 언론의 주장은 받아들여질 수 없다고 판시하였다. 연방대법원은 순회법원의 판결을 확정하였다.

현실적 악의 원칙은 자연인에 대한 명예훼손뿐 아니라 제품(기업)의 경우에도 적용될 수 있다. 대표적인 예가 바로 1984년의 보스사 대 소비자 연맹 사건(Bose Corp. v. Consumers Union, 466 U.S. 485)이다. 여기서 연방대법원은 음향기기 제조회사로 유명한 보스(Bose)사가 자사의 스피커를 "시끄러운 확성기"라고 품평하여 제소된 『컨슈머 매거진(Consumer Magazine)』 편집자에게 승소 판결을 내렸다. 『컨슈머 매거진』은 Bose 901 스피커가 방안에서 빙빙 도는 듯한 소리를 내며 바이올린 소리는 실내에서도 약 10피트 이상 떨어져서 소리나는 것처럼 들리며 피아노 소리는 벽을 타고서 기어올라가는 듯이 난다고 주장하였다. 보스턴의 연방 지방법원은 재판에서 먼저 보스사는 법인으로서 현실적 악의를 증명해야 하는 공인이라고 보았다. 먼저 잡지의 기사가 의견인지 또는 사실적 주장인지를 판단하는 것이 쟁점이 되었는데, 법원은 잡지의 기사는 사실적 주장이며, 동시에 이는 현실적 악의를 구성한다고 하면서 잡지사는 보스사에 손해배상을 지불하라고 명령하였다. 그러나 항소심에서 연방순회법원은 보스사가 공인으로서 현실적 악의를 증명하기 위한 확실한 증거를 확보하지 못했다며 하급심의 결정을 번복하였다. 연방대법원은 연방순회법원의 결정을 확정하면서 각급 재판부는 독자적인 기준에 근거하여 현실적 악의가 '명백하고 확실한 증거'로서 입증되는가를 판단할 수 있다고 보았다.

현실적 악의 원칙에 대한 논의는 과연 이 원칙이 정식 재판의 경우에만 적용되는 것인지 아니면 그 범위가 더 넓어야 하는지에 대해서도 다루고 있다. 이러한 논의는 1986년 앤더슨 대 리버티 로비 사건(Anderson v. Liberty Lobby, Inc., 477 U.S. 242)에서 잘 알 수 있다. 여기서 연방대법원은 6대 3의 표결로써 "약식재판"(summary statement)으로 회부될 수 있는가의 여부는 원고가 짊어져야 할 의무의 무게를 고려하여 결정되어야 한다고 보았다. 여기서 원고는 약식재판의 경우 본 재판과는 다른 과실책임 기준과 증거 기준이 적용되어야 하며, 따라서 공인의 경우에도 현실적 악의와 명확하고 확실한 증거보다는 사인에게 적용되는 '부주의'의 과실책임 기준과 '증거상의 우세' 증거 기준이 적용되어야 한다고 주장하였다.

이 사건은 로비 회사인 리버티 로비(Liberty Lobby)가 워싱턴 DC의 컬럼비아 연방지법에 앤더슨(Anderson)의 출판사에서 발행되는 잡지가 회사를 마치 신나치주의, 반여성주의, 인종주의, 그리고 파시스트주의자라고 표현한 세 건의 기사를 근거로 명예훼손 소송을 제기함으로써 시작되었다. 문제가 되는 기사들 중 두 건의 기사를 쓴 작가는 자신이 광범위한 조사를 실시했고, 사실을 뒷받침할 정보원을 바탕으로 글을 썼다고 주장하면서 약식재판을 청구하였다. 공소장에서 작가는 수정헌법 제1조 원칙에 입각해서 리버티 로비는 현실적 악의를 입증하지 않으면 안 된다고 주장하였고, 워싱턴 지방법원은 약식재판을 승인하였다. 여기서 법원은 리버티 로비는 제한적 공적 인물(limited-purpose public figure)에 속하며 따라서 현실적 악의 원칙이 적용 가능하고, 작가의 행위는 현실적 악의가 있다고 보기 어렵다고 판시하였다. 워싱턴 고등법원은 기사 내용의 일부는 명예훼손적 여지가 있다고 하였다. 그리고 이러한 경우에 만일 약식재판이 인정되고 리버티 로비가 증거를 제공할 기회가 주어진 후가 아니면 판결에 있어 명확하고 확실한 증거 기준이 적용되어서는 안 된다고 하면서 판결을 뒤집었다. 상소심에서 연방대법원은 연방순회법원의 결정을 무효화하고 비록 약식재판일지라도 관계된 인물이 공인에 속하는 경우 현실적 악의가 증명되어야 하며, 그 증명은 명백하고 확실한 증거 기준을 통해서 이루어져야 한다고 판시하였다. 연방대법원의 판사들은 원고가 이 판례에서 공인으로 인정되기 때문에 약식재판을 원고가 청구할 때 판사들은 배심원들이 심리하는 데 있어서 '명확하고 확실한 증거'를 가지고 현실적 악의를 증명했는지 안 했는지에 근거하였는지를 결정해야만 한다고 주장하였다. 다시 말하자면 연방대법원은 비록 약식재판일지라도 공인이 명예훼손 소송에 관계된 이상 이는 본심의 예외로서 인정해서는 안 된다고 밝혔다.

1년 후에 발생한 넬슨 대 AP 사건(Nelson v. Associated Press, Inc., 667 F. Supp. 1468 (S.D. Fla. 1987))의 경우 선정적인 이혼 사건에 관계된 것으로 퓰리처(Pulizer)라는 사람이 그의 아내가 한 심령집회 도중에 동석한 그녀의 친구들과 성행위를 했다는 이유로 자신의 아내를 상대로 이혼소송을 제기한 과정에서 발생하였다. 퓰리처는 그의 아내의 여자 친구인 넬슨(Nelson)을 증인으로 채택하였다. 넬슨은 직업심령술사로서 오랫동안 퓰리처 부인의 상담자 역할을 맡아 온 사람이었다. 문제의 기사는 "지난달 넬슨이 퓰리처 부인이 코카인 밀매 업자와 그의 집에서 코카인을 하고 성관계를 하는 것을 보았다고 증언하였다"라고 보도한 부분이었다. 넬슨은 이러한 문장이 자신을 "자주 추잡한 것만을 찾아다니는 관음증 증상을 보이는 변태성욕자"로 묘사하고 있다면서 자신의 명예를 훼손하였다는 이유로 AP통신사를 상대로 소송을 제기하였다.

플로리다 주 대법원은 원고가 "자주"라는 용어에 초점을 맞추어, 기사 중에서 단순히 보았다고 한 것을 넬슨이 "자주 추잡한 것만 찾아다니는 관음증 증상을 보이는 변태성욕자"라는 의미로 갖다 붙이는 것은 지나친 억측이라고 판시하였다. 또한 법원은 만약에 기사가 "자주 보았다" "정기적으로 보았다" "늘 보았다" 또는 "즐겨 보아 왔다"라고 표현하였다면 명예훼손이 될 수도 있겠지만 그럼에도 이 기사는 진실이라고 보았다. 넬슨의 실제 증언은 퓰리처 부인과 코카인 업자가 같이 침실에 들어가는 것을 보았으며, 한참 후에 둘이 나오면서 퓰리처 부인이 바지의 지퍼를 올리고 옷매무새를 가다듬는 것을 보았다는 것인데, 설사 성행위의 실제 장면을 보았다는 증언을 하지는 않았고 그 상황을 일상용어상 성행위 장면을 본 것처럼 표현하였다고 하더라도 이는 현실적 악의를 가졌다고 볼 수 없다고 보았다. 이 사건은 현실적 악의 원칙의 유형에 속하는 행위들에 있어서의 문제점을 내포하고 있다.

또 다른 중요한 사건은 같은 해 발생한 브라운 앤 윌리엄스 토바코 대 제이콥슨 사건(Brown & Williamson Tobacco Company v. Jacobson, 713 F.2d 262 (7th Cir. 1983))이다. 여기에서 제7연방순회법원은 CBS에 대하여 3백만 달러의 손해배상을 명하였다. 사건은 CBS의 앵커인 월터 제이콥슨(Walter Jacobson)이 "월터 제이콥슨의 견해"라는 프로그램에서 당시 비쎄로이(Viceroy) 담배를 생산하던 브라운 앤 윌리엄스(B&W)사가 미성년자들을 흡연에 꾀려고 하는 시도에 대해 보도하면서 시작되었다. 제이콥슨은 담배 제조자를 "담배를 마약, 포도주, 맥주, 그리고 섹스와 연결시키려고 하는 음모자들"이라고 썼다. 또한 그는 비쎄로이 제조자들은 단지 음모자일 뿐 아니라 거짓말쟁이라고 혹평하였다. 비록 제이콥슨의 보도가 연방거래위원회(Federal Trade Commission)의 담배 제조업자의 미성년자를 향한 광고 전략에 대한 보고서와 관련된 것이기는 하지만, 제7연방순회법원은 보도 내용이 너무 부정확해서 "공평한 보도"(fair reporting)의 면책특권에 의해 보호받을 수 없다고 판시하였다.

B&W사는 광고담당자를 증거인으로 출석시켰고 1975년에서

1982년 사이에 나온 회사의 광고물들은 모두 증거로 제출하면서 제이콥슨의 회사가 담배를 술과 섹스에 연결시키려고 한다는 보도가 잘못된 것임을 증명하였다. 이에 제이콥슨은 자신의 기사는 연방거래위원회의 보고서에 근거한 것이며 보고서에 따르면 B&W사가 광고 전략상에 그러한 전략이 있다고 주장했는데 이는 나중에 실제가 아닌 것으로 판명되었다. 또한 제이콥슨은 미성년자라는 말 대신에 어린이라는 용어를 회사의 광고 전략에 사용하고 있다고 하였으나 이는 또한 사실과 다른 것으로 판명되었다. 연방순회법원은 마약이나 주류, 섹스와 관련된 광고를 수색하는 것이 실제로 비현실적이라는 것을 알았다는 보고서 및 방송 내용을 소각처리한 제이콥슨의 행위는 현실적 악의를 구성할 수 있다고 판결하였다. 법원은 제이콥슨이 고용한 연구자가 의도적으로 그의 18쪽짜리 보도문과 연방거래위원회의 견해가 담겨 있는 보고서의 일부 등 중요 서류를 의도적으로 훼손했다는 점에 주목하였다. 이러한 피고들의 서류 파손 행위는 보도 당시 제이콥슨의 B&W사에 대한 판단이 잘못되었다는 것을 알고 있었으며, 그럼에도 보도는 의도적으로 이루어졌다는 사실을 증명하는 것이라고 법원은 판시하였다. 법원은 CBS에 대하여 징벌적 손해배상(punitive damages)으로 2백만 달러, 그리고 제이콥슨에 징벌적 손해배상으로 5만 달러의 지불을 명하였다. 연방대법원은 상소를 받아들이지 않고 하급심을 확정하였다.

이와는 반대의 취지를 담고 있는 사건이 같은 해 발생하였다. 태보라리스 대 워싱턴 포스트 사건(Tavoulareas, et. al. v. The Washington Post Co., No. 80-3032 (D.D.C. June 21, 1983))에서 워싱턴 DC 연방순회법원은 모빌 정유사의 전 사장인 윌리엄 테보라리스(William Tavoulareas)가《워싱턴 포스트(Washiongton Post)》지를 상대로 명예훼손 소송을 제기한 데 대해서 단순히 적대적인 입장을 취하는 것이 현실적 악의를 구성하는 데 필요충분한 요인은 아니라고 밝혔다.《워싱턴 포스트》는 모빌 정유 사장이었던 테보라리스가 자신의 힘을 빌려 자신의 아들로 하여금 유류 업계의 탱커와 유조선을 관리하도록 했다는 논지의 비판 기사를 게재하였다. 지방 하급심 법원에서는 정유사에 유리하게 평결한 배심원들의 결정을 기각하였으나, 지방고등법원의 경우 원심을 뒤집고 테보라리스의 주장대로 현실적 악의가 성립되는 것으로 판단하였다. 즉 고등법원은 신문이 선정적이고 적대적인 정책을 따랐다는 사실은 허위를 밝혀주는 구실을 제공해 주며 악의의 증거라고 판결하였다. 그러나 워싱턴 연방순회법원은 이러한 지방고등법원의 판결을 뒤집었다. 연방순회법원은 신문사 측이 심층적인 탐사보도를 실시하려는 적대적 정책은 정확성과는 관계없이 단순히 고강도의 기사를 위해 왜곡 보도되어야 한다는 압력이 가해졌다는 증거가 없는 한 현실적 악의가 존재하였다고 볼 수 없다고 판결을 내렸다. 그리고《워싱턴 포스트》지의 직원은 신문의 정책이 기자가 기사를 작성하는 데 무분별함으로써 승진할 수 있다는 것으로 이해하였다고는 볼 수 없다고 설명하였다. 아울러 피고가 진행 과정에서 원고에게 해를 끼치려고 하였다는 기자의 논평 그 자체가 허위를 유포하려는 증거는 아니며 그러한 논평은 "탐사기자의 일상적인 어투에 불과"하다고 판시하였다.

공인이 현실적 악의를 입증해야 하는 것은 비단 명예훼손에서뿐 아니라 사생활 침해에 대한 소송에서도 적용된다. 1988년 허슬러 잡지 대 폴웰 사건(Hustler Magazine v. Falwell, 485 U.S. 46)은 대표적인 예라고 할 수 있다. 본 사건은 미국의 TV 전도사로 널리 알려진 폴웰(Fallwell) 목사가 『허슬러(Hustler)』지를 대상으로 명예훼손, 프라이버시 침해, 그리고 감정적 침해(emotional distress)에 대한 손해배상 소송을 청구하면서 시작되었다. 성인 잡지인 『허슬러』는 술 광고 하단 부분에 "폴웰 목사의 처음 경험은 그의 어머니와 함께"라는 문구를 삽입하였다. 실제로 이는 폴웰 목사를 겨냥하여 외설적인 풍자를 하였는바 그 내용이 마치 폴웰 목사가 음주보다는 성적인 첫 경험을 그의 어머니와 한 것 같은 인상을 주는 명예훼손적인 것이었다. 이에 대해 연방대법원은 비록 그 풍자 광고에 나타난 표현이 모욕적이라는 것은 인정하지만, 그러한 지나침이 언론 자유에 의해 보장되는 정치적 언사에서 지나치게 벗어나는 것이라고는 할 수 없다고 하였다. 왜냐하면 풍자가 단순한 사실의 진술에 집착해서는 안 되며, 건전한 상식을 가진 일반인의 눈에 사실이라기보다는 풍자라고 인식되면 충분하다고 보았기 때문이다. 아울러 대법원은 공인의 경우 명예훼손 외에도 사생활 침해 또는 감정적 침해로부터 보상을 받기 위해서는 언론의 현실적 악의를 입증해야만 한다고 판시하였다.

현실적 악의의 논의에 있어 빠질 수 없는 것이 1989년의 하르트-행크스 커뮤니케이션 대 컨노턴 사건(Harte-Hanks Communications, Inc. v. Connaughton, 491 U.S. 657)이다. 본 사건에서 연방대법원은 현실적 악의가 상식적 수준의 증거로는 입증될 수 없다는 점을 다시 한 번 강조하였다. 이 사건은 오하이오 주 법조공직 후보자인 컨노턴(Connaughton)이 현직자이며 동시에 경쟁자인 반대 후보자를 편드는 지역신문인 《저널 뉴스(Journal News)》를 상대로 소송을 제기함으로써 시작되었다. 《저널 뉴스》는 1면에 "대배심에 출석한 증인이 컨노턴(Connaughton)이 '더러운 속임수'(dirty trick)를 사용했다고 증언하였으며, 컨노턴이 현직자로 법률 비서관으로 일할 때 도움의 대가로 자신과 자신의 누이에게 직장과 플로리다로의 여행을 약속한 바 있다"는 증인의 주장을 기사화하였다. 연방지법의 판결에서 배심원들은 의심이 가는 기사가 명예훼손적이고 잘못된 것이라는 점을

"명확하고 확실한 증거"(clear and convincing evidence)에 의해서 입증되었기 때문에 신문의 편집자는 컨노턴에게 일반적 손해배상으로 5천 달러, 그리고 징벌적 손해배상(punitive damage)으로 19만 5천 달러를 지급하도록 명하였다. 제6연방순회법원은 하급심의 판결이 잘못되지 않았다고 보면서 하급심의 결정을 확정지었고, 하르트-행크스사는 연방대법원에 상고심을 신청하였다. 연방대법원은 "조사나 보도의 기준으로부터 극히 벗어나는 상당히 비이성적인 행위 자체로만 공인이 짊어져야 할 현실적 악의를 명확하게 입증할 수 있는 것으로 간주해서는 안 된다"라고 주장하면서도 저널 뉴스의 행위가 현실적 악의를 구성한다고 하는 하급심의 결정을 확정하였다. 연방대법원은 "하급심들은 현실적 악의의 구성 요인에 대해 자신들의 독자적 재량을 가지고 판단할 수 있다"라는 이전의 원칙을 재확인하였다.

현실적 악의 원칙의 이해와 관련하여 또 하나의 중요한 판결인 1990년 밀코비치 대 로레인 저널 사건(Milkovich v. Lorain Journal Co., 497 U.S. 1 (1990))에서 순수한 의견이 아니라 사실이 포함된 진술인 경우 현실적 악의가 성립될 수 있음을 보여준다. 본 판결은 스포츠 칼럼니스트가 법원의 판결을 비판하는 글을 발표함으로써 시작되었다. 오하이오 주 고등학교 체육위원회가 메이플 하이츠(Maple Heights) 고등학교와 레슬링 코치인 밀코비치(Milkovich)를 대회에 출전 금지시키는 조치를 취하자, 이에 대해 학부모위원회는 회의를 통해 그 조치에 대해 반발하였고 급기야 청문회가 열렸다. 청문회에서 메이플 하이츠 고등학교와 밀코비치에 대한 징계 처분을 철회하게 되었는데, 위원회와 청문회에 모두 참석했던 신문 칼럼니스트인 대디운(Dadiun)은 "완전히 거짓말을 통해서 징계를 벗어났다"라는 헤드라인 기사를 《뉴스 헤럴드(News Herald)》지에 싣게 되었다. 밀코비치와 고등학교의 체육 감독은 기자와 신문을 상대로 소송을 제기하였고 오하이오 주 대법원은 칼럼니스트의 글은 면책의 대상이 되는 "의견"에 속한다고 판결하였다. 그러나 렌퀴스트(Rehnquest) 대법관을 중심으로 한 연방대법원은 비록 허슬러 사건(Hustler v. Falwell) 등에서 보는 것처럼 비유적이거나 과장적인 표현을 통한 언어표출인 의견이 명예훼손의 면책 사유가 되는 것은 사실이나 대디운이 칼럼에 쓴 글은 이러한 단순한 의견의 표현이라기보다는 "사실적인 사건"을 허위적으로 쓴 것이라는 점을 알 수 있다고 주장하였다. 또한 전체적으로 보더라도 이는 칼럼이 밀코비치의 거짓말을 고발하는 내용이라기보다는 그의 명예를 훼손하는 방향으로 쓰여졌다는 것을 알 수 있다고 피력하였다. 즉 단순한 의견의 표출이 아니라 사실적인 요소가 담겨 있는 허위적인 표현은 현실적 악의의 구성 요인이 될 수 있음을 밝히고 있다고 하겠다.

같은 해에 있었던 워포드 대 렉싱턴 헤럴드-리더 사건(Warford v. Lexington Herald-Leader, 789 S.W.2d 758 (1990))은 마감 시간과 취재 노력의 정도가 현실적 악의 원칙의 증명 여부와 관련이 있다고 보는 일례를 제공하고 있다. 판결에서 켄터키 주 대법원은 마감 시간에 쫓기지도 않고 사후 조사를 위한 충분한 시간이 있었음에도 이를 게을리한 것은 현실적 악의를 구성할 수 있다고 보았다. 《렉싱턴 헤럴드(Lexington Herald)》는 미시간 주의 피츠버그 대학에서 농구팀의 부코치를 채용하는 데 있어 부정이 개입되었다는 것을 기사화하였다. 문제가 되는 기사는 농구팀의 코치가 부코치를 채용하는 데 있어 채용의 대가로 부코치가 받게 되는 임금의 인상분을 나누어 가지기로 제안하였다는 내용을 담고 있었다. 기자는 팀의 한 선수를 인터뷰했는데, 당시 기자와 인터뷰한 선수는 기사가 나가기 전 기자에게 비슷한 이야기는 한 적이 있으나, 돈 거래에 대해서는 이야기한 바 없다고 말하였다. 다음 해《렉싱턴 헤럴드》는 "NCAA Reprint"라는 제목으로 같은 이야기를 기사로 내놓았는데 켄터키 주 대법원은 배심원이 분명히 이 사건에서 현실적 악의가 있었음을 발견하였다고 파악하였다. 대법원은 피고 언론사가 이렇게 심각한 혐의 내용을 사후 조사할 수 있는 충분한 시간이 있었음에도 불구하고 선수의 신뢰를 회복하기 위해 거의 노력하지 않았다는 점을 판결의 근거로 들었다. 적어도 기자가 접촉할 수 있었던 선수의 부모, 코치, 친구나 학교의 관계자 그 밖의 다른 사람들을 전혀 접촉하지 않았기 때문에 배심원은 기자가 기사 내용에 대한 진실 여부에 대해서는 무관심하게 기사를 썼다는 사실을 확증적으로 믿을 수 있었다고 보이며 이는 현실적 악의를 구성할 수 있다고 판시하였다.

이와는 달리 챙 대 미시애나 전기통신 사건(Chang v. Michiana Telecasting Co., 900 F.2d 1085 (1990))은 언론인이 기사의 진실성을 위한 충분한 조사를 할 경우 이는 진실에 대한 현실적 악의 상의 무분별한 무시에 해당하지 않는다는 것을 보여주고 있다. 이 사건은 한 방송사의 기자인 테리 미드(Teri Meade)가 익명의 취재원으로부터 대만 기업이 지방 연구소의 연구 과학자인 에피 챙(Eppie Chang)에게 1백만 달러를 지불하고 그의 회사로부터 어떤 거래에 대한 비밀을 훔쳐 대만으로 도주하라는 제의를 했다는 정보를 기사화함으로써 시작되었다. 이와 함께 취재원은 챙의 출국을 막도록 소송을 제기하고 있다고 밝혔다. 기사를 접한 챙은 명예훼손으로 방송사를 상대로 소송을 제기하였고, 그는 기사의 내용상 그 진실성에 대한 무분별한 무시가 성립된다고 주장하였다. 법정에서 미드는 챙에게 걸려 있는 소장의 내용이 익명의 정보원이 알려준 것과 동일한 것임을 밝혔다. 그러나 그 익명의 정보원은 대만으로 갈 계획이라고 한 사람이 챙이라고 하였으나, 챙은 연구 기밀을 훔쳐 대만으로 탈출하려한다는 주장을 부인하였다. 그는 미드와의 인터뷰를 거부하였고 기밀을 훔친 조건으로 백만 달러를 지불받았다는 사실은 결국 밝혀지지 않았다. 그럼에도 미드는 자신의 조사대로 방송을 내보냈으며, 따라서 이러한 행위가 현실적 악의를 구성하게 된다고 챙은 주장하였다. 제7연방순회법원은 챙의 주장을 일축하면서 기자인 미드는 기사 내용의 진실성에 대해 "최선의 노력을 들여 확인 작업을 거쳤으며 익명의 정보원으로 받은 내용이 대개의 경우 증명되고 있다"라고 하면서, 챙의 미드에 대한 주장은 현실적 악의의 구성 요인인 진실에 대한 무분별한 무시의 증거가 되지 못한다고 판결하였다. 연방대법원은 하급심의 판결을 확정하였다.

현실적 악의와 관련하여 비교적 최근에 논란이 되었던 사건이 1991년 매이슨 대 뉴요커 매거진 사건(Masson v. The New Yorker Magazine, 501 U.S. 496)인데 여기서는 글을 변경하는 것이 현실적 악의를 만족하는가를 다루고 있다. 오랫동안 프로이드 연구소의 자료실 프로젝트 디렉터로 일했던 정신분석학자인 제프 매이슨(Jeff Masson)은 연구소의 주류와는 다른 이론적인 사상을 개발하다가 연구소로부터 파면 조치되었다. 『뉴요커(New Yorker)』 잡지사의 기자인 재닛 말콤(Janett Malcolm)은 매이슨에게 접근하여 그와 인터뷰하고 그 내용에 기초하여 기사를 썼다. 인터뷰에서 말콤은 연구소에서 일하는 사람들과의 관계 그리고 정신분석학에 대한 매이슨의 생각 등을 전해 들었다. 뉴요커지의 말콤은 이러한 그의 인터뷰를 바탕으로 잡지에 기고하였는데, 이에 매이슨은 자신이 인터뷰한 내용과 다르다며 명예훼손으로 소송을 제기하였다.

매이슨은 기자가 자신의 생각과 글을 변조하였고 이러한 허위 조작으로 인해 자신을 자만심이 강하고 책임감이 약하며 성적으로 하자가 있는 사람으로 인식되게 했다고 주장하였다. 그는 자신을 공인으로 인정하지만 동시에 말콤의 조작 행위는 현실적 악의에 해당한다고 하여 명예훼손에 대한 보상을 요구하였다. 이에 대해 말콤 기자는 기사는 자신이 직접 행한 인터뷰 내용을 근간으로 하며 변조한 부분은 극히 일부로서 이는 현실적 악의에 해당하지 않는다고 주장하였다. 연방대법원은 비록 말콤이 매이슨과의 인터뷰 내용 중 그의 말을 직접 인용하거나 축어적으로 재생산했다고 주장하고 있으나, 이러한 언론의 행위가 충분히 오해를 불러일으키도록 하였으며 이는 결과적으로 말의 의미를 바꾸어 버리게 되었다고 판시하였다. 다시 말하자면 기사를 작성하기 위해 어느 정도 편집하고 변경하는 것이 불가피하다 해도 상식적으로 이해될 수 있는 한도 이상의 의미로 단어나 말들을 바꾸는 것은 현실적 악의에 해당한다는 점을 보여주고 있다.

현실적 악의에 대한 논의는 좀 더 발전적인 과정을 거쳐서 1994년 몰디아 대 뉴욕 타임스 사건(Moldea v. New York Times Co., 15 F.3d 1137)에서는 문제되는 기사 전체의 맥락에 대한 이해의 여부가 현실적 악의의 구성요소가 될 수 있다고 보았다. 이 사건은 법원이 내린 판결을 3개월 후에 스스로 번복하였다는 점에서 명예훼손 판단의 어려운 면을 단적으로 보여주었다. 이 사건은 몰디아가 저술한 넌픽션 『조직범죄가 어떻게 프로축구에 영향을 미치는가』라는 책을 비평한 《뉴욕 타임스》의 보도 일부가 저자의 명예를 크게 실추했다고 주장하면서 소송을 제기함으로써 시작되었다. 문제는 비평자가 몰디아의 저서에 "지나치게 무책임한 저널리즘"이 포함되어 있다고 비난한 대목이었다. 이에 대해 워싱턴 D.C. 연방순회법원은 기사를 전체적인 맥락에서 볼 때 합리적인 독자라면 그 표현을 단순한 의견으로 볼 것이며, 또 그 주장의 허위성을 증명할 수 없기 때문에 소송 대상이 되지 않는다고 판단하였다. 본 사건에서는 "동의할 수 있는 해석 기준"(supportable interpretation standard)이라는 독자적인 판단 기준이 제시되기는 하였으나 궁극적으로는 전통적인 증거 제시 가능성에 입각할 수밖에 없는 한계를 보여주었다.

위의 사건들 이외에도 다양한 사건들이 현실적 악의 논의에 기여하였다. 1987년 해런 대 킹 방송사 사건(Herron v. King Broadcasting, 746 P.2d 295)의 경우 현실적 악의를 가지고 보도했다는 심증이 현실적 악의의 증거로 채택되지는 않는다는 점을 확인하였다. 그러나 현실적 악의를 구성할 수 있는 다른 증거들, 예를 들어 방송국의 기자의 명예훼손적 기사에 대해 항의를 했으나 오히려 "이러면 정말 후회하게 될 거야. 한번 두고 봐"라고 했다면 이는 현실적 악의의 요소를 내포하는 것으로 볼 수 있으며, 이와 아울러 실제로 기사가 남용 보도된 증거가 있다면 이는 현실적 악의를 구성한다고 판시하였다.

그 외에도 몰래카메라와 같은 은폐적 취재 행위의 경우 이는 그 취재 관행의 성격상 현실적 악의를 구성하는 것이 아니라는 것이 일반적 판단이다. 오히려 1995년 데즈닉 대 ABC사 사건(Desnick v. ABC, Inc., 44 F.3d 1345 (7th Cir. 1995))에서 제7연방순회법원은 취재대상이 되는 공인의 경우 심층 보도 프로그램이 비상식적인 취재 관행에 의해 이루어질 수 있다는 점에 대해 유의했어야 한다고 말하였다. 일리노이 주의 유명한 안과의사인 데즈닉(Desnick)은 자신의 연구소를 몰래카메라에 담아서 마치 자신이 환자들에게 바가지 요금을 씌우는 악질 의사로 묘사한 데 대해 명예훼손상의 소송을 제기하였다. 법원은 무엇보다도 ABC의 프라임 타임 라이브(Prime Time Live) 제작진이 취재 요청을 한 바 있기 때문에 취재 과정에 몰래 환자를 가장하여 데즈닉 연구소의 진료 행위 등을 촬영하거나 환자들을 인터뷰한 것은 주거 침입이나 사생활 침해에 해당되지 않으며, 또한 유명한 안과의사인 데즈닉은 공인으로 간주되므로 데즈닉이 손해배상을 구하기 위해서는 해당 언론사의 현실적 악의를 입증해야 한다고 판시하였다.

결과적으로 이러한 판례들을 통해 공인이론이 배태되고 발전해 온 미국에서의 명예훼손법상 공인과 관련하여 무엇이 현실적 악의를 구성하고 언론에 있어서의 함의는 무엇인가를 알 수 있다. 현실적 악의는 공인이 언론 보도로 입은 피해에 대해 구제받기 위해서 반드시 입증해야 하는 큰 짐과 같다. 그런데 현실적 악의를 입증하기 위해서는 ① 보도 당시에 진실이 아니라는 사실을 안 점, ② 진실성에 대한 무분별한 무시, ③ 오류에 대한 고도의 의심의 존재라는 구성 요소가 충족되어야 한다. 이는 보도와 관련되는바 이구현(1998, 137쪽)은 이러한 현실적 악의의 기본적 요인에 세 가지 점이 더 고려되어야 한다고 지적한다. 그는 첫째, 문제되는 기사가 긴급을 요하는 사항(마감의 문제)인가, 둘째, 정보원이 얼마나 믿을 만하였는가, 셋째, 이야기가 진실이라고 믿을 만큼 그럴 듯하였는가의 점들이 고려되어야 한다고 피력한다.

주목해야 할 점은 단순히 언론이 누구를 헐뜯기 위해 보도하였다고 해서 — 다시 말하자면 단순한 악의(malice)를 가지고 보도하였다고 하여 — 이것만으로 꼭 현실적 악의를 구성하는 것은 아니라는 점이다. 비록 현실적 악의라는 것이 주(states)마다 독자적인 해석의 기준을 마련하여 다루는 것이기 때문에 어떠한 행위들이 구체적으로 현실적 악의의 요건을 만족시키는가에 대해서는 융통성이 있는 것은 사실이나 본 연구에서 판례를 통해 나타난 현실적 악의를 구성하는 구체적 행위들은 크게 〈표 5-1〉과 같이 5가지 유형으로 분류할 수 있다.

그러나 〈표 5-1〉과는 반대로 현실적 악의 요건을 만족시키지 못하는

표 5-1 **현실적 악의를 구하는 행위 유형**

| | 행위 유형 |
|---|---|
| **증거 인멸** | • 결정적 증거로서 요구되는 중요 문건의 소멸 행위<br>• 취재수첩 등 취재 과정에서 지득한 기록의 파손 행위 |
| **조작** | • 고의적으로 조작된 조사결과를 근거로 한 보도 행위<br>• 내용을 원래의 의미와는 다른 의미를 내포하는 단어를 이용해서 편집 또는 변형<br>• 조사과정에서 자신에게 유리한 사람들만을 불균형하게 인터뷰하는 행위<br>• 자료의 일부만을 보도하거나 없는 내용을 있는 것처럼 허위로 보도하는 행위 |
| **사실 왜곡** | • 순수한 의견, 풍자가 아닌 사실적 내용이 포함되거나 또는 사실의 왜곡을 통한 보도 행위<br>• 구체적인 증거 없이 개인을 범죄(조직)나 사회적으로 지탄을 받는 행위(단체)에 연루된 것으로 몰아가는 행위 |
| **무분별한 무시** | • 정황적으로 언론인의 기본적인 자질에서 크게 벗어나는 행위<br>• 전문가적 입장에서 볼 때 언론인이 지켜야 할 의무를 다하지 못한 경우<br>• 사후조사를 위한 충분한 시간이 있음에도 불구하고 이를 무시한 행위<br>• 상식적으로 있을 법하지 않는 이야기를 신뢰하고 이를 바탕으로 한 보도 행위<br>• 신뢰할 수 없는 정보원에 의존하며 기사 내용을 임의로 조작한 행위 |
| **사적 감정** | • 기자가 특정인에 대한 악의를 구체적으로 표현한 사실이 있음과 아울러 보도상 명백히 명예훼손을 범하는 경우 |

행위유형들은 ① 보도 당시 잘 모르고 직접적 연관이 없는 사람들의 인터뷰에 의존한 보도, ② 몰래카메라 등 위장취재 방법을 사용한 심층취재보도 행위(사적 사실의 노출은 다름), ③ 사실이나 사건이 아닌 사람 자체에 대한 보도 중 잘못 되었을 경우, ④ 언론인이 기사의 취소 요청을 거부하는 행위, ⑤ 언론인이 단순한 적대적 태도를 보이는 것, ⑥ 진실성을 입증하기 위한 언론사 나름대로의 노력을 한 경우 등이다.

즉 단순히 위와 같은 상황이 벌어졌다면 그 행위들은 현실적 악의를 구성하는 것이라고 볼 수 없다는 것이다. 그러나 이러한 요소들이 단순한 것이 아니라 여러 가지로 복합적으로 작용한다면 이는 현실적 악의를 구성할 수 있다는 복합인자설(multi-factor test)이 적용될 수 있다. 실제로 판례의 분석에 있어서 이러한 결과들은 상당히 중요한 의미를 갖는데 무엇보다도 우리나라의 언론이 언론 활동에 있어 하나의 지침으로 이용할 수 있을 것이다.[54] 그런데 최근의 경우 미국 법원은 언론의 자유에 대해 회의적인 입장을 보이고 있으며, 이와 함께 언론의 승소율이 떨어지면서 되도록 문제를 당사자 간의 합의를 통해 해결하려는 경향이 조금씩 커지고 있다(Sanford, 2000).

미국의 경우 엄청난 손해배상액을 감안하여 언론을 보호할 장치로서 현실적 악의 원칙을 내세우고 있는 반면에 한국의 경우 비록 최근 손해배상이 커지는 경향을 보이고 있지만 특별한 사안의 경우를 제외하고는 평균 손해배상액이 일정액 이하 수준에 머무르고 있기 때문에 별도로 언론에 대한 별개의 보호장치에 대한 필요성을 느끼지 않고 있는 것 같다는 지적도 있다(양경승, 1998).[55] 다시 말하자면 한국이나 미국이나 그 방법론

---

54 한국의 경우 공인과 관련하여 현실적 악의 원칙을 법적으로 인정하지 않고 있다(대법원 1998년 5월 8일 선고 97다34563 판결 등). 여기에서 한국과 미국의 대원칙에의 접근방식의 차이를 읽을 수 있다. 또한 미국의 법원리가 한국의 현실에 너무 잘못 원용되는 경우가 많다는 지적도 있었다(박형상, 2001). 그럼에도 기본적으로 명예훼손법이 언론의 자유와 개인의 기본권과의 조화를 목적으로 하고 있다는 점에서는 차이가 없으며, 미국에서 현실적 악의 원칙에 해당하는 언론행위들은 한국에서도 법원에 의해 충분히 인용될 수 있는 여지가 있다.

55 최근 우리 법원 손해배상연구반은 불법행위 유형별 적절한 손해배상액을 책정하는 가이드라인에서 명예훼손의 경우 기본을 5천만 원으로 정하였다. 여기에서 다양한 요인을 감안하여 증액 또는 감액할 수 있도록 하였다.

상의 형태는 상이하지만 언론과 개인 사이에 보호의 균형을 이루고 있다는 것이다.

그러나 판례 분석에서 살펴본 바와 같이 미국의 경우 비록 현실적 악의 원칙이 전능하게 언론을 보호해 줄 수도 없으며, 이러한 장치를 통해서 보호를 받는다고 하더라도 법적인 방어 비용이 엄청난 실정이다. 그래서 '현실적 악의' 원칙에 입각한 공적 인물의 명예훼손 소송은 혼돈에 빠져 있다고 판단하기도 한다(염규호, 1999). 반면에 한국의 경우 진실과 공익의 원칙을 현실적 악의 원칙의 대신으로 이용하고 있다고 하더라도, 김현철 사건과 같이 상당히 고액의 손해배상액이 명령된 경우, 그리고 보도의 내용이 완전히 진실에서 벗어나는 것이라고 보기 힘든 경우, 또한 공직자나 공인들에 의한 보복 성향을 띠는 명예훼손의 경우 등에는 현실적 악의와 같은 장치가 고려되어야 할 필요가 있는 것으로 보인다.

실제로 현실적 악의 원칙이 언론에 대한 보호 장치가 된다는 인식에서, 이 책 제7장에서 볼 수 있듯이 우리 언론은 공인 논리와 현실적 악의 원칙을 구성하기 위한 자발적 노력을 기울이기도 한다(Lee, 1999). 그러나 현재로서는 현실적 악의 원칙이 우리 법원에 의해 명예훼손법상 인정되고 있지 않기 때문에 이러한 언론의 노력은 현실성을 결여하고 있다. 언론에 대한 손해배상액이 비교적 적은 한국의 경우 현실적 악의가 법적 원칙으로서 받아들여지기 힘들 것으로 보인다. 그러나 만일 언론이 공인에 대한 정의를 계속 추구하고, 언론의 본질적 기능에 대한 법원의 판단이 변화하며, 손해배상액의 액수가 점차 증가하게 된다면 명예훼손법상 현실적 악의의 원칙이 받아들여질 여지는 아직 남아 있다고 하겠다. 이러한 의미에서 현실적 악의 원칙을 구성하는 구체적 행위유형에 대한 논의는 지속될 필요가 있다.

제6장

# 유럽과 아시아의 공인 법리

# 1 유럽의 공인 법리

## 유럽의 공인 법리의 전체적 특성

전체적으로 볼 때 유럽의 경우 미국의 공인원칙과 유사한 법리는 발견되지 않는다. 즉 공인 보도에 있어 미국의 경우 언론의 자유가 다른 개인 기본권에 비해 우월적인 위치에 있지만 유럽에서는 그러한 원칙이 적용되지 않는 것으로 보인다. 다만 유럽인권재판소(European Court of Human Rights; ECtHR)의 판결을 근거로 살펴보면 유럽에서도 자신을 의도적으로 일반 공중의 감시에 노출시키는 '공인'은 공무를 수행하지 않는 사인과는 달리, 공중의 비판과 자신의 사생활에 대한 침범에 있어 수인의 한도가 더 높다고 인식된다(Human Rights Committee, Bodrožić v. Serbia and Montenegro [2005] Communication no. 1180/2003 [7.2] 등). 이때 '공인'은 '공직에 있고/있거나 공공재를 사용하며, 일반적으로 정치·경제·예술·사회·스포츠 또는 기타 영역에서 공무를 맡는 모든 자'로 정의될 수 있다(프라이버시권에 관한 유럽평의회 의원총회 결의(Resolution 1165 (1998) para. 7.).

유럽에 있어서도 정부나 권력을 행사하는 자에 대한 공중의 감시권한은 민주주의 실현의 핵심요소이다. 따라서 직업 정치인의 공적 행위에 대한 공중의 감시의 허용 한계는 사인에 대한 그것보다 넓다. 사인에 관한 한 공익이 없을 법한 사안도 당사자가 정치인이면 공익이 존재한다고 인식된다(ECtHR, *Rumyana Ivanova v. Bulgaria* [2008] App. no. 36207/03 [60]). 아울러 고위 공직자의 청렴성은 퇴직 이후에도 공적 관심사로 남는다.

결국 단지 자신의 기능이나 지위를 이유로 감시로부터 보호되는 정치인이나 국가기관의 특별한 법적 지위는 민주사회에 있어서 표현의 자유·미디어 자유의 필요 불가결한 기능수행과 조화되지 않는다. 따라서 국가와 공직자에 대해 그 기능을 근거로 들어 여론이나 공중의 비판으로부터 보호하는 법률은 금지된다. 그러한 법률은 각 국가 또는 국제적인 불경죄(Human Rights Committee, *Aduayom and others v. Togo* [1996] Communication nos. 422-424/1990 [7.4].), 국가원수에 대한 명예훼손죄 등 공권력의 명예보호와 '육군'이나 '행정부'와 같은 공공기관에 대한 비판 금지를 포함한다. 공직자나 정치인이 미디어에서 감시·비판될 때, 공직자도 그 인격권의 보호 이익을 가지는바, 미디어 자유는 그들이 수행하는 공직자의 '명예'가 아닌 그들의 프라이버시나 신용에 대한 인격권과 이익형량 되어야 한다. 이러한 맥락에서 공직자는 특히 자신이 노출되어 받게 되는 부당한 공격에 대해 반론할 수 있는 커뮤니케이션 수단에 액세스할 수 있음도 고려해야 한다(ECtHR, *Axel Springer AG v. Germany (No. 2)* [2014] App. no. 48311/10 [66] 참조). 즉 공직자는 법정에서 구제 수단을 추구하지 않고 공적 담론 속에서 비판에 대응할 수 있다는 것이다.

유럽에 있어 기업은 대개 공인으로 간주된다. 기업은 상품이나 서비스를 생산하여 광범위한 경제 영역에 참여한다. 따라서 기업은 비록 그 자신을 공중 앞에 드러나기를 추구하지 않는다 하더라도 공적 관심의 대상이 된다(ECtHR, *Verlagsgruppe News GmbH v. Austria (No. 2)* [2006] App. no. 10520/02 [36]). 기타 공인으로는 스포츠 스타, 공무원, 공연 예술가를 들 수 있다(ECtHR, *Nikowitz and Verlagsgruppe News GmbH v. Austria* [2007] App. no. 5266/03 [25]). 그러나 공인이라고 하더라도 미국의 경우처럼 언론의 자유가 우월적인 위치에 있는 것은 아니며 개인의 인격권과 언론의 자유가 적절한 비교형량이 요구된다. 예를 들면 유럽인권재판소는 주로 선진국의 인권에 대한 개입을 다룬다. 표현의 자유·언론 자유의 침해를 이유로 유럽인권재판소에 회부되는 사건은 흔히 정부 비판이나 공인의 생활에 대한 알 권리와, 정치인이나 기타 저명인의 명예·프라이버시권과의 미묘한 이익형량을 요한다.

사리스토 외 대 핀란드 사건(Saaristo and Others v. Finland)에 따르면, 대통령 후보자의 공보관도 공인으로 간주된다(ECtHR, *Saaristo and others v. Finland* [2010] App. no. 184/06 [66]). 유럽인권재판소는 스탠다드 베르라크스 지엠비H(GmbH) 대 오스트리아 사건(Standard Verlags GmbH v. Austria (No. 3))에서 고위직 은행원은 '공인'이 아니며, 그 사람의 아버지가 정치인이었다는 사실 역시 그를 공인으로 만드는 것은 아니라고 판시하였다.

재판소는 이와 대조적으로 세습군주와 그 친족은 자발적으로 공중의 면전에 진입하지 않았으나 그 속에서 태어났고, 동시에 공적 영향력을 행사하는 사람은 민주적으로 선출되었는지의 여부와 관계없이 자신의 직위가 본질적으로 단지 상징에 불과하다 하더라도, 공중의 감시 대상이 되지 않으면 안 된다고 판단하였다. 따라서 미디어는 '궁전에 아첨하는 저널리즘'(obsequious palace journalism)을 지향하거나 특정 독자의 열망과 호기심을 충족시킬 목적으로 사람의 사생활을 침범하기보다는 공인의 직무수행에 관한 보도에 초점을 두지 않으면 안 된다고 피력하였다.

## 국가별 특성

### 영국

미국의 명예훼손법은 영국에서 도래한 것이지만 영국의 경우 미국과 달리 법리적으로 설리번 사건(New York Times v. Sullivan, 376 U.S. 254 (1964)) 이전에 미국이 수용하고 있었던 보통법(common law)상 엄격책임주의(strict liability rule)에 기초하고 있다. 즉 원고는 피고가 자기에 대한(concerning the plaintiff) 명예훼손적인 표현(defamatory statement)을 공표하였다는 점만 입증하면 되고, 피고의 과실(negligence)을 입증할 필요가 없다는 것이다. 손해의 발생은 추정되는데 피고가 손해배상책임을 지지 않기 위해서는 그 내용이 진실하다거나, 자기의 발언이 면책특권에 해당한다는 것을 입증하여야 한다. 결국 영국의 명예훼손 법리는 표현의 자유보다는 명예의 보호를 더 중시하는 경향이 있다.

그럼에도 미국의 설리번 사건은 영국 명예훼손 법리에 적지 않은 영향을 미치고 있다. 공직자가 자기 직무 행위와 관련된 명예훼손적인 허위 보도에 대해서 손해배상을 받기 위해서는 피고가 잘못된 보도인 줄 알았거나, 알 수 있었는데도 무모하게 이를 무시하여 보도했다는 것을 설득력 있고 명백히(with convincing clarity) 입증해야 한다는 설리번 사건의 취지를 좇아 제한적 면책특권을 영국에 도입하여야 한다는 의견이 줄곧 제기되었다. 1980년대 중반 이후 원고에게 거액의 손해배상 판결이 보편화되자 영국의 명예훼손 법리가 명예 보호에 지나치게 치우쳐 정당한 탐사보도와 공공정책 및 공직자에 관한 자유로운 토론을 저해한다는 비판의 목소리가 높아지면서 설리번 사건은 더욱 주목을 받게 되었다(Amponsah, 2001).

그러나 1991년 L.J. 닐(Neil)이 위원장인 대법원절차위원회(Supreme Court Procedure Committee)는 '명예훼손의 실무와 절차에 관한 보고서'(Report on Practice and Procedure in Defamation)에서 이러한 내용의 제한적 면책특권을 도입하는 데 반대하였다. 또한 1952년 이후 42년 만에 개정된 1996년 「명예훼손법」(Defamation Act 1996)은 제한적 면책특권의 유형을 열거하였지만, 공인 법리는 이 리스트에 포함되지 않았다.

그럼에도 공인이론을 도입하여 제한적 면책특권의 항변으로 인정하자는 주장은 계속 이어진다. 1993년 더비샤이어 대 타임스 사건(Derbyshire v. Times Newspapers Ltd. ([1992] QB 770))은 명예훼손 법리의 최근 변화를 잘 보여주고 있다. 이 사건은 더비샤이어(Derbyshire)라는 영국 지방에서 시의회(municipal council)가 신문사를 상대로 명예훼손 소송을 제기한 사건이다.

영국의 최고법원인 귀족원(House of Lords)은 미국의 현실적 악의(actual malice) 기준을 영국법에 도입하지 않았다. 하지만 도입하지 않은 이유는 이 사건에서 현실적 악의 기준을 이용할 필요가 없었기 때문이라고 보아야 할 것이다. 귀족원의 결론은 정부 및 행정 기능에 비판적인 기사에 대하여 지방기관(local authority)이 명예훼손 소송을 제기하는 것은 공공의 이익(public interest)에 반한다는 것이었다. 따라서 명예를 중시하던 영국 법원이 정부에 대한 비판의 중요성을 인식하고, 위축효과를 우려하는 판결을 내린 것은 설리번 사건의 영향이라고 보아야 할 것이다. 다만 공인이론과 같이 제한적 면책특권이 인정되는 새로운 유형을 만들어 내지는 못하였다.

귀족원(House of Lords)이 1999년 판결한 레이놀즈 대 타임즈 사건(Time Reynolds v. Times Newspapers ([1999] UKHL 45))은 영국 명예훼손 법리의 최근 동요를 더욱 분명하게 보여주고 있다. 1998년 인권법(Human Rights Act)이 제정되면서 법원은 표현의 자유를 보장하는 데 특별한 주의를 기울여야 했기 때문에 영국의 명예훼손 법리는 종전의 엄격책임주의에서 벗어나지 않을 수 없게 되었다. 이는 명예훼손 법리에 표현의 자유라는 헌법적 고찰이 필요함을 인식한 것이라고 하겠다. 레이놀즈 판결은 표현의 자유의 보장과 개인의 명예 보호를 적절히 조화하는 방안을 찾기 위하여 영국 법원이 고심한 흔적이 역력히 드러난다.

레이놀즈 사건의 쟁점은 정치적 표현(political speech)이라는 제한적 면책특권이 인정되는 새로운 유형을 만들 것이냐 말 것이냐에 있었다. 아일랜드 수상이었던 레이놀즈(Albert Reynolds)는 1994년 11월 17일 사임을 발표한 후 "잘 가시오, 고리대금업자여"(Goodbye gombeen man)라는 제목으로 그의 사임을 둘러싼 이야기를 보도한 『선데이 타임스(Sunday Times)』를 상대로 명예훼손 소송을 제기하였다. 피고인 선데이 타임스는 정부나 정치적 문제에 관한 보도는 국민에게 미치는 영향이 크기 때문에 일반적인 제한적 면책특권(generic qualified privilege)이 인정되어야 한다고 주장하였다. 정치적 발언이라는 새로운 유형을 만들어 표현의 자유를 보호하자는 것이다. 그러나 귀족원은 새로운 형태의 제한적 면책특권을 결국 인정하지 않았다. 오히려 사안에 따라 비교형량 하는 접근방법(case-by-case balancing approach)을 지지하였다(Melkonian, 2011).

레이놀즈 판결이 정치적 발언에 대하여 제한적 면책특권을 전혀 부여할 수 없다는 것을 뜻하는 것은 아니다. 이 판결은 정치적 발언이라는 유형에 해당되면 당연히 정치적 발언에 해당되어 제한적 면책특권이 인정되는 유형적 접근방법을 명시적으로 거부하였을 뿐이다. 보통법상 제한적 면책특권을 인정하는 근거가 공공의 이익(public interest)을 보호하려는 데 있기 때문에 공공의 이익을 위한 보도라면 그 내용을 굳이 정치적 발언에 한정할 필요가 없다는 것이 영국 법원의 판단이다. 따라서 어떠한 발언이 공중에게 이익이 되기 때문에 제한적 면책특권의 대상이 되는가는 법원이 모든 상황을 고려하여 판단하면 된다는 것이 레이놀즈 판결의 내용이다.

피고 측의 항변(defence)으로 진실의 입증이 있다. 여기서 진실이란 상당 부분 진실을 의미하며, 지적된 모든 사실이 각각 진실하지 않더라도 주된 내용이 진실하면 충분하다고 본다. 그러나 진실을 입증하기란 역시 쉽지 않다. 이보다 더 많이 사용되는 피고 측 항변은 '공공의 이익에 관련된 정직한 논평'(honest comment on a matter of public interest)이다. 이는 흔히 '공정한 논평'(fair comment)이라고도 불린다. 논평은 공평하여야 한다는 것인데, 실제로 공평성(fairness)은 어떤 사람이 문제의 의견을 정직하게 발표했느냐의 객관적 기준에 의해서 판단되어야 하기 때문에 그 의미를 상실했다고 한다. 만약 원고가 피고에게 악의(malice)가 있었음을 입증하면, 정직한 논평의 항변은 배척된다. 한편 정직한 논평의 항변은 의견(comment)을 보호하려는 것이기 때문에 사실에 관한 주장을 보호하려는 것은 아니다(Glasser Jr., 2013).

공표된 내용이 진실이 아닐 경우에도 그 표현의 자유를 보장하는 것이 당사자의 명예를 지켜주는 것보다 더 공공의 이익에 부합하는 경우가 있다. 영국에서는 그러한 예외로 크게 두 가지를 두고 있다. 하나는 절대적 면책특권(absolute privilege)이고 또 하나는 제한적 면책특권(qualified privilege)이다. 전자에 해당되는 경우 원고는 명예훼손 소송을 제기할 수 없으며, 후자에 해당되는 경우에는 원고는 피고의 발언이 악의에 의해 이루어졌다고 입증하면 항변이 실패한다. 영국에서는 오랫동안 판례가 축적되면서 면책특권이 인정되는 유형(category)이 형성되었다. 또한 보통법상의 많은 면책특권은 성문화되기도 하였다.

전통적으로 영국에서 절대적 면책특권의 항변으로 인정되는 것은 ① 의회의 절차 내에서 이루어진 주장이나 진술, ② 사법절차 내에서 이루어진 법관, 배심원, 변호인, 증인의 진술과 발언, ③ 사법절차에 관한 공정하고 정확한 동시 보도, ④ 정부관리 상호 간에 의무수행의 하나로 이루어진 진술이나 의사표현 등이다. 제한적 면책특권의 항변으로 인정되는 것은 ① 사법절차의 보도에 관한 보통법상의 면책특권, ② 의회절차의 보도에 관한 보통법상의 면책특권, ③ 공공의 관심사 보도에 관한 성문법상의 면책특권, ④ 공격에 대한 반박의 권리 등이다(Glasser Jr., 2013).

요약하면 영국의 명예훼손 법리는 보통법상 엄격책임의 법리를 그대로 유지하고 있으며, 설리번 사건의 현실적 악의 기준은 도입되어 있지 않으며, 미국의 공인이론과 같은 유형적 접근도 채택되어 있지 않다. 다만, 1990년대 이후 정치적 발언 등 공공의 이익이 되는 표현에도 제한적 면책특권을 부여하여야 한다는 인식이 확산되고 있다.

최근 영국의 명예훼손법이 많이 바뀌고 있으며, 이는 공인과 관련한 소송에서 일정 부분 달라질 것으로 예상된다. 무엇보다 영국은 명예훼손죄 폐지 및 명예훼손법 개정을 통해 이전보다 언론의 자유를 보호하는 쪽으로 입장을 바꾸었다는 점은 주목할 만하다. 이러한 영국의 명예훼손법의 변화는 언론의 자유와 명예가 충돌하는 경우 어떠한 가치를 우선시할 것인가와 관련하여 시사하는 바가 크다(정태호·김훈집, 2015).

1843년에 제정된 명예훼손법(Libel Act 1843)은 악의적으로 명예를 훼손하는 문서를 발행한 행위와 허위의 문서에 의한 명예훼손을 벌금이나 징역형으로 처벌하였다. 결투를 통해 명예를 지키려다 생명을 해치는 행위가 빈발하던 영국은 법으로 명예훼손 문제를 해결하려는 경향이 강하였다(박아란, 2015). 이러한 명예훼손죄는 주로 사회적 지위가 높은 사람에 의해 이용되어 왔는데, 이제는 불필요한 범죄가 되었으며, 유럽인권협약 제10조에 의해 보호되는 언론의 자유와도 조화되기 어렵다는 비판을 받아왔다. 또한 사회단체들은 명예훼손죄가 언론의 자유를 위축시킨다는 점을 지적해 왔다. 민사 소송에서도 명예를 두텁게 보호하였다. 다른 나라, 예를 들어 미국 등에서 이기지 못할 것 같은 명예훼손 소송을 영국으로 가져와 처리하는 사람들이 많아졌는데, 이렇게 소위 '명예훼손 소송투어'(libel tourism)가 늘어나게 된 것은 공인의 경우에 미국보다 승소 가능성이 높아서였다(박아란, 2015). 특히 진실이라고 하더라도 면책되지 않고, 민사책임에서는 폭넓게 인정되는 면책 사유가 명예훼손죄에서는 적용되지 않는다는 비판을 제기해 왔다. 이에 영국의회는 "검시관 및 형사사법"(Coroners and Justice Act 2009)을 개정하여 명예훼손죄를 2010년 1월 1일부터 폐지하였다. 이러한 조치는 국제 규범에 부응하려는 노력의 일환이다. 국왕 및 귀족 명예훼손죄로부터 비롯되어 선동적 명예훼손, 사인 간 명예훼손 등으로 법리 적용의 폭을 넓힌 '명예훼손의 원조' 격인 영국도 '선동적 명예훼손'(seditious libel)과 사인 간 명예훼손죄를 폐지함으로써 언론의 자유를 좀 더 확장시키는 조치를 취하게 된다(허순철, 2015).

결국 영국은 명예훼손법을 개정해야 한다는 사회적 요구를 반영하여 명예훼손법(Defamation Act 2013)을 개정하게 되었다. 동법은 "심각한 피해"와 "금전적 손실"의 원칙을 도입하고, "진실" "정직한 의견" "공익에 관한 사안의 공표" 등의 경우에 면책된다는 규정을 두었다. 또한 웹사이트 운영자가 면책되는 경우를 새로이 규정하고, 동료 심사를 한 학술지의 경우에도 면책을 인정하고 있다. 아울러 단일 공표의 원칙을 채택하고, 원고가 명예훼손 소송에서 승소하는 경우에는 법원이 피고에게 판결 내용의 공표를 명할 수 있도록 하는 등 여러 규정을 두고 있다. 2014년부터 시행되고 있는 개정 명예훼손법 제4조는 피고는 문제가 된 명예훼손적 표현이 '중대한 공익'과 연관이 있거나 아니면 중대한 공익과 연관이 있다고 합리적으로 믿었음을 입증하면 면책될 수 있다고 규정해야 한다고 규정하고 있다. 비록 공인과 관련된 내용은 아니지만 공익적 보도의 경우 면책가능성을 높여주어 영국 언론의 자유에 기여했다고 평가된다(박아란, 2015).

### 독일의 공인 법리

독일에서는 제2차 세계대전을 거치면서 나치 독재의 경험을 통하여 인간의 존엄과 인격의 자유를 보호할 필요성이 드러났고, 1949년에 제정된 독일 「기본법」에서 인격권을 헌법상의 기본권으로 규정한 것에 영향을 받아 독일 연방대법원이 일반적 인격권을 독일 「민법」 제823조 제1항의 '기타의 권리'로 승인하였다(김재형, 2014). 개인의 명예, 인격상, 사적 영역(Privatsphäre) 등을 침해하는 것은 일반적 인격권을 침해하는 것이다.[56] 이때 명예훼손의 피해자가 공인(또는 공적 인물)이라고 해서 그 성립 요건이나 입증책임이 달라지는 것은 아니다. 다만 공인의 경우에는 표현의 자유와 인격권 사이의 형량을 할 때 공인이라는 점을 중요하게 고려한다. 유럽인권재판소도 독일의 재량의 여지를 판단할 때 이러한 점을 고려하고 있다.

---

56 사적 영역에 무단으로 침입하거나 사생활을 동의 없이 공개하는 것으로부터 보호를 하는 것은 정보에 관한 자기결정권(Recht auf informationelle Selbstbestimmung)에 근거를 둔 것이다(박용상, 2013a 재인용).

예를 들어 아셀 스프링거 AG 대 독일 사건(Axel Springer AG v. Germany (No. 1))에 따르면, 텔레비전 스타가 드라마에서 '법집행과 범죄방지에 임하는' 총경 역할을 맡았는데, 나중에 그 배우는 실제로 저지른 범행으로 체포된다. 유럽인권재판소는 이러한 배우의 체포 소식이 공중의 관심을 증대시킨다고 볼 수 있다는 해석도 인정하지만, 이러한 추론은 설득력이 없다고 보았다. 즉 보통 '악당' 역을 맡는 배우의 체포에 대한 공중의 관심은 비교적 적다고 판단되기 때문이다. 대신에 재판소는 공중이 당해 배우와 그 역할에 대해서는 적절히 구분할 수 있을 것이라 믿었다. 여기에서 가장 중요한 것은 무죄추정의 범위 내에서 형사소추 되었다는 사실 그 자체가 공적 관심사라는 사실이다. 더욱이 그 텔레비전 배우는 많은 인터뷰에서 자신의 사생활을 스스로 드러내어 온 바, 그의 체포가 공익에 부합한다는 것이다(Oster, 2015).

또 다른 중요 판결인 2004년 폰 하노버 대 독일 사건(von Hannover v. Germany (No. 1))에서 유럽인권재판소는 당시 모나코 공국을 통치한 왕자의 딸로 인도주의 문화재단 총재이자 공적 행사에서 왕족을 대표하기도 한 청구인이 모나코 정부나 정부기관 내에서 또는 이들을 대표한 어떠한 기능도 수행하지 않는다고 역설하였다. 즉 공주가 공인이 아닌 사인으로 보아야 한다는 것이다. 재판소는 실제로 공중은 캐롤라인 공주가 어디에 살고 있으며 사적인 삶에서 그녀가 어떻게 살고 있는지를 알아야 할 정당한 이익이 없다고 하면서 유명인이 사적인 장소에서 찍힌 가족사진을 게재하는 것은 위법하다고 판결하였다.

즉 유명인도 언제 어떤 상황에서 사진이 찍힐지 결정할 수 있는 자유가 있다고 보고, 차단된 공간 바깥에서도 사생활의 정당한 기대를 가질 수 있다고 보았다. 다만 일반 대중으로부터 분리된 공간이라는 점이 게

3자의 눈에도 명백하게 인식될 것을 요구한다. 파파라치가 먼 거리에서 망원렌즈를 이용하여 레스토랑에서 공주의 연인이 공주의 손에 키스하는 장면을 찍은 것은 사생활 보호의 대상이 된다고 보았다.

그러나 동 재판소는 폰 하노버 대 독일 사건(von Hannover v. Germany (No. 2)) 두 번째 판결에서 남프랑스의 휴가지에서 남편인 하노버공과 함께 있는 사진이나 몬테카를로 비치클럽에서 찍힌 사진은 사생활 보호의 대상이 되지 않는다고 하였다. 재판소는 "모나코 공주가 모나코를 대표하는 공무 수행 여부 및 그 정도와 무관하게, 엄연하게 널리 알려진 그녀와 그녀의 남편은 보통의 사인이라고 주장될 수 없고, 오히려 그들은 공인으로 간주되어야 한다"라고 판시하였다(ECtHR, *Von Hannover v. Germany (No. 2)* [2012] App. nos. 40660/08 and 60641/08 [120]). 동 재판소는 본건 판결을 폰 하노버 대 독일(von Hannover v. Germany (No. 3)) 세 번째 판결에서 추인하였다(Oster, 2015).

이러한 일련의 폰 하노버 사건(von Hannover)은 언론 자유의 논거와 세습군주제 간의 본질적인 충돌을 잘 보여준다. 언론 자유는 공적 담론을 위한 미디어의 중요성에 근거한다. 공적 담론은 공적 관심사, 특히 권력을 행사하는 자에 대한 감시와 비판에 관한 자유로운 공적 논의를 포함한다. 즉 민주적으로 선출된 정치인(또는 민주적으로 선출되는 것을 목표로 하는 후보자)은 어떤 시점에서는 불가피하게, 그리고 때로는 자발적으로 자신을 공중의 감시하에 드러낸다고 보아야 한다.

이처럼 독일의 경우에도 공적 담론을 위한 언론의 중요성을 인식하고 있는 것으로 볼 수 있다. 그러나 사적인 영역의 경우에는 이러한 부분이 상황에 따라 다르게 나타날 수 있다. 사적 영역에 대한 보도의 경우 이를 인격영역론에 근거하여 판단하고 있다. 인격영역론은 인격영역을 구분하여 인격권에 대한 보호의 정도를 다르게 보는 것이다. 가령 내밀영역은 절대적 보호를 받고, 사적 영역은 이익형량을 통하여 해결하며, 사회적 영역에 대해서는 사적 영역보다 자유롭게 보도할 수 있다(나낙균, 2006). 독일에서 종전에 내밀영역은 절대적인 보호를 받아야 하고, 그것을 침해한 경우에는 위법성을 띠게 된다고 하였으나, 최근에 내밀영역에 대해서도 비교형량이 필요하다는 판례가 나오고 있다(BGH, NJW 1988, 1984, 1985; OLG Hamburg, NJW 1967, 2314, 2316; KG Berlin Afp 2004, 371).

그리고 비밀영역, 사적 영역 등 그 밖의 영역에 대한 침해가 문제되는 경우에는 영역의 구분에 따라 해결할 수 없고 정보 획득의 방법이 더 중요한 의미를 갖는다는 견해가 있다.[57] 이 견해에 따르면 내밀영역을 침해한 경우에는 결과 불법이 있는 것이고, 그 밖의 영역에서는 행위자가 어떻게 행위를 하였는가가 결정적인 것이기 때문에 행위불법이 문제된다고 한다.[58] 즉 고의로 착오를 유발하게 하는 것은 위법하다. 그러므로 인터뷰를 요청하는 사람이 자신의 신분을 속여 인터뷰를 한 경우에는 위법하다고 볼 수 있다. 은밀히 정보를 취득하는 경우에도 위법인데 아무런 권한 없이 타인의 말을 녹음하거나 도청하는 경우가 이에 속한다. 또한 공개적인 발언, 예컨대 공개적인 장소에서 행해진 대화, 강연 등을 은밀하게 녹음한 경

---

57 그 이유는 첫째, 민주주의와 사법사회는 자유로운 정보와 의사소통에 의존하는 것인데, "비밀영역"(Geheimsphäre)에 대한 절대권을 인정할 수 없고, 둘째, 예컨대 사진을 은밀하게 촬영하는 것으로부터 보호하는 것은 사적 영역이나 내밀영역에 특유한 것은 아니고, 거래관계에서도 원칙적으로 동일하게 보장되기 때문이다.

58 미국에서도 원고의 사적 영역에 대한 침입 또는 사적 사항에 대한 침투가 있었는지 여부는 사용한 수단과 정보를 얻은 피고의 목적에 의하여 결정한다고 한다. 만일 피고가 사적 정보에 접근하는데 비정상적인 수단을 사용한 경우에는 그 목적과 상관없이 프라이버시 침해가 될 수 있다는 것이다(Prosser, 1960).

우에도 정당한 사유가 없는 한 일반적 인격권 침해가 될 수 있다. 그리고 대체로 사진을 은밀하게 촬영하는 것도 위법하다. 사진을 유포할 목적이 없는 경우에도 마찬가지이다. 이러한 경우에도 사진이 유포될 위험이 있고, 또한 사진 촬영에 관한 본인의 의사에 반하는 것이기 때문이다. 강제와 강박에 의하여 촬영하거나 녹취를 하는 경우가 있다. 강제 상황을 이용하는 경우도 있다. 이러한 경우에는 수단과 목적을 비교형량 하여 위법성을 판단하여야 한다. 예컨대 연사나 강연 준비자가 반대하는 데도 불구하고, 강연을 공연히 녹취하는 경우, 근로자를 설치된 카메라로 공연히 감시하는 경우에는 위법하다고 한다(김재형, 2014).

사생활을 공개하는 경우에는 정보 획득의 방법과 유포된 사실의 종류를 고려하여 위법성을 판단하여야 한다고 한다. 타인의 사생활에 관한 정보를 적법하게 획득한 경우에도 이를 공개하는 것이 위법하게 될 수 있다. 그런데 진정한 사실을 적법하게 획득하여 이를 유포하는 경우에는 적법성이 추정된다. 그리하여 그것을 금지시키고자 하려면 특별한 근거가 필요하다. 그러나 위법하게 획득한 정보를 공표하는 경우에는 위법성이 인정된다. 그리고 의사, 변호사, 세무사, 신용기관, 사용자, 종업원 등이 침묵의무를 위반하여 정보나 인격적 요소를 유포하는 경우에도 위법성이 추정된다. 어떤 사실을 발표하는 것이 당사자에게 특히 손해를 가하는 성질을 가지고 있으면 그것은 위법하다(Kohl, 1985).

예컨대 오래된 범죄를 보도하는 경우가 그러하다. 즉 레바크(Lebach) 사건에서 살인사건의 범인이 출소하기 직전에 텔레비전에서 그 사건에 관한 다큐멘터리를 방송한 것이 문제되었는데, 연방헌법재판소는 범인의 사회복귀 이익이 정보의 이익보다 우선한다는 이유로 허용되지 않는다고 하였다.

공인의 경우에 사생활을 보호할 것인지는 비교형량을 통하여 위법성을 판단하게 된다. 그러나 이에 대한 판결들이 일관성을 갖고 있지는 않다. 전술한 바와 같이 모나코 왕자의 부부 문제와 이혼 문제를 보도한 것이 적법하다고 판결한 바 있다(BGH, NJW 1999, 2893, 2894). 그러나 독일의 전 총리인 슈뢰더가 아내와 문제가 있고 유명 TV 저널리스트와 부적절한 관계를 가졌다고 보도한 것을 금지한 하급심 판결도 있다(LG Berlin, AfP 2003, 174, 176; LG Berlin, Afp 2006, 394, 395). 이 판결에서는 사생활 보도를 막아서 얻어지는 공공의 이익이 없다고 본 것이다.

공인에 대한 보도가 문제된 사건에 있어 독일 법원이 이익형량을 할 때 고려하는 원칙으로 미국의 공인이론과 비교할 수 있는 것은 '반격의 원칙'(Gegenschlag)이 있다. 이는 쉬미트 대 쉬피겔 사건(Schmid/Spiegel)에서 형성된 것으로, 가치를 저하하는 평가에 대하여 스스로 원인을 제공하는 자는 그것에 대한 신랄한 반격이 그의 명예를 저하시킨 경우에도 그 신랄한 반격을 원칙적으로 인용하여야만 한다는 내용이다. 미국에서 공인은 스스로 공적 논쟁의 장으로 뛰어 들었으며 스스로를 방어할 수단이 있기 때문에 어느 정도 명예훼손을 감수해야 한다는 것과 마찬가지로 반격의 원칙은 공인을 사인과 달리 취급할 수 있는 근거가 된다. 독일에서도 정치적 논쟁에 참여하고 이로써 일반인의 주의를 끈 사람은 자기의 명예가 훼손되는 비판을 감수하여야 하며, 이는 정치적으로 자신을 방어할 충분한 기회를 갖고 있기 때문이라고 보고 있다.

공인과 관련하여 고려할 만한 또 다른 원칙은 '시대사적 인물' 접근이다. 이 법은 독일의 「예술저작권법」에 근거하여 개인의 초상권을 보호하고 있는데 시대사적 인물에게는 이러한 보호가 예외가 될 수 있다는 논리를 담고 있다. 동법 제23조 제1항에서는 시대사적 인물에 대해서는 피촬영자의 동의 없이도 공개될 수 있다고 규정하고 있다. 물론 동조 제2항에서는 이러한 경우에도 피촬영자의 이익이 침해되어서는 안 된다고 규정한다.

연방대법원은 1995년 12월 19일의 소위 캐롤라인 공주 사건에서 시대사적 인물에 속하려면 "공개된 사진이 중요하고 문제된 사람에 대해 주어진 관심이 가치가 있어서 대중이 정보에 대한 정당한 이익을 가지고 있으며, 그것을 사진 형태로 제시하는 것이 인정될 수 있어야 한다"라고 판시하면서 이 범주에 속하는 인물로는 예를 들면 군주, 주요 국가공무원과 정치인을 들 수 있는데 황제 빌헬름 2세, 독일 대통령, 장관, 수상이 이에 포함된다고 보았다. 연방대법원은 캐롤라인 공주는 시대사적 인물에 속하며 시대사적 인물의 사진은 피촬영자의 정당한 이익이 침해되지 않는다면, 피촬영자의 동의 없이 유포되고 전시되어 질 수 있다고 판시하였다(손석윤, 2010).

이처럼 독일의 경우 공인을 일반인과는 달리 보는 몇 가지 원칙이 판결에 반영되고 있음을 알 수 있다. 그럼에도 독일에서 공인을 달리 취급하는 것은 이익형량의 한 고려 요소로 보는 데 불과하기 때문에 미국에서 발달한 공인이론과는 완전히 의미가 다르다. 독일과 미국 모두 공적 논쟁이 민주주의 사회에서 중요하기 때문에 개인의 명예권이 희생되는 경우가 있다는 점을 인식하는 데 있어서는 같으나, 독일은 사안별로 이익형량을 하는 방법을 고수하는 데 반해 미국은 이익형량이 위축효과를 초래할 위험성 때문에 공인이론이라는 유형적 접근방식을 택하고 있다(문재완, 2004).

그러나 1999년 연방헌법재판소는 1995년 연방대법원의 판결에서 시대사적 인물에 대한 동의 없는 보도가 허용되기는 하지만 모든 내용이 허용될 수 있는 것은 아니라고 하여 연방대법원에 파기 환송하게 된다. 이때 연방헌법재판소는 1998년 「유럽인권협약」 제8조 제1항과 제10조 제1항을 위반한 것으로 판시하였다. 제8조 제1항은 "모든 사람은 그의 사생활과 가족생활, 그의 가정과 그의 서신에 대하여 존중받을 권리가 있다"라고 정하고 있다. 제10조 제1항 제1문에서 "모든 사람은 표현의 자유를 가진다"라고 정하고 있다. 위 두 권리가 충돌하는 경우에는 두 권리를 비교형량 하는 것이 필요하다. 또한 위 두 권리는 상호 동등하게 가치가 있기 때문에, 절대적이지도 상하관계에 있지도 않다(Resolution 1165 (1998) of the Parliamentary Assembly of the Council of Europe on the Right to Privacy; 손석윤, 2010).

결국 독일 법원은 표현의 자유와 인격권이 충돌할 때 이를 해결하기 위하여 일련의 원칙을 발전시켰으나, 그 방식은 미국 법원과 확연히 다르다고 할 수 있다. 독일 법원은 이익형량(Guterabwagung)을 하며, 이때 표현의 내용을 평가한다. 문제의 표현이 공적이고, 공적 담론(public discourse)에 기여할 만큼 중요한 것이면 그만큼 표현의 자유를 두텁게 보장받는다. 독일 법원은 또 표현의 가치를 판단하기 위하여 행위자의 동기를 따진다. 문제의 표현이 객관적으로 대중이 크게 관심을 갖는 문제에 기여하려는 목적에서 이루어졌는지 여부가 이익형량에 관건이 된다.

### 프랑스의 공인 법리

2012년 프랑스 잡지에서 영국 왕세손비인 케이트 미들턴에 관한 사진을 보도한 것이 논란이 되었다. 영국 왕실은 사진의 공개를 금지하는 청구를 하였는데, 프랑스 낭테르 법원은 2012년 9월 18일 프랑스 잡지 『클로제』 측에 노출 사진의 추가 보도와 배포를 금지하고, 24시간 내에 모든 사진 파일을 왕실에 돌려주는 한편 2000유로(약 290만 원)를 배상하라고 판결하였다. 잡지사가 이를 지키지 않을 경우 하루에 1만 유로의 벌금을 부과하라고 판결하였다(연합뉴스 2012. 9. 18.).

또한 2012년 9월 5일 프랑스 지방법원은 프랑수아 올랑드 대통령과 동거인인 트리에르바일레르 여사의 수영복 사진을 표지 등에 게재한 프랑스 연예정보 주간지인 『VSD』를 상대로 한 손해배상 소송에 있어 VSD가 트리에르바일레르 여사의 인격권을 침해(명예훼손)한 이유를 들어 2,000유로의 손해배상을 명하였다. 원래 트리에르바일레르 여사는 3만 유로에 달하는 손배소를 제기하였다. 이 사건이 있기 전에도 현직 기자이면서도 대통령 동거인으로서 트리에르바일레르의 이전 남성 편력과 사생활을 공개한 책을 쓴 작가에 대해서 소송을 제기했다가 이를 취하한 바 있다.

『VSD』 측은 이 결정에 대해 비록 허락 없이 게재하였으나 여름에 대통령 부부의 수영복 사진을 잡지에 게재하는 것은 연례적으로 하던 것으로 사르코지와 시라크 대통령 부부의 수영복 사진을 실은 적도 있어서 이 사건은 공인인 영부인 자격으로서 과잉 대응이라고 불만을 표현하였다. 트리에르바일레르 여사는 사진이 잡지에 실리기 이전에 이 사진이 실리면 소송을 하겠다는 압력을 행사하기도 했다고 알려졌다. 아울러 트리에르바일레르 여사가 승소하여 손해배상액을 '국경 없는 기자회'에 기부하기로 하였다고 알려졌다(이재진, 2013c).

그런데 만일 이러한 일이 미국에서 벌어졌다면 트리에르바일레르 여사는 공인으로 간주되어 승소할 확률이 거의 없었던 반면 프랑스의 경우에 대통령의 여자 친구도 쉽게 언론을 상대로 승소할 수 있었던 가장 큰 이유는 프랑스의 법적 구조에서 찾을 수 있다. 트리에르바일레르 사건은 명예훼손 사건이었지만 실제로 이는 오히려 공인의 프라이버시 침해에 더 가깝다고 보인다. 명예훼손이든 프라이버시 침해든 프랑스에서는 미국과 같은 언론 자유를 우월적인 권리에 두고 있지 않다는 것이 특성이라고 하겠다.

프랑스의 경우 언론은 역사적으로 국가적 개입을 많이 받아왔다. 예들 들어 정부는 명예훼손을 포함 언론에 대한 사건 검열이나 보증금 제도, 그리고 간접세(세금) 등과 관련된 다양한 형태의 소송을 통하여서 언론을 규제해 왔다. 프랑스 인권선언 제정에 따라서 언론은 상당한 자유를 누렸으나 언론의 개인에 대한 부주의하고 선정적인 명예훼손 기사와 과도한 반정부 기사의 남발로 많은 사회적 비난에 처했다. 그러다가 19세기가 끝날 무렵에는 점차 정부의 과도한 규제보다는 언론의 사회적 책무성을 통하여 자율규제를 해야 한다는 논의가 크게 부각되었다(Errera, 1985).

혁명 이후에 언론이 진실되고 다양한 정보를 전달하고 동시에 개인적 명예도 보호하기 위하여 사회적으로 책임 있는 언론을 만들기 위한 노력들이 계속되었다. 이러한 이유로 프랑스가 가장 먼저 기본적인 시민권으로 반론권을 수용하였다(이재진, 2011c). 반론권 규정을 포함한 세계 최초의 언론규제 법안이 1800년에 의회에 제출되었다. 동 법안은 ① 언론의 과도한 권력 남용으로부터 개인을 보호하고, ② 불공정하고 편견적인 보도로부터 독자들을 보호하고, ③ 공중의 권력과 언론의 권력을 균형 지우도록 하는 장치를 마련하고, ④ 형사적 문제 해결과는 다른 피해 구제책을 설정한다는 내용을 포함하고 있다. 그러나 이 법안은 언론사가 반론의 의무를 어겼을 경우 언론사의 폐간을 명하는 등 중벌을 가할 수 있도록 한 규정이 지나치게 가혹하다는 이유로 의회에서 채택되지 못하였다. 그러다가 1822년에 와서야 처음으로 반론권을 규정한 법안이 통과된다.

프랑스 명예훼손법의 경우 문제된 언론사에 대해 민·형사상의 소송을 제기할 수 있다.[59] 명예훼손이 성립하기 위해서는 기사의 내용에 특정

---

59 언론 보도로 인한 인격권 침해 판결의 근거가 되는 「1881년 7월 29일 언론의 자유에 관한 법률」(Loi du 29 juillet 1881 sur la liberté de la presse)에서는 일반적으로 명예훼손에 대한 벌금은

인의 신원을 충분히 인지할 수 있는 개인의 명예나 지역적 명성(consideration)에 반하는 사실적 주장이 있어야 한다. 이러한 사실적 주장에 있어 '악의'(bad faith)가 있어야 하는데 이는 명예훼손적 표현을 분석해서 추론해 내게 된다. 만일 명예훼손적 주장이 게재된 지 3개월 이내에 소송이 제기되지 않는다면 악의가 없었다는 증거를 제출할 입증책임은 자연적으로 피소인에게 돌아간다. 만일 사실적 주장이 진실한 경우라면 언론이 면책될 가능성이 있다. 그러나 이 사실이 제소자의 프라이버시의 문제라면 이는 예외가 된다(Errera, 1986).

형사재판에서 패소한 경우는 민사소송으로 연결될 수 있으며, 형사소송과 별도로 독립적으로 민사소송 하는 것도 가능하다. 민사소송은 손해배상을 받기 위한 민법상의 조항 적용을 받게 된다. 민법상의 명예훼손소송에서는 과실이 입증되어야 하는데, 예를 들어 언론사가 기사를 보도하기 전에 기사의 정황에 대해 조사하려는 적절한 조치를 취하지 않으면 이는 과실로 인정된다. 개인 간의 민사소송에서보다 언론이 피소인으로 등장하는 경우 배상액이 높아지는 경향이 있다.

프랑스의 명예훼손법이 미국의 경우와 다른 점은 제소자가 공인이냐 아니냐가 판결에서 크게 작용하지 않는다는 점이다. 물론 관련 사안이 공적인 것으로 상당한 공적 관심사의 경우에는 면책의 가능성이 높아지기는 하지만 공인 여부가 판결에 결정적인 영향을 미치지는 않는다. 오히려

---

12,000유로로 규정되어 있다. 반면 동법 제30조에서는 법원, 군대, 행정기관에 대한 명예훼손에 45,000유로, 제31조에서는 대통령, 정부구성원, 상·하의원, 공무원, 공권력의 수탁자, 국가에 의해 급료를 받는 성직자, 일시적 또는 지속적으로 공적인 위임을 받는 사인, 배심원, 증인에 대한 명예훼손에 대해서는 45,000유로의 벌금형을 규정하고 있다.

공인의 프라이버시 관련 보도가 문제되는 경우에는 진실 여부가 면책 사유로 작용하지 않기 때문에 일반인보다도 더 승소할 가능성이 크다고 할 수 있다. 즉 프랑스의 경우 공인=공적 보도/공적 관심사라는 공식이 성립되지 않는다.

또 프라이버시 침해를 불법행위로 간주하는 미국과 달리 개인의 프라이버시와 관련하여 프랑스의 법은 민사(민법 제9조) 및 형사(형법 제226-1조 이하)적으로 개인의 프라이버시를 인정하고 있다. 프라이버시가 무엇인가에 대한 정의는 아직 내려지고 있지 않지만 개인의 사적 영역의 모든 부분이 프라이버시로 보호되고 있다. 프라이버시 보호는 개인의 가족에 대한 일(사건)뿐 아니라 외부로 알려지지 않아야 할 것으로 판단하는 개인사의 거의 모든 영역을 포함한다(예를 들어 재정관련 정보나 개인의 가족, 연인관계나 성생활 등). 이러한 점에서 개인의 동의(승락)를 받지 않고 개인의 사진을 재생산하는 것은 프라이버시 침해가 된다. 그래서 프랑스 언론은 사진에서 주변의 구경꾼(방관자)의 얼굴을 모자이크 처리하거나 얼굴을 가리는 일이 종종 발생한다.

프랑스에서는 프라이버시 보호는 광범위하게 적용된다(Glasser Jr, 2013). 예를 들어, 만일 한 사람이 잡지에 인터뷰하기로 동의하고 여기서 그의 사생활의 어떠한 부분을 공개하였다면(아이들, 결혼 생활, 연애 등), 다른 잡지는 인터뷰 당사자의 동의를 얻지 못하면 이를 그 잡지에 싣지 못한다. 물론 프랑스의 경우에도 미국만큼은 아니라 하더라도 공인의 경우 사생활의 범위는 상당히 축소된다. 그러나 개인의 가정생활(family life)은 대단히 사적인 영역으로 프라이버시 보호를 받게 된다. 위에서 제시한 영부인 발레리 트리에르바일레르 사례 이외에도, 2007년 모나코의 알버트 왕자에 대한 프랑스 대법원의 판결도 이와 유사한 모습을 보인다. 프랑스 다법원은 모나코 알버트 왕자가 한 아이의 아버지라는 사실을 들춰 보도한 한 잡지사에 대해서 손해배상을 명한 항소심 법원의 결정을 확정하였다. 프랑스 대법원은 알버트 왕자에 대한 잡지사의 보도가 공적인 것도 아닐 뿐만 아니라 공중의 관심사에 속하는 것도 아니며 뉴스 가치가 있지도 않다고 판단하였다.

이와 함께 2014년 코덱 에 아스뗴 필리빠치 협회 대 프랑스 사건(Couderc et Hachette Filipacchi Associés v. France)은 그러한 비교형량에 관한 문제점을 보여준다. 프랑스의 한 타블로이드 잡지는 자기 아들의 아버지가 모나코의 알베르(Albert) 2세 왕자라고 주장하는 여인의 인터뷰를 공표하였다. 그녀는 또한 알베르 왕자가 그의 동의하에 그 아이와 함께 촬영된 사진을 포함하여 그녀와 알베르 왕자의 상세한 관계를 폭로하였다. 추후에 알베르 왕자는 그 아이의 아버지임을 시인하였다. 그러나 프랑스 법원은 청구인 잡지에 대해 알베르 왕자의 프라이버시 침해에 관한 손해배상 책임을 명하였다(ECtHR, *Couderc et Hachette Filipacchi Associés v. France* [2014] App. no. 40454/07; Oster, 2015 재인용).

그 소년은 모나코 헌법하에서 왕위를 계승받을 수 없었다. 따라서 그는 권력과 영향력을 행사할 수 있는 입장(적어도 그의 태생으로 인해)에 있지 않았다. 그러나 재판부의 다수 의견은 세습군주제에서 군주의 아이라는 태생은 정당한 공익적 사안이 된다고 판시하였다. 더욱이 그 인터뷰 기사는 알베르 왕자의 인격과 그의 공무 수행 능력에 관한 정보를 폭로하는 것이었다. 따라서 유럽인권재판소는 알베르 왕자의 사생활을 보호할 필요와 중요한 정치적 문제인 세습군주제의 장래에 관한 토론을 비교형량하였다. 그러나 재판소는 또한 본건 기사의 핵심 메시지와 왕자의 사생활(공적 관심이 아닌 사안의 폭로)에 관한 다른 세부적인 사항을 구분하였다.

동 재판소는 4대 3의 근소한 차의 다수 의견으로 유럽인권협약 제10조가 침해되었다고 판시하였다. 이에 대해 반대 의견은 왕위 계승과 나아가 다수 의견이 강조한 핵심 정치 문제는 본건 인터뷰의 논점이 아니었다고 판단하였다(ECtHR, Couderc et Hachette Filipacchi Associés v. France [2014] App. no. 40454/07에 대한 (Mark Villiger) 판사, (Boštjan M. Zupančič) 판사 및 (Paul Lemmens) 판사의 반대 의견 [3]). 오히려 본건 인터뷰는 유럽인권협약 제8조를 위반한 알베르 왕자의 사생활에 초점을 두었다.

그러나 재판소는 "출판이 공적 관심사에 기여하는지의 문제는 당해 출판이 명백하게 이 관심을 일으킬 것을 요구하지는 않는다. 문제의 인터뷰는 주장하건대, 모나코의 헌법적 문제보다는 알베르 왕자의 사생활에 보다 관심을 갖는 독자를 겨냥했음이 분명하다. 그러나 이는 최초에 제기된 논점으로 귀착된다. 즉 군주의 사생활에 있어서의 행위가 그의 직무수행 능력과 인격에 관한 인식에 영향을 미칠 수 있다면, 당해 사생활은 정치적이고 심지어는 헌법적인 관련성을 갖는 사안이다"라고 보았다.

정치인이 아닌 공무원에 대한 감시의 허용 한계는 사인의 그것에 비해 보다 넓다. 왜냐하면 공무원은 공권력의 집행이 위임되어 있기 때문이다. 그러나 공무원은 공적 자격으로 행동할 때도 자신을 정치인과 동등한 감시에 노출시키지 않는바, 그 활동에 대한 비판이나 사적 행위에 대한 조사시에 정치인과 동등하게 취급되어서는 안 된다(*July and SARL Liberation v. France* [2008] App. no. 20893/03 [74]; *Haguenauer v. France* [2010] App. no. 34050/05 [48]; Oster, 2015 재인용).

다시 말하자면 프랑스에 있어서 법적 구조는 대단히 사적인 정보의 경우에는 보도를 하지 못한다는 것으로 볼 수 있다. 그러나 흥미롭게도 프랑스의 경우에는 언론인들이 몰래카메라를 사용하여 인터뷰이의 동의를 받지 않고 취재하는 것을 법적으로 허용하고 있다. 물론 윤리적인 측면에서 이러한 부분이 자제되기를 요구하고 있으나 법적으로 제재를 가할 조항이 없다. 또 몰래카메라를 이용하거나 녹음한 내용을 방송하는 것 또한 민법과 형법에 규정된 프라이버시 보호 조항에 위반되는 것은 아니라고 보고 있다. 단지, 이러한 경우에 관련된 대화의 내용이 개인의 사생활에 관련된 경우가 아니어야 한다는 문제가 있다.

공인과 관련하여 프랑스가 갖는 독특한 특징은 반론권을 인정하되 정정보도에 대해서는 공인에게만 인정하는 시스템을 갖추고 있다는 점이다. 오히려 공인들에 대해 보도할 때 언론이 사회적 책임을 가지고 보도를 하라는 것이다. 특히 국가기관 등의 공인에 의한 정정권을 인정하여 정부에 관한 왜곡된 정보를 불식하고 정부와 국민 간의 신뢰를 증대하고자 공인정정권을 규정하고 있다. 이는 언론의 사회적 책임과 공공성을 강조하고 있는 프랑스 법제의 특성이라 할 수 있다. 1822년 제정된 프랑스 출판자유법에 의한 반론권은 반론의 대상이 되는 보도기사의 종류와 피해 발생의 유무, 반론으로부터의 이익에 제한 없이 신문이나 정기간행물에 지명 또는 지시된 자에게 인정하는 일반적이고 절대적인 권리로서의 성격을 가지고 있으며, 반론권의 이러한 성격은 현재까지도 유지되고 있다.

## 2 아시아의 공인 법리

### 전체적 특성

우리나라를 포함하여 일본과 중국에 있어서의 공인 법리는 미국의 공인 법리와 다르게 국가에 맞는 유사한 법리로 발전했다는 특성을 보인다. 일본의 경우에는 제2차 세계대전 이후 언론의 자유에 대한 인식이 대단히 강화되면서 언론이 공적인 이익에 대한 보도를 자유롭게 할 수 있도록 하는 법리를 발전시켜 왔다. 이것이 1969년 일본 최고재판소가 도입한 상당성 원칙이라고 할 수 있다. 이러한 논의 과정에서 미국과 같은 공인 법리를 수용하고 현실적 악의 원칙을 도입해야 한다는 주장이 제기되기도 하였으나 소수설로 인식되었다. 그러나 공인 법리와 유사하게 적어도 유명 인사에 대한 보도는 통상인(일반인)과는 달리해야 한다는 판결 경향이 커지고 있는데 유명 인사에는 정치인과 사회적, 직위적 유명인으로 범주화할 수 있다.

중국의 경우에도 미국식의 공인 법리는 아니지만 중국식의 공인 법리를 발전시켜 왔다. 가장 특징적인 점은 정치인의 경우에는 공공인(공인)으로 인정은 하지만 이와 관련된 판결은 거의 찾아볼 수 없고 연예인의 경우 상당한 판결례가 발견된다는 것이다. 결국 아시아 국가들도 미국의 공인이론의 영향을 일정 부분 받은 것으로 판단할 수 있다. 다만 국가적인 법체계에 따라서 조금씩 그 수용 정도와 적용 방식이 다르다는 점을 알 수 있다. 무엇보다 진실 입증책임이 여전히 원고가 아닌 피고 언론에 있다는 점이 미국과는 크게 다른 점이라고 할 수 있다. 아울러 일본은 현실적 악의 원칙의 적용이 거의 없이 상당성 원칙을 고집하는 반면 우리나라는 '악의적이거나 현저히 상당성을 잃은 공격 원칙'에서 일부 반영되고 있으며 중국의 경우에는 현실적 악의 원칙을 적용하여 판결을 한 경우도 나타나고 있음을 알 수 있다.

## 국가별 특성

### 일본의 공인 법리

1) 명예훼손법

일본 사법부는 지난 40여 년 동안 지속적으로 언론의 보호 영역을 확대하는 추세에 있지만 명예훼손 문제는 오늘날까지도 언론에 있어 매우 중요한 관심사이다. 대개의 법적인 규제가 직·간접적으로 명예훼손법과 연결되기 때문에, 명예훼손 소송은 일본 언론에게는 여전히 골치 아픈 문제로 지적된다. 최근의 판례들은 사죄광고의 적용을 위해 진실성과 공익성의 요건을 강화해가는 경향이 있다(민법 제723조).

일본의 명예훼손 법리는 우리나라와 비슷하다. 개인의 명예와 표현의 자유가 충돌할 경우 이를 조정하는 방법으로 「형법」 제230조의2 제1항은 "공공의 이해에 관한 사실에 관계되고, 그 목적이 오로지 공익을 도모하는 것이라고 인정되는 경우에는 사실의 진부를 판단하여 진실한 것으로 증명되는 때에는 벌하지 아니 한다"라고 규정하고 있다. 즉 우리 형법이 제310조에서 명예훼손죄의 위법성 조각사유로 공공성과 진실성을 들고 있는 것과 마찬가지이다.

일본 최고재판소는 "민사상 불법행위인 명예훼손에 있어서 그 행위가 공공의 이해에 관한 사실이고 오로지 공익을 위하는 목적으로 이루어진 경우 적시된 사실이 진실임이 증명되면 그 행위는 위법성이 없어 불법행위는 성립하지 않는다"라고 설명한 후 "사실이 진실이라는 증명이 없더라도 그 행위자가 그 사실을 진실이라고 믿은데 상당한 이유가 있는 경우에는 그 행위는 고의 또는 과실이 없어 결국 그 불법행위가 성립하지 않는다고 해석하는 것이 상당하다"라고 판시하였다. 결국 일본에서 명예훼손적 표현이 문제가 될 경우 피고가 민·형사상 책임을 지지 않으려면 공익성, 진실성 내지 상당성을 입증하여야 한다.

그러나 진실성만을 강조하면 명예권을 지나치게 보호하고 언론의 자유가 위축될 수 있기 때문에 최고재판소는 1969년 "진실한 것으로 증명되지 않은 경우에도 행위자가 진실이라고 잘못 믿고, 그렇게 잘못 믿은 것이 확실한 자료, 근거에 비추어 상당한 이유가 있는 경우에는 범죄의 고의가 없어 명예훼손죄가 성립하지 않는다"라고 판시하였다.

흥미로운 점은 일본의 경우 전쟁 이후에 언론 자유의 중요성에 대해 인식하고 헌법에서 언론의 자유를 규정하고 있음에도 불구하고 명예훼손법을 적용하는 데 있어 언론 자유보다는 개인의 인격권에 더 많은 무게를 두는 경향이 있다는 것이다. 일본의 언론 관련 법에 따르면 언론은 명예훼손의 경우 진실을 입증해야 할 책임을 진다. 개인의 명예훼손에 대한 회복은 금전적 보상보다는 명예훼손으로 발생한 개인의 사회적 지위에 대한 피해를 예방하거나 구제하려는 데 목적을 둔다. 그래서 일본의 명예훼손법은 문제되는 내용의 진실성 정도와 개인의 명예에 대한 피해의 정도를 균형 지우는 데 대단히 성공적이라는 평가를 받아왔다(Tanaka, 1988, p.324).

일본에서는 '공연히 사실을 적시하여 사람의 명예를 훼손한 경우' 형법은 명예훼손을 한 사람에게 발생한 피해에 대해 철저히 책임지도록 규정한다(Horibe, 1985, p.328). 이 경우 '사람'은 자연인, 법인, 법인이 아닌 단체 등을 포함한다. 단 정해지지 않은 막연한 집단(예를 들어 미국인 또는 동경 사람 등)은 포함하지 않는다. 통설적으로 명예훼손은 추상적 위험범으로 여겨진다. 즉 외부적인 명예가 현실에서 침해되는 것이 필요하지 않고, 그 위험이 발생하는 것만으로 명예훼손이 성립한다고 본다. 사실의 유무, 진위를 묻지 않는다. 다만 공공의 이익에 대한 사실에 대한 것을 전적으로 공익 목적으로 규정한 결과 명예를 훼손하게 된 경우에는, 이 사실이 진실한 사실임을 증명할 수 있는 경우에 처벌되지 않는다.

공공연한 사실적 주장을 통하여 타인의 명예를 훼손한 개인은, 그러한 사실이 진실인지 아닌지의 여부에 상관없이, 3년 이하의 구금이나 징역 또는 20만 엔(약 220만 원) 이하의 벌금에 처해진다(형법 제230조 제1항). 이러한 다분히 혹독한 조항에도 불구하고, 형법은 일상적인 명예훼손과 공익과 관련된 명예훼손을 구분하는 조항을 가지고 있다.

그런데 공공의 이익, 즉 공익과 관련된 판결의 경우, 사법부는 엄격한 책임(strict liability) 기준보다 부주의(negligence) 기준을 적용한다. 다시 말하자면 공익과 관련된 경우, 그 피해가 어떠한 방식으로든 입증되면 처벌이 가능한 엄격한 책임 원칙보다는 언론의 부주의가 존재했는가의 사실 관계에 따라서 처벌을 판단하는 원칙을 도입하고 있다(한영학, 2012). 그러나 이러한 구분은 사인이 관계된 경우에는 비록 진실이었다 할지라도 언론 측 가해자를 처벌하는 데 있어 아무런 방어기제의 역할을 하지 못한다(Smith, 1988). 「형법」 제230조의2는 언론은 문제된 기사의 내용이 공적 관심사에 관련된 경우 그리고 단지 공익을 추구할 목적으로 보도된 경우에 대해서는 기사 내용의 '진실성'은 면책 사유가 된다고 규정한다.

형법은 「헌법」 제21조의 언론 보호에 일치하기 때문에 언론이 상황을 고려해 이성적으로 판단하건데 문제가 되는 언사가 보도 당시 진실이라고 믿을 만한 충분한 이유가 있다면 처벌을 면할 수 있다. 다시 말하자면 사법부는 만일 언론이 기사를 쓰는 당시에 명예훼손적인 내용이 진실이라는 사실을 증명하거나 그 당시 그것이 사실이었는지를 확인하려는 선의의 노력을 기울였다면 범죄 의도를 언론에 전가하지 않는다. 또한 형법은 혐의자의 행위에 대한 세부적인 내용과 공직자나 공직 입후보자들에 대한 언사의 내용을 '공적 관심사' 영역에 포함하고 있다. 그런데 경우에 따라서는 사인들의 사적 행위도 그 성격과 사회에 대한 잠재적 영향력에 따라 공적 관심사가 될 수 있다는 점도 아울러 명시한다.

반면에 민법의 경우, 사법부는 피해를 유발한 사람이 피해자의 명예회복을 위해 금전적 배상을 대신하는 또는 금전적 배상과 함께 필요한 적절한 조치를 취하도록 명시하고 있다(민법 제723조). 「민법」 제710조의 경우 피해가 개인의 명예권에 발생했는지 또는 재산권에 발생했는지의 여부와 상관없이 발생한 피해에 갈음하는 보상을 하도록 규정한다.

형법과는 달리 민법의 경우 공적 이익의 이슈와 관련되어 면책되는 규정은 없다는 점에서 비록 공익과 관련된 경우라도 이는 원칙적으로 민사소송의 대상이 될 수 있다. 그럼에도 사법부는 언론을 상대로 한 민사소송의 경우에도 이러한 공익 원칙을 지속적으로 적용시켜 왔다.[60] 또한 사법부는 개인의 명예에 피해를 입힐 수 있는 공격적인 보도에 대해 부정적인 시각을 지니고 있는데 논쟁이 되는 언사를 진실인 것으로 믿고 보도했다는 '선의'를 입증하기를 요구하거나 또는 훼손된 개인의 명예를 위해 보도 내용의 잘못을 바로잡는 것을 강조한다(Yamanaka et al., 1986, pp.139-142).

흥미로운 점은 민사상 손해의 회복은 원칙으로서 금전에 의하지만, 명예훼손에 대하여는 손해배상 외에는 '명예를 회복하는 적당한 처분'을 명할 수 있다는 점이다. 일본은 1949년 「신문 및 간행물 규제법」이 폐지된 이후, 피해를 유발한 사람이 피해자의 명예 회복을 위해 금전적 배상을 대신하는(민법 제710조) 또는 금전적 배상과 함께 필요한 적절한 조치(민법 제723조)를 취하도록 한다. 따라서 잘못된 보도에 대한 언론의 사과(사죄)가 명예훼손 피해자에게 주어지는 적절한 구제책으로 인식되고 있다. 또한 민법은 형법과는 달리 '공익성'의 이슈와 관련되어 면책되는 규정은 없지만 일본 사법부는 언론을 상대로 한 명예훼손 소송의 경우 이러한 공익 원칙을 지속적으로 적용시켜 왔다.

#### 2) 현실적 악의 법리 도입 논쟁

일본에서도 손해배상액 고액화에 따른 미국 명예훼손법상의 현실적 악의 법리 도입에 대한 사회적 논의가 있었다(山田隆司, 2008). 1998년 8월

---

60 Judgment of Dec. 24, 1958. Chisai District Court, Minshu 1125 (1966).

명예훼손 소송과 관련하여 자민당은 발표한 "보도와 인권 등의 바람직한 상(像)에 대한 검토회" 제목의 보고서에서 손해배상액이 미국이나 유럽과 비교해 볼 때 현저히 낮다고 지적하고 배상액을 조정해야 한다는 의견을 제출하였다. 최고재판소 행정국장도 대언론 명예훼손 배상액을 조정해야 한다는 의견을 나타냈다. 당시 모리야야 마유미(森山眞弓) 법무장관 또한 손해배상액이 개인들의 명예훼손으로 인한 피해의 구제 수단으로 불충분하다는 의사를 피력하였다.

이는 1999년 3월부터 2001년 5월까지 도쿄지방재판소가 배상을 명한 소송 30건의 평균 배상액이 200만 엔으로 교통사고 사망 사건의 평균 배상액 2,600만 엔에 비해 지나치게 낮다는 사회적 분위기를 반영하는 것이다. 3년간의 도쿄지방재판소의 판례를 대상으로 분석한 연구에 따르면 명예훼손 소송에 의한 손해배상 인용액이 점차로 상승하고 있으며, 이는 인격권 침해에 대한 평가 방법의 배경이라고 보고 있다. 즉 당시는 상황에 변화가 보이는 과도기라고 평가할 수 있다고 주장하였다.

이런 사안들로 인하여 일본에서는 언론 보도와 관련한 명예훼손 소송에서 고액의 위자료를 배상하라는 판결이 늘고 있다. 사법부의 손해배상액 책정은 1995년까지 100만 엔 정도, 1998년까지 150만 엔 정도에 머물러 있었으나, 2001년의 경우 9월 말까지 500만 엔 이상 배상을 명한 사건이 8건이나 발생한 것으로 나타났다. 실제로 언론에 대한 손해배상의 고액화 문제는 이전부터도 많이 논의되어 왔다. 이러한 논의 속에서 도쿄지방재판소 판사들은 언론에 대한 손해배상액이 적다는 비난에 직면하여 유명 인사와 관련된 명예훼손 사건의 경우, 언론의 책임이 드러나면 배상액의 규모를 400~500만 엔으로 상향 조정하는 가이드라인을 만들었다(문재완, 2004).

최근에는 수백만 엔에서 1,000만 엔에 이르는 손해배상을 명하는 판결이 많아지고 있다. 정보기술의 발달로 인격권이 침해될 가능성이 높아진다는 우려와 함께 일부 언론사의 무책임한 보도에 대한 비판 등이 손해배상 고액화의 원인으로 지적된다. 하지만 고액의 위자료를 받는 원고가 정치가, 프로야구선수, 여배우, 기타 사회적으로 상당한 지위에 있는 유명인사인 경우가 대부분이어서 고액의 위자료가 공적 관심사에 대한 자유로운 논의를 저해한다는 비판이 제기되고 있다.

즉 1990년대 초부터 보도에 의한 명예훼손이 사회적으로 부각되기 시작했고, 국민들의 언론에 대한 불신과 개인의 권리 의식이 높아지면서 정치인은 물론 운동선수, 그리고 배우 등 '공인'들이 거액의 손해배상청구소송을 내고 사법부가 이를 인용하는 경향이 커지는데, 이는 보도의 자유를 제약한다는 비판이다. 예를 들어 《마이니치 신문》의 경우 1985년부터 1989년까지 해마다 0~2건에 머물렀던 명예훼손 소송이 1990년 6건, 1991년 12건, 1992년 19건, 1993년 20건으로 늘어났고 현재까지 비슷한 수준을 유지하고 있다(한영학, 2012). 특히 주간지와 같은 잡지사들의 경우 고액 판결 소송 때문에 골머리를 앓고 있는데, 잡지사들은 법무담당 부서가 사전에 기사를 검토해 편집자에게 기사를 수정할 것을 요구하거나 신원을 밝히지 않은 취재원에 대해서는 공증을 받도록 하는 등의 노력을 기울이고 있다.

결국 최근 명예훼손 손해배상액의 상승은 기존의 현상과는 크게 달라진 것이다. 이전에는 비용이 많이 드는 민사소송에서 손해배상액은 단지 명목적인 수준으로 책정되는 경우가 대부분이었다(Lee, 1998, p.64). 아울러 피해자는 손해배상 등 금전적 보상보다는 신속한 피해 구제를 원하고 있어 전통적으로 형사적 피해구제를 추구하는 경향이 강하였다. 그럼에도 최근 명예훼손으로 형사 소추되는 비율은 다른 범죄에 비해 볼 때 극히 적은 편이다. 이런 점에서 볼 때 일본에서의 명예훼손 소송은 남발되기보다는 아직까지도 상당히 드문 현상이 되고 있다고 할 수 있다(Beer, 1972a, p.192).

일본에서는 1964년 미국 설리번 사건에서 도출된 현실적 악의 원칙이 이러한 손해배상 고액화의 문제를 해결할 수 있는 방안으로 거론되었다. 즉 원고가 공인일 경우에는 표현이 허위라고 하더라도 원고가 피고의 현실적 악의를 입증하지 못하는 사법부가 손해배상을 명하는 것은 헌법 위반이라는 주장이 제기되었다(山田隆司, 2008). 그러나 이러한 견해는 소수설에 불과하다. 오히려 진실이라고 믿은 데 상당한 이유가 있을 경우 면책(상당성)되는 기존의 명예훼손 법리와 상충된다는 견해가 우세하다. 법원 역시 이러한 입장을 택하고 있다.

예를 들어 오사카고등재판소는 1988년 현실적 악의 이론을 도입하자는 피고의 주장에 대하여 "개인의 명예의 보호를 소홀히 하고 표현의 자유를 지나치게 보호하는 결과를 낳게 되어 개인의 명예 보호와 표현의 자유 보장 간의 균형을 잃게 되기 때문에 채용할 수 없다"라고 판시하였다. 도쿄지방재판소도 1996년 "보도 내용의 진실성 또는 보도 내용이 진실하다고 믿었던 것에 대한 상당성은 위법성 내지 책임의 조각사유이며, 진실성 또는 상당성의 입증책임은 이를 주장하는 사람에게 있다는 것이 최고재판소의 확립된 판례"라는 이유로 현실적 악의 기준을 받아들이지 않았다.

공인에게 고액의 위자료가 지급되면서 표현의 자유가 위축되는 문제점을 해결하기 위하여 공적인 존재 또는 공적 관심사에 관한 표현이거나 보도의 경우에는 진실성 또는 상당성의 입증책임을 완화하여야 한다는 주장도 제기되었다. 판례상으로도 「형법」 제230조의2 제1항의 '공공의 이해에 관한 사실'을 매개로 하여 공인에 대한 명예훼손은 사인에 대한 명예훼손보다 면책되는 범위가 확대되어 있다. 하지만 이러한 법리는 기본적으로 사안별 접근방법이기 때문에 공인을 하나의 유형으로 보아 사인과 달리 취급하는 법리 또는 원칙으로는 발전하지 못하였다.

이는 공인에 대한 논의를 제기한 사건에서 잘 나타난다. 소위 19사건(19事件) 또는 '월간 펜 사건'(月刊ペン事件)이라고 하는 판결에서 공인에 대해 본격적으로 고려하게 된다. 공인이론의 기초에는 ① 국민의 알 권리와의 관계에 있어 공인에 관한 정보는, 그 사람의 활동을 판단하는 자료로서 널리 제공되어야 한다고 하는 것, ② 사회의 주목을 이끄는 활동을 자발적으로 행하는 이상, 그에 따르는 비판은 일정한 범위에서 수인해야 한다는 것, 그리고 ③ 공인은 매스 미디어를 통해 반론하는 것이 용인되므로, 언론에 대해 언론으로 대항해야 하는 것 등의 세 가지 고려가 작용하고 있다. 월간 펜 사건에서는 사인의 사생활에 대한 것이라고 해도 그 반복되어진 사회적 활동의 성질과 영향력에 따라, 「형법」 제230조의2 제1항의 '공공의 이해에 관한 사실'에 해당하는 경우가 있다는 것을 판시하고, 미국식의 공인이론 그 자체는 아니지만 공인이론과 공통적인 사고방식이 도입되었다고 할 수 있다.

이 사건은 1976년 6월 11일에 창가학회 측이 잡지사를 명예훼손으로 형사고소를 하면서 시작되었다. 잡지 『월간 펜』은 연속특집을 기획, 여러 가지 면에서 종교법인 창가학회를 비판하였다. 1976년 3월호에 "4중 5중의 대죄 저지르는 창가학회", 동 4월호에 "극악대죄 저지르는 창가학회의 실상"이라는 제목의 기사를 게재, 창가학회의 이케다 다이사쿠(池田大作) 회장의 사생활, 특히 여성 관계 문제를 취급했는데 그 내용이 이케다 창가학회장과 여성 회원 2명의 명예를 훼손한 죄에 해당된다고 하여 『월간 펜』 편집국장 쿠바메(隈部)가 기소되었다.

1심은 1978년 6월 29일 도쿄지방재판소에서 열렸고, 2심은 1979년 12월 12일 도쿄고등재판소에서 열렸다. 피고인 측은 사실관계를 인정한 뒤, 「형법」 제230조의2의 면책조항을 적용하여야 한다고 주장하였다. 기사에는 '공공의 이해에 관한 사실'에 부합하지 않고, 명예훼손에 해당하며, 기사의 내용이 진실인지 아닌지 검토가 행해지지 않은 상태로 쿠바메(隈部) 편집장에게 징역 10월, 집행유예 1년에 판결을 언도하였다.

이는 최고재판소까지 가게 된다. 1981년, 최고재판소 제1소법정은 "쿠바메가 상고할 만한 이유가 없다고 했고, 사인에 있어서도 일정의 사회적 영향력이 있다면 그의 사생활에 관한 평론을 행하는 것에는 공공의 이해에 관한 사실에 부합하는 것"이라는 새로운 기준을 제시하면서, 원판결을 파기하고 도쿄지방재판소로 환송하였다. 최고재판소는 "사인의 사생활의 상황에 있어서도 그 반복된 사회적 활동의 성질 및 이를 통용하는 사회에 미치는 영향력의 정도 등의 여하에 따라서는, 그 사회적 활동에 관한 비판 내지 평가의 자료로서, 「형법」 제230조 제1항에서 말하는 '공공의 이해에 관한 사실'에 부합하는 경우에 면책된다"고 보았다. 그런데 본건의 사실관계를 전제로 하여 검토해보면, 피고인에 의해 적시된 이케다 회장 등의 앞에서와 같은 행위는 「형법」 제230조의2 제1항에서 말하는 '공공의 이해에 관한 사실'에 해당한다고 해석하는 것이 상당하며, 이를 "한 종교 단체 내부의 단순한 사적인 사건이라고 말할 수는 없다"라고 판시하였다.

### 3) 사회적 저명인사론

일본의 경우 공인이론을 수용하지 않음에도 불구하고 인격권의 침해 또는 피해 정도에 차이가 나는 피해자의 양태를 공공인과 유명인, 통상인(일반인), 범죄 혐의자나 피고, 소년, 사자 및 유족, 집단 및 단체 등으로 분류하는 견해도 있지만 가장 중요한 차이는 피해자가 사회적 저명인사냐 아니냐에 의하여 크게 좌우된다고 보는 것이다. 일본에 있어 사회적 저명인사란 그의 재능·명성·생활양식에 의하여, 또는 일반인에게 그 행위, 사건과 인격에 관한 정당한 관심을 주는 직업을 택함으로써 공적인 인사가 된 자, 즉 명사를 가리킨다. 일본 법원은 사회적 저명인사를 공인 또는 공적 인물과 유사한 개념으로 판단하고 있다(한영학, 2012).

사회적 저명인사는 보도에 있어 그 사생활권이 부정될 수 있다는 지적이 있다. 직업, 생활 태도 기타에 있어서 자기를 공중에 내세운 사람은 스스로 자기의 사생활권을 포기한 것으로 보아야 한다는 것이다. 사회적 저명인사는 스스로 그것을 추구한 이상 자기에 관한 기사의 공표에 동의를 한 것으로 보아야 하며, 그 사회적 지위가 공적인 것이 된 이상 그것을 알아야 할 시민들의 권리는 헌법상 보장된 특권이고 그것을 알리기 위한 보도의 자유는 공공의 이익에 관한 사항을 공중에 알리기 위한 것을 그 내용으로 하는 것이기 때문이다. 따라서 사회적 저명인사의 사생활권이 부정되는 것은 그가 단순히 공적 인물이라는 점에 의한 것이 아니라 공공의 이익이 되는 사건에 개입되는 범위 안에서만 프라이버시가 부정된다고 보아야 할 것이다.

이 점에 관하여 최고재판소는 1966년 6월 23일 판결에서 주목할 만한 견해를 밝히고 있다. 즉 "원래 언론, 표현 등의 자유의 보장과 프라이버시의 보장과는 일반적으로는 어느 편이 우월하다는 원칙은 없고 언론, 표현 등은 여타 법익, 즉 명예, 신용 등을 침해하지 않는 한 그 자유가 보장되는 것이다"라고 하면서 공적 인물의 프라이버시에 관하여 "공공의 질서, 이해에 직접 관계가 있는 사건의 경우에 있어서 사회적 저명인사가 관계되는 경우에는 동인의 공적 성격으로부터 합리적 한계 내에서만 사생활의 측면까지도 보도, 논평 될 수 있을 뿐 무차별, 무제한하게 사생활을 공개하는 것이 허용되는 것은 아니다"라고 하면서, 이에 덧붙여 "공인 또는 공직의 후보자에 관하여는 그 공적 존재, 활동에 부수된 평가를 하기 위하여 필요하거나 유익한 범위 안에서는 그의 사생활을 보도, 논평하는 것도 정당하다고 하지 않으면 안 된다. 그러나 그와 같은 공개가 허용되는 목적에 비추어 스스로 일정한 한계가 있는 것은 물론 무차별, 무제한한 공개가 정당화되어야 할 이유는 없다"라고 판시하여 공적 인물이라고 하더라도 공적 생활의 범위 밖에서 프라이버시를 침해당하지 아니한다고 보아야 할 것임을 분명히 하고 있다.

보도자의 면책 사항으로서의 공적 인물의 법리는 또 다른 면책 사유인 공공의 이익의 법리와 비슷한 성격을 가지고 있기 때문에 미국과 일본의 판결에서도 양자의 개념이 혼동되어 사용되고 있다는 비판이 있다. 즉 공공의 이익에 의한 법리에 의하여 보도자에 대한 면책을 인정하여야 할 사안에서 그 대상이 공공의 인물이라는 측면으로부터 면책을 인정하고 있음은 부당하다는 것이다.

그러나 공공의 이익과 공공의 인물 개념은 구별되어야 할 성질의 것이다. 법원이 언론에 대한 면책특권을 인정하기 위해서는 피고의 행위가 공공의 이익에 합치하는가, 피해자의 사회적 지위는 공적인 것인가, 보도자의 행위는 그 자체로 사생활에의 부당한 침입인가, 피해자의 행동양식이나 생활 태도는 윤리적인가, 그와 관련된 피고의 행위는 비윤리적인가,

그러한 윤리성과 비윤리성의 정도는 어떠한가 등의 제반 요소를 비교형량하여 합리적으로 판단해야 한다.

사회적 저명인사는 크게 정치인과 직업·지위에 의한 유명인으로 분류할 수 있다. 정치인과 관련해서는 정치인에 대한 보도를 어떻게 할 수 있는가에 대해 시각이 대립하고 있다. 그 판결 경향을 살펴보면 첫째, 총리대신, 국무대신, 국회의원에 관하여는 명예 침해의 문제가 거의 일어나지 아니하였음에 반하여, 지방의원의 경우에는 그러한 문제가 비교적 많이 발생하고 있다. 일본에서는 정치인로서는 대개 ① 총리대신과 대신, ② 국회의원과 지방의원, ③ 선거에 의한 공무원 후보자 등으로 나눌 수 있는데, 각 그룹에 따라 피해의 양태에 차이가 있다고 보고 있다. 일본에 있어서 총리대신이나 국무내신에 대한 보도와 관련한 재판은 아직까지는 없는 것으로 알려져 있다. 국회의원이나 지방의회의 의원에 관하여는 몇 건의 판례가 있다.

대표적인 판례를 들자면, 히로시마 시의 지방의회가 시회의원이라는 지위를 악용하여, 마약을 횡령한 시의원의 비행을 알고 있는 청년에게 압력을 넣고 심지어는 권총으로 살해하겠다는 협박을 하였다는 기사에 관한 사건에 대하여 히로시마고등재판소는 신문 측의 주장을 받아들이면서 "공선에 의한 공무원의 범죄성 행위가 있는 경우에는 민주주의 사회에 있어서 보도기관은 그것을 공중의 비판에 붙여야 할 책무가 있는 것이므로 당해 사실이 진실이라고 믿는 데에 상당한 이유가 있는 경우에는 그것이 결과적으로 보아 진실에 부합되지 않는다고 하더라도 불법행위가 되지는 않는다"라고 판시하였다. 이러한 점에 관하여는 여러 가지의 견해가 있을 수 있지만 신문이 중앙 정계의 인물에 대하여는 상당한 조심을 하면서도 지방의원에 대하여는 신중하지 못한 점이 우선 지적될 수 있다. 또한 취재기자의 자질상의 차이 또는 중앙 정계에서는 법적 수단에 호소하기 전에 정치적 해결을 시도하는 경향이 강함에 반하여 지방 정계에서는 그 반대의 경향이 강하다는 점 등이 그 원인으로 지적되고 있다.

둘째, 총리대신의 명예권이 다른 공인에 비하여 특별히 취급되어야 하느냐 하는 점이다. 일본에서의 총리대신은 국가원수도 아니고 대통령책임제하의 대통령의 지위를 갖는 것도 아니다. 따라서 총리대신의 지위는 공공성은 강하지만 상징성은 약하기 때문에 그의 명예권의 보호 정도에 미묘한 문제가 있다. 일부의 견해에 따르면 총리는 국정의 대표자이며 그의 사생활에 대한 보도는 국민의 알 권리의 내용을 이룬다고 보는 것이 민주제도에 합치한다는 주장도 있으나 이 문제는 구체적인 사건에 대한 판결례의 집적에 의하여 해결해 나갈 것으로 판단된다.

특징적인 판결은 도쿄지방재판소가 1964년 9월 28일에 선고한 판결이다. 여기서 재판소는 프라이버시의 권리를 "사생활을 무단으로 공개하지 않는다고 하는 법적 보장 내지는 권리"라고 하면서 "… 특히 사생활의 공개가 공인 또는 공직 후보자에 대한 평가를 위한 자료가 되는 경우에는 그 목적의 사회적 정당성 때문에 공개되어야 할 범위가 확대되는 것은 긍정하지 않을 수 없으나 본건과 같이 도지사 선거로부터 1년여를 경과하여 원고가 이제는 공직의 후보자도 아니고 공직 후보자가 될 의사가 있다고 볼 수 없기 때문에, 공직 후보자의 적격성의 문제를 제기하기 위한 것이 아니고 … 문예적 창작 의욕에 의하여 타인의 프라이버시를 공개하는 경우에는 그것이 위법이 아닌 것으로 용인되는 범위는 위와 같은 예의 경우보다 훨씬 좁다고 할 수밖에 없는 것이고, 그 범위는 세간 주지의 사실 또는 과거의 공적 활동으로부터 당연하다고 할 수 있는 범위 내의 것, 또는 일반인의 감수성을 가진다면 피해의식을 가질 수 없는 정도를 그 기준으로

하여야 한다"라고 판시하여 위에서 본 판결과 그 본질적인 궤를 같이 하고 있음을 알 수 있다.

반면, 직업이나 지위에 의해 사회적으로 유명해진 사람들은 여전히 이들을 일반인과 다르게 취급해야 하는가에 대해서는 일관된 판결 경향을 살펴볼 수 없다. 다만 공무원이나 공공인의 성격에 가까운 직업일수록 보도의 공공성을 더 크게 인정하는 경향은 나타나고 있다. 예를 들어 이 부분에서 자주 인용되는 소위 'T 박사' 사건은 교육자가 공무원인지 아닌지에 따라 약간의 차이가 있으나 비공무원이라고 하더라도 명예훼손에 관하여는 공무원에 준하여 취급된다고 보고 있다. 이 사건은 저명한 학자인 T 박사의 사생활을《마이니치 신문》이 보도하였기 때문에 문제가 되었다. 문제의 기사는 'T 박사에게 애정의 항의, 자살을 기도한 미망인'이라는 표제에서, T 박사가 전쟁미망인 K와 혼인 외의 관계를 유지하고 있다가 다른 부인과 결혼하기 위하여 K와 결별하려고 하자 K가 자살을 기도하였으나 미수에 그쳤다는 취지로 보도된 내용이다.

이 사건에서 T는 그 기사는 진실에 반할 뿐 아니라 순전히 개인적인 사생활에 관한 것이기 때문에 공공의 이익에 관련이 있는 것이 아님에도 불구하고 신문은 T의 사건을 폭로하며 세인의 호기심을 만족시키기 위한 목적으로 보도한 것이므로 공익 목적에서 나온 것은 아니라고 주장하였다. 이에 대하여 피고《마이니치 신문》은 본건 사실은 전후의 성도덕 혼란을 보여주는 것이고 이러한 사실이 대학교수라고 하는 사회적 지위를 가진 사람과 전쟁미망인과의 사이에서 일어난 사건이기 때문에 단순한 사생활의 문제가 아닐 뿐 아니라 본건 기사는 자살미수사건과 그 동기를 보도한 것에 지나지 않는 것이고 반사회성을 가지는 행위를 대상으로 한 것 이라는 취지의 반론을 제시하였다.

이에 대하여 도쿄지방재판소는 "그와 같이 타인의 명예를 손상시키는 사실을 공표하는 것은 그 사실이 진실이 아닌 한, 다시 말하면 그러한 사실이 공공의 이익에 관련될 수 있거나 공익을 도모할 목적으로 행한 것이라고 하여도 명예훼손의 책임을 면할 수 없다고 하지 않으면 안 된다. 따라서 그 대상이 중요한 것이라고 하거나, 또한 그 동기가 어디에 있건 간에 진실이 아닌 기사로서 타인의 명예를 훼손하는 것은 허용될 수 없다"라고 판시하면서 명예훼손죄의 성립을 인정하였다.

이 사건에서는 기사 자체가 진실이 아니기 때문에 법원이 사생활 보도에 관하여 어느 정도까지 보도를 허용할 것인가 하는 문제에 관하여 법원의 견해를 엿볼 수 있는 기회를 상실하였으나 본건은 순수한 사생활에 지나지 않는 사실에 관하여는 사회성을 가지고 보도하였거나 또는 중요한 점에 관하여 진실이라고 하더라도 명예훼손 또는 프라이버시의 침해가 된다는 점을 인정한 것이 주목할 만하다. 즉 공공인의 사생활 보도는 진실 여부와 상관없이 인격권 침해가 인정되는 것으로 보인다.

유사하게 일본의 법체계와 판례를 검토한 결과 미국의 공인이론과 달리 우선 사회적 신뢰를 전제로 하는 직업인에 대하여는 신뢰에 대한 사회적 보호가 우선하고 있음을 알 수 있다. 그러나 다른 한편 사회적 저명인사로 인식되는 공적인 인물에 대한 신뢰적 평가, 직업적 평가 등에 있어 이러한 인물들의 사생활권의 범위는 통상인에 비하여 훨씬 좁을 수밖에 없다. 또한 명예에 대하여 특히 민감한 면이 있음과 동시에 명예훼손에 대해서는 보호되어야 하는 양면성을 가지는 점도 일반인과 다른 점이다.

결국 일본 법원은 공인원칙을 그대로 수용하고 있지는 않으나 언론의 자유와 개인의 기본권을 비교형량 하는 과정에서 사회적 저명인사의 범주에서 일반인과는 차별적으로 적용하고 있는 것으로 보인다. 예를 들어 일본 법원은 피고인 보도기관의 행위가 공공의 이익에 합치되는가, 원고는 어느 범위에서 공공적 인사로 취급될 수 있는가, 그 사회적 지위에서 우선적으로 요구되는 국민의 알 권리는 어느 부분에 중점이 두어져야 하는가, 피고의 보도 행위는 사생활의 부당한 침해인가 그렇지 아니한가, 원고의 사생활 보도는 윤리적인가, 보도가 된 문제와 관련된 피고의 행위는 비윤리성을 현저히 수반하는가 하는 여러 가지 사정 등을 종합하고 비교형량하여 국민의 알 권리와 공적 인물의 인격권 보호와의 적절한 균형을 시도하고자 하는 경향을 보인다.

프라이버시 침해의 경우에도 표현의 자유와 조정을 꾀하고 있다(松井茂記, 2007). 사생활에 관한 사실을 보도하는 것으로 생활의 평온(안위)을 침해하는 경우라도 일률적으로 불법행위가 성립되는 것은 아니며, 공공성이 인정되고 표현 내용과 수단에 정당성이 인정되는 한 위법성이 없다고 하는 것이 판례, 학설의 유력한 입장이기 때문이다. 그래서 법안에서 제시한 프라이버시 침해 사항은 사인의 경우는 별도로 하더라도, 헌법상 정당하게 보호받는(제21조) 영역이 비교적 넓을 것으로 기대되는 공인에 관한 보도도 일련의 특별구제조치가 뒤따를 수 있는 것이다.

아울러 취재 대상자가 공인 혹은 공적 관심사인 경우, 취재를 통해 취재 당사자가 입을 수 있는 고충 및 피해보다 취재를 하지 않을 경우 발생할 수 있는 사회적 폐해 및 국민의 알 권리에 미치는 피해를 비교했을 때, 취재 수법이 사회적 통념을 벗어나지 않는 이상 허용되는 경우도 있다고 보아야 할 것이다. 예컨대 정치인에 대한 추문 보도 등은 정상적인 취재 수법만으로는 진상을 밝히는 데 한계가 있다. 따라서 법안이 제시하는 프라이버시 침해 및 과잉 취재는 취재 대상자의 사회적 지위(공인인가 사인인가)와 공적 관심사의 정도 등 표현의 자유 사이의 조정이 전제되어야 할 것이다.

## 중국의 공인 법리

### 1) 법제적 특성

현실적으로 중국은 상대적으로 발달된 공인이론을 가지고 있는 국가는 아니다. 무엇보다 명문화된 공인 개념을 가지고 있지 않다. 따라서 공인에 대한 언론의 보도가 소송으로 비화될 경우 예측 가능한 판결 기준이 제시되지 못하고 있다. 미국의 경우 1964년 설리번 사건을 시작으로 누적된 판례를 통해 공인이론 또는 현실적 악의 원칙을 발전시켜 왔다. 특히 1974년 거츠 대 웰치 사건(Gertz v. Welch, Inc., 418 U.S. 323)을 통해 개인의 명예 보호를 위해 공인의 공적 관심사에 대해서만 '현실적 악의' 원칙을 적용해야 한다고 판시하고 있다. 즉 미국은 공직자에서 공적 인물, 그리고 공적 관심사에서 공적 인물의 공적 관심사로 이어지는 일련의 과정을 거치면서 공인에 대한 개념과 원칙이 정립되어 결과적으로 언론 자유를 우월적 기본권으로 인정하고 있다(이재진, 1999; 윤성옥, 2007 등). 현실적 악의 원칙은 언론의 자유와 민주주의를 위해 가장 효율적인 방안이라는 주장이 공감대를 형성함으로써 발전될 수 있었다. 그러다 보니 미국의 경우 공인의 인격권과 표현의 자유의 가치가 충돌하는 경우보다 안정적으로 판결 결과를 예측할 수 있게 되었다.

그러나 중국 사회에는 이러한 '공인'의 개념이 명확하게 정의되지 못하였다. 한국의 경우 정치인, 공직자, 연예인, 스포츠 스타 등 누구를 공인이라고 평가할 수 있는지에 대한 명확한 기준이 없다 보니 '현실적 악의'와 같은 원칙을 도입하고, 적용하기 어려운 구조를 가지고 있다. 따라서 공인의 인격권과 언론의 자유가 충돌할 경우 법적 해석과 적용이 항상 논란이 되어 왔다(이재진·이창훈, 2010). 즉 '공인'의 개념, '범위' 등이 법규정으로 명문화되어 있지 않아 판결 과정에서 법관의 자의적인 해석이 가능했고, 법적 적용에 논란이 존재해 왔다(吴飞, 2003).

중국은 「헌법」 제35조에서 언론과 출판의 자유를 보장한다. 그러나 이러한 언론·출판의 자유가 절대적인 자유도 아니며 민법에 규정한 다른 기본권에 우월한 위치에 있지 않기 때문에 여타의 권리와 충돌 시에 비교 형량을 해야 한다. 오히려 언론·출판 자유의 전제는 국가의 안전, 사회의 공공 이익, 그리고 명예권이나 프라이버시권 즉 개인의 인격권을 침해하지 말아야 하며 침해하는 경우 이에 대해 책임을 져야 한다고 인식되어 왔다((2002)朝民初字제04336호 판결). 비록 언론의 보도 활동으로 발생하는 인격권 침해 행위는 특수성을 지니기는 하지만 뉴스 보도의 객관성·진실성을 잃고 타인의 인격권을 동시에 훼손하는 것으로 인정된다((2004)宣民初字 제02285호 판결).

최근 들어 신문, 방송, 잡지 등 전통적 매체 이외에 인터넷과 1인 미디어의 발달에 따라 중국 사회는 정치인과 공직자, 연예인과 스포츠인 등 이른바 공인에 대한 언론 보도가 공인의 인격권과 충돌하는 사례가 증가하고 있다. 문제는 관념적으로 정치인/공직자와 연예인/스포츠인 등을 이른바 공인으로 생각하고 있는데 이는 법적으로 명문화된 공인의 개념적 정의가 이루어지지 않은 현실에 기인한다. 정치인과 연예인 등 공인에게 도덕성을 강조하는 문화를 공유하는 중국 사회가 공통적으로 공인과 관련된 명문화된 법체계를 갖추지 못한 이유로 사건마다 상이한 판례가 나오고 있다(위엽, 2012). 따라서 사회적 영향력을 갖춘 공적 인물을 대상으로 한 언론의 검증·비판 기능에 자연적으로 위축효과(chilling effect)가 발생할 개연성이 있다고 판단된다.

### 2) 중국의 공인 개념 및 연구 동향

중국에서는 공인을 공중인물(公衆人物)이라 지칭한다. 공중인물 원칙이란, "민중의 알 권리와 공민(公民) 개인의 사생활이 남에게 간섭받지 않을 권리의 충돌을 균형 있게 하기 위해서, 사회에 큰 영향력을 가지고 있는 공민들의 프라이버시의 권리는 대중의 알 권리의 제한을 받게 됨"을 의미한다(窦衍瑞, 2005; 顾峥, 2007; 王飛, 2006).

중국은 1990년대 초반 이후 각종 언론매체의 기사를 명예훼손으로 고소하는 열풍, 즉 "告記者熱"이 발생한 후 공인에 대한 연구가 본격화되었다(魏永征, 1994). 중국 저널리즘 학계와 중국 언론은 이런 새로운 현상이 무엇 때문에 발생하는지 규명하기 위해 학계와 판사, 변호사, 정치인과 1991년, 1993년, 1996년 3차례에 걸쳐 '뉴스의 법적 쟁점과 법제 책임에 관한 학술 세미나'를 진행한 바 있다. 1991년의 첫 번째 학술 세미나에서 저널리스트 진태지(陳泰志)는 미국의 설리번 사건을 소개하고 중국의 '헌법'에 의하여 공직자가 저널리즘을 상대로 명예훼손 소송을 제기할 경우 '설리번 사건' 중 '현실적 악의 원칙'을 적용할 필요가 있음을 주장하였다(陳泰志, 1991; 1999).

하위방(賀衛方)은 미디어가 보도에 의한 명예훼손죄 성립 요건은 보도에 의해 명예훼손 피해를 당했다고 주장하는 당사자의 생각만으로 결정되는 것이 아니라 기사들과 보도 편집의 처리 과정 중에서 저널리즘의 기본 윤리 규범 및 표준 작업 절차를 고의로 위반했는지 여부를 고려해야 한다고 주장하였다(賀衛方, 2001). 이처럼 1990년대 후반 이후 현실적 악의 원칙과 공인 개념은 중국의 명예훼손법상 법률 체계에 상당한 영향을 미치게 되었다.

중국에서 공인 관련 연구가 본격화 된 것은 2000년 이후이다. 중국의 공인 관련 연구는 공인이론과 현실적 악의 도입을 주장하는 연구 유형, 공인의 범위 설정에 관한 연구 유형으로 구분된다. 여나(吕娜, 2003)는 중국 법규에 공인 개념을 도입하고, 미국의 현실적 악의 원칙을 참고로 하여 판결할 필요가 있음을 주장하였다. 오비(吴飞, 2003) 역시 미국의 '설리번 케이스'를 설명하며, 정부 공무원에 대한 명예훼손 소송에 현실적 악의 원칙을 적용해야 함을 주장하였다.

위영정(魏永征, 2007)은 중국 미디어 명예훼손 사건에서의 공인 개념을 규명했는데, 연구 결과 중국 공산당의 통제를 받고 있는 중국 미디어는 정부 공무원의 명예를 엄격하게 보호하고 있어 현실적 악의 원칙이 실질적으로 적용되지 못함을 지적하였다. 한편, 중국의 경우 자원성(自愿性) 즉 매체 노출에의 자발성 여부를 중요한 공인 결정 요인으로 판단하고, 공인을 유형화한 연구들이 실시되어 왔다(王利明, 2005; 于淼·杨燕川, 2006; 郭倩倩, 2007; 顧峥, 2007).

### 3) 공인의 범위와 인식에 관한 논의

중국에서 공중인물(公衆人物)의 범위를 다룬 연구는 소수에 머물고 있다. 그러나 점차 연구의 수가 증가하는 추세에 있다. 왕리명(王利明)과 우묘와 양해천(于淼·杨燕川) 등에 따르면, 공중인물은 두 가지 차원으로 구성된다. 자원성(自愿性) 공중인물과 비자원성(非自愿性) 공중인물이 그것이다. 자원성 공중인물은 자신의 의지로 공중 여론에 참여하고 여론에 영향을 미칠 수 있게 희망하는(스스로 원한) 사람들을 말한다. 예를 들어 정부 관원, 정치인, 유명인, 영화배우, 가수, 작가, 스포츠 스타 등이다. 비자원성 공중인물은 법률을 어기거나 사회의 공공 이익을 손해하거나, 어떤 특수 사건으로 일시적으로 사회 각계의 관심을 불러일으키는 경우를 의미한다

(王利明, 2005, pp.23-26; 于淼 · 杨燕川, 2006, pp.55-57).

특히 우묘와 양해천(于淼 · 杨燕川)은 '자원성 공중인물'이라도 정부관원, 정치인들은 큰 사회책임을 지고 있기 때문에 연예인 등 다른 자원성 공중인물에 비해 경제적 수입, 사생활 등에 투명성을 갖추어야 한다고 주장한다(于淼 · 杨燕川, 2006, pp.55-57). 원천천(郭倩倩, 2007)은 선행 연구의 틀에서 다소 확장한 공인의 범위를 제시하였다. 그는 지명도와 영향력을 중심으로 공직자, 공익 조직의 리더를 자원성 공중인물 중 정치적 공적 인물로 정의하였다. 또한 문학계, 연예계, 스포츠계 '스타', 과학자, 문학가, 저명 학자, 우수근로자, 전과자와 그의 가족들을 자원성 공중인물 중 '사적 공중인물'로 구분하였다.

중국의 공인이 누구인가를 연구하기 위해 중국 출신 연구보조원들의 도움을 받아서 관련 판례를 수집하여 이를 분석하였다. 그런데 중국의 공인 관련 판례는 중국의 법원 사이트의 정보 접근이 용이하지 않았기에 중국 최대의 포털 사이트 바이두(www.baidu.com)에서 '공인' '공적 인물' '공중인물/존재'를 검색어로 추출된 판결문 중 '공인'(공중인물, 公衆人物)을 명확하게 규정하고 있는 18건을 분석 대상으로 삼았다. 중국 판결문은 포털 사이트 '바이두'(百度)에서 찾은 판례를 중국의 학술지에서 판례번호를 확인하는 작업을 거쳐, 출처가 명확한 판례만을 분석 대상으로 하였다. 각 판례의 1차 범주화와 2차 유형화하는 방법으로 판결 분석을 수행하였다. 이렇게 범주화 및 유형화된 18건의 중국의 공인 관련 판례는 〈표 6-1〉과 같이 제시되었다.

다시 말하자면 관련 판례를 제한적으로 수집할 수밖에 없었던 어려움이 있다. 비록 건수는 적지만 이렇게 범주화 · 유형화된 중국의 공인 관련 판례를 통해 범주별 · 유형별 소송 비율을 분석함으로써 중국에서는 더

표 6-1 **중국의 공인 관련 소송 현황**

| 공인 범주 | 공인 유형(원고)<br>공인 유형에 따른 분류 | 결과 | 판결 일자 및 번호 |
|---|---|---|---|
| 공무원 공직자 | 하남성 통계청 직원<br>경계영역적 인물 | 승소 | 1988년 하남 법원 판결<br>(1998)河南民终字 第45号 |
| | 위생부 여부장 상군(尚军)<br>경계영역적 인물 | 승소 | 2008년 5월 22일 하피시 소산구 법원 판결<br>(2008)合肥市蜀山区法院民事271号 |
| 경제 사회 지도자 | 대학교수<br>비자발적, 정치적 공인 | 패소 | 2003년 북동 인민법원 판결<br>(2003)北东民终字第1807号民事判决 |
| | 영화감독 당지이(唐季礼)<br>자발적, 비정치적 공인 | 승소 | 2005년 4월 30일, 상해 제1중급 인민법원 판결<br>(2004)沪一中民一民(初)字第13号 |
| | CCTV 아나운서<br>자발적, 정치적 공인 | 승소 | 2007년 5월 17일, 북경 중급법원 판결<br>(2007)北京中级法院 民事1221号 |
| | 화가 양낙서(杨洛书)<br>비자발적, 정치적 공인 | 패소 | 2007년 북경 제1중급인민법원 판결<br>(2007)北京民终字第7857號) |
| | 양리관(杨丽娟)<br>비자발적, 우연한 공인 | 패소 | 2009년 9월 21일, 광주 중급 인민법원 판결<br>(2009)广州中级人民法院 民事1665号 |
| | 영화감독 장예모(張藝謀)<br>자발적, 비정치적 공인 | 승소 | 2009년 12월 8일, 북경 제1중급 인민법원 판결<br>(2009)北京民初字第28215號) |
| | 故 영화예술가 서진(谢晋)<br>자발적, 비정치적 공인 | 승소 | 2009년 12월 25일, 상해 경안구 인민법원 판결<br>(2009)上海静安区人民法院 第2879号 |
| 연예인, 스포츠 선수 | 가수 논진(田震)<br>자발적, 비정치적 공인 | 승소 | 2001년 12월 7일, 남경 법원 판결<br>(2001)南京民初字第5758號 |
| | 축구선수 범지의(范志毅)<br>자발적, 비정치적 공인 | 패소 | 2002년 12월 18일, 상해 경안구 인민법원 판결<br>(2002)上海静安区人民法院 第1776号 |
| | 축구선수 신사(申思)<br>자발적, 비정치적 공인 | 승소 | 2003년 6월 19일, 상해 황포(黃浦)구 인민법원 판결<br>(2002)上海民初字第7112號 |
| | 가수 애신제로 치디(爱新觉罗.启笛)<br>자발적, 비정치적 공인 | 패소 | 2005년 10월 15일, 북경 제2중급 인민법원 판결<br>(2005)二中民终字第8232号 |
| | 가수 겸 탤런트 장량인(張靚穎)<br>자발적, 비정치적 공인 | 패소 | 2006년 12원 13일, 상해 경안(静安)구 인민법원 판결<br>(2006)静民一(民)初字第2845号 |
| | 가수 장정영(张靓颖)<br>자발적, 비정치적 공인 | 패소 | 2007년 2월 8일, 상해 중급인민법원 판결<br>(2007)上海民初字第3041號 |
| | 영화배우 이아펑(李亚鹏)<br>자발적, 비정치적 공인 | 승소 | 2007년 7월 12일, 북경 해단구 인민법원 판결<br>(2007)北京海淀区人民法院民事976号 |
| | 영화배우 김교교(金巧巧)<br>자발적, 비정치적 공인 | 승소 | 2009년 12월 18, 북경 법원 판결<br>(2009)北京民初字第5745號 |
| | 영화배우 장쯔이(章子怡)<br>자발적, 비정치적 공인 | 승소 | 2010년 1월 13일, 북경 초양(朝陽) 법원 판결<br>(2010)北京朝阳区人民法院民事 91号 |

떠한 공인 범주로 분류되는지 또는 어떠한 공인 유형별 소송이 빈번하게 발생하고 있는지 확인하였다. 또한 중국 법원이 범주별·유형별 공인에 대해 어떠한 판결 기준(인식)을 가지고 있는지 확인하기 위해 공인 범주 및 유형별 빈도와 승·패소율에 대한 분석을 수행하였다.

### 중국의 공인 관련 소송의 범주 및 유형

수집된 총 18건의 공인 관련 판례 중 공무원 관련 판례가 2건(11.11%), 경제·사회 지도자 관련 판례가 7건(38.89%), 연예인/스포츠 선수가 9건(50%)으로 나타났다. 예상대로 정치인 관련 판례는 1건도 도출되지 않았다. 중국 법원은 공직자(통계청 직원, 위생부 부장), 언론인(아나운서), 문화예술체육인(축구선수, 가수, 탤런트, 영화배우, 영화감독, 고인이 된 영화감독(예술가)), 대학교수 등을 공인으로 구분하고 있었다. 특이한 점은 '사인' 즉, 유명 배우의 팬이더라도 스스로 인터뷰를 자처한 사람의 경우 자발적으로 사람들의 이목을 끌었다는 측면에서 '공인'으로 인정하고 있다는 것이다.

한편, 이상의 공인 범위에서 확인할 수 있듯 중국 법원의 공인 규정의 이유와 원칙은 논리성과 체계성, 구체성이 결여되어 있다. 사인이라 하더라도 인터뷰를 자처한 사람의 경우 공인으로 판단한다는 논리와 어느 정도 수준의 공무원 직급을 공인으로 볼 것인지에 대해서는 명확하지 않다. 중국의 공인 범주별 판례 분석 결과는 다음과 같다.

#### 1) 공무원/공직자

'(1998)河南民終字 第45号' 판결은 공무원과 관련된 중국 최초의 명예훼손 사건이다. 이 사건은 원고인 하남성 통계청 직원 왕 씨가 강하문학(江河文學) 미디어가 자신의 명예를 훼손하였다고 소송을 제기한 것이 발단이 되었다. 강하문학 미디어는 소설의 형식으로 왕 씨가 그 기관의 부정부패한 사람들과 투쟁하는 이야기를 묘사했는데, 그 과정에서 그를 "건달" "미친개" "사기꾼" 등으로 표현하였다. 재판부는 강하문학(江河文學) 미디어가 공인인 왕 씨의 명예를 훼손했다고 판시하였다.

'(2008)合肥市蜀山區法院民事271号' 판결은 하피시 위생부의 여부장 상군(尙軍; 원고)이《호북일보(湖北日報)》를 상대로 소송을 제기한 사건이다. 상군은 공무원으로서 뇌물을 수뢰한 혐의로 10년의 유기징역형을 받았다. 그러나《호북일보》가 이 사건을 보도할 때, 원고가 재임 기간 남녀관계가 복잡한 것처럼 묘사하였다. 원고는 이 보도가 자신의 명예를 훼손했다고 호북일보를 기소하였다. 재판부는 "유기징역 기간이라도 인민의 권리는 보호되어야 한다"며, "원고는 공적 인물로서 자신의 명예권을 보호할 필요가 있다"라고 판시하였다. 따라서 피고는 원고에게 사과하고 동시에 원고에게 정신적 손해보상 6만 원(인민폐)을 지불토록 판결하였다.

중국 법원의 경우 정치인과 관련된 판례가 도출되지 않았고,[61] 공직자 관련 판례도 단 2건에 불과하였다. 이 또한 공직자를 공인으로 인정하

---

61 중국의 경우 정치인을 공인으로 인정하고 있지만, 판례에서 직접적으로 정치인을 공인으로 규정한 판례는 도출되지 않았다. 중국의 대표적 포털 사이트 바이두닷컴, 시나닷컴 등을 통한 기사 검색(2011년 12월 6일 현재) 결과 정치인의 사회적 문제(비리 등)에 대한 보도 자체가 1건에 불과하였다. 이 사건은 베이징 시 제2중급인민법원, 2006년 3월 17일, (2006)北京民終字第3849号 판결을 다루고 있다. 즉, 원 랴오닝 푸신 시(辽宁阜新市) 위원회의 정년퇴임 서기 왕아짐(王亚忱)이 '중국청년보'(中国青年报)를 고소한 사건이다. 중국청년보는 "한 정년퇴임 고관의 장사"라는 기사에서 실명을 거론해 왕아짐을 비판하였다. 왕아짐은 이 기사가 자신의 명예를 심각하게 그들의 훼손했다며 소송을 제기하였다. 이에 대한 수사결과 이러한 사실이 실제로 발생했다는 사실이 증명되었다. 결국 원고인 왕아짐이 패소하였다. 즉, 정치인에 대한 언론의 감시 기능이 작동한 판례는 현직 정치인이 아닌 퇴직 정치인에 대한 것 1개에 불과하였다. 단, 이 판례에서는 공인이라는 용어가 직접적으로 판례에 도출되고 있지 않았으므로 분석 대상에서 제외했음을 밝힌다.

고 있지만, 공직자를 '공인이론'과 '현실적 악의 원칙'에 의해 모욕적 표현을 인내해야 할 존재로 보고 있는 것이 아니라 사인에 비해 더욱 명예가 보호되어야 할 인물로 판단하고 있는 것으로 보인다.

2) 경제·사회 지도자

'(2003)北東民終字第1807号' 판례는 여추우(余秋雨) 교수와 『북경문학(北京文學)』의 명예훼손권 소송을 다루고 있다. 『북경문학』은 "여추우 교수가 심천(深圳) 시의 고문으로서 심천 시 정부의 별장을 선물 받고, 심천 시 문화를 홍보하고 있다"라고 보도하였다. 이에 여추우 교수는 언론이 자신의 명예를 훼손했다며 소송을 제기하였다. 재판부는 "피고는 검증을 거치지 않은 소식을 인용했지만, 피고가 고의적으로 꾸며낸 사실이 아니다"라고 판시하였다. 즉 "피고 하림(夏林)의 보도 중 심천 시 정부에서 별장을 선물했다는 내용은 소문이고, 여추우(余秋雨) 교수는 이 소식의 진실성에 대해 의혹을 제기하지 않았고, 악의를 가지고 이와 같은 기사를 썼다는 것을 증명하지 못했으므로, 피고인 하림은 이 사실의 진위에 대해 실증할 능력과 의무가 없다"라고 판시한 것이다. 또한 재판부는 "아파트를 받았다는 문장은 다양한 가치 표준에서 그 의미가 부정적이라는 것을 판단하기 어려워 명예훼손의 특징을 가지고 있지 않다"라고 판결을 내렸다. 이 판결은 중국에서 '현실적 악의' 원칙의 핵심을 적용한 최초의 판례로 공인으로 하여금 언론 보도의 악의 입증책임을 요구하였다.

'(2007)北京民終字第7857號' 판결에서 재판부는 유엔교육과학문화기관에서 "민간공예미술대가로 선정된 화가 양낙서는 '공중인물'로 타인이 불리한 평가를 내리더라도(명예훼손을 당하더라도) 일반 공민에 비해 이를 폭넓게 수용해야 한다"라고 판시하였다.

'(2009)广州中級人民法院 民事1665号' 판결은 원고 양리관(楊麗娟)이《난방주말(南方周末)》보도가 자신의 명예를 훼손했다며 제기한 사건을 다루고 있다. 2007년 3월 26일 양리관의 아버지는 유덕화를 비난하고, 딸이 그동안 유덕화와 결혼하고자하는 꿈을 위해 얼마나 노력했는지에 대한 글을 유언장으로 남기며 자살하였다. 2007년 4월 12일 난방주말은 이 사건을 보도하였다. 보도 중에는 양리관과 양모의 인터뷰 내용이 포함되어 있었다. 즉 원고 양리관이 1994~2007년에 자신의 우상이었던 유덕화와 만나고 싶은 꿈을 위해서 자신과 가족이 전 재산을 투자할 만큼 돈을 썼음에도 불구하고 그 꿈이 실현되지 않았다는 내용이 포함된 것이다. 기사는 "원고의 아버지는 유덕화가 자신의 딸을 만나지 않은 것 때문에 홍콩에서 자살했다"라고 보도하였다. 원고가 이 보도가 자신과 명예와 부모님의 명예를 훼손했다고《난방주말》을 기소하였다. 법원은 양리관이 1994~2007년 동안 유덕화의 팬으로서 몇 번이나 인터뷰를 받았고, 자발적으로 자신의 경험을 말한 바 있기 때문에 자발적 공중인물로 판단하였다. 또한 보도 내용이 명예를 훼손하는 부분이 있더라도 진실하지 않은 부분이 없기 때문에 원고의 청구가 기각된다고 판시하였다.

한편, 영화감독 당지이, 장예모 판결과 CCTV 아나운서 판결에서 재판부는 공인에 대한 허위보도에 대해 공인의 경우 많은 사람들에게 관심을 받고 영향을 받을 수 있는 위치에 있음으로 명예가 보호된다며, 원고승소 판결을 내렸다. 한편, 이미 사망한 영화 예술가에 대한 언론 보도가 고인의 명예를 훼손했다며 가족이 제기한 소송에서도 법원은 고인 역시 공중인물로 판단하고 있음을 확인할 수 있다((2009)上海靜安區人民法院 第2879号).

경제·사회 지도자 관련 2003년 정부의 자문을 맡고 있는 여추우(余

秋雨) 교수 판결에서 '현실적 악의 원칙'을 적용한 판례가 도출되었다는 것은 주목할 만한 일이다. 재판부는 명예훼손의 입증책임을 원고인 공인에게 있다고 판시하였는데, 이는 미국식 공인이론을 정확하게 적용한 것이다.

이는 1990년대 이후 세 차례에 걸친 치열한 토론을 벌이면서 현실적 악의 이론의 도입에 대한 논의를 해왔던 중국 학계의 노력이 재판부에 영향을 미친 것이라 할 수 있다. 중국 재판부는 2003년 현실적 악의 적용 판례에 이어, 2007년과 2009년의 판례를 통해 공인의 경우 사인에 비해 불리한 언론의 평가를 폭넓게 수용할 필요가 있음을 지적하여 공인이론을 꾸준히 판례에 적용시키고 있는 것으로 확인할 수 있다. 그러나 언론의 명백한 허위보도에 대해서는 언론의 면책 법리를 적용시키지 않고 있음을 확인할 수 있다.

3) 연예인, 스포츠선수

'(2002)上海靜安區人民法院第1776号' 판결은 축구스타 범지의(范志毅)가 《문해신문(文匯新聞)》이 축구 도박 관련 보도를 함에 있어 자신의 이름까지 거론한 것이 자신의 명예를 훼손했다고 소송을 제기한 사건이다. 재판부는 원고는 공중인물로서 매체가 정당한 감독권을 행사하는 것을 참고 용서하고 이해해야 한다고 판시하였다.

'(2005)二中民終字第8232号' 판결은 애신제로 치디(愛新覺羅.啓笛)라는 가수가 중국인민라디오방송국(中央人民广播電台)이 자신의 명예를 훼손했다며 소송을 제기한 사건을 다루고 있다. 중국인민라디오방송국의 보도는 치디가 1994년 청년가수대회 이후 절도 혐의를 받고 있고, 이 때문에 연예계에서 퇴출되었다고 보도하였다. 그러나 재판부는 판결에서 원고가 가수 시절 공인으로서 공중의 관심으로부터 많은 이익을 얻었고, 비록 보도가 사실이 아니라고 하더라도 원고에 대한 현실적 악의가 없고(원고가 이를 입증하지 못했고), 고의적인 명예훼손 침해가 아니며 또한 원고의 주장이 있은 후 중국인민라디오방송국이 사과보도를 했다며 원고 패소 판결을 내렸다.

'(2006)静民一(民)初字第2845号' 판결은 리얼리티 오디션 프로그램 '중국 슈퍼걸'을 통해 유명해진 가수 겸 탤런트인 장량인(張靚穎)이 술집에서 소란을 피웠다는 내용을 동방조보(東方早報)가 보도하자 보도의 내용이 자신의 명예를 훼손했다며 제기한 소송 사건이다. 법원은 판결문에서 "피고 신문사가 보도의 진실을 입증할 어떠한 증거도 제출하지 못하였지만, 원고는 공인이고, 따라서 미디어에 대해 관용적 태도를 가져야 한다"라고 판시하였다. 특히 재판부는 보도에 모욕적 표현이 없었고, 원고의 인품이나 도덕성에 대한 편파적 비판도 없었으며, 피고가 원고에 대한 현실적 악의가 없기 때문에 피고의 고의적 명예훼손 행위가 없는 것이라고 판시하였다. '(2003)北東民終字第1807号', '(2005)二中民終字第8232号' 사건에 이어 세 번째로 현실적 악의 원칙을 도입한 판례이다.

'(2007)上海民初字第3041號' 판결은 《동방조보(東方早報)》가 가수 장정영(張靚穎)의 봉사활동이 가식적이라는 의미의 보도를 한 것이 문제가 되었다. 재판부는 이 사건에 대해서 공중인물로서 장정영은 신문사의 관심에서 발생하는 일부 손상(명예훼손)을 이해하고 용서해야 한다고 판결을 내렸다.

이승선(2007)의 분류 기준에 따라 중국의 판례를 유형화해보면, 자발적(지원적)·비정치적 공인(12건, 66.67%), 경계영역적 인물(2건, 11.11%), 비자발적(비지원적)·정치적 공인(2건, 11.11%), 비자발적·우연적 공인(1건, 5.56%), 자발적·정치적 공인(1건, 5.56%)의 순으로 나타났다.

흥미롭게도 중국은 공무원 관련 판례의 경우 공인인 공무원이 패소하는 경우가 도출되지 않았다. 반면 경제·사회 지도자의 경우 공인이 승소하는 경우가 4건(57.14%), 패소하는 경우가 3건(42.86%) 도출되었다. 연예인/스포츠 선수의 경우 공인이 승소하는 경우는 5건(55.56%), 패소한 경우는 4건(44.44%)으로 나타났다. 전체적으로 공인이 승소한 판례는 전체 18건 중 11건(61.11%), 패소한 판례는 18건 중 7건(38.89%)로 나타났다.

### 중국 법원의 공인 이해

중국의 공인 범주(직업)별 소송의 비율을 확인한 결과 흥미롭게도 중국의 경우 한국이나 미국과 달리 정치인의 소송 건수가 거의 없었다. 연예인/스포츠 선수의 소송 비율은 9건(50%)로 나타났다. 즉 중국의 경우 연예인/스포츠 선수의 소송 비율이 높게 나타난 반면, 공무원·공직자의 경우 2건(11.11%), 경제·사회 지도자의 경우 7건(38.89%)으로 공직자에 대한 소송은 낮은 비율로 나타났다.

한편, 중국의 판례를 통해 공인을 범주화한 결과 자발적·비정치적 공인(12건, 66.67%)의 비율이 가장 높게 나타났다. 자발적·정치적 공인은 1건(5.56%)에 불과하였다. 즉 중국의 특징은 정치인, 공직자(공무원), 언론사(인) 등의 공인의 인격권과 표현의 자유가 충돌하는 판례가 상대적으로 많이 도출되었다는 특성이 있다. 반면에 축구선수, 가수, 영화배우, 영화감독, 고인(故人)이 된 영화감독(예술가) 등 자발적·비정치적 공인에 대한 판례가 상대적으로 많이 도출되고 있는 것으로 나타났다.

공인의 범주(직업)에 따른 공인의 패소율을 살펴보면, 정치인 관련 판례는 전무하였고, 공무원·공직자 판례의 경우에도 패소하는 경우가 도출되지 않았다. 그러나 연예인/스포츠인에 있어 44.44%의 패소율을 나타냈다. 경제·사회 지도자의 패소율은 42.86%로 나타나 그 뒤를 이었다. 전체적으로 중국은 공인이 제소한 소송에서 원고의 38.89%가 패소한 것으로 나타났다.

이러한 점은 중국의 경우 정치인과 공직자를 공인으로는 인정하나, 정치인이나 공직자(공무원)가 패소하는 경우가 도출되지 않았다. 이는 사회주의 체제의 체제적 영향력과 특성을 보여주는 것이라고 하겠다. 즉 아직 사회주의 국가에서는 절대적이라 할 수 있는 정치인과 공직자(공무원)의 위상을 보여주고 있다. 중국의 경우 비교적 연예인/스포츠인을 영향력 측면에서 정치인 등과 대등한 수준의 공적인 인물로 고려하고 있었다. 경제·사회 지도자의 경우 패소 비율이 약간 높게 나타났다.

한편, 공인 유형별 패소율을 살펴본 결과 비자발적·정치적 공인 소송과 비자발적·우연한 공인 관련 모든 소송에서 공인인 원고가 패소하였다. 그러나 자발적·정치적 공인 소송과 경계영역적 인물 관련 소송의 경우 공인인 원고가 모두 승소하였다. 자발적·비정치적 공인 소송에서는 원고 33.33%가 패소하였다. 전체적으로 중국에서 원고인 공인의 패소율은 38.89%로 나타났다. 이는 중국 사회의 경우 아직까지 공중인물들에 의한 소송이 그렇게 빈번히 일어나지는 않는다고 판단할 수 있다.

또한 판결의 특징을 살펴보면 공인에 대한 인식은 존재하나 여전히 그 범주는 명확치는 않으며 공인이 판결에서 면책 사유로 적용되는 경우는 없는 것으로 보인다. 우선 중국 법원은 공인이란 정부 관원, 연예인, 스포츠 스타 그리고 어느 분야에서 비교적 높은 지명도를 가지고 있는 사람처럼 그 직무, 직업 또는 행위로 대중의 관심을 끄는 주체로서 이들에 대한 보도는 뉴스 가치가 높고 사회의 보편적인 관심을 일으킬 수 있는 것으로 본다. 특히 언론매체가 여론의 감독 책임(파수견 기능)을 실행하기 위해서는 공인의 행위에 대한 적당한 보도를 할 수 있어야 한다고 판단한다. 그러나 공인의 사적인 생활이 공인이 차지하는 공적인 역할에 무관하다면 사적인 생활은 사회 대중의 이익에 부합하는 것이라고 할 수 없다. 공인 명예권의 양보의 대가로 대중의 호기심을 만족시키는 것은 바람직하지 않다. 여론의 감독이 사회 발전에 중요하기는 하나 이런 권력은 합리적 한도 내에서 행사해야 하고, 객관적 사실과 보도 대상의 명예를 무시하는 허위보도는 여론 감독권의 남용이라고 보았다((2004)朝民初字제74885호 판결). 또한 중국 법원은 "공인은 사회에서 대다수 사람들이 알고 있는 사람인데, 원고는 단지 특정 지역에서 지명도를 누리므로, 사람들이 널리 안다고 할 수 없으며 그는 공인이라고 인정할 수 없다"라고 판단하였다((2000)宁民終字제3호 판결). 아울러 "고효송은 음악 제작에 종사하는 전문 뮤지션이지만, 그의 민사 권리는 그가 종사한 작업 및 사회 인지도와 관련 없이 보장해야 한다"는 판결도 있다((2002)朝民初字제04336호 판결).

이러한 판결들에 근거해 살펴보면 중국 법원은 공인과 관련하여, 첫째, 구체적인 사건 내막에 근거하여 쌍방의 과실이 존재하는가를 먼저 고려하는데, 이때 과실은 권리침해를 구성하는 중요한 전제가 된다. 둘째, 법원은 보도 매체가 과실이 없다면, 공인 권력 보호의 약화 이론에 근거하여 언론의 자유를 보호하는 것을 택한다. 왜냐하면 언론의 자유는 공적 권력이라고 볼 수 있는데, 공적인 권력에 대한 알맞은 보호는 결국 사회와 국민의 이익을 위한 것이라고 보기 때문이다. 셋째, 언론의 과실이 확실한 경우에는 법원은 언론의 자유를 지키기 위해 다른 권리침해를 용인해서는 안 된다고 판단한다. 다만, 공인에 대한 금전적 보상과 피해배상을 처리할 때는 '권리보호의 약화 이론'을 적용시켜 적당한 보상 수준을 유지하도록 한다고 판단하고 있다고 하겠다((2002)朝民初字 제04336호 판결).

결론적으로 중국 사회에 있어 아직까지 공인 개념이 정착되어 있지 못하고 있는 것으로 나타났다. 중국 법원이 인식하고 있는 공인 개념, 공인 유형, 공인의 범위가 어떠한가에 대해 조사한 결과 중국의 경우 비록 공인 개념을 수용하고 있음에도 불구하고 한국이나 일본과 유사하게 중국의 실정에 맞는 방식의 비교형량 방식을 구축하려는 경향이 있음을 발견하였다. 이러한 점은 다음과 같은 함의를 발견할 수 있었다.

첫째, 중국의 경우도 미국의 1964년 설리번 사건 원칙이 도입된 이후 학계를 중심으로 공인이론과 현실적 악의 원칙과 관련된 논의가 있었다. 중국은 1990년대 초 현실적 악의 원칙이 처음 소개 된 이후 언론학계, 판사, 변호사, 정치인들이 참여한 3차례(1991년, 1993년, 1996년)의 대토론회를 시작으로, 2000년 이후 공인이론에 대한 학술적 논의가 본격화되었다(魏永征, 2007; 1994).

중국에서 학계를 중심으로 정치인과 공직자 등 공인을 견제하고 언론의 자유를 보장하기 위한 방법으로 현실적 악의 원칙 도입을 찬성하는 의견이 확대되었다. 중국은 경제·사회 지도자인 대학교수 여추우(余秋雨)와 『북경문학(北京文學)』 사이의 명예훼손 소송에서 현실적 악의 원칙을 근거로 한 판결이 이루어짐으로써 미국식 현실적 악의 원칙을 한국보다 빨리 도입한 것으로 나타났다((2003)北東民終字第1807号). 또한 자발적·비정치적 공인인 연예인 관련 사건((2005)二中民終字第8232号, (2006)静民一(民)初字第2845号)에서 현실적 악의 원칙을 지속적으로 적용함으로써 공인이론과 현실적 악의 원칙을 판례를 통해 발전시켜 오고 있는 중이다. 중국이 자유민주주의 정치체제를 채택하고 있는 한국과 일본 등 다른 아시아권 국가에 앞서 현실적 악의 원칙의 필요성에 대한 토론을 거쳐, 이를 실제의 판례에 적용해 왔다는 사실은 언론의 표현의 자유 보장을 위한 현실적 악의 원칙의 유용성을 사회주의권 국가가 인정하고 이를 탈이데올로기적으로 받아들였다는 측면에서 평가받을 만하다고 판단된다.

물론 총 18건의 판례 중 3건의 판례(16.67%)에서만 현실적 악의 원칙이 적용되었고, 이 외에 다른 판례에서 현실적 악의 원칙을 수용한 판례를 찾아 볼 수 없었다. 또한 경제·사회 지도자와 자발적·비정치적 공인(연예인) 관련 판례에서만 현실적 악의 원칙이 적용되었다는 측면에서 이 결과를 공인에 대한 언론의 적극적 정치적 표현의 발현이라고 확대 해석할 수는 없다고 판단된다. 국경 없는 기자회(2010)에 따르면 중국 공산당의 강력한 통제 속에 놓여 있다고 알려져 있는 중국 언론의 자유 순위는 171위로 최하위 그룹에 속하기 때문이다. 한편, 현실적 악의 원칙을 경제·사회 지도자와 연예인에게만 적용하고 정작 생산적인 비판의 성역이 없어야 할 정치인·공직자에게 적용하지 않고 있다는 것은 현실적 악의 원칙의 취지에 벗어나는 것이라 판단된다. 이러한 현상은 중국이 정치인을 포함한 공인에 대한 성역없는 비판을 지향하고 있지만, 공산당의 강력한 통치체제가 공고화된 현실 상황에 의해 정치인과 공직자 등 자발적·정치적 공인에 대한 언론의 비판이 제한되는 상황에 기인한다고 판단된다. 즉 중국에서의 현실적 악의 원칙은 자발적·정치적 공인에게 제한된 미완의 것이라 판단된다. 더욱 치열한 토론과 논의를 통해 현실적 악의 원칙이 가진 의미를 확장할 필요가 있을 것이다.

그럼에도 중국의 '현실적 악의 원칙' 수용은 공인에 대한 견제의 필요성과 언론의 자유가 인민의 알 권리를 위해 긍정적인 결과를 가져올 수 있을 것이라는 학계, 법조계, 정계 등 각계 전문가들의 사회적 합의의 결과라는 점에서 주목할 만하다. 그동안 한국의 경우 공인이론과 현실적 악의 원칙에 관한 연구는 언론학계, 법학계, 법조계, 정계가 각기 구분되어 진행되어 왔다. 융합적 논의가 이루어지지 못하다 보니 현실적 악의에 대한 논의와 학제 간 이해의 깊이가 상대적으로 부족할 가능성이 있다. 또한 학계에서 현실적 악의의 중요성과 필요성을 인정한다 하더라도 법조계나 정계 등에서 법리의 이론적 이해나 현실 도입 시 효용성에 대해서 충분히 공감하지 못할 가능성이 발생할 개연성이 있는 것이다.

둘째, 한국과 중국의 공인 관련 판례에 나타난 공인의 범위와 유형을 살펴본 결과 한국과 비교한 경우 정치인의 소송이 전혀 없는 반면 연예인/스포츠 선수의 소송 비율(50%)이 훨씬 높게 나타났음을 알 수 있다. 중국의 판례를 통해 공인의 유형화를 시도한 결과 한국과 달리 자발적·정치적 공인은 거의 보이지 않았고, 문화예술체육인(축구선수, 가수, 영화배우, 영화감독, 고인이 된 영화감독(예술가)) 등 자발적·비정치적 공인에 대한 판례가 상대적으로 많이 도출되었다(66.67%).

이는 중국 공산당의 통제를 받고 있는 언론이 정부 공무원의 명예를 엄격하게 보호하고 있어 현실적 악의 원칙의 완전한 실현이 어렵다는 위영정(魏永征, 2007)의 주장과도 일맥상통한다. 중국의 경우 경제·사회 지도자인 대학교수 판례와 비정치적·자발적 공인인 연예인 판례에서 현실적 악의 원칙을 도입할 정도로 파격적인 공인이론 수용 태도를 보이고 있다. 그러나 정작 가장 핵심적 공인인 정치인과 공직자(공무원)는 소송을 제기하지도 않고, 설령 소송을 제기하더라도 중국 법원은 공직자(공무원)의 명예권을 상대적으로 중요한 가치로 고려하고 있는 실정이다. 단 중국의 경우 자원성 원칙에 의해 연예인/스포츠 선수(자발적·비정치적 공인)를 정치인과 공직자(공무원)에 준하는 공인으로 인식하고 있음을 확인할 수 있다(王利明, 2005, 23-26; 于淼·杨燕川, 2006, 55-57; 郭倩倩, 2007 참조).

중국의 경우 언론 보도로 인한 연예인/스포츠 선수의 인격권 침해 소송율이 비교적 높았고, 연예인이라고 하더라도 언론의 허위보도로부터는 법적 보호를 비교적 성실히 수행하고 있다는 사실을 확인할 수 있다. 최근에 문제로 떠오르고 있는 것은 중국에서 인기를 얻고 있는 외국의 유명 스타들에 대한 선정적인 언론 보도이다. 그래서 이러한 문제 해결을 위해서는 공인이론에 대한 명확한 개념의 설정과 함께, 자국 공인은 물론 외국인(자국에서 활동 중인 외국인)인 공인에 대한 언론 보도가 사실에 입각하지 않고, 공익성이 없는 것이라고 한다면, 이를 논거를 갖춘 공인의 문제 제기에 의해 신속하고 강력한 사후 정정보도, 또는 사후 규제가 될 수 있도록 하는 초국적 협력 구조를 갖추어 재발을 방지하려는 노력이 필요할 것이라고 판단된다. 국제 관계에서 불필요한 소송을 방지하고, 문화산업의 상생적 발전을 위해서도 선행될 일이라고 판단된다.

셋째, 중국의 공인 관련 판례에 나타난 법원의 인식을 공인이 패소한 경우의 비율을 통해 탐색적으로 규명한 결과, 중국의 경우 비록 정치인과 공무원/공직자를 공인으로 인식하고 있음에도 정치인 관련 판례는 전무하였고, 공무원/공직자의 경우 패소한 판례는 도출되지 않았다. 그러나 연예인/스포츠인의 경우 44.44%의 패소율을 보였다.

중국은 사회주의 체제를 가지고 있지만, 단계적인 개방경제를 표방하고 있다. 또한 현실적 악의 원칙을 한국보다 먼저 수용하여 언론의 자유와 권력에 대한 언론 감시 기능의 중요성을 설파하였다. 그러나 현실은 현실적 악의 원칙이 상징하는 표현의 자유가 권력 앞에 제한되고 있는 모습이다. 중국의 경우 국내 사정에 의해 정치인과 공직자에 대한 전면적인 형태의 비판이 불가능하다 하더라도, 체제 내적인 부분에서 허위 사실이 아닌 정치인, 공직자에 대한 생산적 비판의 경우 단계적으로 허용할 필요가 있다고 판단된다.

제7장

# 공인에 대한 언론사와 언론인의 인식

공인에 대해서 언론과 언론인은 어떻게 이해하고 있을까? 이는 이 책에서 가장 핵심적인 질문에 속한다. 왜냐하면 이는 언론의 사회적 의무, 가치, 자유라는 부분과 개인의 인격권 영역이 가장 첨예하게 충돌할 수 있는 영역인 반면 그 해결을 위한 기준은 아직 명확하지 않기 때문이다. 또한 언론의 보도가 사법을 이해하고 국민들의 공감대를 형성하여 사회적 합의를 이끌어 내는 데 결정적인 역할을 한다는 측면에서 공인에 대해서 언론과 언론인이 어떻게 이해하고 있는지에 대해서 살펴보는 것은 그래서 대단히 중요하다.

제1장에서 이미 설명한 바와 같이 법적인 측면에서의 공인에 대한 이해와 언론의 공인에 대한 이해에 괴리가 있고 공인에 대한 정의나 이해가 다르다는 지적이 있었다(이재진, 1999; 이재진·이창훈, 2008 등). 즉 법원은 공인에 대해서 정의 내리지 않는 반면 언론은 언론 나름대로 공인을 정의 내리고 공인을 재구성하려는 모습을 보인다는 것이다.

이번 장에서는 우리 언론과 언론인이 공인에 대해서 어떻게 인식하

왔는지를 구체적으로 살펴보고자 한다. 무엇보다 언론(일간 신문)의 과거 기사들을 검색하여 공인에 대해서 언론이 어떻게 이해하고 있는지를 시대적인 측면에 대한 분석과 최근의 관련 논설에 대한 분석을 통해서 살펴보고자 하였다. 분석을 위한 기사는 한국언론진흥재단의 『카인즈(KINDS: Korea Integrated News Database System)』와 신문사 홈페이지에서 키워드 검색을 통해서 수집하였다. 이와 함께 신문에 실린 공인 관련 기사 분석과 아울러 현장에서 기사를 쓰고 있는 언론인들이 어떻게 공인을 알고 있는지에 대한 심층 인터뷰를 실시하였다.

1

# 언론 보도의 시대별 특성

## 1960~1980년대: 윤리 강조의 시대

재판에서 '공인'이라는 용어가 처음 사용된 것은 1980년대로 알려져 있으나 언론에서는 그 이전부터 '공인'이라는 말을 보도에서 사용해 온 것으로 나타났다. 조사결과 '공인'이라는 용어는 1960년대부터 언론에 간헐적으로 등장하고 있었다. 언론은 '공인'이라는 용어를 '고위 공직자, 정치인, 대기업 소유주 등 공공성이 강한 업무에 종사하는 인물'에 대해 그 윤리성이나 사회적 책임 등을 강조할 때 주로 사용해 왔다. 물론 이 당시 언론에서 사용하는 '공인'이라는 용어가 법적인 성격의 것은 아니었고, 언론 보도로 인한 명예훼손과도 특별한 관계를 찾기는 어렵다고 판단된다.

다시 말하자면 현재와 같은 의미의 공인은 아니지만 적어도 1960년대 중반까지는 '공인'이라는 용어가 신문지상에 나타나기 시작했다고 짐작할 수 있다. 예를 들어 1965년 9월 22일 창간호를 낸 《중앙일보》는 1965년 10월 23일자 〈분수대〉라는 칼럼에서 '공인'이라는 용어가 사인(私

人)의 대칭되는 말로서 사용되었는데, 이러한 점으로 미루어 공인이라는 표현이 이미 1960년대부터 사용되었을 것이라 추정된다. 즉 1965년 창간된《중앙일보》 기사에 이 용어가 사용되었다면《중앙일보》보다 역사가 오랜《조선일보》나《동아일보》 또는《경향신문》 등의 기사에서도 공인이 등장했을 가능성이 크다고 추정할 수 있다.[62]

《중앙일보》는 1966년 7월 사설에서도 "간혹 경제지표가 정책당국자의 개인적 입장을 곤란하게 만드는 경우가 있다고 하더라도 공인으로서의 양심을 가졌다면 감히 그러한 일을 강행할 수는 없을 것으로 생각된다"라고 표현하는 등 이따금 공인이라는 용어를 쓴 사실이 발견되는데(중앙일보, 1966. 7. 23. 사설), '공인으로서의 사명'(중앙일보, 1969. 1. 6. 사설), '사회적 책임 무거운 공인'(중앙일보, 1974. 11. 8., 4면) 등의 표현으로 나타났다.

그런데 조사에 따르면《조선일보》 지면에서 공인이라는 용어가 기사의 제목으로 처음 등장한 것은 1980년 12월 30일자인 것으로 드러났다. 이날 〈기자수첩〉이라는 현장기자 칼럼은 공무원윤리헌장 선포식을 보면서 느낀 점을 적은 내용으로, "윤리강령에서 사용되었던 '공복'(公僕)이란 용어가 없어지고 공무원을 공복 아닌 '공인'(公人)으로 규정한 새 윤리헌장이 새로 태어난 의도도 바로 공무원의 행동변화를 요구하는 것이 아닌가 한다"라고 적고 있다. 이 기사에서 공복이 공인으로 바뀐 점을 강조한 것으로 보아 이때의 공인은 공직자로서 공적 인물이라는 점이 특별히 강조된 것으로 보인다.

---

62 중앙일보 기사에서 '공인'이라는 용어를 찾을 수 있었던 것은 기사의 본문 검색이 가능했기 때문이다. 조선일보는 제목만으로 검색이 가능했고, 동아일보의 경우 마이크로 필름으로 당시 신문을 검색해야 하였다.

'공인'은 1981년부터 이전에 비해 자주 기사에 등장하는 경향을 보인다. 이는 정치권에서 '공인 의식' 등과 같이 정치구호를 위해 만들어 내놓은 것을 언론이 그대로 사용했기 때문으로 추정된다. 1981년 4월 12일자 신문이 그 시발이었다. 당시 신문은 국회 개원식에서 있었던 대통령 치사를 기사화하면서 '단임 정신-공인 의식 체질화'를 1면 머리기사 제목으로 처리하였다. 당시 기사에 인용된 문장은 "지나간 헌정사를 통해 많은 정치인들이 주어진 임기 동안의 공인으로서보다는 다음 임기를 노리는 사인으로서 공적 임기의 전부를 보낸 예를 허다하게 보아 왔다"라고 썼다.

비록 공인이라는 용어를 사용하기는 하지만 당시까지 공인은 단순히 신분을 뜻하는 말은 아니었다. 즉 공무를 수행하는 인물이라고 해서 모두 공인인 것은 아니었다. 당시의 공인이란 '공적인 일을 공공의 성격에 닻게 윤리적으로 수행하는 인물'로 보는 것이 타당할 것이다. 그 후로는 수시로 '공인-단임 정신' 등의 정치적 구호가 돌아다녔고, 신문 기사에도 이것이 반영되었다.

흥미로운 점은 신분 또는 지위를 중심으로 생각하면 정치인은 이미 공인일 것인데, 당시에는 정치인과 공인을 전혀 다른 개념으로 파악하고 있었다고 판단된다. 이러한 점은 1984년 11월 11일자 《조선일보》에 게재된 '두 얼굴의 공인상'이라는 제목의 사설에서 잘 나타나 있다. 이 사설은 익명으로는 큰소리치다가도, 신분이 드러나면 눈치를 보는 현상은 공인 정신과 공공 정신을 저해하는 병폐라고 지적하면서 "상황엔 물론 눈치봐야할 위협이 많지만 그래도 공인은 자기 자신에게도, 남에게도 분명해야 하겠다"라고 적었다.

당시의 언론 보도에 있어 공인이라는 용어에는 엄청난 윤리적 무게가 주어지고 있었던 것이다. 이와 같은 개념은 그 이후에도 유지되었고, 이는 아마도 한국 언론에 나타난 공인의 가장 두드러진 특성이라고 할 수 있다. 《조선일보》가 '공인의 윤리'라는 제목의 사설에서 "공인은 일반인과는 다른 엄격한 윤리 기준 위에서 행동"(조선일보, 1989. 4. 18. 사설)해야 한다고 표현한 것은 바로 이러한 경향을 대변해 준다고 할 수 있다.

1980년대까지는 공인의 개념 속에 연예인이나 운동선수 등 대중스타들은 포함되지 않았다. '공인의 사석'이란 제목의 사설이 그것을 입증해 준다. 1986년 3월 25일자에 실린 이 사설 중에는 "정부의 고관이나 국회의원과 같은 공인의 공사 간 언행을 명확히 구분 짓기란 매우 어려운 일이다. 프라이버시도 지켜지기가 어렵다. 연예인이나 운동선수 같은 대중의 우상적 스타들이 사생활이 모두 노출당할 만큼 프라이버시가 침해되는 것과 같은 유명세를 사회 저명인사들도 치르게 마련이다"라고 단정적으로 쓰고 있다. 이 기사에 따르면 당시 공인과 연예인 또는 운동선수는 서로 완전히 별개의 범주에 속한다는 것을 알 수 있다.

1980년대 말에 이르러 언론과 공인을 연계해 작성한 기사가 나오기 시작한다. 1989년 3월 23일자 《조선일보》에 '미 언론과 공인비판'이란 제목의 짤막한 현장기자 칼럼이 실렸는데, 그 말미에는 "일련의 퀘일과 미 언론의 불편한 관계를 보면서 언론은 공인을 여론의 잣대에 의해 비난할 수 있고, 정치인은 언론의 채찍을 당연한 것으로 여기는 미국의 정치토양이 부럽기도 하다"라는 내용이 적혀 있다. 이는 미국에서 공인에 대한 언론의 감시 기능을 이야기한 것인데, 이때의 공인도 공직자와 동일한 개념으로 사용한 것이라고 볼 수 있다.

《조선일보》는 1989년 4월 공인과 관련해 특별한 지면을 제작하였다. 제33회 신문주간(3~9일)을 기념한 것으로 종합 3면에 '공인의 명예와 언론'이라는 제목의 연재물을 이례적으로 5차례에 걸쳐 게재하였다. 연재물은 언론학자들의 기고와 특파원들의 현지발 기사로 처리되었다. 연재물은 '누가 공인인가'(팽원순), '공인의 명예훼손'(김정기), '공인과 사생활'(원우현), 미국과 일본의 재판 사례 등으로 게재되었다.

이 연재물을 시작하는 편집자주에서 "공인의 명예 보호는 공인의 개념 정립에서부터 그들의 활동을 공적인 것으로 볼 것인지, 사생활로 볼 것인지 등 성격 규정에 이르기까지 기준 설정이 간단치 않다"라고 하였다. 이것만 보아도 1980년대 말까지도 언론에서조차 공인 개념이 명확하지 않았던 것을 짐작할 수 있다. 팽원순은 '누가 공인인가'를 집필했지만 '뉴욕타임스 대 설리번 사건'을 설명하며 미국의 공인을 소개했을 뿐 한국의 경우를 특정해서 설명하지는 않았다. 다만 원우현이 '공인과 사생활'에 대해 쓰면서 각국의 문화와 여건에 따라 공적 인물의 범주가 달라진다고 적었다. 이 기획물은 공인과 언론의 관계에 대해 본격적으로 취급하였고, '현실적 악의' 등의 개념을 소개함으로써 민주주의 사회에서 언론과 공인의 성격이 어떤 것인지를 처음으로 취급하였다는 점에서 의미가 크다고 할 것이다.

## 1990년대~현재: 공인 개념 확장의 시대

신문에 나타난 공인은 1990년대 초까지도 '윤리적 성격'이 강조되었을 뿐 크게 달라지는 모습을 보이지는 않았다. 박태준 당시 민정당 대표가 포항제철회장 자리를 겸임하는 것에 대해 "공당의 대표라면 공인 중의 공인이 아닌가"(조선일보, 1989. 4. 18 사설)라는 표현을 동원하는가 하면, 구체적으로 공인의 자질을 거론하기도 하였다. 당시 《동아일보》가 적시한 공인의 자질을 인용하면 다음과 같다.

> 공인은 몇 가지 갖춰야할 조건이 있다. 첫째가 교양이다. 학교에서 못 배웠으면 사회에서 교양을 쌓아야 한다. 또 도덕적 기준에서 벗어나지 않도록 자제력을 가져야 한다. 말도 정확하게 할 줄 알아야 한다. 책임질 수 있는 한도 내에서 표현해야 한다. 함부로 지껄여 남을 해쳐서는 안 된다. 자기 분수를 알고 제발 좀 자제해 주기 바란다. (동아일보, 1990. 3. 6. 〈횡설수설〉)

공인에 대해서는 명예훼손 요건을 일반인, 즉 사인에 대한 경우보다 엄격히 적용해야 한다는 주장이 개진된 것도 1990년대였다.

《중앙일보》는 1993년 6월 당시 국방부 장관이 뇌물수수사건과 관련해 출국금지 조치를 받았다고 보도하였다. 그러나 이 기사는 오보로 판명되어 기자가 전격 구속되기에 이르렀다. 당시 국방부 장관은 자신에 대한 보도 직후, 즉각 명예훼손으로 기자를 고발하였고 다음날 해당 기자가 수감되었다. 당시 《중앙일보》 사장을 포함한 간부 3명이 국방부 장관을 찾아가 보도 경위를 설명하고, 고의적인 명예훼손 의도가 있었던 것은 아니라고 해명하기도 하였다(경향신문 1993. 6. 15, 22면). 그러나 이 사건은 언론계의 거센 반발을 불러오면서 명예훼손 소송상의 '공인'에 대한 논의에 불을 붙이는 결과를 가져왔다. 언론계는 당시 국방부 장관이 '공무 수행자'라는 점을 거듭 강조하였다.

《경향신문》은 이와 관련하여 "이번의 경우는 피해 당사자가 사인이 아닌 공인인데다 비리사건을 추적, 보도하는 과정에서 빚어진 실수로 생각되며 과연 명예를 훼손할 고의성이 있었는지는 좀 더 면밀하게 검증해야만 했다"라고 논평하였다(경향신문, 1993. 6. 15.). 《중앙일보》가 오보를 냈다고는 하지만 국방부 장관의 명예를 훼손하기 위한 '(현실적) 악의'가 있었는지 여부를 검토한 뒤에 기자의 구속 여부를 결정했어야 한다는 것이다.

이는 미국의 '설리번 사건'에서 적용된 공인이론을 우리도 공인이 관련된 명예훼손 사건 처리에 도입할 필요가 있다는 생각을 당시 언론계에서도 하고 있었음을 보여준다고 할 수 있다. 사건의 당사자인《중앙일보》도《경향신문》과 같은 날 신문에서 "공직자의 행동은 공익과 직결돼 있어 언론의 예민한 촉각을 자극한다. 그래서 공익을 위한 공익에 대한 순수한 보도는 약간의 오류가 있을지라도 관대한 것이 서구 사회의 언론에 대한 시각"이라고 주장하였다.

1998년 11월 대통령정책자문기획 위원장을 맡고 있던 최장집 교수의 논문에 대한 사상 검증 논란도 공인에 대한 유례없는 관심을 촉발시킨 사례로 꼽을 수 있지만 이 논란이 공인이라는 용어에 특별한 의미를 더해 준 것으로 보기는 어려울 것이다. 최장집 교수의 사상 검증 문제와 관련된 국회의원들의 발언들을 소개하는 기사에서 한 국회의원이 "그때는 교수였고, 지금은 공인이기 때문에 문제 삼는다"라고 하였다(조선일보, 1998. 11. 11.). 이 발언은 오히려 공인의 개념을 공직자로 축소한 상태에서 이루어진 것으로, 교수는 공인이 아니고 대통령정책자문기획 위원장은 공인이라는 인식의 근저에 자리하고 있는 것으로 보인다. 언론이 이러한 발언을 그대로 인용했다는 것은 공인의 개념이 여전히 사용자에 따라 크게 달랐다는 것을 보여주고 있다.

1990년대 들어 언론에 등장한 공인이라는 용어에서 가장 주목되는 점은 그 개념의 급격한 확장이라고 할 수 있다. 그 이전에는 업무의 성격상 공공성이 어느 정도이냐에 따라 공직자나 정치인 등에게 공인이라는 호칭을 붙였으나, 1990년 이후 그러한 관행이 현저하게 변하기 시작한 것이다.

이에 따라 저명한 운동선수, 가수나 TV 탤런트와 같은 연예인 등도 이 시기에 아무런 거리낌 없이 공인으로 불리기 시작했고, 그러한 직업에 종사하는 인물들 스스로 대중 앞에서 자신을 공인으로 호칭하기에 이르렀다.

바르셀로나 올림픽 마라톤 금메달리스트 황영조에 대한 기사에서 "황 선수가 이를 전화위복의 기회로 활용해 마라톤을 제패한 공인으로서의 자세를 새삼 가다듬는 계기가 되기를"(조선일보 1998. 11. 11.)이라고 표현하면서 스포츠 스타를 공인으로 표기하기 시작하였다. 이와 같은 현상은 1990년대에 일반화되어 프로 선수에게 공인으로서의 엄격한 윤리적 잣대를 요구하기도 하였다. "프로 선수가 된다는 것은 운동을 하며 돈을 버는 사람이 되는 게 아니다. 수많은 팬들의 눈을 두려워해야 하는 공인이 되는 것이고 그라운드 안팎에서 모범을 보여야 하는 의무를 갖는 것"(국민일보, 1999. 12. 29.)이라는 내용의 기사도 취급되었다.

연예인이 언론에서 공인으로 인식되기 시작한 것은 스포츠 스타보다는 약간 늦은 것으로 파악된다. 《조선일보》에는 1994년 1월에 연예인과 관련해 "인기로 사는 사람이고 그 점에서 공인이니까"라고 연예인을 공인으로 전제하고 쓴 사설이 등장했고, 개인 칼럼에서는 "예전에는 연예인이라는 직업이 광대 혹은 '딴따라'라고 아주 천한 직업으로 여겨졌다. 그러나 이제는 많은 사람의 부러움과 호기심을 받는 공인으로서의 위치에 있다"(조선일보, 1996. 4. 13 〈일사일언〉)는 표현까지 등장하였다. 여기서 공인에 대해 '많은 사람의 부러움과 호기심을 받는' 사람으로 서술한 것은 당시 공인이라는 호칭을 당사자들이 어떻게 받아들이고 있었는가 하는 점을 짐작할 수 있게 해준다.

언론에 등장한 공인의 범주가 크게 넓어졌지만 어느 직종의 공인이든 윤리적 행동을 요구하는 사회적 분위기에서 벗어날 수는 없었다. 다시 말하면, 공인의 잣대가 1990년대 이후 '일의 성격'에서 '이름의 저명성'으로 폭을 넓혔지만 '공인'에 대한 사회적 요구는 그 이전과 크게 달라지지 않았다. 한 TV 탤런트는 한 인터뷰에서 오랜 연기자 생활에도 불구하고 스캔들 하나 없었던 비결을 묻자 "공인의 입장에서 많은 것을 포기하고 참고 살아왔다"(세계일보, 1999. 12. 10.)라고 말하였다. 유명 가수들의 상당수가 번호판을 떼고 다니는 문제와 관련해 한 중견 가수의 말을 인용해 "고충은 있겠지만 공인다운 태도를 보여야 팬들의 사랑이 이어진다"고 쓴 신문기사(서울신문, 1999. 10. 20.) 또한 공인으로서 연예인의 자세와 전통적인 공인 즉, 공직자 등에 대해 사회가 요구하는 자세가 다르지 않다는 점을 보여준다.

이처럼 언론은 개인의 '인지도'와 '사회적 영향력'에 초점을 맞추면서 이를 기준으로 공적 인물의 의미를 구성하는 경향을 보이기 시작한다. 즉 첫째, 언론은 누가 공인의 카테고리에 속하는가를 서술하고, 둘째, 언론은 명예훼손법은 공인이 명예훼손 소송에 연루된 경우에는 다르게 적용되어야 한다는 점을 강조하는 의미를 구성하고 있다. 아래의 기사들은 언론의 공인의 의미 구성 과정을 잘 보여준다.

> 일부 학자들은 "공직후보 등 공적 인물들의 사생활은 사회적 공유영역이므로 일반인보다 좁게 보호될 수밖에 없다는 해석이 학계의 통설"이라는 논리를 펼친다 … 기본권 침해 문제가 제기될 수 있겠으나 탤런트, 공직자 등 이른바 '공적 인물'들의 경우는 일반인보다 사생활의 자유 등 기본권의 보호 범위가 보다 좁다는 것이 헌법학계의 통설이다. (세계일보, 1996. 5. 31.)

"공공의 이익이 사적 이익보다 우월하지는 않더라도 존재하고 거기에 상당성이 인정되면 처벌하지 못한다 … 전과를 공개한 주체가 누구인지는 중요하지 않다 …" 이런 대목은 정치인뿐 아니라 대학교수, 축구코치, 연예인 등을 모두 공인으로 규정하고서 공인의 사생활 공개는 명예훼손에 해당하지 않는다고 보는 미국 판례와 매우 유사해 보인다. (한겨레신문, 1996. 7. 4.)

여기서 언론은 먼저 누가 공인인가에 대한 정의를 내리고 공인들에 대한 기사보도가 어느 정도까지 허용되어야 하는가를 결정하기 위한 기준을 제시하려 한다. 그래서 언론은 공인의 사생활은 "사회적으로 공유되는 정보"이며 "공인은 사생활 공개에 대해 수인해야 하며" 그들의 기본권은 사인의 그것보다 덜 보호되기 때문에 언론은 공인에 대해 보도할 때 소송에 대한 두려움 없이 자유로워야 한다고 주장한다. 문제는 언론이 미국의 명예훼손법상의 공인의 상대적인 개념과 현실적 악의 원칙(actual malice principle)의 구성 요건에 대해서는 언급하지 않고 있다는 점이다.

마지막 단계로서 언론은 공인이 '해야 할 일'과 '해서는 안 되는 일'에 대한 상세한 기준을 제시하려는 것이다. 이는 대단히 한국적인 현상으로서 언론이 공인의 개념 구성에 있어 '윤리' 개념을 더함으로써 언론의 공인 개념 구성에 정당성을 부여하려 하고 있다고 하겠다. 다음의 기사 내용들은 이와 관련된다.

유명 연예인 신 씨의 행동은 공인이라는 사실을 망각한 채 그의 팬들을 실망시키고 있다(한국일보, 1996. 11. 21.).

인기탤런트와 농구선수가 잇따라 무면허 음주운전을 하다 사고를 낸 뒤 뺑소니친 사건은 실로 가당찮은 일이다. 그들의 범법행위를 우리 사회가 특히 차가운 눈으로 보는 것은 공인이 지녀야 할 최소한의 자세를 벗어났기 때문이다. '대중의 우상'이라는 인기인의 자리가 재능만으로 지켜질 수 있는 게 아니다. 재능과 더불어 공인의 덕목을 지키는 철저한 자기관리에 실패함으로써 대중으로부터 멀어진 인기인이 어디 한두 명이던가 (동아일보, 1996. 11. 25.).

공인이란 타이틀과 매스컴이 차지하는 비중이 날로 커져가고 있기에 그들의 영향력이란 무시할 수 없는 것이다 … 공인일수록 엄격한 잣대를 적용해야 하며, 진정한 공인의 양심을 찾기를 … (경향신문, 1996. 11. 26.)

유명 연예인들이 무면허 음주운전, 뺑소니, 히로뽕 투약, 대마초 흡연 등으로 잇단 물의를 빚어 눈살을 찌푸리게 하고 있다. 싫건 좋건 TV 등 전파미디어는 현대의 총아로서 신화적인 영향력을 발휘하고 연예, 스포츠 등의 인기인들은 이 무대의 주인공이다. 그런 만큼 인기인들의 책임이 큰 것은 두말할 나위가 없다. 그것이 곧 인기에 상응하는 공인의식이다. (국민일보, 1997. 5. 17.)

한국 언론에 등장한 '공인'은 연예인이나 스포츠 스타에서 그치지 않는다. 그리고 어느 직종의 인물이든지 '공인'으로 규정된 이후, 윤리적 규범을 준수하지 않을 경우 비판의 대상이 되어 왔다. 다음은 이러한 흐름을 보여주는 사례들이다.

'공인'이란 타이틀과 매스컴이 차지하는 비중이 날로 커져가고 있기에 그들의 영향력이란 무시할 수 없는 것이다. (경향신문, 1996. 11. 26.)

그들의 심정을 어느 정도 이해하지만 공인이라는 은행원이 어떻게 자신의 일터를 이처럼 망쳐놓을 수 있는지 상상이 되지 않는다. (조선일보, 1998. 7. 1. 〈기자수첩〉)

기자는 사사로운 사람(사인)이 아니고 공익성과 공공성을 위해서 헌신하는 공인이며 단순한 기능직이 아닌 전문직이고, 단순한 월급쟁이가 아닌 사회정의와 진실을 위해 헌신하는 천직. (동아일보, 1999. 11. 4.)

국회의원은 물론 민주노총 간부들도 노동자를 대표하는 일종의 공인이다. 평범한 개인 간에도 그럴진대 하물며 공인의 입장에 있는 그들이 폭언을 앞세운 것은 한심하고 몰상식한 작태다. (동아일보, 1999. 12. 15. 〈사설〉)

'밀레니엄 스타' 20명에게 "스타가 된 게 언제 제일 행복할까?"라는 질문을 했더니 1위가 "뜻밖에도 '공인으로서 사회에 봉사할 때'였다." (조선일보, 2000. 3. 17. 〈연예가파일〉)

억대 출연료를 받는 모델들이 이처럼 무료로 광고에 출연하는 경우는 공익캠페인 광고가 대부분을 차지한다. 공인 신분의 모델들이 기꺼이 시간과 노력을 투자하는 일종의 사회 환원인 셈이다. (한겨레신문, 2000. 7. 11. 〈CF 이야기〉)

이와 같이 공인의 범주가 확대되면서 언론으로서도 이른바 공인과 사인에 대한 보도의 기준을 설정할 필요가 생겼다. 인권존중 차원에서 사생활이나 프라이버시를 보호하면서 보도가 이루어져야 하지만 국민의 알 권리 보호도 그에 못지않은 언론의 사명이기 때문이다.

이러한 상황에서 몇몇 신문사는 나름대로의 보도 기준을 만들기 시작하였다. 「조선일보 사건보도 기준」도 그런 맥락에서 탄생한 것으로 공인의 범주와 보도의 기준을 이해하는 데 도움을 준다(조선일보, 1997. 1. 4.). 조선일보 사건보도 기준에 나타난 공인과 관련된 부분을 정리한 내용은 다음과 같다.

> [실명과 익명의 구분] 국회의원, 지방의원, 고위 공무원, 법조인, 기업체 간부, 단체 임원 등 공인(公人) 및 그에 준하는 인사와 사인(私人)을 명확하게 구분한다. 특단의 사유가 없는 한 사인은 익명으로 한다.
>
> [범죄 관련 보도의 익명 처리] 참고인은 사회적으로 중요한 사건에 관련된 경우나 공인 및 그에 준하는 인사를 제외하고는 익명으로 한다.
>
> [개인의 사생활 침해] 공익을 위해 부득이한 경우를 제외하고는 개인의 사생활은 보도하지 않는다. 공인 및 그에 준하는 인사의 사생활은 보도할 수 있다. 사인의 사생활은 공공의 이해와 관련되거나 범죄와 직접 관련이 있는 경우에 한해 보도할 수 있다. 자살한 사람의 신원은 밝히지 않는다. 다만, 공인 및 그에 준하는 인사가 자살했거나 사인의 자살이 사회적으로 교훈이 될 만하다고 판단될 경우에는 그 신원을 밝힐 수 있다.

위의 보도 기준을 보면, 동일한 사건이라 하더라도 그 사건에 관련된 인물의 지위, 즉 공인/사인 여부에 따라 보도의 범위가 달라짐을 알 수 있다. 사건보도에서 인권을 존중하기 위해 실명과 익명을 엄격히 구분하고, 개인의 사생활은 침해하지 않는 것을 원칙으로 했으나 공인의 범주 안에 드는 인물의 경우는 그 기준을 엄격하게 적용하고 있다. 이는 공인의 경우, 언론 보도에서 인권 보호보다는 국민의 알 권리를 우월한 가치로 판단하였기 때문으로 보인다.

여기서 공인의 범주와 관련해 「조선일보 사건보도 기준」이 국회의원, 지방의원, 고위 공무원, 법조인, 기업체 간부, 단체 임원 등을 공인으로 열거하고, 그에 준하는 인사를 포함해 사인과 대칭되는 개념으로 구분한 점이 주목된다. 이 사건보도 기준을 제정할 때는 공인의 범위가 이미 크게 확대된 상태였는데도 이 '기준'은 그 범위를 업무의 공공성에 비중을 두고 정한 것으로 보인다. 그 밖의 유명인 등은 '그에 준하는 인사'로 처리하였다. 이는 언론에 다양한 직종의 인물들이 공인으로 묘사되고 있고, 스스로 그렇게 주장하고 있지만 언론은 공인의 범주를 공식적으로 확장하는 데 있어서 보수적인 자세를 취했기 때문인 것으로 인식된다.

이처럼 언론에서 이용하는 공인의 개념은 그 범주에 있어서는 확장되지만 궁극적으로는 법적으로 공인 개념이 확립되지 않아서 보도에 있어 어려움이 있다는 방향으로 공인을 보도하게 된다. 언론이 함부로 보도하는 것에 대한 반성과 함께 법원의 공인 개념에 대한 구체적인 판단을 요청한다. 더 나아가서는 언론계가 공인에 대해서 적절히 보도할 수 있는 기준을 만들어가자고 권장한다. 대표적으로 《조선일보》는 2015년 10월 31일자 '독자생각' 칼럼에서 "공인의 가족 문제를 어디까지 보도할지는 사안 별로 판단할 수밖에 없다. 그 기준은 없다. 지금 공인에 대한 기준도 정립돼 있지 않다. 언론계는 물론 법원에도 누구까지가 공인이고 어디까지 보도해야 명예훼손이 되지 않는지 확립된 기준이 없다"라고 지적한다. 아울러 이 칼럼은 "공인 기준도 그러니 공인의 가족에 대해서는 말할 필요도 없다. … 공인의 가족도 국민이 알 필요가 없거나 있는지 애매한 경우는 공인의 가족이라는 이유만으로 기사를 쓰는 일이 없어야 하겠다. 그동안 언론계는 유명인 이름이 나오면 일단 눈길이 가기 때문에 유명인의 가족 관련이라도 관습적으로 기사를 써왔다. 이런 기사는 법적으로는 문제가 없어도 윤리적으로는 흥미 본위의 기사라는 비판을 받을 수 있다. … 국민이 알 필요가 있고 사안이 중대한 사건이라고 하기 어렵기 때문이다. 이번 기회에 언론계가 '공인의 가족'에 대해서도 세부 보도 기준을 마련했으면 한다"라고 쓰고 있다.[63]

63 조선일보는 2017년 12월 제정한 「조선일보 윤리규범 가이드라인」에서 제6장(명예훼손) 제2항에서 "국회의원, 지방의원, 고위 공무원, 법조인, 기업체 간부, 단체 임원, 연예인, 스포츠 선수 등과 같은 공인의 명예 훼손 여부는 사인과는 다를 수 있으나 공인의 경우라고 해도 명예훼손에서 모두 면책되지 않음을 유의한다"라고 규정하고 있다.

2

# 언론의 공인 프레임 분석

여기서는 국내 주요 언론이 규정하는 공인의 범위와 시각을 이론적 틀을 통하여 살펴보고자 한다. 이를 위해 우리나라에서 '공인'에 대한 연구가 본격화되기 시작한 1990년대 후반부터 2015년 12월 31일까지 국내 주요 신문사의 '사설'을 대상으로 분석하였다. 이를 통하여 언론사들은 공인의 범주를 어떻게 설정하고 있으며, 법원이 규정하는 공인과 차이가 있는지 살펴본다. 또한 언론이 명예훼손 소송으로부터 자신을 보호하기 위하여 공인의 개념을 어떻게 구성하고 있는지 프레임 분석을 통해 탐색하였다.

## 분석의 필요성

2015년 12월 17일, 세월호 참사 당일 대통령의 행적에 대하여 의혹을 제기하는 기사를 작성하여 명예훼손 혐의를 받았던 일본《산케이 신문》의 전 서울지국장 카토 타쓰야에게 무죄가 선고되었다(서울중앙지방법원 2015. 12. 17 선고 2014고합1172 판결). 해당 판결을 내린 서울중앙지법은 판결문에서 "우리나라가 민주주의 국가인 이상 헌법상 권리인 언론의 자유는 보장돼야 하고, 공직자에 대한 비판은 보장돼야 한다"라고 밝히며 외신 기자의 언론 자유를 제한할 근거가 없다고 보았다(안대용, 2015). 기자로서 기사 내용의 진위 여부를 제대로 확인하지 않은 채로 허위 사실로 개인의 명예를 훼손한 점은 적절하지 않으나 당시 대통령의 행적이라는 공적 관심사에 해당하는 사안을 전달하고자 한 것이기 때문에 명예훼손죄가 성립되지 않은 것이다.

이처럼 언론의 자유와 국민의 알 권리를 위하여 공인에 대한 보도는 지극히 내밀한 영역이 아니라면 보장되어야 하나 우리 법원에서는 누가 공인인지에 대해서는 명확한 정의가 아직 없으며 개별 사안에 따라 공인이론을 별도로 적용하고 있다는 비판이 있다(이재진, 2003; 한위수, 2002 등). 예를 들어 공인의 친인척에 대한 문제는 어디까지 보도할 수 있는지에 대한 판단 기준이 정해져 있지 않고 모호하여 언론사에서 그때그때 판단하고 있는 실정이다(김홍진, 2015). 그러나 이는 그간의 논의에서도 언급된 바와 같이 '공인'이란 개념은 한 사회가 당면한 정치적·문화적 그리고 법적 환경에 의하여 다르게 인식될 수 있기 때문이기도 하다(이재진, 1999).

언론으로 인한 명예훼손 논의에 있어서 공인의 범주를 구분할 필요성을 제기되고 기준을 마련하고자 하는 연구자들의 연구가 꾸준히 이어졌으나 그 구체적인 기준을 제시하는 데에는 한계가 있었다(이재진, 2004; 이승선, 2004). 여기서는 언론에서 공인을 어떻게 규정해 오고 있는지 프레임이론을 사용하여 분석하고자 한다. 프레임이란 미디어에서 현실을 구성하는데 있어서 어떠한 이슈나 특정 사건을 일정한 형식에 맞추어 '틀짓기'를 하는 것으로 이해할 수 있다. 엔트만(Entman, 1993)은 뉴스에서의 프레임이란 특정 관점이 선택되고 텍스트에서 두드러지면서 의미를 가지게 되는 과정이라 정의한다.

다시 말하자면 언론의 보도에서 사안이나 사건 또는 인물에 대한 사회적 합의를 이끌어 내며 이를 유형화해서 보여주는 것이 바로 언론의 프레이밍(framing)이라고 할 수 있다. 따라서 언론이 공인에 대한 보도를 하는 데 있어서 어떠한 틀을 가지고 있는지 분석하는 과정을 통하여 미디어가 공인을 어떻게 인식하고 있으며 명예훼손 소송으로부터 스스로를 보호하기 위하여 공인을 보도하는 데 있어서 어떠한 전략을 구사하고 있는지 알 수 있을 것이다. 최근 언론의 공인 관련 보도가 양적으로 크게 늘어나게 되면서 전체 보도를 대상으로 분석하는 것이 어렵기 때문에 여기서는 보도 방식을 유형화해서 살펴보고자 하였다.

이와 아울러 공인에 대한 프레임 형성이 언론사별로 어떠한 차이가 있는지를 비교 분석하고자 하였다. 비록 공인 논의가 정치적 쟁점은 아니지만 그럼에도 공인에 대한 프레이밍을 사설에서 어떻게 다르게 하고 있는가를 살펴본다. 만일 언론사별로 상당히 다른 보도 방식을 보인다면 언론의 공인에 대한 합의된 인식이 어렵다는 것을 의미한다는 점에서 궁극적으로 공인에 대한 사회적 합의 형성의 어려움을 예상할 수 있을 것이다. 마지막으로 기존 판례를 통해 이루어지고 있던 공인의 범위와 개념과 언론사의 보도에 나타난 공인과 어떤 공통점과 차이점이 있는지 살펴보고자 하였다. 우리나라 법은 공인은 누구인가에 대해 규정하고 있지 않기 때문에 공인이 누구인가는 결국 판례 내용을 통해 결정된다.[64] 이를 근거로 언

64 이재진(2014)은 우리 법원의 공인에 대한 이해를 요약하면 '공직자를 포함한 공인이란 국민의 귀감이 되고, 사회정의를 실현하고, 도덕적이고 정당하게 공적 활동을 해야 하는 존재로서 이

론과 법원이 공인에 대한 이해가 어떻게 다른지를 알아보고자 하였다.

## 이론적 배경 및 연구 방법

### 프레임 분석의 특성

프레임 분석은 단순히 내용 분석에 그치는 것이 아니라 그 의미를 추출하고 해석을 할 수 있는 기준을 마련해 준다는 측면에서 댁락을 이해하는 데 효과적인 분석 방법이라고 할 수 있다. 무엇보다 분석은 뉴스는 사회적으로 구성된 현실일 뿐만 아니라 현실을 사회적으로 구성하는 것이라는 점에 근거한다(양승목, 1997). 이때 사회적 현실은 그 사회를 바라보는 '틀짓기'(framing)에 의해 다르게 정의될 수 있다.

터크만(Tuchman, 1978)은 뉴스를 세상을 향한 창으로 정의하고 사람들은 창을 통해 밖을 바라보는 것처럼 뉴스라는 창을 통해 세상을 인식한다는 것으로 프레임 개념을 사용한다. 기틀린(Gitlin, 1980)은 나아가 이데올로기적인 관점에서 뉴스 프레임이 어떻게 현실을 구성하는지 분석하였다. 엔트만(Entman, 1993)은 선택(selection)과 현저성(salience) 개념을 뉴스 프레임에 적용한다. 그가 설명하는 프레임은 인지된 현실의 특정 측면을 선택하여 문제를 정의하고 문제가 발생한 원인을 진단하고 평가를 내린

---

들에 대한 정보는 공공성, 사회성을 갖춘 사안이므로 국민의 알 권리의 대상이 되며 언론의 감시, 비판, 견제의 대상이 되는 인물'이라며, 미국 법원의 판결과는 달리 아직은 공인이 공직자와 유사한 인물처럼 이해되고 있으며, 대중의 관심을 적극적으로 끌고자 하고 미디어에 의해서 유명해진 인물에 대해서는 아직까지 공인으로 이해하고 있지 않은 것으로 보인다고 밝혔다.

다음 해결 가능성을 제안하는 것인데, 이때 선택된 측면은 텍스트 내에서 더 현저하게 만드는 것으로 설명하였다.

또한 갬슨과 모디글리아니(Gamson & Modigliani, 1989)는 뉴스 프레임에 의미들의 집합체 개념을 가지고 오는데 시간이 지나면서 새로운 사건이 해석적 프레임에 포함되고 이슈 문화가 형성되면서 변화를 겪는다고 보기도 하였다. 아이엥거(Iyengar, 1991)는 뉴스 보도 양식이 수용자의 선택과 해석이 미치는 심리적 효과에 주목한 연구를 수행하였다. 그의 연구에 따르면 프레이밍 효과란 선택과 판단의 문제를 표현하는 데 있어 생기는 변화와 그로 인하여 야기되는 의사결정에서의 변화를 의미한다.

이처럼 연구자마다 뉴스 프레임을 정의하는 것에는 차이가 있지만 뉴스 프레임이 수용자의 현실 인식에 영향을 미치며 텍스트 자체의 힘을 보여준다는 점은 공통적이다. 이렇듯 프레임이 현실의 특정 측면을 주목하고 다른 측면을 외면함으로써 수용자가 어떠한 사건에 원하는 일정 반응을 보이도록 유도하기 때문에 보도에 영향을 많이 받는 정치인이나 언론인, 유명인들은 뉴스 프레임에 관심을 가질 수밖에 없다. 이러한 과정이 '프레임 구축'(frame building)에 해당한다(Scheufele, 1999).

프레임 구축에 대하여 논의한 쇼펠레(Scheufele, 1999)는 뉴스 프레임을 구성하고 변화시키는 데 영향을 미치는 요인을 언론인의 영향, 미디어의 유형이나 정치적인 성향, 그리고 미디어 밖에서 영향력을 행사하는 집단으로 구분하여 설명하였다. 언론인은 해당 이슈에 대하여 이데올로기나 규범에 기반을 두고 프레임을 제시하고 의미를 부여하는 역할을 하므로 뉴스 프레임 구성에 영향력을 가지고 있다고 볼 수 있다. 또한 미디어 밖에서 정부나 정치인, 해당 이슈를 통해 이익을 얻는 이익집단이나 엘리트 집단이 프레임 구축에 영향을 미친다. 특히 정치인들은 뉴스 프레임을 생산하고 재생산하는 과정을 통해 대중의 현실 인식을 왜곡할 수 있으며 이를 통해 자신들에게 유리한 체제를 유지하게 된다.

이처럼 뉴스 프레임은 수용자의 현실 인식과 여론 형성 그리고 권력을 행사하는 데 있어서 밀접한 연관이 있다고 볼 수 있다. 뉴스 프레이밍 과정에 영향을 미치는 요인이 무엇이며 누가 프레임을 만들어가는지는 프레임 연구에 있어서 중요한데, 프레임 이론은 의제 설정 이론에 대한 연구가 발전한 것으로 보는 시각이 일반적이다.

이제까지 프레임 연구는 갈등 이슈에 대하여 언론사들의 프레임 형성에 차이가 있는지 보는 경우가 대부분이었다. 이러한 경향은 공인에 대한 연구에서도 드러난다. 언론에서 보도하는 공인에 대하여 기존의 연구들은 내용 분석의 방식으로 이루어지는 경우가 많았다. 공인에 대하여 프레임 이론을 적용해 논의하는 경우에도 공인이 등장하는 특정 갈등 이슈에 대한 언론사별 프레임 차이를 보기 위한 연구들이 이루어졌다(김정아, 2003; 양승현, 2012). 반면 본 연구에서는 프레임 이론을 사용하여 언론에서 공인에 대해 어떻게 인식하고 있는지 실증적으로 분석한다.

간단히 말하자면 여기서는 언론이 공인에 대한 보도를 하는 데 있어서 어떠한 방식으로 틀짓기(framing)를 하고 있는지 살피고자 하였다. 우선 분석을 통해 언론사들이 공인의 범주를 어떻게 인식하고 있으며 기존 판례들을 통해 그동안 정립되어 온 공인의 범위와 개념이 언론사의 보도와 어떠한 공통점과 차이점이 있는지 먼저 살펴보고자 한다.

다음으로 언론사 사설의 프레임 분석을 통하여 공인에 대한 언론사들의 프레임 구성을 살펴본다. 분석 과정을 통하여 미디어가 공인을 어떻게 인식하고 있으며 명예훼손 소송으로부터 언론사가 스스로를 보호하기 위하여 공인을 어떻게 개념화하고 있는지 분석하고자 하였다.

### 자료수집과 분석 대상

분석을 위하여 《조선일보》, 《중앙일보》, 《동아일보》, 《경향신문》, 《한겨레신문》 등 5개 일간지를 대상으로 관련 사설을 수집하였다. 이처럼 신문을 선택한 것은 신문 보도가 텔레비전 뉴스에 비해 의견 기사와 해설 등을 사안을 심층적으로 보도하는 데 유리하고 언론사의 주관을 방송에 비하여 잘 전달할 수 있기 때문이다. 구체적인 분석 대상은 공인과 관련된 사안을 다루는 사설에 한정하였다. 분석 기간은 헌법재판소에서 공인 이론을 수용하는 법리가 전개되기 시작한 1999년부터 2015년 12월 31일까지로 설정하였다. 사설의 수집은 일반 기사의 수집과 마찬가지로 『카인즈(KINDS)』와 각 언론사 홈페이지를 이용하여 이루어졌다. 검색어는 공인과 관련된 검색어인 '공적 인물' '공적존재' '공인 명예훼손' '공인 사생활' '공인 프라이버시' '공인 초상권'으로 지정하였으며 총 97건이 수집되었다. 중복되는 경우를 제외하고 실제 신문별 분석 사설 건수는 《조선일보》 13건, 《중앙일보》 13건, 《동아일보》 19건, 《경향신문》 20건, 《한겨레신문》 17건이었다.

### 프레임 유형 분류 및 분석방법

본 분석에 앞서 우선 수집된 사설을 읽으며 신문사별 건수와 전반적인 경향을 분석한 후 프레임을 도출하고자 하였다. 이러한 분석 방법은 미디어의 내용을 조사하는 데 가장 효과적인 수단 중 하나이다(Wimmer & Dominick, 1994). 프레임을 판별하기 위하여 본 연구에서는 사설 내용의 프레임 구성 요소를 미리 선택하고 유형화하여 내용을 분석하는 방식을 취하지 않았다. 텍스트에 있어 가장 중요한 개념인 선택성과 현저성이 강조되고 반복된 핵심 주제어를 포함하여 프레임 유형을 추출하고자 하였다.

이렇듯 추출된 프레임 유형과 기존 연구에서 추출된 것을 토대로 분석유목은 도덕성, 인간적 흥미, 정치·갈등, 사회적 책임, 국민의 알 권리, 표현의 자유, 면책 사유 프레임으로 구분하였다. 사설에 따라 하나의 프레임으로만 한정하기 어려운 경우에는 프레임을 복수로 분류하였다. 또한 본 연구는 각 사설에서 논의의 대상으로 삼고 있는 공인을 분석하여 언론에서 규정하고 있는 공인의 범주를 분석하고자 하였다. 분석을 하는 데 있어서 구체적인 분석 항목은 〈표 7-1〉과 같다.

표 7-1 **분석 항목**

| 구분 | 세부 항목 | 내용 |
| --- | --- | --- |
| 기본 사항 | 신문명 | 조선일보, 중앙일보, 동아일보, 경향신문, 한겨레신문 |
| | 분석 기간 | 1999. 01. 01. ~ 2015. 12. 31. |
| | 검색어 | 공적 인물, 공적존재, 공인+명예훼손, 공인+사생활, 공인+프라이버시, 공인+초상권 |
| 내용 | 정보원 | 판례, 전문가 의견 |
| | 공인 범주 | 예) 국회의원, 대통령, 연예인 등 |
| 프레임 | 도덕성 프레임 | 행위 유발 사건의 부정성 해결 위한 방안으로 공인의 도덕성을 강조하는 프레임(양정혜, 2001 참조) |
| | 인간적 흥미 프레임 | 행위 유발 사건의 정서 측면을 극화 형식으로 부각(박경숙, 2002 참조). 긍정적 또는 부정적으로 구분 |
| | 정치·갈등 프레임 | 행위 유발 사건의 정치적 이해 갈등 공직 도덕성이 복합적으로 작용(김정아·채백, 2008 참조) |

| 구분 | 세부 항목 | 내용 |
|---|---|---|
| 프레임 | 사회적 책임 프레임 | 행위 유발 사건의 사회적 파장, 사회규범과 도덕성 수준, 향후 책임 소재, 재발방지 등을 강조하는 프레임(홍지아, 2009 참조) |
| | 국민의 알 권리 프레임 | 국민의 알 권리를 위해 공인에 대한 보도에 있어서는 언론사가 완전 면책되어야 함을 강조하는 프레임 |
| | 취재·보도의 자유 프레임 | 공인에 대한 비판의 자유, 언론사 허위 사실 유포에 대하여 긍정적 또는 부정적인 프레임 |
| | 면책 사유 프레임 | 언론이 공공의 이익을 위해 진실한 사실을 알린 경우까지 명예훼손으로 처벌하게 된다면 헌법상 보장된 '표현의 자유'와 국민의 알 권리가 부당하게 제약을 받을 수 있음을 강조하는 프레임. |

## 분석 결과

### 1) 공인 보도에서 나타난 공인에 대한 전반적인 인식

분석 대상 기간 동안 공인에 대한 신문의 전체 사설은 총 97건이었고 이 중 중복을 제외하면 총 81건이 분석 대상에 포함되었다. 분석 대상 사설의 신문별 분포는 〈표 7-2〉에서 볼 수 있듯 중복을 제외한 전체 사설 건수는《조선일보》13건,《중앙일보》13건,《동아일보》18건,《경향신문》20건,《한겨레신문》17건으로 나타났다. 언론사별 건수만으로 본다면《경향신문》이 가장 많은 사설을 게재하였고 그 다음으로《동아일보》와《한겨레신문》이 뒤를 이었다.

구체적으로 살펴보면,《조선일보》의 경우 '공인+명예훼손'으로 게재된 건수가 6건으로 절반가량을 차지하고 있었으며, '사생활'과 관련된 건수는 4건이었다. '프라이버시'에 대한 사설은 1건으로 이는 '명예훼손'에 관한 사설과도 중복된다. 또한 '공적 인물'에 관하여는 3건의 사설이 게재되었다.《중앙일보》는 공인의 사생활에 대한 사설이 절반 이상인 8건으로 프라이버시에 관한 사설 1건과 중복되므로 게재 건수가 가장 많았다. 공인의 명예훼손에 관한 사설은 5건 게재되었다.《동아일보》도《중앙일보》와 마찬가지로 사생활에 대한 사설이 11건으로 전체 60% 이상을 차지하고 있었다. 명예훼손에 대한 사설은 7건이었으며 그 다음은 프라이버시에 대한 건수가 3건으로 나타났다. 그러나 이 중 명예훼손에 대한 사설은

표 7-2 **언론사별 사설 건수**

| | 조선일보 | 중앙일보 | 동아일보 | 경향신문 | 한겨레신문 |
|---|---|---|---|---|---|
| 공인+명예훼손 | 6 | 5 | 7 | 14 | 7 |
| 공인+초상권 | 0 | 0 | 0 | 0 | 0 |
| 공인+사생활 | 4 | 8 | 11 | 8 | 6 |
| 공인+프라이버시 | 1 | 1 | 3 | 1 | 3 |
| 공적 인물 | 3 | 0 | 0 | 3 | 4 |
| 공적존재 | 0 | 0 | 0 | 1 | 1 |
| 합계 | 14(13) | 14(13) | 21(18) | 27(20) | 21(17) |

* ( ) 중복 제외 건수

2건이, 프라이버시에 대한 사설은 1건이 공인의 사생활에 대한 사설과 중복되었다.

《경향신문》은 전체 사설 수가 20건으로 분석의 대상이 된 언론사들 중 가장 많았다. 자세히 살펴보면 공인의 명예훼손에 관한 사설이 14건으로 전체의 70%를 차지하고 있었으며 '사생활'이 8건(40%), '공적 인물'이 3건 그리고 '공적존재'에 대해 언급된 사설이 1건으로 나타났다. '명예훼손'에 대한 사설 중 4건이 '사생활'에 대해서도 언급되고 있었으며 공적 인물과 중복된 사설도 3건이 있었다.《한겨레신문》의 경우 '공인+명예훼손'으로 검색된 사설의 건수가 7건으로 가장 많았으며, '사생활'에 대한 사설이 6건, '공적 인물'이 4건, '프라이버시'가 3건, '공적존재'가 1건순으로 나타났다.

이처럼 언론사들은 공인에 대한 보도를 함에 있어서 그들의 명예훼손과 사생활에 대한 논의가 주로 이루어지는 것을 알 수 있다. 또한 초상권에 대한 논의는 이루어지지 않는 것을 볼 수 있다. 이는 공적 인물의 초상권은 이미 어느 정도 공개된 것으로 보아 초상에 대한 논란은 없기 때문으로 해석된다.

연도별로 사설이 게재된 건수를 각 정부별로 구분하여 분석해 보았다. 정부별로 살펴보면 15대에 9건, 16대에 34건, 17대에 25건, 그리고 절반 정도 지난 현 정부인 18대는 13건이 공인에 대하여 게재되었다. 이는 16대 정부에 들어 대통령이 언론사를 명예훼손으로 고소하거나 언론중재위원회에 조정신청을 한 경우가 많았기 때문으로 보인다. 이러한 현상은 특히 2003년에 두드러지는데 언론사들은 공인에 대한 비판의 자유가 있으며 공인에 대한 보도에 있어서 언론사들이 면책이 되어야 하며 대통령의 고소가 언론사의 역할을 억압할 수 있다는 주장을 위한 것으로 보인다.

신문사별로 살펴보면《조선일보》의 경우 16대 정부 기간 동안 7건의

표 7-3 **연도별 사설 건수**

| | | 조선일보 | 중앙일보 | 동아일보 | 경향신문 | 한겨레신문 |
|---|---|---|---|---|---|---|
| 15대 | 1999 | 0 | 0 | 2 | 0 | 1 |
| | 2000 | 0 | 2 | 0 | 0 | 0 |
| | 2001 | 1 | 1 | 0 | 0 | 0 |
| | 2002 | 1 | 0 | 1 | 0 | 0 |
| 16대 | 2003 | 3 | 3 | 3 | 2 | 1 |
| | 2004 | 1 | 0 | 0 | 0 | 0 |
| | 2005 | 2 | 0 | 1 | 1 | 1 |
| | 2006 | 0 | 1 | 0 | 1 | 4 |
| | 2007 | 1 | 1 | 1 | 5 | 2 |
| 17대 | 2008 | 1 | 0 | 0 | 0 | 0 |
| | 2009 | 1 | 1 | 1 | 0 | 4 |
| | 2010 | 1 | 0 | 2 | 0 | 3 |
| | 2011 | 1 | 0 | 1 | 0 | 1 |
| | 2012 | 0 | 1 | 6 | 1 | 0 |
| 18대 | 2013 | 0 | 1 | 0 | 4 | 0 |
| | 2014 | 0 | 2 | 0 | 2 | 0 |
| | 2015 | 0 | 0 | 0 | 4 | 0 |

사설이 게재되었으며, 이는 공인에 관한 사설의 절반에 이른다. 이는 앞서 언급한 바와 같이 2003년부터 대통령의 언론사 소송이 이어지며 이에 대한 반발로 인한 것으로 해석된다.《중앙일보》와《동아일보》도《조선일보》와 비슷하게 2003년에 관련 사설을 게재하는 것을 볼 수 있다.

《경향신문》은 2007년 한 해 동안 5건의 사설을 게재하였는데 대선을 앞두고 대선주자의 검증과 청문회 후보 검증 등 공인으로서 가져야할 자세에 대한 사설이 주를 이루고 있었다. 공인이 될 사람들이 갖춰야할 자질에 대한 문제는 다른 신문에서도 사설을 통해 지적하고 있는 것을 볼 수 있는데, 《동아일보》의 경우 2012년 6건의 사설을 통해 특정 대선후보의 검증에 대한 논의를 강조하였다. 《한겨레신문》은 2009년에 관련 사설을 집중적으로 게재한 것을 볼 수 있는데, 타 언론사들의 명예훼손 소송이나 공인 보도에 대한 판결 결과에 따른 언론사의 의견을 게재하고 있는 것을 볼 수 있다. 《경향신문》의 경우 18대 정부에 들어 전체의 절반에 이르는 10건의 사설을 공인에 관하여 게재하고 있다. '정보통신에 관한 심의규정' 개정안에 대한 우려나 채동욱 검찰총장 사건, 산케이 신문 서울 지국장 사건 등의 사건을 통해 공인의 사생활에 대한 논의와 이러한 일련의 사건이 표현의 자유를 위축시킬 것을 우려하고 있는 것으로 보인다.

언론사들이 공인에 대한 범주를 어떻게 인식하고 있는지 살펴보기 위하여 각 사설에서 공인으로 인식하는 대상들을 분석하였다. 언론사들의 사설에서 공인으로 가장 많이 언급된 것은 '공직자'로 총 14건에 걸쳐 나타났다. 여기서 공직자라하면 인사청문회 대상인 고위 공직자로 총리나 교육부총리, 장관, 대법원장, 헌법재판소장, 감사원장 등이 여기 포함된다. 공직자와 공직 후보자들이 인사청문회를 통해 드러나는 비리에 관한 내용이나 그들이 공직자로서 어느 정도의 사생활 공개를 감수해야 하며 도덕성이 요구된다는 내용의 사설이 주로 게재되었다. 또한 대통령은 전·현직에 관계없이 논의되고 있었다. '공인 중의 공인(公人)'이라 칭해지는 만큼 대통령 후보자의 검증과 관련하여 국민의 알 권리를 위해 사생활 공개는 불가피하며 그들에 대한 언론사의 비판·감시 기능을 강조하고 있었다. 이

표 7-4 **사설에 나타난 공인의 분류**

| 분류 | 건수 |
|---|---|
| 대통령 | 9 |
| 대선 후보 | 11 |
| 대통령 친인척 | 1 |
| 고위 공직자 | 14 |
| 공직 후보자 | 3 |
| 국회의원 | 9 |
| 국회의원 후보 | 1 |
| 법조인 | 11 |
| 자치단체장 | 4 |
| 정치인 | 3 |
| 연예인 | 7 |
| 범죄 피의자 | 2 |
| 기타(교원, 언론사 사주) 등 | 6 |
| 전체 | 81 |

때 대선후보자는 후보 등록을 하지 않았더라도 대권주자로 언급되는 사람들을 포함한다.

《경향신문》에서는 대통령 친인척 문제에 관하여 이들을 공인으로 판단할지에 대한 문제를 제기하기도 한다. 공인의 범주가 정립되지 않아 발생하는 문제들을 지적하며 이로 인해 표현의 자유가 위축될 것을 우려한다. 투표로 선출되는 국회의원과 자치단체장도 공인으로 분류되었다. 국회의원도 다른 고위 공직자들과 마찬가지로 후보자들 역시 공인으로서 자질을 갖추어야 한다는 내용이 게재되었다. 언론사들은 이들을 포괄적으로 '정치인'으로 표현하기도 하였다. 또한 판·검사, 검찰총장 등 법조계 공직자들과 연예인도 공인으로 분류하고 있었다. 범죄자 또는 범죄 피의자는 유명인이 아니라 일반인이라고 할지라도 자발적으로 공적 인물이 된 셈이니 얼굴과 신상을 공개하여 국민의 알 권리를 충족시켜야 하는 '공인'으로 보는 주장도 있었다. 그 외에도 공영방송 사장이나 언론사 사주, 전경련 회장, 기업 총수, 교원 등을 공인으로 분류하는 경우도 있었으나 널리 통용되는 분류는 아닌 것으로 보인다. 이렇듯 대통령과 고위 공직자, 국회의원과 같이 판결과 사회적 합의에 의하여 공인으로 인정되는 경우도 있으나 교원이나 범죄자 등도 공인으로 보아야 하는지는 논의가 필요할 것으로 보인다.

2) 공인에 대한 프레임 분석 결과

여기서는 국내 주요 신문사들이 공인에 대한 보도를 하는 데 있어서 어떠한 방식으로 틀짓기를 하고 있는지 분석하고자 하였다. 분석을 통해 공인에 대한 프레임을 형성하는 데 있어서 언론사별로 차이가 있는지 비교 분석한다. 전체 프레임 분석 결과, 취재·보도의 자유 프레임이 가장 많았으며(38건, 31.67%), 사회적 책임 프레임(26건, 21.67%), 국민의 알 권리 프레임(24건, 20%), 도덕성 프레임(19건, 15.85%), 정치·갈등 프레임(6건, 5%), 면책 사유 프레임(4건, 3.33%)의 순서로 나타났다.

취재·보도의 자유 프레임은 언론사는 공인에 대하여 비판의 자유가 있다고 보는 프레임을 의미한다. 공인은 허위 사실을 유포하는 것에 대하여 어느 정도 감수해야 하며 이런 경우도 표현의 자유로 보고 인정해야 한다는 견해가 핵심이다. 반면 표현의 자유를 부정하는 것은 아니며 언론의 자유를 인정하지만 언론사는 특히 공인의 사생활을 보도함에 있어서는 사실관계나 입증의 과정이 필요하며 언론윤리의 중요성을 지적하기도 한다. 그럼에도 언론사들은 언론이 가진 비판과 감시 기능을 수행하기 위하여 표현의 자유가 가장 중요하다는 점을 언론이 억압받는 상황을 비판하기 위하여 사설에서 논의하는 것으로 보인다.

국민의 알 권리 프레임은 국민의 알 권리를 위하여 공인에 대한 보도에 있어서는 언론사가 완전 면책되어야 함을 강조하는 프레임이다. 공인의 개인정보는, 일반인이라면 사생활이지만, 공적 정보이므로 공개되어야 한다는 것이다. 사회적 책임 프레임은 사건의 사회적 파장과 사회규범,

표 7-5 **언론사 전체 사설 프레임 유형**

| 유형 | 빈도 | 비중(%) |
|---|---|---|
| 도덕성 프레임 | 19 | 15.83 |
| 인간적 흥미 프레임 | 3 | 2.5 |
| 정치·갈등 프레임 | 6 | 5 |
| 사회적 책임 프레임 | 26 | 21.67 |
| 국민의 알 권리 프레임 | 24 | 20 |
| 취재·보도의 자유 프레임 | 38 | 31.67 |
| 면책 사유 프레임 | 4 | 3.33 |
| 총계 | 120 | 100 |

도덕성의 수준을 고려하여 향후 책임 소재를 분명히 해야 하며 이와 같은 사건이 다시는 반복되지 않도록 재발 방지를 강조한다. 주로 공인이 사회적 물의를 일으켰을 때 공인으로서 갖춰야할 자질과 도덕성에 대한 논의 후 합당한 책임을 질 것을 강조한다. 도덕성 프레임은 공인의 도덕성을 강조하는 프레임이다. 대통령이나 고위 공직자, 국회의원 등 공인은 마땅히 합당한 자질과 높은 수준의 도덕성을 갖춰야 한다는 주장이 이에 해당하며 인사 청문회에 도덕성에 문제가 있는 후보자가 나왔을 때 주로 등장한다.

정치·갈등 프레임은 공인과 관련된 해당 사건이 정치적 이해 갈등에 의해 발생되었으며, 공직자의 도덕성 등이 복합적으로 작용했다고 보는 프레임이다. 인간적 흥미 프레임은 연예인의 사생활 침해 문제와 같이 단순

표 7-6 **조선일보 사설 프레임 유형**

| 유형 | 빈도 | 비중(%) |
|---|---|---|
| 도덕성 프레임 | 2 | 10 |
| 인간적 흥미 프레임 | 0 | 0 |
| 정치·갈등 프레임 | 0 | 0 |
| 사회적 책임 프레임 | 7 | 35 |
| 국민의 알 권리 프레임 | 5 | 25 |
| 취재·보도의 자유 프레임 | 6 | 30 |
| 면책 사유 프레임 | 0 | 0 |
| 총계 | 20 | 100 |

히 흥미를 위하여 사건의 정서적 측면을 부각하는 프레임을 의미하는 것으로 주로 연예인과 관련된 사설이 이에 해당하였다. 마지막으로 면책 사유 프레임은 언론이 공공의 이익이나 공적 사안에 대하여 진실을 알렸음에도 명예훼손으로 법적 처벌을 받게 된다면 헌법상 보장된 '표현의 자유'와 '국민의 알 권리'가 부당하게 제약될 수 있음을 강조하는 프레임이다.

신문사별로 살펴보면 먼저《조선일보》의 경우 사회적 책임 프레임이 35%로 가장 높은 비중을 차지하고 있었으며, 취재·보도의 자유 프레임과 국민의 알 권리 프레임이 각각 30%와 25%로 뒤를 이었다. 도덕성 프레임도 10% 나타났으나 인간적 흥미 프레임과 정치·갈등 프레임, 면책 사유 프레임은 드러나지 않았다. 특히《조선일보》는 학계의 논의와 해외 사례를 인용하며 '범죄자는 자발적 공인'으로 보아야 하며 이들의 얼굴을 공개

표 7-7 **중앙일보 사설 프레임 유형**

| 유형 | 빈도 | 비중(%) |
|---|---|---|
| 도덕성 프레임 | 5 | 23.81 |
| 인간적 흥미 프레임 | 1 | 4.76 |
| 정치·갈등 프레임 | 3 | 14.29 |
| 사회적 책임 프레임 | 4 | 19.05 |
| 국민의 알 권리 프레임 | 2 | 9.52 |
| 취재·보도의 자유 프레임 | 4 | 19.05 |
| 면책 사유 프레임 | 2 | 9.52 |
| 총계 | 21 | 100 |

하는 것은 '국민의 알 권리'는 물론 공익적인 효과가 있으므로 사회적 합의를 거쳐 범죄자 초상을 공개해야 할 필요가 있음을 주장한다.[65]

《중앙일보》는 도덕성 프레임의 비중이 23.81%로 가장 높았으며, 취재·보도의 자유 프레임과 사회적 책임 프레임이 19.05%로 동일한 비중을 차지하였다. 다음으로 정치·갈등 프레임과 국민의 알 권리 프레임, 면책 사유 프레임, 그리고 인간적 흥미 프레임 순서로 나타났으며 앞서 논의한《조선일보》와는 모든 프레임이 달리 나타난 것을 볼 수 있다.《중앙일보》는 공인에 대한 비판의 자유가 중요하지만 허위 사실 보도에 대하

65 조선일보(2009. 02. 01.). 反사회적 범죄자 얼굴 공개하는 게 옳다. http://news.chosun.com/site/data/html_dir/2009/02/01/2009020100791.html

표 7-8 **동아일보 사설 프레임 유형**

| 유형 | 빈도 | 비중(%) |
|---|---|---|
| 도덕성 프레임 | 4 | 15.08 |
| 인간적 흥미 프레임 | 2 | 7.69 |
| 정치·갈등 프레임 | 1 | 3.85 |
| 사회적 책임 프레임 | 7 | 26.92 |
| 국민의 알 권리 프레임 | 6 | 23.08 |
| 취재·보도의 자유 프레임 | 6 | 23.08 |
| 면책 사유 프레임 | 0 | 0 |
| 총계 | 26 | 100 |

여 부정적인 견해를 보인다. 타 방송사의 보도를 비교하며 정파적인 입장을 떠나 저널리즘의 기본 원칙을 지켜야 함을 강조한다. 또한 공인을 인사청문회 대상 고위 공직자로 나름대로의 범주를 정하고 있는 것이 분석되었다.

《동아일보》의 경우 〈표 7-8〉에서 볼 수 있듯 사회적 책임 프레임이 26.92%로 가장 높게 나타났으며, 취재·보도의 자유 프레임과 국민의 알 권리 프레임이 23.08%로 동일하게 나타났다. 도덕성 프레임과 인간적 흥미 프레임, 정치·갈등 프레임 순서로 나타났으며 면책 사유 프레임은 도출되지 않았다. 《동아일보》는 공립학교는 물론 사립학교 교원도 준공무원이자 공인으로 보고, 전교조 가입 여부를 밝히는 것이 사생활이나 인권침해에 해당하지 않는 것으로 보았다(동아일보, 2010. 04. 20.).

표 7-9 **경향신문 사설 프레임 유형**

| 유형 | 빈도 | 비중(%) |
|---|---|---|
| 도덕성 프레임 | 2 | 7.41 |
| 인간적 흥미 프레임 | 0 | 0 |
| 정치·갈등 프레임 | 2 | 7.41 |
| 사회적 책임 프레임 | 3 | 11.11 |
| 국민의 알 권리 프레임 | 7 | 25.93 |
| 취재·보도의 자유 프레임 | 13 | 48.15 |
| 면책 사유 프레임 | 0 | 0 |
| 총계 | 27 | 100 |

교원을 공인으로 여기고 전교조 가입 여부에 대한 정보를 공적 정보로써 국민의 알 권리이므로 보장받아야 한다고 본다. 이는 단순히 직업이 아니라 국가 정책 결정에 대한 영향력이나 선출직 여부 등에 따라 공인의 기준을 정해야 한다는 학계의 주장이나 사안에 따른 기준에 차이를 두어야 한다는 법원의 입장과도 차이가 있다. 또한 앞서 〈표 7-4〉에서 논의한 바와 같이 언론사들의 사설에서 드러난 공인의 분류에서도 전체 81%이상이 대통령과 국회의원, 고위 공직자와 같은 인사청문회 대상이나 선출직 공무원 등을 공인으로 보고 있는 것과도 다르다. 공인의 범위가 명확히 정해져 있지 않아 언론사가 사안이나 편의에 따라 자의적으로 해석하는 것으로 보인다.

〈표 7-9〉에 나타난《경향신문》의 사설에서는 취재·보도의 자유 프레

임이 전체의 48.15%로 절반가량을 차지하였다. 뒤이어 국민의 알 권리 프레임이 25.93%로 높은 비중을 차지했으며, 사회적 책임 프레임, 도덕성 프레임, 정치·갈등 프레임이 나타났다. 인간적 흥미 프레임과 면책 사유 프레임은 도출되지 않았다. 앞서 논의한 바와 같이《경향신문》은 다른 신문사들에 비하여 최근 3년간 공인에 관한 사설의 빈도수가 높았다. 흥미롭게도 '정보통신에 관한 심의규정' 개정안에 대하여 3건의 사설에 걸쳐 다루고 있는데 이 사안에 대하여《한겨레신문》을 제외한 다른 신문에서는 다루고 있지 않았다. 제3자의 요청으로도 인터넷상의 글을 삭제하는 것이 가능해지면 공인에 대한 비판이 어려워지고 표현의 자유가 위축될 것이라는 주장이다.

이 밖에도 동일한 사안에 대하여 언론사에 따라 다른 의견을 표명하는 것을 볼 수 있었다. 최근 산케이 신문 서울 지국장의 무죄 판결에 대하여,《중앙일보》는 이번 사태는 대통령의 명예를 허위 사실로 훼손한 산케이 신문이 자초한 것이며, 일본의 주류 언론에서도 기소를 비난하기보다 산케이의 보도 태도를 비판했어야 한다고 주장한다(중앙일보, 2014. 10. 11.). 반면《경향신문》은 사실관계를 제대로 파악하지 않은 무책임한 보도였다는 점은 지적하지만, 언론과 시민이 자율적으로 비판했어야 하는 일을 무리하게 기소한 것이라 지적한다. 또한 판결문을 인용하며 공인, 특히 대통령은 공인으로서 비판적인 언론의 보도에 대하여 일반인들에 비해 더 관용해야할 의무가 있다고 본다. 공인에 대한 의혹을 정치적인 논리로 막아서는 안 되며 언론의 공적 책무를 이행할 수 있도록 자유로운 취재를 보장해야 함을 강조하고 있다(경향신문, 2015. 12. 17.). 두 사설은 시기적으로 차이가 있으나 동일한 사안에 대하여 표현의 자유를 달리 해석하는 것을 보여준다. 이는 동일 사건을 바라보는 데 있어서 공인과 언론의 역할을

표 7-10 **한겨레신문 사설 프레임 유형**

| 유형 | 빈도 | 비중(%) |
|---|---|---|
| 도덕성 프레임 | 6 | 23.08 |
| 인간적 흥미 프레임 | 0 | 0 |
| 정치·갈등 프레임 | 0 | 0 |
| 사회적 책임 프레임 | 5 | 19.23 |
| 국민의 알 권리 프레임 | 4 | 15.38 |
| 취재·보도의 자유 프레임 | 9 | 34.62 |
| 면책 사유 프레임 | 2 | 7.69 |
| 총계 | 26 | 100 |

언론사의 성향에 따라 달리 보도하는 것으로 분석된다.

마지막으로 《한겨레신문》의 프레임 분석 결과를 살펴보면, 취재·보도의 자유 프레임이 34.62%로 가장 높은 비중을 차지했으며, 도덕성 프레임이 23.08%, 사회적 책임 프레임, 국민의 알 권리 프레임, 면책 사유 프레임의 순서로 나타났다. 인간적 흥미 프레임과 정치·갈등 프레임은 드러나지 않았다. 도덕성 프레임은 주로 사회적 물의를 일으킨 국회의원이나 공직 후보자들의 자질에 대한 논의에서 도출되었다.

《한겨레신문》의 경우 전체 17건의 사설 중 1건을 제외한 16건이 모두 16대와 17대 정부 때 나타났다. 타 언론사나 방송사와 관련된 명예훼손 소송 또는 기소에 대한 의견을 통해 취재·보도의 자유와 국민의 알 권리를 강조한다. 또한 대통령 후보 검증에 대하여 이는 언론의 의무이며 후보자는 엄격한 검증 절차를 거쳐야 함을 주장하며 후보자 관련 판결에 대한 언론사의 입장을 밝히기도 한다(한겨레신문, 2009. 02. 07.). 또한 범죄 피의자라 할지라도 범죄와 직접적인 관련이 없는 사생활의 비밀을 보호받아야 한다고 주장하며, '내밀한 영역'을 공개한 다른 언론사를 비판한다(한겨레신문, 2007. 09. 14.). 범죄 피의자가 이미 알려진 유명인이기는 하지만 범죄 피의자도 공인으로 보는 데는 비판적 입장을 취하는 것으로 분석된다.

종합적으로 언론사들은 공인을 보도하는 데 있어서 언론사마다 각 정부의 시기별·사안별로 주요 프레임에서 차이를 보였다. 전체적으로는 국민의 알 권리를 위하여 공인에 대한 보도는 언론사가 완전히 면책되어야 한다는 '국민의 알 권리 프레임'이나 공인에 대한 비판의 자유를 주장하는 '취재·보도의 자유 프레임'이 가장 많았다. 그 뒤를 사회적 책임 프레임과 도덕성 프레임, 정치·갈등 프레임, 인간적 흥미 프레임 등이 그 뒤를 이었다. 아직 국내에서 공인에 대한 명확한 개념화와 범주화에 대한 사회적 합의가 이루어지지 않은 탓에 언론사에서도 자신의 이익이나 정치적 성향에 따라 공인의 범위를 규정하고 자의적인 판단하에 국민의 알 권리 개념을 이용하는 보도 경향을 보인다.

### 3) 공인 프레임 논의

전술한 대로 여기서는 국내 주요 언론사들이 공인에 대하여 어떻게 인식하고 규정하는지 알아보고자 프레임을 분석하였다. 언론의 보도는 어떠한 사안에 대하여 사회적 합의를 이끌어 내도록 이를 유형화하여 보여주는데 이것이 언론의 프레이밍이다. 기존의 연구들은 언론의 공인에 대한 논의를 관련 보도의 내용 분석 방식으로 실시해 왔으며 유형화하여 살펴본 연구는 드물었다. 여기서는 언론이 공인을 어떻게 인식하고 범주화하고 있는지 실증적으로 살펴보고자 하였으며 분석 결과를 정리하면 다음과 같다.

첫째, 언론에 있어서 공인의 명예훼손과 사생활에 대한 논의가 가장 많이 이루어지고 있는 것으로 나타났다. 또한 시기별로 분석한 결과, 대통령이 언론사를 상대로 명예훼손 소송을 활발히 했던 16대 정부에서 공인에 대한 사설이 다른 시기에 비하여 많이 등장하였다. 대통령이 언론사를 상대로 소송을 제기하게 되면 언론은 비판과 감시의 의무를 다할 수 없으며 이는 억압에 해당한다는 주장을 위한 것으로 보인다.

둘째, 언론사들에서는 공통적으로 인사청문회 대상의 고위 공직자와 선출직에 해당하는 대통령, 국회의원, 자치단체장과 그 후보, 법조인, 연예인 등을 공인의 범주에 포함시키고 있었다. 기존의 연구에서 제시된 범주에 비해 언론에서 고루 인정하고 있는 공인의 범주는 좁았으며 언론사의 성향과 각각의 사안에 따라 범주가 결정되는 것으로 보인다. 이러한 현상은 언론 스스로가 공인의 범주를 확장하는 데 있어서 보수적인 자세를 취하고 있다는 기존 논의와도 이어진다. 공인 특히 대통령이나 대선후보의 친인척 또는 범죄 피의자를 공인의 범주에 포함시키는 것에 대하여 사회적 합의가 필요하다는 주장이 나타났다.

셋째, 공인에 대한 프레임 분석 결과, 언론사는 공인에 대하여 비판의 자유가 있다고 보는 '취재·보도의 자유 프레임'이 가장 많이 나타났다. 다음으로 국민의 알 권리를 위하여 공인에 대한 보도에 있어 언론사 완전 면책을 주장하는 '국민의 알 권리 프레임', 그리고 '사회적 책임 프레임'과 '도덕성 프레임'의 순서로 공인에 대한 틀짓기가 이루어지는 것으로 분석되었다. 언론사별로 차이가 있었는데 《조선일보》는 사건의 사회적 파장과 사회의 규범, 도덕성 수준 등을 고려하여 향후 책임 소재를 분명히 하고 다시는 이러한 일이 재발하지 않도록 해야 한다는 것을 강조하는 사회적 책임 프레임이 가장 높은 비중을 차지하였다. 특히《조선일보》는 범죄자 초상 공개의 공익적 효과를 역설하며 범죄 피의자는 자발적 공인으로 보는 것에 대한 사회적 합의의 필요성을 주장한다.

《중앙일보》는 도덕성 프레임이 가장 많이 도출되었다.《중앙일보》는 표현의 자유를 옹호하며 공인에 대한 비판의 자유는 인정하지만 한편으로는 언론사가 허위 사실을 유포하는 것에 부정적인 견해를 보이며 보도 윤리를 강조한다. 공인의 범주를 인사청문회 대상자인 고위 공직자로 정하고 있는 것을 볼 수 있었다.《동아일보》는 사회적 책임 프레임이 가장 많이 드러났으나 국민의 알 권리 프레임과 취재·보도의 자유 프레임도 거의 동등한 비율로 나타났다.《경향신문》과《한겨레신문》은 취재·보도의 자유 프레임이 가장 높은 비율로 도출되었다.

넷째, 동일 사안에 대해서 언론사에 따라 다른 프레임을 형성하는 특성이 공인에 관한 논의에서도 적용되는 것으로 나타났다. 언론사의 성향에 따라 공인에 대한 비판을 함에 있어서 표현의 자유를 해석하는 방식이 조금씩 다르게 나타났다.

지금까지의 논의를 종합해보면, 언론사들이 공인에 대한 프레임을 형성하는 데 있어서는 취재·보도의 자유와 국민의 알 권리를 중요시하고 있다는 점을 알 수 있었다. 또한 공인은 어느 정도의 사생활 공개를 감수해야 하며 사회적 책임을 지고 높은 도덕성이 자질로 요구된다는 점은 모든 언론이 공통적으로 인정하고 있는 부분이었다. 그러나 공인의 범주를 정하는 데 있어서 일부 자의적인 판단을 하는 경우나 사안에 따라 다른 프레임을 형성하는 경우도 볼 수 있었다. 이는 기존의 프레임 연구에서 드러난 언론사의 성향이 공인 개념의 구성에 있어서도 나타나고 있는 것으로 해석되는데 공인에 대하여 법원의 명확한 개념 정의가 이루어지지 않았기 때문으로 보인다. 향후의 언론과 공인 사이의 적절한 이익형량을 위해서는 법원의 판단은 물론 누구를 공인으로 보아야할지 사회적 합의가 충분히 이루어져야 할 것이다.[66]

66 공인에 대한 언론 보도의 특징을 분석하기 위하여 국내에서 공인에 대한 논의가 본격적으로 시작된 1999년부터 2015년까지 장기간의 사설을 분석하였으나 프레임 분석의 틀을 설정하는데 있어서 한계가 있을 수 있다. 향후 후속 연구를 통하여 공인에 대한 실제 언론인들의 인식을 심층 인터뷰하는 등 보다 심층적이고 다차원적인 분석을 할 필요가 있겠다.

3

# 공인에 대한 언론인 인식 분석

언론의 공인에 대한 이미지와 의미 구성의 특성을 판단하기 위해서는 신문 기사와 논설의 분석과 함께 언론인들의 공인에 대한 인식조사가 필요하다. 왜냐하면 이들이 알고 있는 공인은 판례에 나타난 공인이나 공적 인물이 아닌 언론인 자신들의 지식과 인식의 틀에 위치하는 인물일 가능성이 크기 때문이다. 다시 말하자면 언론인 나름대로의 인식이 공인에 대한 사회적 합의를 끌어내기 위해서 강조하는 부분이 될 수 있다. 이러한 점에서 현장에서 뛰는 언론인들의 공인과 공인이론에 대한 인식을 살펴보는 것이 필수적이다.

공인에 대한 언론인들의 인식을 분석하기 위해, 공인과 공인이론에 대한 개방형 질문지를 통해 언론사 근무 경력 10~30년 사이의 중견 언론인 총 32명을 대상으로 심층 인터뷰를 실시하였다. 이처럼 10년 이상 근무한 언론인들을 대상으로 조사를 한 이유는 적어도 일정 기간 이상 현장에서 취재하고 보도하는 과정에 있어서 공인에 대한 판단이나 고려를 해 보았을 가능성이 크기 때문이다. 이들에 대한 자세한 프로필 정보는 〈부록〉

에 첨부되어 있다. 심층 인터뷰는 이메일로 6개 항목의 질문에 대해 자유롭게 응답하는 방식으로 진행되었다. 흥미롭게도 설문을 받은 많은 언론인들이 '어렵다' 또는 '모르겠다'는 반응을 보였다. 공인에 대해서 알고 있으면서도 관련된 질문에 대한 해답을 구하고자 하는 것이 힘들게 느껴진 것으로 판단된다. 한편으로는 공인 문제에 대해서 아예 관심이 없다는 반응도 있었다. 그럼에도 공인에 대한 인식과 이해가 중요하다는 사실에는 모두 공감하는 모습을 보였다.

## 공인의 정의

[1번 질문]은 '공인이란 누구인가?'하는 정의를 내리고 범주화해 달라는 것이다. [1. 공인은 누구인가: 공인의 범주에 대한 언론인의 인식은 어떠한가?] 사실 공인이론이 배태되고 발전해 온 미국의 경우에도 공인을 정의 내리고 범주화하는 것에 여전히 어려움을 겪고 있다. 전술한 바와 같이 "공인의 범주를 정하는 것은 해파리를 벽에 못 박는 것과 같다"는 표현처럼 공인을 정의 내리는 일은 쉽지 않다고 보았다(Rosanova v. Playboy Enterprise, Inc., 411 F. Supp. 440, 443(S.D. Ga. 1976), aff'd, 580 F.2d 859(5th Cir. 1978)(문재완, 2008, 17쪽에서 재인용). 대단히 일리 있는 지적이다.

공인에 대해 정의를 내리고 범주화하기 어려운 만큼 공인에 대해 보도하면서 그 이미지를 구성하고 전달하는 언론인들의 입장에서는 공인에 대해 어떻게 이해하고 있는지가 대단히 중요하다. 따라서 공인에 대한 법적인 판단과 언론인들의 이해가 얼마나 일치하는가를 살피는 것이 필요하다. 왜냐하면 언론인들의 공인에 대한 이해에 근거하여 보도의 방향과 방식이 결정될 수 있기 때문이다.

첫 번째 질문에 대해서 언론인들은 다음에 열거된 직업에 속하는 사람들을 공인 또는 공인 범주라고 판단하는 것으로 나타났다. 무엇보다 '직업'의 측면에서 가장 많은 응답은 '공직자'(고위 공직자 포함) 또는 '공무원'으로 나타났다. 좀 더 구체적으로 응답자들은 국가 공무원, 5급 이상 공무원, 국가의 녹을 받는 사람, 녹을 먹는 사람, 정부나 국회의 고위직 종사자, 선출직 공무원 등 공직자와 공무원을 지칭하거나 이를 공인 범주에 포함하는 것으로 나타났다. 공인에 속하는 공직자나 공무원의 경우 대개 공적인 영향력을 가진 인물이라고 보았다.

> 공인이라 함은 고위 공무원이나 선출직 공직자 등 사회적으로 영향력이 큰 공적 지위에 있거나 공적 지위는 아니더라도 실질적으로 공적인 영향력을 가진 인물을 공인이라 생각한다. (#4 지상파 방송)

> 사회적으로 공신력을 지니고 있어 다중에 직간접적으로 영향력을 행사하는 사람이다. (#11 일간지)

> 선출직 공직자. 공적인 일을 하는 사람. 공적 사안에 관련된 사람. 공적 결정에 영향을 미치는 사람 (#30 인터넷신문)

> 문제는 그 범위인데요, 말단 공무원들까지 공인으로 봐야 하느냐 하는 것입니다. 그럼, 특정 직급 이상의 사람들만 공인으로 할 것인가? 여기서 문제가 복잡해집니다. 이에 대한 사회적 논의가 필요하다고 봅니다. 또 각 분야 지도자급 인물도 역시 어느 선까지 공인으로 볼지에 대한 고민

이 있어야 합니다. (#24 지상파 방송)

이러한 지적은 단순히 공직자나 공무원이 아닌 '사회적 영향력'이 있는 인물이어야 한다는 것이고 이러한 인식은 판결에 나타난 법원의 인식과 대단히 일치하는 것이라 판단된다. 다만 하급직 공무원이나 공직의 경우 사안에 얼마나 연관성이 있는가를 따져서 공인을 판단하게 되는데 이러한 부분에 대한 응답은 찾아 볼 수 없었다.

응답자들은 '사회적 영향력'을 공인의 중요한 요소로 인식하는데 공직자 다음으로 연예인, 스포츠 스타, 방송인 등 주로 매체에 많이 노출되어 유명해진 인물을 공인에 포함시켜야 한다고 지적하였다.

> 제 개인적인 생각으로는 당연히 '국가 공무원'등은 포함되고, 연예인처럼 일반 대중에게 적지 않는 영향을 끼치는 유명인도 넓게는 '공인'의 범주에 들어간다고 봅니다. 따라서 유명 스포츠 스타등도 이에 포함되며 특정 직업에 국한되는 정의라기보다는 어떤 형태로든 사회 전반과 일반 대중에게 일거수일투족이 큰 영향을 미치는 부류들을 '공인'이라 불러도 무방할 것으로 사료됩니다. (#3 지상파 방송)

> 연예인, 스포츠 스타, 문화예술인 등 매스 미디어를 통해 유명세와 시청자 등의 다수 집단에 영향을 미치는 유명인도 포함된다. (#10 지상파 방송)

> 유재석, 김연아와 같은 연예인, 스포츠 스타 등 유명인도 상황에 따라서는 공인의 범주에 들어간다고 생각합니다. (#21 일간지)

사회적으로 통념상 '영향력이 있는 사람'과 '대중에게 관심을 받는 사람'을 의미한다고 생각. 공직자, 기업인, 연예인 등이 여기에 포함된다고 생각한다. (#28 일간지)

이처럼 연예인들은 사회적 영향력이 크며 동시에 이들에 대한 대중의 관심이 대단히 크다고 인식된다. 연예인 다음으로는 유명 작가나 유명 평론가 등 비록 연예인은 아니지만 연예인급의 대중적 인지도와 관심을 받고 있는 유명 인사로서 이들 또한 매체에 노출되어 유명해진 사람이라고 할 수 있다. 그런데 이렇게 연예인이나 이에 준하는 만큼의 사회적 관심의 대상이 되는 사람이 공인인가에 대해 의문을 제기하는 경우도 발견된다.

불특정다수인 대중을 상대로 생계활동 혹은 사회활동을 하는 모든 사람을 일컬어 공인이라 부를 수 있다고 생각함. (#18 일간지)

연예인은 공직자도 아니고 공적인 일을 하는 것도 아님에도 대중의 관심을 받는다는 이유로 공인으로 분류돼 대표적인 공인 여부 논란의 대상이다. (#30 인터넷신문)

단순한 의미로는 '국가 공무원'이라고 하겠으나, 요 근래 연예인들이 자신을 지칭하며 '공인' 운운하는 통에 이른바, '유명인'(셀럽 CELEBRITY-유명인)과 혼동되는 경우가 많습니다. 개인적인 생각으로는 당연히 '국가 공무원' 등은 포함되고, 연예인처럼 일반 대중에게 적지 않는 영향을 끼치는 유명인도 넓게는 '공인'의 범주에 들어간다고 봅니다. (#9 종편방송)

정부나 기타 공공성이 강한 기관, 대기업의 책임자급 인사, 연예인, 국가원수 등 최고위직의 친인척 등 사회 지도층 인사 (#11 일간지)

공적인 권력이나 사회적 영향력을 폭넓게 행사하는 사람 (#31 종교방송)

다음으로 유명 기업인이나 대기업 대표를 공인에 포함시켜야 한다는 응답이 많았다. 기타 언론사 보도국장, 편집국장, 사장 등 언론사의 임원이 공인이라고 보아야 한다는 응답과 종교 지도자의 경우에도 공인이 될 수 있다는 응답도 있었다. 한 언론인은 누구를 공인으로 보는가는 언론사별로, 데스크별로 달라질 수 있다고 응답하였다.

언론에서 생각하는 공인의 범위는 사전에 정확히 규정하기 어렵다고 생각한다. 기자마다 데스크마다 공인의 범위는 조금씩 다를 수밖에 없을 것이다. 그 범위를 기계적으로 정하기보다는 언론의 보도 관례를 통해 자연스레 공통분모를 찾아가는 것이 바람직할 것이다. 구체적 재판에서도 언론의 판단이 존중돼야 할 것이다. (#7 월간지)

이러한 공인에 대한 직업적 측면에서의 이해보다 더욱 중요한 것은 공인에 대한 수식어를 살피는 것이다. 직업적 측면에서도 나타난 바와 같이 사회적 영향력이 있는, 대중의 관심이 큰 인물과 같은 수식어가 도출되었다. 이와 함께 언론인들은 공인에 대해서 ① 일반국민들의 지지를 받거나 인지도를 얻는, 국민들을 대리하는 역할을 하는, ② 기삿거리가 되는, 언론 보도의 대상이 될 수 있는, 유명한, 언론을 통해 유명해진, ③ 자체적 영향력으로 언론에의 접근이 용이한, ④ 공적인 책임이 있는, 공공의 이익을 위하는, ⑤ 공공의 존중과 인정, 사랑을 받는, ⑥ 인지도가 높고 대표성을 띠는 인물이라는 응답을 하였다. 이러한 응답의 가장 핵심적인 내용은 인지도, 유명세, 언론 보도 대상, 언론에의 접근 용이성, 공공의 존중과 인정, 사랑 등이라고 할 수 있다.

이러한 수식어를 법원의 판결에서 나타난 공인에 대한 수식어와 비교하면 어느 정도 언론인들의 인식이 법원의 판결과 일치하는가를 알 수 있다. 비록 공인에 대해서 정의를 내리는 것은 아니지만 판례들을 살펴보면 구체적으로 우리 법원은 다음의 서술에 해당하는 사람들을 공인으로 이해하고 있음을 알 수 있다(이재진, 2014).

이는 ① 국민의 귀감이 되고, ② 사회정의를 실현하고, ③ 도덕적이고 정당하게 공적 활동을 해야 하는, ④ 이들에 대한 정보는 공공성, 사회성을 갖춘 사안, ⑤ 국민의 알 권리의 대상이 되며, ⑥ 언론의 감시, 비판, 견제의 대상이 되는, ⑦ 일반인보다 사적 영역의 보호가 낮은 또는 일반인보다 사적 영역의 공개 수인 범위가 넓은, ⑧ 재능, 명성, 생활양식에 대해 인정을 받는, ⑨ 행동과 인격에 대한 대중의 관심이 큰 등의 수식어가 발견되었다.

언론인의 공인에 대한 수식어와 판결에서 나타난 공인에 대한 수식어를 인상적인 측면에서 비교해본 결과 가장 일치하는 점은 공인이 국민의 알 권리를 위한 보도 대상이 되는 사람이라는 점이다.

> 언론에 있어 공인은 포괄적으로 '언론 보도의 대상이 될 만한 사람'이라고 할 수 있을 것이다. 사전적으로나 법리적으로는 여러 정의가 있을 수 있으나 기자들이 현장에서 부닥치는 것은 "아! 그 사람이(또는 그런 직책에 있는 사람이) 그런 일을 했어? 기사 되겠네"라고 생각하게 되는 사람이 곧

공인인 것이다. 다시 말해 보통사람이라면 아무 기사가 안 되겠지만 '그 사람'이기 때문에 기사가 된다고 보는 사람, 바로 그 사람이 공인인 것이다. (#7 월간지)

같은 맥락에서 대중의 관심과 사랑을 받는 존재로서의 공인에 대한 인식도 유사하게 나타난다. 다만 판결에서 보이는 공인에 대한 수식어는 감시·비판·견제의 대상이 되는 인물이라고 보고 있으나, 언론인들은 감시·비판·견제의 대상이라는 수식어는 사용하지 않고 있는 것으로 나타났다. 아울러 법원은 공인의 도덕성·정의·공공성을 보는 반면, 언론은 공인의 영향력·유명세·인지도·대중의 관심사 등을 중심으로 보려는 점에서는 다소 차이를 보이고 있다고 할 수 있다.[67]

실제 판결에서 공적 인물이라는 신분은 이익형량에 있어 하나의 요소가 될 수 있을 뿐 절대적인 것은 아니다. 특히 당해 표현이 공적인 존재의 정치적 이념에 관한 것인 경우, 그 공적인 존재가 가진 국가·사회적 영향력에 비례하여 표현이 보호되어야 한다고 보았다. 공적 인물에 대해 사인과 다른 기준을 적용하는 법원의 태도는 일응 원고(피해자)의 신분에 따라 명예훼손의 성립 여부를 달리 판단하는 것으로 보인다. 그러나 위 판결에서도 '공적 관심 사안' '사적인 영역' '정치적 이념에 관한 것'이라고 언급하였듯이, 보다 구체적 타당성을 기하기 위해서는 피해자의 신분뿐 아

---

67 이는 흥미롭게도 이재진(1999) 연구에서 보이는 언론의 공인 개념 구성에 있어서의 분석 결과와 다르게 나타났다. 1999년 연구에서는 언론 보도에서 오히려 언론이 도덕성 윤리성, 책임을 더 강조하는 보도 경향을 보였다면, 언론의 이러한 보도로 인하여 이후의 언론의 보도가 법원의 판결에 영향을 끼쳤을 것으로 추정할 수 있을 것이다.

니라 사안의 성격 및 내용도 함께 고려되어야 한다. 한국에서 공인 개념은 공공성의 정도 외에 사회적 영향력이란 변수가 동시에 작동하고 있다고 판단된다.

## 공인 관련 법 규정 및 판결례

[2번 질문]은 공인에 관한 보도에 있어서의 법 규정이나 판결에 대한 언론인들의 지식 여부를 질문하였다. 즉 보도로 인한 인격권 침해와 관련하여 어떠한 법 조항이 적용될 수 있으며 생각나는 판결이 있다면 어떠한 것이 있는지를 알아보고자 하였다. 이에 대해서 32명 중 10명 이상이 '잘 모름' 또는 '아는 바 없음'이라고 응답하였다. 이들은 근무 경력이 비교적 적은 기자들이 많았지만 경력 20년차 이상 언론인도 포함된다. 아울러 방송 종사자보다는 신문 종사자가 많았다. 이는 언론이 보도에 있어 실제로 다양하게 발생할 수 있는 인격권 침해 상황이 있는데, 이에 대해서 거의 지식이 갖춰져 있지 않은 것으로 나타났다. 일부는 별다른 관심이 없는 것으로 보인다. 이 질문에 대해 응답한 많은 사람들이 법 조항이나 판결은 들지 않았으나 '공인이론' 또는 '공인원칙'에 대해서는 알고 있는 것으로 응답하였다.

> 취재, 보도 과정에서 공인이 문제되는 것은 주로 명예훼손, 초상권 침해가 문제될 때입니다. 피해자로 특정이 되는지 여부가 핵심이며, 일반인과 달리 공인에 대해서는 피해자가 특정되더라도 면책됩니다. 여기서, 공인의 범위가 어디까지인가가 관건입니다. (#9 종편 방송)

공인은 공인이 가지는 사회적 영향력으로 인해 언론의 감시와 견제의 대상이 된다. 국가영역의 입법 사법 행정 3부를 감시하는 역할이 언론에 부여돼 언론은 4부로 간주되며 공인에 대한 견제와 감시의 역할이 부여된다. 이로 인해 언론의 공인에 대한 견제와 감시 활동 차원의 공인에 대한 명예훼손은 면책된다. (#10 지상파 방송)

공인이론은 공인이 그 이름이나 관련 권리를 보호받을 수 있는 범위에 대한 내용으로 인지하고 있음. (#5 지상파 방송)

실제로 언론과 관련해서 적용될 수 있는 다양한 법 조항이 있고, 언론으로 보도된 관련 판결들도 많이 있음에도 언론법과 관련된 지식을 습득하지 않은 경우에는 아마도 이 부분을 잘 모를 수밖에 없는 상황 때문으로 판단된다. 이에 대한 매체별 차이는 없는 것으로 나타났다. 전체적으로 언론법에 대한 교육과 재교육의 필요성이 있는 것으로 판단된다.

법적 지식을 갖추는 것은 언론인으로 활동하면서 적어도 한두 번은 겪게 될 개인적 기본권 침해로 인한 충돌에 대해 현명하게 대응할 수 있는 준비가 어느 정도 되어 있는가를 가늠할 수 있는 척도가 된다. 모른다고 답한 응답자 이외의 20인의 경우 6인만이 질문에 대한 적절한 응답을 제시하였다. 법 조항이나 관련 판례를 명확하게 또는 예시를 들어 제시한 경우는 3명에 불과하였다. 응답을 한 사람 중 7명은 질문이 원하는 적절한 응답을 하지 못한 것으로 나타났다. 이들은 대개 공인의 범주에 대해서 이야기하는데, 그중 연예인의 경우 공인인지 아닌지에 대한 생각이 엇갈리는 모습을 보인다. 관련 법과 조항 그리고 판례에 대해 응답을 제시한 경우를 살펴보면 알 권리, 명예훼손, 초상권 침해, 헌법 제21조와 제17조, 형법, 위법성 조각사유, 정보공개법, 언론중재법과 관련된 대답이 다수였고 김영란법이라는 대답도 1인 나타났다.

김영란법(부정청탁 및 금품 등 수수의 금지에 관한 법률) 관련 50대 여성이 고소사건 담당 경찰관에게 떡 한 상자를 전달해 김영란법 위반으로 재판에 넘겨졌고 법원은 그에게 떡값의 두 배인 과태료 9만 원을 부과했다. (#21 일간지)

국회의원을 지낸 강용석 변호사가 자신을 험담한 댓글을 단 네티즌을 상대로 해서 모욕죄로 고소했는데, 법원은 네티즌의 표현의 자유를 더 인정해 강용석 변호사 패소 판정을 내렸다. (#22 보도채널)

공인의 범주에 연예인과 스포츠 스타가 들어가는 게 맞는 것인지, 언론인도 공인의 범주에 들어가는지 논란의 여지가 많았던 것으로 압니다. (#26 일간지)

대법원 판결 1988. 10. 11, 85다카29 명예훼손 위법성 조각 – "형사상이나 민사상으로 타인의 명예를 훼손하는 행위를 한 경우에도 그것이 공공의 이해에 관한 사항으로서 그 목적이 오로지 공공의 이익을 위한 것일 때에는 진실한 사실이라는 증명이 있으면 위 행위에 위법성이 없으며 또한 그 증명이 없더라도 행위자가 그것을 진실이라고 믿을 상당한 이유가 있는 경우에는 위법성이 없다고 보아야 할 것이다. 이렇게 함으로써 인격권으로서의 명예의 보호와 표현의 자유의 보장과의 조화를 꾀할 수 있다 할 것이다." (#30 인터넷신문)

판례의 경우 미국의 설리번 사건(New York Times v. Sullivan)에 대해서 4명이, 그리고 국내의 경우 대법원에서 면책 사유로서 상당성 원칙을 확립한 사건(1988년)을 제시한 경우가 1명 있었다. 판결은 아니지만 공인과 관련된 사례로서 다이애나비 파파라치 사건, 야구선수 김병현과 사진기자 사건, 강용석 사건을 들었다.

> 미국의 '현실적 악의'의 원칙이다. 공직자가 언론 보도로 명예가 훼손됐을 경우 그 보도가 '현실적 악의'에 의한 것임을 공직자 스스로가 입증해야만 손해를 배상받을 수 있다는 원칙이다. 다시 말하면 언론이 보도 내용이 허위임을 이미 알고 있었거나 언론이 아예 허위 여부를 확인하지 않았다는 점을 입증해야만 손해배상을 받을 수 있다는 것이다. (#24 지상파 방송)

> '현실적 악의의 원칙'이 확립된 설리번 사건이 생각납니다. 보도로 인해 명예훼손의 피해를 입었다고 주장하는 공직자의 경우 보도하는 언론인이 악의를 가졌다는 것을 입증하도록 함으로써 언론의 자유, 표현의 자유를 확장한 것입니다. 거츠 사건으로 공적 인물에까지 이 원칙은 확장됐다. 이로 인해 언론의 공인에 대한 감시, 비판 보도가 숨쉴 수 있는 여지가 확대됐다고 생각합니다. (#29 지상파 방송)

미국의 현실적 악의 원칙 또는 공인원칙을 답으로 제시한 응답자들은 공직자로 시작한 공인원칙이 공인으로까지 확대 적용되는 내용에 대한 지식을 보여주었다. 이들은 이러한 공인원칙이 우리에 있어서도 적용되어야 할 것이라 주장한다. 공인과 관련된 내용으로 퍼블리시티권을 지적한 경우도 소수(3인) 나타났다. 우리나라에 있어서 퍼블리시티권이 인정되는지 아닌지에 대해서 명확하지 않고 법원에 따라서 그 견해가 엇갈리는 상황임에도 퍼블리시티권이 공인에 있어 인정되는 것으로 이해하고 있는 것으로 보인다. 그러나 이들 중 2인은 연예인이 공인인지 아닌지가 불명확하다는 지적을 하였다. 즉 법원의 판결은 때론 일관성이 없다는 점을 지적하고 있다.

## 공인 관련 송사 경험

[3번 질문]에서는 공인에 대한 기사 작성 등으로 인해 송사(언론중재위 중재, 조정 포함)를 경험하거나 주변에 송사를 경험한 사람에 대해서 기억나는 바가 있는지를 살피고자 하였다. 이에 대해서 대부분(19명)이 본인은 겪은 바 없다고 응답하였고, 이들 중 12명은 주변에서 송사를 겪은 것을 목격하지 못했다고 답하였다. 이러한 점은 기자들이 많은 경우 보도로 인한 소송에 시달리는 것이라 알려져 있으나 실제로 언론에 대한 불만이 소송으로 이어지는 경우가 크게 많지 않다는 것을 반증하는 것이라고 할 수 있다. 즉 기자들이 소송 때문에 고생을 하고 있으나 소송을 당하는 기자는 생각보다 많지 않다는 것이다. 그런데 송사를 경험해 보았다고 응답한 13명(40.6%)의 언론인이 명예훼손으로 인한 송사를 당한 것으로 나타났다.

'함바 비리' 검찰 수사 관련 양성철 당시 광주지방경찰청장의 로비설을 보도했다. 이후 양성철 청장은 기사를 빼달라는 부탁이 받아들여지지 않자 언론중재위원회에 '명예훼손'으로 조정 신청을 했다. 결국 언론중재위원회의 결정으로 YTN이 '반론 보도'를 성의 있게 하는 선에서 마무리되었다. (#22 보도채널)

신흥종교 교주, 정치인 등으로부터 소송을 당함. (#32 종교방송)

공인과 관련하여 언론인들은 명예훼손 이외에는 초상권 침해, 저작권 침해, 사생활 침해 등으로 인한 송사를 겪은 것으로 나타났다.

… 전여옥 전 의원이 본지와 재일 르포작가 유재순씨 등을 상대로 낸 명예훼손 손배소 최종 승소했다(2012. 5.18. 대법판결). … (#30 인터넷신문)

사회부 근무 당시의 일이었다. 당시 방송에서는 휴일이 되면 휴일 나들이에 나선 서울 시민들의 휴일 동정을 리포트하는 경우가 왕왕 있는데 이를 방송 업계에서는 '휴일스케치'라고 한다. 어느 해 봄철이었다. 모 지상파 방송의 휴일스케치 담당 취재팀이 벚꽃이 흐드러지게 핀 여의도 윤중로의 인파를 화면에 담았고, 화창한 봄 날씨와 만개한 벚꽃 등의 분위기를 더 살리기 위해 다정하게 걷고 있는 한 커플의 모습을 촬영하고 이를 편집해 방송했다. 전후 사정을 알게 된 방송국은 사과 조치를 취했지만 분이 풀리지 않은 당사자가 초상권 침해로 법에 호소하는 일로 이어졌다. 결과적으로 법은 초상권 침해를 인정했고 그 일 이후 방송 업계에서는 휴일 스케치에 확인되지 않은 다정한 커플의 화면을 임의대로 사용하는데 취재팀들 이 편집을 주저하는 일이 생기기도 했다. (#8 보도채널).

〈호화 웨딩드레스 보도〉 사건 대학 시절 방북으로 인한 국가보안법 위반 사건으로 유명해진 임수경 씨의 결혼식 촬영 장면을 임 씨와 상관없는 보도 내용의 배경 화면으로 사용한 사건입니다. 법원은 "세인의 관심을 끄는 공적인 인물이라 하더라도 자신과 아무런 관련이 없는 내용의 보도와 관련해, 더욱이 당사자의 명예를 훼손하는 방법으로 초상이 공표되는 것까지 감수해야 하는 것은 아니다"라고 판시했습니다. (#24 지상파 방송)

초상권 침해가 문제가 된 것은 신문보다는 방송 쪽이 더 많았다. 송사를 통한 피해구제에 있어 대개의 경우 언론중재위원회에서 조정으로 합의를 보거나 결정이 난 것으로 나타났다. 대부분 정정보도를 통해서 문제를 해결하는 경향을 보였다.

… 지난 2014년 세월호 참사 이후 〈사내칼럼〉 면에 게재한 '분노의 배를 탄 대한민국호'라는 제목의 칼럼이 트집 잡혔습니다. 칼럼 내용 중에서 "유병언 전 회장이 구원파 교주"라고 보도한 것에 따른 '구원파 교주'의 호칭에 대한 문제였습니다. 언론중재위원회 부산중재부에서 낸 정정보도문을 인터넷신문 해당기사 하단에 게재하기로 합의 후 시행을 하였습니다… (#17 일간지)

법원 판결을 통해 손해배상을 한 경우도 있는 것으로 나타났는데, 법원은 500만 원의 손해배상을 명하였다. 언론중재위를 통한 피해구제의 경우에는 피해자들은 대개 반론보도보다는 정정보도와 손해배상을 통하여 피해구제를 하려는 경향이 큰 것으로 나타났다.

… 명예훼손 관련된 것이었고, 정정보도를 냈음. 결과적으로 우리의 취재가 오보가 됐기 때문에 적절히 받아들였음. 또 객관적으로 봤을 때 상대방이 큰 타격을 입었던 것도 사실 … (#28 일간지)

… 후배가 인신공격성 기사로 명예훼손에 의한 언론중재위원회 중재를 받은 적이 있다. 감정에 의한 오보기사를 작성한 것은 잘못됐다고 생각한다. 그래서 언론중재위원회 결정에 따라 '바로잡습니다'와 정정보도를 내드린 것으로 기억하고 있다. (#26 일간지)

2005년 후배 기자가 국회 예결위 소위 회의장에서 정부가 작성한 문건을 입수해 국회의원들의 지역구 예산 따내기 실태를 보도했다. 당시 건교부가 소위 위원들의 관심을 갖고 있는 사업(의원님 관심사업)의 리스트를 작성한 문건으로, 나중에 그 상당 부분이 예산안에 반영됐다는 내용으로 기사화하였다. 그런데 건교부가 문건의 작성 사실은 인정하면서 그대로 반영되지 않았다는 이유로 정정보도를 요청했고, 우리는 공익을 위한 보도라고 주장했다. 결국 중재위의 조정을 통해 '정정에 다름없는 내용'으로 〈반론보도문〉을 게재하는 것으로 결론이 났다 … (#11 일간지)

공인에 대한 언론인들의 의견은 크게 두 가지로 나뉜다. 첫째, 공인 관련 송사에 있어서 일반인과 공인이 크게 다를 바가 없다는 인식이 있었다. 특히 언론의 공직 감시 기능을 인정하지 않아서 공인에 대해 보도할 때도 조심하게 되는, 소위 위축효과가 아직 많다는 것이다. 둘째, 비록 국민의 알 권리를 충족시키기 위한 공익적 목적의 보도이며 그 대상이 공인이라고 하더라도 함부로 보도해서는 안 되며 문제가 있으면 그에 대한 책임을 언론이 져야 한다고 대답하였다.

… 공인이라 해서 특별히 취재진의 공직자 감시 기능을 폭넓게 봐주는 느낌이 없어 아쉬웠었다 … (#2 종편 방송)

… 공인도 가족이 있고 사생활과 명예가 있다고 할 때, 명예를 심대하게 훼손한 오보(개인적 비방)의 경우 어느 정도 책임을 물릴 필요성이 있다 … (#13 지상파 방송)

… 개인적으로는 각자의 사정이 있겠으나, 대부분의 경우 보도에 대한 욕심이 지나쳐 책임을 간과하는 경우가 많았기에 어떤 형태로든 책임을 지는 것이 당연하다 … (#14 일간지)

언론인들 중 명예훼손 등의 송사를 경험하면서 스트레스를 받게 된다는 점을 토로하기도 한다. 이는 보도에 대한 위축효과와 함께 개인적으로도 기사 작성에 문제가 될 수 있음을 암시한다. 즉 소송을 피하기 위해서 문제가 발생할 만한 보도는 하지 않으려고 할 수 있다는 것이다.

… 경찰서 취재 당시 범인으로 붙잡힌 피의자 인터뷰하고 기사화하지 않았음. 구치소에서 이 피의자가 명예훼손이라며 소송을 걸었음. 검찰 수사 결과 무혐의로 결론냈다. 무고죄로 고소하라는 사내 의견도 있었지만 그냥 넘어감. 약간 무섭다는 생각과 함께 범죄인 인터뷰할 때 주의해야겠다는 생각이 들었다. (#15 일간지)

> … 실제로 몇몇 동료들은 기업이나 개인에게 소송을 당한 뒤 협상을 거쳐 소를 취하하도록 하고 이후 해당 인물이나 기업에 대한 기사 작성이나 비판에 조심스러워하는 것을 본 적이 있다. (#27 일간지)

이와 아울러 언론인들은 법원이나 언론중재위의 판결이나 결정에 대해서 불만을 갖는 경우가 종종 있음을 알 수 있다. 언론인들은 개인의 인격권 침해로 인한 이익형량에 있어 언론의 특성에 대해서 법원이나 언론중재위가 고려하지 않거나 잘 모르는 부분에 대한 불만을 토로하기도 한다. 아울러 언론의 사회적 기능과 역할에 대해서도 고려해야 한다고 피력하였다.

> … 이러한 사례에서 느낀 점은, 준사법기관인 언론중재위의 언론중재절차와 사법부의 가처분소송 과정상에서 사실 확인 절차가 매우 부실했음을 느꼈다. … 먼저, 언론중재위는 중재에 필요한 최소한의 사실 확인 자료 요청도 일체 없었다. 사실 확인의 의한 판단보다는 현장에서 비전문적인 위원들이 느끼는 감으로 판단해서 다수결로 결정을 한다는 느낌을 강하게 받았다. 때문에 주장과 주장이 부딪히고, 고성과 상대방에 대한 비방이 주를 이룰 뿐, 철저한 사실 확인 절차에 의한 중재시스템은 마련돼 있지 않은 듯 보였다 … (#12 지상파 방송)

응답자들의 더 큰 불만은 피해를 주장하는 사람들이 피해구제제도를 의도적으로 남용하는 경우가 많다고 생각한다는 것이다. 실지로 이러한 불만은 오래전부터 제기되어 온 사안이다. 예를 들어 세월호 참사와 관련하여 구원파가 언론을 상대로 언론중재위에 낸 수많은 피해구제 청구가

대표적인 사례이다. 또한,

> … 그러나 이듬해인 2012년 5월 양성철 광주청장은 대법원으로부터 함바 비리 관련 '뇌물수수혐의'로 최종 '유죄 판결'을 받았다. 이로 미루어 볼 때 양성철 청장은 법원 재판에서 유리한 판결을 받기 위해 사전에 언론중재위원회 중재를 활용 것으로 보인다. (#22 보도채널)

종합적으로 판단한다면 우리가 우려할 만큼의 언론 보도를 둘러싼 송사가 넘쳐나는 것은 아닌 것으로 보인다. 그러나 법원의 판결이든 언론중재위의 조정 또는 중재든 언론인에게는 상당한 부담감이 되는 것으로 보인다. 아울러 종종 나타나는 법원 판결이나 언론중재위의 결정에 대한 불만은 판결이나 결정의 부당함을 토로하기보다는 판결이나 결정에 있어서의 언론의 매체적 특성이나 사회적 기능에 대한 고려 또는 공인에 대한 이해가 거의 없다는 점이 원인이 되는 것으로 드러났다. 공인원칙이 판결에서 거의 적용되지 않는다는 불만도 제기되었다.

## 공인이론에 대한 인지도

[4번 질문]에서는 우리나라 법원에서 나타난 공인원칙에 대한 언론인들의 이해를 묻고자 하였다. 우리 법원은 현저히 공격적이나 악의적이지 않다면 공인에 대한 언론의 의혹 제기는 언론의 사회적 기능이라는 점에서 좀 더 자유롭게 이루어져야 한다는 공인원칙을 적용하는 경향이 조금씩 커지고 있는데 이러한 점이 실제로 현업에서 취재·보도의 자유에 도움

이 되는가 하는 점을 알아보고자 하였다.

1988년 우리 법원은 언론 보도로 인한 명예훼손의 면책 사유에 있어 진실성을 대신할 수 있는 상당성 원칙을 도입하였다. 즉 진실이 아니라고 하더라도 취재 보도 당시에 진실이라고 믿을 만한 상당한 이유가 있는 경우 진실성을 인정하자는 원리이다. 그러다가 2003년에 이르러 법원은 '합리적 언론의 기능 원칙'을 도입하였다. 이후 약 14년이 경과하였는데 과연 이러한 원칙들이 취재 보도에 있어 좀 더 자유를 확대시켰다고 느꼈는지를 살펴볼 필요가 있다.

이 질문에 대해서 대부분이 정도의 차이는 있지만 도움이 된다거나 또는 언론의 보호 장치가 될 수 있다고 대답하였다. 알 권리 차원에서 공인원칙이 적용되어야 한다는 주장도 있다.

> 이른바 자기 검열이나 위축효과에서 벗어나 합리적으로 부정이나 비리를 의심할 만한 권력 및 공공기관이나 공인의 행위를 고발하는 기사를 쓸 수 있는데 기여한다고 봄. (#6 일간지)

> 상당히 도움이 된다고 생각한다. 다만 '의혹'이라 할지라도 그걸 보도할 만한 상당한 합리적 근거가 있어야 한다고 생각한다. 또한 당사자의 반론권도 충분히 보장돼야 한다. '공인원칙'을 가급적 폭넓게 인정하되 여기에 따른 책임도 엄정하게 물어야 할 것이다. (#7 월간지)

> '공인원칙'이 취재보도에 하나의 가이드라인이 되고 있고, 취재의 자유를 넓히는 데 도움이 되고 있다. (#9 종편 방송)

언론이 본연의 기능을 수행하기 위해서는 법원의 언론에 대한 면책의 범위 확장이 최소한의 방어막이 될 수 있다. (#10 지상파 방송)

공인원칙의 확장 적용이 취재보도의 자유를 확장하는 데에 도움은 된다고 생각합니다. (#17 일간지)

큰 도움이 된다고 생각함. 언론사가 어떤 의도를 갖고 접근했는지와 무관하게 보도 내용은 국민들의 알 권리를 충족시켜 줄 수 있기 때문. (#18 일간지)

현장에 절실하게 느끼지는 못하지만 기본적으로 그 같은 제도적 뒷받침이 있기 때문에 취재 현장에서 취재 할 때 부담감을 덜 가지게 되는 안전장치 역할을 한다고 본다. (#25 일간지)

매우 도움 됨. 이를 제한하거나, 영향을 주는 조치를 취하는 것 자체가 'chilling effect'를 야기할 수 있다고 생각하기 때문. 또 미디어의 종류가 다양해졌고, 미디어를 이용하는 문턱도 낮아졌기 때문에 다양한 방식의 반론도 가능함. (#28 일간지)

한국적 현실은 권력집중과 권력과 언론, 금전과 권력, 금권과 언론의 유착이 심하고 전문직 사회에서도 내부고발이 현저히 미흡하므로 공인원칙 적용은 큰 도움이 됨. (#32 종교방송)

그러나 소수이긴 하지만 이러한 공인원칙이 법원 판결의 일관성 부족 등으로 실질적으로는 도움이 안 된다는 부정적 견해도 발견된다. 이에 반해서 공인원칙의 적용이 공인들에 대해서 무분별한 보도로 인한 피해를 야기할 수 있다는 지적도 있다.

> 현실은 좀 달라보였다. 일반인과 별 차이가 없어 보도 및 방송에 철저히 문제될 내용을 가릴 수밖에 없다. (#2 종편 방송)

> 문제는 법원의 태도가 일관성이 없다는 점이다. 법원이 이른바 공인원칙을 적용하는 경향을 보이는 것은 언론의 자유 확장 측면에서 바람직한 것이긴 하지만 공인원칙의 적용 대상이 모호하고 법원 스스로도 공인이 누구인지에 대해서는 명확하게 밝히고 있지 않다는 점입니다. (#4 지상파 방송)

> 국민적 의혹이나 지탄의 대상인 경우엔 알 권리 차원에서 보도하는 것이 맞다. 그러나 사생활이나 시시콜콜한 신변잡기를 무차별적으로 공개하는 것은 인권 침해 소지가 크다. (#14 일간지)

> 한국에서는 공인의 원칙이 과도하게 적용돼 개인의 인권침해를 넘는 경우가 많다. 공인이라고 해서 기본적인 사생활과 인권 피해까지 감내해야 하는 것은 아니다. 한국은 공인의 개념을 악용한 언론의 도 넘는 취재행태가 심각한 상황이다. (#16 지상파 방송)

> 공인의 공적 사안에 대한 언론 보도 영역 확대는 그에 따른 책임의 영역도 넓어질 것이어서 반드시 이로운 요인이라고는 생각하지 않습니다. 게

다가 언론 보도에 대한 '잊힐 권리' 논의가 활발한 점은 역사의 기록이 생명인 언론 자유의 영역을 축소시키는 등 부정적인 요인이 아닐까 우려되기도 합니다. (#17 일간지)

법원 판결과 언론중재위의 결정이 합리적이지 않고 자의적이어서 전혀 도움이 되지 않는다고 생각한다. (#23 일간지)

그러나 무분별한 속보 경쟁과 타사 취재내용 베끼기(속칭 '우라까이')를 통한 인터넷상 낚시 기사나 어뷰징 등 온당치 못한 방법으로 자사 인터넷 사이트 트래픽을 늘리려는 과정에서 발생한 명예훼손은 큰 문제라고 생각한다. 더 큰 문제는 이에 대해 대부분의 언론들이 이미 자정작용을 상당 부분 상실했다는 점이다. (#27 일간지)

이와 함께 공인원칙을 언론 스스로가 악용하는 측면이 있다는 지적도 있다. 즉 공인이라는 이유로 인격권이 쉽게 침해받게 되는 일이 문제라고 보았다.

한국은 공인의 개념을 악용한 언론의 도 넘는 취재행태가 심각한 상황이다. 이것은 언론의 자유가 아니라 방종이며 부도덕이라 생각됨. 공인을 악용한 언론의 취재행태 근절을 위한 연구도 진행돼야 할 것이다. (#16 지상파 방송)

정리하면 공인에 대한 언론인들의 인식은 크게 둘로 나뉜다. 공인이론이 보도에 도움이 된다는 데는 거의 모든 언론인들이 동의하지만, 취재·보도의 자유를 더욱 보장해야 한다는 주장을 하는 쪽과 공인이론을 남용하여 언론이 함부로 보도함으로써 인격권을 침해해서는 안 된다는 주장이 맞서는 형국을 보인다.

우리 법원은 미국의 공인이론을 일부 수용하면서도 실제로는 이와 다른 형태의 공인이론을 구성해 나가는 모습을 보인다. 판례를 통해 알 수 있는 것은 사생활권이나 초상권과 관련된 것이 아니라면 공인의 공적인 사안에 대한 보도는 더욱 자유롭게 할 수 있도록 해야 한다는 점이다. 그만큼 언론인의 입장에서는 이러한 법원의 판단이 공인에 대한 취재보도에 큰 도움이 될 수 있다고 보이지만 실제로 언론분쟁이 발생하는 경우 이러한 공인원칙이 일관성 있게 적용되지 않는다고 체감하는 경우가 많은 것으로 나타났다. 응답자들은 그 이유 중의 하나는 공인이 누구인가에 대한 명확한 정의가 아직 없기 때문이라고 판단한다. 이처럼 언론인들의 공인이론에 대한 인식은 다양하고 파편적이고 윤리적인 측면과도 연결된다. 언론인들 스스로 공인에 대한 보도 방침을 세워서 문제를 해결해 나가는 경우는 찾아보기 어려웠다.

## 공인 관련 면책 사유에 대한 인지도

다음으로 [5번 질문]에서는 공인과 관련하여 보도로 인한 인격권 침해에서 면책 사유, 즉 위법성 조각사유에 대해서 알고 있는지에 대해서 알아보고자 하였다. 이 질문에 대하여 모르거나 잘 모른다고 대답한 경우는 5인에 머물렀으나, 안다고 대답했지만 구체적으로 면책 기준을 제시하지 못하는 경우도 7명이나 되었다. 즉 면책 사유에 대해서 명확히 모르는 경우가 전체의 3분의 1정도인 것으로 나타났다. 또한 명예훼손과 관련된 경우 면책 사유에 대해서는 지식의 정도가 높았으나 사생활 침해나 초상권 침해의 경우에 면책 사유에 대해서는 잘 모르는 경우가 많거나 알아도 구체적으로 알지 못하는 경우가 대부분이었다. 전체 응답자 중 단지 2명만이 정확한 응답을 하였다.

> 명예훼손의 경우, 진실성과 공익성, 상당성이 면책의 조건이 되며 초상권에서는 동의와 공익성이 조건이 된다고 알고 있다. 명예훼손은 공인에 대해 더 면책되고 초상권의 경우는 공인과 사인의 큰 차이는 없는 것 같다. 언론이 권력화된 상황도 문제지만 과거로 돌아가 언론이 권력에 종속된 상황이라면 공인의 경우 명예훼손의 면책을 더 넓힐 필요가 있다고 본다. 언론 입장에서는 초상권에 있어서도 단순한 사생활 침해가 아니라 공익성이 있다면 적극적으로 면책해 주는 것이 바람직하다고 본다. (#29 지상파 방송)

> 명예훼손의 경우 위법성 조각사유는 진실성, 공익성, 상당성이다. "타인의 명예를 훼손하는 경우에도 그것이 진실한 사실로서 오로지 공공의 이익에 관한 때에는 그 행위에 위법성이 없는바, 여기서 '오로지 공공의 이익에 관한 때'는 적시된 사실이 객관적으로 볼 때 공공의 이익에 관한 것으로서 행위자도 공공의 이익을 위하여 그 사실을 적시한 것이어야 하며, 이 경우에 적시된 사실이 공공의 이익에 관한 것인지의 여부는 그 적시된 사실의 구체적 내용, 그 사실의 공표가 이루어진 상대방의 범위, 그 표현의 방법 등 그 표현 자체에 관한 제반 사정을 고려함과 동시에 그 표현에 의하여 훼손되거나 훼손될 수 있는 명예의 침해 정도 등을 비교, 고

려하여 결정하여야 하고, 행위자의 주요한 목적이나 동기가 공공의 이익을 위한 것이라면 부수적으로 내용상 오류가 있었다고 하더라도 행위자의 주요한 목적이나 동기가 공공의 이익을 위한 것으로 보아야 한다."(대법원 2006. 12. 22 선고2006다15922 판결 등 참조) 사생활 침해의 경우에는 해당 보도가 공공의 이익을 위한 것인지, 해당 내용이 공중의 이해와 관련해 정당한 관심의 대상이 되는지, 표현 방법이나 내용 등이 부당하지 않은지 등 3가지 조건을 충족한다면 해당 보도에 대한 위법성은 조각된다. 초상권 침해는 사전에 허락을 구했는지, 뉴스 가치가 높을 경우, 공적 장소일 경우 등등… (#30 인터넷신문)

공인과 관련하여 일반인과 다르게 공인은 좀 더 면책 사유가 광범위하게 적용되는가에 대한 질문에서 응답자 중 대부분이 그렇다고 보았다. 공인에 대해서는 일반인들보다 폭넓게 면책 사유가 적용되어야 한다는 것이다.

일반인에 비하여 공인에 대한 보도는 상당히 큰 폭으로 면책이 되고 있다. 그럼에도 더 광범위한 면책이 필요하다. 프라이버시 보호도 중요하지만 좀 더 투명한 사회로 발전하려면 감시 환경이 더 촘촘해져야 한다. 공인의 정정보도 요구는 좀 더 제한되어야 한다. 교정 수단을 가지고 있는 권력기관이나 그 책임자급 인사가 언론에 대한 정정 요구는 과도한 측면이 있다. (#11 일간지)

공적인 일에 종사하는 공인의 경우 일반인보다 면책의 폭이 넓어야 한다고 본다. 초상권 문제도 마찬가지이다. 공인에겐 일반인보다 엄격하게 지

켜야 할 책임과 의무가 따르기 때문이다. (#14 일간지)

공인의 경우 면책 사유를 넓게 적용해야 한다고 생각. 초상권도 일반인과 달리 넓게 적용해야 한다고 생각한다. (#15 일간지)

일반인들보다야 면책 범위가 넓은 게 사실이라고 생각한다. 공인의 경우 정정보도 허용에 좀 더 엄격해야 한다고 생각한다. (#25 일간지)

그런데 우리나라의 경우 면책 사유에 있어 공인과 일반인이 구분이 잘 안 된다거나 일률적으로 공인과 일반인을 구분하기 어렵다는 대답이 나왔다.

… 보도의 내용이 얼마나 공공의 이익에 부합할수 있느냐에 따라 영향을 줄 수 있겠으나 판결위원들의 편차가 커서 그런지 별차이가 없어 보인다 … (#2 종편 방송)

… 언론 보도에 대한 면책(위법성의 조각) 조건에 대해 알고 있습니다. 다만, 공인의 경우 현재보다 면책 사유를 넓게 적용해야 한다는 입장입니다. 하지만 법원도 사안별로 판단할 것이어서 일률적으로 적용하기 힘들지 않을까요? (#17 일간지)

또한 공인의 경우 면책 사유를 일반인보다 더 폭넓게 적용해야 한다고 하면서도 공인이라고 해서 이들에 대한 내용, 특히 사적 사항을 함부로 보도하는 것은 바람직 않고 언론은 이에 대해 책임을 져야 한다는 입장도 발견된다. 이러한 인식은 언론인의 경우에도 공인의 보도에 조차 보도의 원칙을 지키지 않으면 안 된다는 인식을 보여준다.

> 오보로 인해 발생하는 명예훼손이나 사생활 침해, 초상권 침해와 관련해서는 일반인이든 공인이든 관계없이, 철저한 확인 없는 의혹 제기성 보도는 지양해야 한다고 생각한다. 언론의 역할이 의혹 제기라고 하더라도 사실이 아닌 오보에 의해 한 개인의 인권을 침해하는 문제가 발생할 수 있고, 헌법에 의해 보장되는 개인의 권리 행사 또한 현격하게 위축시킬 우려가 있기 때문에 취재원에 의해 요청되는 정정보도나 반론보도는 반드시 동등하게 보장되어야 한다고 생각한다. (#8 보도채널)

> … 공인의 경우 실제로 공공적 업무에 종사하는 사람들의 경우 적극적인 '검증'을 위해 다소 면책 범위를 넓게 적용할 필요도 있다고 본다. 그러나 단지 남보다 이름과 얼굴이 널리 알려졌다는 이유만으로 일반인에 비해 관련 법의 보호를 더 적게 받아야 한다는 논리는 부적절하다 … (#27 일간지)

실제로 이러한 면책 사유를 언론이 인지하고 있어야 하나 잘 모르는 것은 이에 대한 교육이 별도로 없거나 또는 언론사들 간의 정보교환 부족인 것으로 판단된다. 예전 언론계는 동류의식이 강했던 시기가 있었는데 현재는 미디어 수는 크게 늘었지만 보도 경쟁 등이 치열하고 경영이 어려운 상황 때문인지 언론사들 간의 커뮤니케이션이 활발하지 않은 것으로 보인다.

구체적인 면책 요건에 대해서는 기자 생활 동안 제대로 교육받은 적이 없다. 따로 챙겨볼 생각을 하지 못했던 것도 사실이다. 공인의 경우 실제로 공공적 업무에 종사하는 사람들의 경우 적극적인 '검증'을 위해 다소 면책 범위를 넓게 적용할 필요도 있다고 본다. (#27 일간지)

사실이 아니더라도 사실로 여겨지는 근거가 있었음을 기자가 인지한 수준에 대해 법원이 명확한 기준을 제시하고 언론 단체에서도 이를 기자들에게 배포하면 보도에 도움이 될 것입니다. (#23 일간지)

면책 사유의 경우 공인과 관련하여 법리가 명확치 않은 점을 지적한 경우도 있는데 그 원인을 법원이 판결에서 공인에 대해 명확한 정의를 내리지 않고 있기 때문이라는 지적들이 있다. 이러한 지적은 각 질문에서 공통으로 나타나는 상황이다. 그러나 이는 법원에서 공인에 대한 정의를 내리는 것이 쉽지 않다는 점을 잘 인지하지 못하기 때문으로 판단된다.

언론 보도의 면책 범위와 관련해서는 아직도 법리가 제대로 형성되지 않아 일관된 기준을 적용하기 어려운 점이 있습니다. 공인의 경우 면책 범위를 넓혀야 한다는 것이 언론의 요구이긴 하지만 대법원 판결에서까지 공인 개념 자체에 대해서 정의하지 않거나 명확한 판단 기준을 제시하지 않은 것은 아쉽습니다. 집회 시위에 관한 초상권 보호 여부에 대해서만 명확한 기준을 제시하고 있을 뿐 법원은 개별 사안에 대한 법리적 판단만 내리고 있어 언론 보도의 면책 기준으로 삼기에는 아직도 미흡한 점이 많습니다. 공인이론을 보다 폭넓게 적용할 수 있게 공인의 경우는 언론의 면책 범위를 넓혀주되 공인이 아닌 사인의 경우는 개인의 인격권을 보다 철저히 보호해 줄 수 있는 장치가 필요하다고 봅니다. 현재까지의 판결 경향은 공인 여부를 따지기보다는 개인의 인격권 보호에 치중하고 있는 것으로 판단됩니다. 공인이론 적용을 위한 법원의 보다 적극적이고 명확한 판결례가 축적되었으면 합니다. (#4 지상파 방송)

또한 우리나라의 경우에도 미국의 '현실적 악의 원칙'을 면책 사유로 적용해야 한다는 주장도 있었다.

면책의 범위는 공익적 목적, 사실이라고 믿을 만한 상당한 이유의 상당성이 있을 경우 위법성 이 조각된다. 제안: 입증책임의 주체가 미국과 같이 공인이 되어야 하며 언론의 현실적 악의를 입증해야만 명예훼손을 인정해야 한다. (#10 지상파 방송)

## 공인에 대한 개인 의견 및 공인 용어 사용의 역사적 배경

[6번 문제]에서는 공인과 언론 보도에 대한 본인의 기타 의견과 공인이라는 용어가 언제부터 언론에 등장하기 시작했나에 대해 질문하였다. 우선 언론인들은 공인에 대한 다양한 의견을 피력하였다. 핵심적인 것은 공인에 대한 보도가 좀 더 폭넓게 이루어져야 한다고 하면서도 언론인들이 책임의식을 가져야 하고 무분별하게 보도해서는 안 된다는 내용이었다. 아울러 전술한 바와 같이 기자들에게 이러한 교육이 필요하다는 지적도 제기되었다.

공인의 경우, 수사 과정에서 경찰이나 검찰이 혐의 사실을 발표하거나 흘리고 이를 언론이 여과 없이 보도함으로써 공인이 재판을 받기도 전에 유죄 판결을 받는 이상의 명예훼손을 당하기 일쑤이다. 이는 현행법상으로도 금지돼 있지만 한국 언론에는 사실상 사문화된 것이나 마찬가지다. 수사 과정에서 대문짝만하게 보도했다가 정작 재판 결과는 나중에 보일락말락 보도하고 마는 것이다. 이 문제는 한국 언론이 심각하게 고민해야 할 과제이다. (#7 월간지)

독자와 시청자를 의식하지 않는 기사는 존재의 의미가 없고, 독자와 시청자가 있어야 기사는 하나의 기사로서 존재할 수 있다고 믿는다. 때문에 독자와 시청자들을 존중하는 자세를 언론인 스스로 가져야 한다고 생각한다. 특히 공인이나 준공인에 대한 보도는 보다 엄격한 잣대 아래 숙고의 과정을 거친 뒤 이뤄져야 한다고 생각한다. (#8 보도채널)

공인은 파워(권력과 대중영향력을 포괄한 개념)가 큰 만큼 그에 비례해 철저히 감시되고 검증될 필요성이 있음. 그런 만큼 언론의 보도는 공인의 힘 행사가 사회 통념에 위배되지 않도록 하는 데 집중돼야 하지, 흥미 위주나 신변잡기식 보도는 지양될 필요성이 있음. (#13 지상파 방송)

… 공인에 대한 언론 보도에 대해 면책 사유를 더 넓게 적용해야 한다는 생각이지만, 성범죄 등 범죄 사실 보도와 관련해서는 보도 후 사회적 책임 등을 고려해 언론사 자율 기준이 엄격해야 한다고 본다. 인터넷 매체 등은 네티즌 접속 수를 늘리기 위해 범죄 수법이나 성적 취향 등 극히 사적인 문제까지 보도를 하는 경우가 있지만 언론의 사회적 책임 등을 고

려해 이 같은 보도는 언론사 스스로 자제하는 기준을 마련해야 한다고 본다. (#22 보도채널)

공인이란 자리는 이미 그러한 검증 단계를 거치고 오르는 자리인 만큼 언론의 순기능에 역행하지 않았으면 합니다. 다만 언론은 철저한 확인보도와 팩트로 기사를 작성해야지 억울한 피해자가 발생해서는 안 될 것이다. 그래서 언론의 팩트 점검 기능이 더 꼼꼼하고 찬찬히 이뤄졌으면 합니다. (#26 일간지)

기자들에 대한 관련 교육이 너무도 부족하다. 주기적으로 이런 교육을 시킬 필요가 있다. (#28 일간지)

실제로 명예훼손을 우려해 의혹 수준으로는 기사를 쓰기 힘든 일도 왕왕 발생함. 언론사 차원에서나 언론재단 차원에서나 … 어느 경우 명예훼손에 해당하는지 어느 수준까지 위법성 조각사유가 되는지 ·· 이런 교육이 필요하다고 생각. (#15 일간지)

흥미롭게도 공인에 대한 보도에 있어 발생하는 법률적 지원 비용을 언론재단 등에서 충당하도록 해야 한다는 제안도 응답으로 나왔다.

언론사의 공인과 관련된 소송의 경우 경제력이 취약하거나 규모가 작은 언론사의 경우 소송 자체가 존립의 위협이 된다. 일정 규모 예를 들면 매출 2천억 원/영업이익 10억 원 규모 이하의 언론사의 경우 언론재단등을 통해 무료 법률 지원이 제공될 수 있는 제도적 지원이 필요하다. 규모가

작은 언론사의 취재의 자유가 작아질 수밖에 없는 구조적 문제를 개선해야 한다. (#10 지상파 방송)

아울러 현행 언론중재제도가 공인(공직자)에 의해 악용되고 있는 경우가 많다는 지적도 보인다.

문제는 일반인이 아닌 공무원들이 언론의 정당한 문제 제기에 대해서도 일단 언론중재위를 신청한 뒤 중재위에서 '중재 결정'에 따른 반론보도(보도 내용이 틀린 것이 아니라 보도 대상의 정당한 반론보도권을 존중한다는 차원)를 마치 보도가 틀려서 내려지는 정정보도인 것처럼 속여서 상부에 보고하는 행태 자체를 몇 번 경험하고 나면 언론중재위의 악용이라는 생각이 들고 한다. 이 점은 바로잡아야 한다고 본다. (#25 일간지)

한 걸음 나아가 공인(공직자)들은 언론과 언론 보도에 대해서 감시나 비판 또는 검증과 관련하여 열려 있어야 한다고 주문하기도 한다.

공인은 감시기구인 언론의 존재를 인식하고 자신을 바라보는 잣대로 소중히 활용해 줬으면 합니다. (#26 일간지)

공인은 언론 보도에 대해 너무 민감하게 반응하지 않았으면 합니다. 공인이란 자리는 이미 그러한 검증 단계를 거치고 오르는 자리인 만큼 언론의 순기능에 역행하지 않았으면 합니다. (#26 일간지)

공공적 업무에 종사하는 사람들은 언론의 적극적 검증보도 등에 대해 불편할 수도 있다. 그러나 공인, 특히 선출직 지도자를 희망하는 사람들은 언론의 검증과 관련 보도에 대해 보다 열린 태도를 가지고 분명한 악의를 담은 왜곡이 아닌 경우 명예훼손 소송 등에 대해 신중해야 한다. 대형/군소 언론 가릴 것 없이 자극적 뉴스를 쏟아내며 공인(유명인)들을 도마에 올리는 가십성 보도도 큰 문제다. 더구나 언론의 기본적인 사명 중 하나인 팩트 파인딩과 교차 확인 작업 없이 '긁어서 붙이는' 식의 보도는 엄격하게 법의 잣대를 들이대야 한다고 본다. (#27 일간지)

또한 언론 스스로의 잘못을 인정하고 언론도 개선해야 할 부분이 있다거나 보도에 있어 어떤 문제가 있다는 지적을 하는 경우도 나타난다. 어뷰징 등은 피해야 하고 알 권리는 충족시키되 공인의 사생활 보호는 필요하다는 지적이 많았다.

공인의 일탈이나 부정적 측면을 고발하는 식으로 보도하더라도 사안의 본질과는 관계없는 극히 사적인 치부를 까발기는 보도는 자제할 필요가 있다고 본다. 예컨대 현 정부의 국정농단 사건 연루 혐의자중 한 명인 차은택 씨의 가발 벗은 대머리 사진을 적나라하게 노출시켜 수치심을 야기할 이유는 없을 듯. (#6 일간지)

저도 언론계에 종사하고 있지만 시급하게 고쳐야 할 우리나라 언론의 고질병은 '아니면 말고 식'의 터뜨리고 보자는 한건주의라고 생각한다. 특히나 하루에 생산되는 거의 모든 언론 기사들을 포탈에서 접하고 있는 상황은 어뷰징으로 불리는 낚시성 기사들을 양산하고 있는 게 현실이다. 시도 때도 없이 나오는 각 언론의 [단독] 기사는 이러한 문제점을 다수

내포하고 있다고 해도 과언이 아니다. (#8 보도채널)

최근 한국에서는 연예인들이 새로운 공인으로 자주 거론되고 있다. 그다지 유명하지도 않은 연예인을 공인이라고 주장하며 흥미 본위의 기사를 상세히 쓰는 것을 정당화하는 논리로 이용하고 있다. 알 권리는 충족시키면서도 개인의 사생활은 확실히 보호하는 판례와 연구가 나와야 한다고 생각한다. (#11 일간지)

인터넷 매체 등은 네티즌 접속 수를 늘리기 위해 범죄 수법이나 성적 취향 등 극히 사적인 문제까지 보도를 하는 경우가 있지만 언론의 사회적 책임 등을 고려해 이 같은 보도는 언론사 스스로 자제하는 기준을 마련해야 한다고 본다. (#22 보도채널)

이와 함께 언제부터 공인이라는 말이 언론에서 나타나기 시작했는가 하는 질문에 대해 응답한 모든 언론인들은 각기 다른 답을 제시하였다. 기존의 연구에 따르면 공인이라는 말이 현재의 의미로 신문에 본격적으로 등장한 시기는 1990년대 말이라고 알려져 있다. 이에 대해서 대개의 경우 잘 모르겠다는 반응을 나타냈다. 그러나 제대로 된 응답도 몇 건 나타난다.

1990년대 말 TV 토크쇼 등에서 연예인들이 공인 운운하는 것을 처음으로 들었던 기억이 있습니다. (#3 지상파 방송)

언론인들은 언제 공인이라는 용어가 언론에서 쓰이기 시작했는지에 대해서는 잘모르는 것으로 나타났다. 언론에는 언제 나왔는지 명확치 않으나 판결에서는 1995년 이휘소 박사 사건에서부터라는 지적도 나왔다. 상당히 상세하면서도 관련 판결에 근거하고 있다.

> 우리나라에서 공간된 판결 중에서 공적 인물의 개념에 관해 판단한 초기 판결을 1995년 이휘소 박사에 관한 판결이다. 이 판결에서 "위 이휘소는 뛰어난 물리학자로서 우리나라 국민에게 많은 귀감이 될 수 있는 사람으로서 공적 인물이 되었다"고 했다. (#30 인터넷신문)

소위 '이휘소 판결'에서 공적 인물의 개념이 현재의 공인의 개념과 유사한 것이기는 하나 공적 인물이 누구인지의 정의가 없다는 점에서 불명확하게 판단된다. 특히 공적 인물이나 공인의 경우에도 초상권이 일반인과 차이가 크게 없이 보호되는 지금의 현실에 비추어 대단히 예외적인 판결이라고 할 수 있다. 그럼에도 미국식의 공인원칙을 적용한 최초의 판결이라고 평가할 수 있다.

## 4 공인에 대한 사회적 합의를 위하여

공인에 대한 법원의 정의 부재는 여러 가지 측면에서 언론에게 불편함을 안겨주고 있는 것으로 나타났다. 무엇보다 공인에 대한 보도를 통해 공인을 독자에게 알려야 하는 문제가 있다. 법원은 미국의 공인원칙을 일부 수용하여 우리 방식으로 발전시켜 나가고 있다. 그럼에도 우리 법원은 공인에 대한 정의를 내리지 않고 있다. 이러한 이유로 언론은 공인과 관련된 보도를 하는 과정에서 공인의 의미를 구성하게 된다(이재진, 1999). 언론의 보도를 통한 의미 구성은 공인에 대한 사회적 합의를 이끌어 낸다는 점에서 대단히 중요하다.

실제로 언론 보도에서 '공인' 또는 '공적 인물'이란 용어를 사용하기 시작한 것은 1960년대로 보인다. 그런데 이때 공인은 공직자, 공무원의 의미를 갖는 것으로서 당시 공복이라는 용어와 같은 의미로 사용되었다. 당시 공인과 관련해서 '공인 정신' 등의 용어가 같이 사용되었고 이러한 용어 사용은 1980년대 초반까지 계속되었다. 당시의 공인은 적어도 지금 현재 적용되고 있는 공인의 개념과는 다른 것이었다. 오히려 법원에서 지금의 공인이론을 수용하기 이전부터 언론은 공인이란 누구이며 어떠한 윤리적 모습을 갖춰야 하는가에 대해서 기회가 있을 때마다 꾸준히 제시해왔다. 법원의 판결이 있다고 하더라도 국민 일반에게 판결 내용이 전달되는 것은 언론 보도를 통해서이므로 이러한 언론 보도는 국민들에게 공인이란 어떤 존재인지에 대해서 이미지를 구성하게 된다. 본격적으로 오늘날의 공인처럼 언론에서 보도된 것은 1990년대 들어서이다.

1990년대 들어서는 언론은 공인에 대한 특정한 프레이밍을 통하여 공인의 모습을 재구성하는 경향을 보였다. 신문에 따라서 주요 프레이밍에는 약간의 차이를 보이기는 하지만 유사한 프레이밍을 사용하고 있는 것으로 나타났다. 가장 많은 건수를 보인 것은 '취재·보도의 자유' 프레임과 '국민의 알 권리' 프레임이었다. 그 뒤를 '사회적 책임' 프레임으로 나타났다. 1990년 이전에 언론 보도에 주로 나타났던 '사회적 책임' 또는 '도덕성' 프레임은 1990년대 이후 현재까지의 사설 분석에 있어서는 뒤로 밀리는 것으로 나타났다. 기타 인간적 흥미 프레임이나 정치·갈등 프레임 또는 면책 사유 프레임은 거의 드러나지 않았다고 판단된다. 다시 말하자면 1990년대 이후의 공인에 대한 보도는 이전의 공인에 대한 보도와는 다른 경향성을 보인다고 짐작할 수 있다. 이러한 결과 또한 법원의 공인에 대한 이해와는 여전히 차이가 있음을 보여준다.

그런데 분석 결과 법원의 판결에서 보이는 공인과 보도에서 전달되는 공인 사이에 괴리가 있다면 제대로 된 공인의 개념이 국민들에게 전달되지 못할 수가 있다. 다시 말하자면 공인에 대한 사회적 합의가 제대로 이루어지기 힘들 수가 있다. 즉 법원의 판결상의 공인은 아직까지 일관성이 없지만 언론의 공인 보도를 접한 국민들은 공인에 대해서 보도에서 전달하는 의미의 공인으로 인식할 수 있다는 것이다.

언론의 자유가 헌법에 의해서 보장받는 이유 중에서 가장 큰 이유는 언론이 국민의 알 권리를 충족시킬 의무가 있기 때문이다. 이때 국민의 알 권리의 대상이 되는 것이 바로 공인과 관련된 정보이다. 특히 공인의 공적 사안에 대한 정보는 국민들이 꼭 알아야 할 사안으로 인식된다. 다만 공인의 사적인 사안이나 초상과 관련하여서는 일반인과 얼마나 달라야 하는지는 법원의 판단이 중요하게 작용할 수 있다. 다시 말하자면 적어도 공인의 공적 사안에 있어서의 언론 보도는 좀 더 자유롭게 할 수 있도록 해야 한다는 법리가 발달해 왔다.

소위 '상당성 원칙' '공적 인물 · 공적 사안 법리', 그리고 '정당한 언론 기능의 법리'가 바로 공인이론과 직결되는 법리라고 할 수 있다. 이러한 법리를 종합적으로 적용한다면 우리나라의 공인이론은 '공인의 공적 사안에 대해서 보도하면서 그 보도가 악의적이거나 현저히 상당성을 잃은 정도의 공격이 아니라면 의혹을 제기할 수 있으며 명예훼손의 면책 사유를 일반인보다 광범위하게 적용하도록 하는 원칙'이라고 할 수 있다. 따라서 중요한 것은 공인이 누구이며 어떤 범주의 사람이 공인으로 판단될 수 있는가라고 할 수 있다. 반복해서 지적했듯이 우리 법원은 공인이 누구이며 어떤 사람인지에 대해서 정의를 내리고 있지 않다.

미국의 경우 공인이 누구인가에 대해서 연방대법원은 정의 내리고 있다. 공인은 공적인 결정에 영향을 미치도록 자발적 또는 타의에 의해서 공적 논의에 참여한 사람 또는 공중의 시선을 끌기 위해서 미디어에 노출을 의도하거나 또는 언론의 보도 등을 통하여 유명해진 사람을 공인이라고 보았다. 이러한 공인에는 공직자와 전적인 공인, 그리고 제한적 공인으로 구분하여 이러한 범주에 속하는 인물들은 보도에 의한 피해를 구제받기 위해서는 언론의 현실적 악의 원칙을 입증하지 않으면 안 된다는 원칙을 수립하였다. 비록 누가 공인인가에 대해서 논란이 없지는 않지만 그럼에도 공인원칙을 고집스럽게 지켜 온 것은 언론의 자유를 위해서 숨 쉴 공간을 마련해 주기 위해서였다. 즉 일관적인 법리적용으로 법적 안정성을 확보하고 언론이 이를 토대로 위축되지 않고 필요한 보도를 자유롭게 할 수 있도록 하기 위한 것이었다. 이런 결과 미국의 경우에는 언론의 자유가 다른 개인적 기본권에 비해 우월한 위치에 서게 되었다.

우리의 경우 미국과는 달리 공인원칙 적용에 있어 일관성이 없다는 지적을 받아왔다. 그럼에도 전술한 바와 같이 부분적으로 우리 언론의 자유를 확장하는 판결들이 축적 되면서 우리나라의 공인원칙으로 자리를 잡아가고 있는 모습을 보인다. 여기서 중요한 것이 결국 공인은 누구인가 하는 것이다. 공적인 결정에 사회적 영향력을 발휘할 수 있다는 점에서는 미국의 경우와 유사하나 공인의 범주를 확정할 수 있는 요건을 제시하고 있지 않으며 판결에 따라서 그리고 사건을 맡은 판사의 언론에 대한 이해 정도에 따라서 그 적용의 여부와 정도 또는 범위가 다르다는 점은 아직 공인원칙의 법적 안전성이 취약하다는 점을 반증하는 것이다.

공인원칙이 법적 안정성을 얻기 위해서는 언론의 공인에 대한 보도 예측성이 더욱 중요할 것이다. 언론 나름대로의 이해에 바탕 한 공인에 대한 의미 구성이 공인에 대한 사회적 합의를 이끌어 내는 데 큰 역할을 할 것이라 판단된다. 최근 언론의 공신력이 많이 추락했다는 지적이 있으나 그럼에도 여전히 언론에 비추어진 공인, 언론에서 자꾸 논의되는 공적 인물, 언론에서 검증이라는 명목하에 비판적으로 보도하는 유명인, 그리고 때로 TV 화면에 범죄자나 파렴치범 등으로 보도되는 연예인들 등 이들의 언론에 비친 모습이 결국은 국민들의 머릿속의 공인으로 자리할 수 있다. 언론의 사회적 기능을 최대한 살리되 언론이 반영하는 공인의 모습이 최대한 법적으로 규정되는 공인과 유사한 맥락으로 보일 수 있도록 보도하는 것이 필요하다고 판단된다. 즉 언론인 인식 조사에서 한 언론인이 지적한 것처럼 "언론이 국민의 알 권리를 충족시켜 주어야 하지만 동시에 공인의 사생활권은 존중되어야 한다"는 것이다.

종합적으로 진단하건데 현재 법원이 공인 또는 공적인물(공적존재)에 대해서 명확하게 정의를 내리고 있지 않기 때문에 언론사에게 불편함을 안겨주고 있고 공인에 대한 법원과 언론의 이해에 다소간의 괴리가 존재하고 있지만 그럼에도 다양한 판결례를 통해서 공인과 일반인을 달리 판단하려는 일관된 모습이 나타나고 있다는 점에서 한국식의 공인이론이 조금씩 자리를 잡아가고 있다고 판단된다. 이와 함께 사법부의 인식과 언론의 인식은 그 괴리가 상당히 줄어들 것으로 예상된다. 한국적 공인이론이 자리를 잡게 되고 언론인들의 공인에 대한 이해가 더욱 확장된다면 보도를 통한 사회적 합의가 좀 더 용이해질 수 있으리라 생각된다.

표 1 **공인 관련 언론인 이해 분석 대상 프로필**

| | 성명 | 언론사명 | 근무 년수 | 직책 | 등장 시기 | 정의 | 면책 사유 | 일반인(사인)과의 차이/실제 판례 경험 |
|---|---|---|---|---|---|---|---|---|
| 1 | ○○○ | 조선일보 | 28 | 차장 | 모름 | 국가의 녹을 받는 사람 | 알고 있음(비구체적) | 공인에 대해 개방적이어야/ 실제경험 없음 |
| 2 | ○○○ | JTBC | 23 | 보도 제1부장 | 무응답 | 국민들에게 지지를 받거나 인지도를 얻은 경우 및 국민들을 대리하는 역할에 있는 자 | 모름 | 공인과 사인의 판결 기준에 차이 없음 |
| 3 | ○○○ | SBS | 20 | 차장 | 1990년대 말 | 사회 전반과 일반 대중에게 일거수일투족이 큰 영향을 미치는 부류 | 무응답 | 국민의 알 권리를 위해 공인원칙이 확대돼야 |
| 4 | ○○○ | SBS | 28 | 차장 / 선임기자 | 1970년대 신문기사 | 사회적으로 영향력이 큰 공적 지위에 있거나 공적 지위는 아니더라도 실질적으로 공적인 영향력을 가진 인물 | 법원의 태도가 일관적이지 않음 | 실제경험없음 / 주변사례를 통해 위축효과가 있음 / 공인은 넓게 보도하되 사인은 인격권 엄격히 보호 |
| 5 | ○○○ | KBS | 18 | 팀장(차장) | 인터넷 등장 시기 | 여러 방면으로 국민에게 인지도가 높고 대표성을 띠는 사람 | 알고 있음(비구체적) | 없음 |

|  | 성명 | 언론사명 | 근무 년수 | 직책 | 등장 시기 | 정의 | 면책 사유 | 일반인(사인)과의 차이/실제 판례 경험 |
|---|---|---|---|---|---|---|---|---|
| 6 | ○○○ | 서울신문 | 30 | 논설위원 | 모름 | 공공기관에서 고위직에 종사하는 인물로 사기업적인 이윤추구를 떠나 공공의 이익을 위해서 복무하는 인사 | 모름 | 없음 |
| 7 | ○○○ | 월간조선 | 23 | 편집위원 | 모름 | 보도의 대상이 될 만한 인물 | 모름 | 명예훼손보다 초상권 침해가 더 문제 |
| 8 | ○○○ | YTN | 28 | 부장 | 모름 | 공적인 업무에 종사하는 인물 | 알고 있음(비구체적) | 터트리기식 냄비주의 보도 지양 / 초상권 침해와 관련된 소송 있음 |
| 9 | ○○○ | JTBC | 27 | 국장 | 1990년대 중반 | 1) 대통령, 자치단체장, 국회의원, 지방의원, 조합장 등 선출직 공무원, 2) 국가공무원법, 지방공무원법에 규정한 공무원, 3) 대통령, 장관이 인사권을 행사하는 기관에 근무하는 사람, 4) 입법부, 사법부 종사자+변호사, 5) 각급 학교의 교직원. 여기에 사회적으로 저명한 스포츠 선수, 연예인 등을 합치는 것이 마땅 | 공인을 공직자로 한정하는 것은 바람직하지 않습니다. 공직자가 아니지만 스스로를 공인으로 생각하는 사람들이 있습니다. 아직도 법원에서는 공인의 범위를 좁게 해석하고 있습니다. 1번에 답변한 내용대로 대상을 늘리는 것이 바람직합니다. | 공인의 자격이 문제된 적은 없었습니다. 즉 실명을 보도한 경우에도 실명을 보도한 것을 문제 삼은 적은 없었고, 보도의 사실여부가 주된 쟁점. 공인의 경우, 특히 정치인은 대중의 눈을 의식하기 때문에 오히려 합의에 이르기 쉬운 경우가 많습니다. |

| | | | | | | | | |
|---|---|---|---|---|---|---|---|---|
| 10 | ○○○ | MBC 카메라 기자 | 15 | 부장 | 모름 | 공무원, 기업인, 연예인 등으로 국가 사회의 정책, 여론, 문화 등에 영향을 미치는 사람 | 면책의 범위는 공익적 목적, 사실이라고 믿을 만한 상당한 이유의 상당성이 있을 경우 위법성 이 조각된다. | 공인에 대한 비판과 감시의 결과로 기자들이 명예훼손 소송이 제기되는 경우 소송의 결과와 상관없이 기자들은 소송이라는 복잡한 절차와 비용 문제로 인해 현실적 고초를 겪게 된다. |
| 11 | ○○○ | 경향신문 | 26 | 논설위원 | 1980년대 말 | 사회적으로 공신력을 지니고 있어 다중에 직간접적으로 영향력을 행사하는 사람<br>정부나 기타 공공성이 강한 기관, 대기업의 책임자급 인사, 연예인, 국가원수 등 최고위직의 친인척 등 사회 지도층 인사 | 적시한 사실이 진실하고 오로지 공공의 이익에 관한 때에는 처벌에서 면책된다. 일반인에 비하여 공인에 대한 보도는 상당히 큰 폭으로 면책이 되고 있다. 그럼에도 더 광범위한 면책이 필요하다. 프라이버시 보호도 중요하지만 좀 더 투명한 사회로 발전하려면 감시 환경이 더 촘촘해져야 한다. | 정보를 얻고자 하는 욕구가 강해짐에 따라 알 권리에 대한 요구가 커지는 동시 개인의 사생활 보호 필요성도 중요해지고 있다는 것.<br>최근 한국에서는 연예인들이 새로운 공인으로 자주 거론되고 있다. 그다지 유명하지도 않은 연예인을 공인이라고 주장하며 흥미 본위의 기사를 상세히 쓰는 것을 정당화하는 논리로 이용하고 있다. |

| | 성명 | 언론사명 | 근무 년수 | 직책 | 등장 시기 | 정의 | 면책 사유 | 일반인(사인)과의 차이/실제 판례 경험 |
|---|---|---|---|---|---|---|---|---|
| 12 | ○○○ | MBC PD | 20 | 차장 | 모름 | 대한민국에서 공인은 공공적 업무에 종사하는 인물 외에 유명인(연예인, 체육인)까지 포괄하는 개념으로 이해되고 있음. | 이후 검찰에 의해 방송예정 내용이 모두 사실로 드러났는데, 이는 정확한 사실 확인에 의한 가처분 판결보다는 짧은 시간안에서 판사가 느끼는 주관적 요소가 강하게 작용함으로써 발생한 문제라고 판단된다. | 공인의 공적 활동을 대상으로 하는 경우, 정정보도 및 반론보도에 대해 조금 더 엄격했으면 합니다. 특히 반론보도의 경우, 의견전달 또는 주장에 불과함에도 현실에서는 무조건 반론보도를 신청하여 반론보도를 받은 후, 이를 근거로 방송 내용이 허위이고 자신이 진실하다고 주장하는 경우가 거의 대부분입니다. |
| 13 | ○○○ | KBS | 26 | 국장 | 모름 | 공적인 책임을 지닌 직위(정부 고위관료, 선출직 공무원)에 오른 인물이거나 공공의 존중과 인정, 사랑을 받는 유명 인사 | 공인이 관련 직무를 수행함에 있어 저지른 실책은 충분히 비판받고 검증될 필요성이 있다고 보며 이와 관련해 언론의 면책조항은 설득력이 있다고 여김. 다만 직무 관련성이 없는 (것이 확실한) 분야에 관해서는 면책조항을 둘 필요성이 없어 보임. | 공인은 파워(권력과 대중영향력을 포괄한 개념)가 큰 만큼 그에 비례해 철저히 감시되고 검증될 필요성이 있음. 그런 만큼 언론의 보도는 공인의 힘 행사가 사회 통념에 위배되지 않도록 하는데 집중돼야 하지, 흥미 위주나 신변잡기식 보도는 지양될 필요성이 있음. |

| | | | | | | | | |
|---|---|---|---|---|---|---|---|---|
| 14 | ○○○ | 조선일보 | 25 | 차장 | 모름 | 국민이 낸 세금으로 급여를 받아 생활하며 공적인 일에 종사하는 사람. | 공적인 일에 종사하는 공인의 경우 일반인보다 면책의 폭이 넓어야 한다고 봄. 초상권 문제도 마찬가지. 공인에게는 일반인보다 엄격하게 지켜야 할 책임과 의무가 따르기 때문. | 국민적 의혹이나 지탄의 대상인 경우에는 알 권리 차원에서 보도하는 것이 맞는다. 그러나 사생활이나 시시콜콜한 신변잡기를 무차별적으로 공개하는 것은 인권 침해 소지가 크다. |
| 15 | ○○○ | 경향신문 | 11 | 평기자 | 모름 | 정치인, 공적 업무를 맡고 있는 사람 5급 이상 공무원, 연예인 | 공인에 대한 보도라도 허위라면 명예훼손이 인정된다는 내용 정도.<br>공적 목적에 부합하는 보도를 할 경우 위법성 조각사유로 인정된다는 내용 정도. | 의혹 제기 기사가 명예훼손이 될 수 있다고 조심하라는 말을 많이 들었음. 실제 그런 사례가 있었을 것으로 생각되는데 … 결과적으로 명예훼손이 되더라도 진실에 다가가려고 노력한 점은 인정해줘야 하는 것 아닌지. |

| | 성명 | 언론사명 | 근무 년수 | 직책 | 등장 시기 | 정의 | 면책 사유 | 일반인(사인)과의 차이/실제 판례 경험 |
|---|---|---|---|---|---|---|---|---|
| 16 | ○○○ | OBS | 20 | 부장 | 모름 / 세월호 사고 때 | 대중의 이익, 공적인 업무, 국가나 사회의 이익을 위한 업무를 하는 사람. 그렇다고 모든 공무원, 교육자 등을 공인 범주에 넣는 것은 무리로 보임. 그중 일정 직위 이상, 예를 들면 해당 정책을 만들거나 수행에 책임이 있는 국장 이상을 범주에 넣을 수 있을 것으로 보임. | 알 권리를 위한 공인의 개념은 지켜져야 하지만 악용돼서는 안 됨. 이로 인한 폐해를 언론학계에서 본격적으로 논의돼야 하고 악용을 막기 위한 장치가 마련돼야 함. | 한국에서는 공인의 원칙이 과도하게 적용돼 개인의 인권침해를 넘는 경우가 많다. 공인이라고 해서 기본적인 사생활과 인권 피해까지 감내해야 하는 것은 아니다. 한국은 공인의 개념을 악용한 언론의 도 넘는 취재 행태가 심각한 상황이다. 이것은 언론의 자유가 아니라 방종이며 부도덕이라 생각됨. |
| 17 | ○○○ | 경상일보 | 27 | 선임기자 | 1980년대 말 | 공인(公人)을 사전적으로는 국가나 사회에 관계되는 일에 종사하는 인물을 말한다고 규정하고 있고, 그 당사자의 직업에 주안점을 두는 경향이 대체적인 것 같습니다.<br>저는 여기에 공공의 이익에 영향을 미치는 정도에 따라 사인(私人)도 공인의 범주에 편입할 수도 있다고 봅니다. | 큰 도움이 된다고 생각함.<br>언론사가 어떤 의도를 갖고 접근했는지와 무관하게 보도 내용은 국민들의<br>알 권리를 충족시켜 줄 수 있기 때문. | 공익을 위해, 국민의 알 권리를 위해 보도했다면 면책될 수 있다고 생각.<br>일반인보다 훨씬 더 너그럽게 적용돼야 한다고 생각.<br>공인이라는 것 자체가 대중의 관심과 비판으로부터 완전히 자유로울 수 없기 때문. |

| | | | | | | | | |
|---|---|---|---|---|---|---|---|---|
| 18 | A | 매일경제 | 12 | 기자 | 모름 | 불특정 다수인 대중을 상대로 생계 활동 혹은 사회 활동을 하는 모든 사람을 일컬어 공인이라 부를 수 있다고 생각함. | 무응답 | 일정 부분 동의하는 편입니다. 취재보도의 자유를 확장하는 데 다소 도움이 되었다고 생각함. 알고 있음. 현재 판단 기준이 적절하다고 생각됨. |
| 19 | B | 매일경제 | 12 | 기자 | 모름 | 나라의 녹을 먹는 자(ex. 공무원, 국회의원, 교사, 공공기관 종사자 등) 연예인, 언론인 등 은 공인이라고 생각 안 함. | 명예훼손죄 – 명예를 손상하는 행위에 대해 죄를 물음.<br>모욕죄 – 모욕을 하는 행위에 대해 죄를 물음.<br>사생활 침해죄 – 이와 관련한 법 규정이 있는지 모르겠지만 사생활 보호에 대한 책임을 물음.<br>초상권 – 사적 혹은 공적인 상황의 사진에 대해 동의 없이 미디어에 게재할 수 없다는 것. | 없음 |

| | 성명 | 언론사명 | 근무 년수 | 직책 | 등장 시기 | 정의 | 면책 사유 | 일반인(사인)과의 차이/실제 판례 경험 |
|---|---|---|---|---|---|---|---|---|
| 20 | C | 매일경제 | 10 | 기자 | 2000년대 초반 연예계 | 공무에 종사하는 자.<br>'우리나라에서' 전제로 – 이름이 널리 알려져 있어 언행 등이 공공에 영향력을 끼치는 자.<br>단, 종교인은 제외. | 잘 모름 | 사실에 근거해 보도하더라도 당사자가 피해를 입을 경우 명예훼손에 해당하는 것으로 알고 있음. 이는 언론의 자유를 일부 침해한다고 보여짐.<br>초상권의 경우 소유자의 행위가 특정 주장을 다수에게 알리려는 내용을 담고 있다면 보호받지 못하는 것으로 알고 있음.<br>이는 적절함. |
| 21 | D | 매일경제 | 12 | 기자 | 모름 | 우선 공직자, 정치인을 공인이라고 생각합니다. 그리고 유재석, 김연아와 같은 연예인, 스포츠 스타 등 유명인도 상황에 따라서는 공인의 범주에 들어간다고 생각합니다. | 파악하고 있지 못합니다. 공인 관련 면책 사유 기준은 해당 구체적인 면책 기준에 대해 현재 정확하사안이 공익에 어떤 영향력을 미치는지에 따라 확대 또는 축소하면 좋겠다고 생각합니다. | '공인원칙'을 적용함으로써 취재보도의 자유를 확장하는 데 큰 도움이 된다고 생각합니다. 무분별한 언론의 의혹 제기는 언론중재위에서 옳고 그름을 따져야겠지만 공인의 특정 행위가 공익에 반하는 경우 수사권이 없는 언론 입장에서 '공인원칙'마저 적용하지 않는다면 국민의 알 권리가 심각하게 침해받을 수 있다고 생각합니다. |

| | | | | | | | | |
|---|---|---|---|---|---|---|---|---|
| 22 | ○○○ | YTN | 20 | [illegible] | [illegible] | 공인은 사전적 의미로는 공적인 일을 하는 사람, 국가와 사회를 위해 일을 하는 사람으로 공무원, 선출직 공무원이 해당된다. 그러나 매스컴의 발달로 인기 연예인이나 스포츠 스타 등도 자라나는 청소년들에게 큰 영향을 주기 때문에 공인의 범주에 넣어야 한다고 생각된다. | 공인에 대해서는 '국민의 알 권리'를 폭넓게 인정한다는 차원에서 '공인원칙'을 적용하는 게 취재보도의 자유를 넓히는 데는 도움이 되지만 공인 관련 보도라 하더라도 팩트가 틀린 보도에 대해서는 법의 판단 잣대를 엄정히 대야 한다고 생각됨. 진실한 사실 보도로 공공의 이익과 관련돼 있을 때에는 면책. | 공인에 대한 언론 보도에 대해 면책 사유를 더 넓게 적용해야 한다는 생각이지만, 성범죄 등 범죄 사실 보도와 관련해서는 보도 후 사회적 책임 등을 고려해 언론사 자율 기준이 엄격해야 한다고 본다. 인터넷 매체 등은 네티즌 접속 수를 늘리기 위해 범죄 수법이나 성적 취향 등 극히 사적인 문제까지 보도를 하는 경우가 있지만 언론의 사회적 책임 등을 고려해 이 같은 보도는 언론사 스스로 자제하는 기준을 마련해야 한다고 본다. |
| 23 | ○○○ | 동아일보 | 20 | 차장 | 1960년대 | 공공의 관심이 있는 일을 맡고 있거나 국가적 사회적 임무를 수행하는 인물. | 헌법, 형법(명예훼손, 사자의 명예훼손), 언론중재법<br>공인의 사생활 공개와 인권 침해의 한계<br>위 보도라는 주장에 대해 명예훼손 피해 청구 소송과 검찰 고소가 있었으나 취하됐습니다. 원고가 많은 소송 가액에 의한 chilling effect를 노렸고 정치적인 계산이 깔려 있었다는 생각입니다. | 사실이 아니더라도 사실로 여겨지는 근거가 있었음을 기자가 인지한 수준에 대해 법원이 명확한 기준을 제시하고 언론 단체에서도 이를 기자들에게 배포하면 보도에 도움이 될 것입니다.<br>법원 판결과 언론중재위의 결정이 합리적이지 않고 자의적이어서 전혀 도움이 되지 않는다고 생각합니다. |

| | 성명 | 언론사명 | 근무 년수 | 직책 | 등장 시기 | 정의 | 면책 사유 | 일반인(사인)과의 차이/실제 판례 경험 |
|---|---|---|---|---|---|---|---|---|
| 24 | ○○○ | KBS | 23 | 부장 | 2000년 전후 | 우선 공적 기관에 종사하는 사람들을 들 수 있겠습니다.<br>또한 정치, 경제, 사회, 문화, 예술, 종교 등 각 분야의 지도자급 사람들도 공인이라 할 수 있겠습니다.<br>문제는 그 범위인데요, 말단 공무원들까지 공인으로 봐야 하느냐 하는 것입니다. 그럼 특정 직급 이상의 사람들만 공인으로 할 것인가? 여기서 문제가 복잡해집니다. 이에 대한 사회적 논의가 필요하다고 봅니다. | 저 개인적으로도, 공적인 인물에 대한 동의 없는 초상의 사용은 어디까지나 공공의 이익과 관련된, 즉 공공의 알 권리가 보호될 필요성이 있는 경우에 한해서만 인정된다고 생각합니다.<br>따라서 공인이라 하더라도 자신과 아무런 관련이 없는 사안에 대해서는 개인적 인격권으로서 초상권은 보호돼야 한다고 생각합니다. | 미국의 '현실적 악의'의 원칙입니다.<br>공직자가 언론 보도로 명예가 훼손됐을 경우 그 보도가 '현실적 악의'에 의한 것임을 공직자 스스로가 입증해야만 손해를 배상받을 수 있다는 원칙입니다.<br>다시 말하면 언론이 보도 내용이 허위임을 이미 알고 있었거나 언론이 아예 허위 여부를 확인하지 않았다는 점을 입증해야만 손해배상을 받을 수 있다는 것입니다. |
| 25 | ○○○ | 한국일보 | 15 | 차장 | 모름 | 공공의 이익을 위해 일을 하는 사람 | 현장에 절실하게 느끼지는 못하지만 기본적으로 그 같은 제도적 뒷받침이 있기 때문에 취재 현장에서 취재 할 때 부담감을 덜 가지게 되는 안전 장치 역할을 한다고 본다. | 일반인들보다야 면책 범위가 넓은 게 사실이라고 생각한다. 공인의 경우 정정보도 허용에 좀 더 엄격해야 한다고 생각한다. |

| | | | | | | | | |
|---|---|---|---|---|---|---|---|---|
| | | | | | 시기 | 공적으로 일하는 사람들을 뜻합니다. 요즘은 고위 공직자뿐만 아니라 연예인이나 스포츠 스타 등 국민들에게 널리 알려져 인지도가 높은 사람은 모두 공인의 범주에 들어가고 있는 것 같습니다. | 자유를 확장하는 데 당연히 큰 도움이 된다고 봅니다. 물론 정치 시즌이 되면 마타도어가 난무하고 정적들에 의한 명예훼손 행위가 비일비재한 상황에서 출마자들이 극심한 피해를 입는 경우도 많이 발생하는 것은 문제입니다만 원칙적으로는 취재보도의 자유를 위해 공인원칙을 적용하는 게 합당하다고 생각합니다. | 감수하고 있는 분들이라고 생각합니다. 언론은 오보로 인해 발생하는 명예훼손과 사생활 침해, 초상권 침해와 관련해 언론중재원회를 통한 중재과정을 많이 경험해 왔습니다. 공인은 당연히 일반인보다 면책이 많이 되어야지요. 초상권 침해의 경우도 공인과 일반인은 당연히 많은 차이가 있어야 된다고 봅니다. 공인의 경우 현재보다 면책 사유를 더 넓게 적용해야 된다는 의견에 찬성합니다. |
| 27 | E | 매일경제 | 11 | 기자 | 1990년대 | 본래 공공적인 일을 하는 사람을 지칭하는 말로 알고 있다. 그러나 현실적으로 한국에서 공인은 '유명인'과 비슷한 의미로 받아들여지고 있는 것 같다. | 공인, 특히 선출직 지도자를 희망하는 사람들은 언론의 검증과 관련 보도에 대해 보다 열린 태도를 가지고 분명한 악의를 담은 왜곡이 아닌 경우 명예훼손 소송 등에 대해 신중해야 한다. 대형/군소 언론 가릴 것 없이 자극적 뉴스를 쏟아내며 공인(유명인)들을 도마에 올리는 가십성 보도도 큰 문제다. | 무응답 |

| | 성명 | 언론사명 | 근무 년수 | 직책 | 등장 시기 | 정의 | 면책 사유 | 일반인(사인)과의 차이/실제 판례 경험 |
|---|---|---|---|---|---|---|---|---|
| 28 | ○○○ | 동아일보 | 12 | 기자 | 모름 | 사회적으로 통념상 '영향력이 있는 사람'과 '대중에게 관심을 받는 사람'을 의미한다고 생각. 공직자, 기업인, 연예인 등이 여기에 포함된다고 생각함. | 어떤 경우에 언론 보도가 면책되는지 잘 모름. 공인에 대한 보도에서 일반인에 대한 보도보다 좀 더 부담이 덜하고, 언론의 자유가 넓게 적용되어야 한다는 공감이 형성되는 있음. | 매우 도움 됨. 이를 제한하거나, 영향을 주는 조치를 취하는 것 자체가 'chilling effect'를 야기할 수 있다고 생각하기 때문. 또 미디어의 종류가 다양해졌고, 미디어를 이용하는 문턱도 낮아졌기 때문에 다양한 방식의 반론도 가능함. |
| 29 | ○○○ | MBC | 26 | 부장 | 1990년대 | 보도와 관련해 공인으로 규정된 사람은 공적인 의무와 책임을 갖고 공적인 업무를 하는 사람으로 생각해 왔습니다. 비교적 제한적의 의미로 인식해왔습니다. 하지만 통신 기술의 발전에 따라 시공간 벽을 넘어 광범위한 소통의 가능해지고 이른바 공론의 장의 폭넓게 형성되는 추세에 따라 사회적 또는 공공의 관심을 갖는 사람에까지 좀 더 확대해 적용되어야 한다고 생각하고 있습니다. | 10여 년 전부터 언론 상대로 한 소송이 증가하면서, 언론사들은 사내 변호사를 고용해 보도 전에 소송 가능성이 있는 표현이나 문구, 보도 자체에 신중을 기하고 있습니다. 이로 인해 아예 문제가 없도록 대부분의 취재를 익명 처리하거나 문제의 소지가 있으면 사용하지 않는 경향이 있습니다. 소송 가능성을 사전 차단하고자 하는 것입니다. | 명예훼손의 경우, 진실성과 공익성, 상당성이 면책의 조건이 되며 초상권에서는 동의와 공익성이 조건이 된다고 알고 있습니다. 명예훼손은 공인에 대해 더 면책되고 초상권의 경우는 공인과 사인의 큰 차이는 없는 것 같습니다. 언론이 권력화된 상황도 문제지만 과거로 돌아가 언론이 권력에 종속된 상황이라면 공인의 경우 명예훼손의 면책을 더 넓힐 필요가 있다고 봅니다. |

| 30 | ○○○ | 오마이뉴스 | 20년 이상 | 부국장 | 1995년 소위 이휘소 박사 사건 이후 | 선출직 공직자. 공적인 일을 하는 사람. 공적 사안에 관련된 사람. 공적 결정에 영향을 미치는 사람 | 미국의 공인원칙, 우리나라의 상당성 원칙 및 현저히 악의적이고 상당성을 잃은 공격의 원칙 | 개인적으로는 없으나 오마이뉴스, 전여옥 전 의원이 본지와 재일 르포작가 유재순 씨 등을 상대로 낸 명예훼손 손배소 최종 승소(2012. 5.18. 대법판결). |
|---|---|---|---|---|---|---|---|---|
| 31 | ○○○ | CBS | 26 | 선임기자 | 1987년 언론 자유화 | 공적인 권력이나 사회적 영향력을 폭넓게 행사하는 사람 | 명예훼손의 위법성 조각사유 (알고 있으나 비구체적) | 있음. 이단사이비 비판 보도. 보도의 공익성 인정받음. |
| 32 | ○○○ | CBS | 34 | 취재단장 | 모름 | 명성과 인지도, 영향력으로 인해 사회적 관심이나 주목을 받게 되는 사람. 단 고립되어 있지 않고 스스로 사회적 영향력을 지속적으로 행하는 사람. | 미국 설리번 케이스. 공인은 사회적 비난과 비판의 범위가 일반인과 다르다고 판결되어 공인과 프라이버시의 판례 남김. | 정치인(불기소처분)과 신흥종교 교주(다툼 중) |

## 분석 판결

## 우리나라 판결

헌법재판소 1999. 6. 24. 선고 97헌마265 결정
헌법재판소 2014. 3. 27. 선고 2012헌마652 결정
대법원 1988. 10. 11. 선고 85다카29 판결
대법원 1997. 9. 30. 선고 97다24207 판결
대법원 1998. 5. 8. 선고 97다34563 판결
대법원 1998. 7. 14. 선고 96다17257 판결
대법원 1998. 9. 4. 선고 96다11327 판결
대법원 2002. 1. 22. 선고 2000다37524, 37531 판결
대법원 2002. 12. 24. 선고 2000다14613 판결
대법원 2003. 1. 24. 선고 2000다37647 판결
대법원 2003. 7. 8. 선고 2002다64384 판결
대법원 2003. 7. 22. 선고 2002다62494 판결
대법원 2003. 9. 2. 선고 2002다63558 판결
대법원 2004. 2. 27. 선고 2001다53387 판결
대법원 2005. 1. 14. 선고 2001다28619 판결
대법원 2005. 4. 29. 선고 2003도2137 판결

대법원 2006. 5. 12. 선고 2004다35199 판결
대법원 2006. 10. 13. 선고 2004다16280 판결
대법원 2007. 6. 1. 선고 2004다61372 판결
대법원 2007. 6. 1. 선고 2006도1538 판결
대법원 2007. 7. 12. 선고 2006다65620 판결
대법원 2007. 12. 27. 선고 2007다29379 판결
대법원 2008. 1. 17. 선고 2007다59912 판결
대법원 2008. 4. 24. 선고 2006다53214 판결
대법원 2008. 8. 20. 선고 2009다41038 판결
대법원 2008. 11. 13. 선고 2008다53805 판결
대법원 2011. 1. 13. 선고 2008다60971 판결
대법원 2013. 2. 14. 선고 2010다108579 판결
대법원 2013. 3. 28. 선고 2010다60950 판결
대법원 2013. 6. 27. 선고 2012다31628 판결
대법원 2016. 5. 27. 선고 2015다33489 판결
서울고등법원 1994. 4. 14. 선고 93나43059 판결
서울고등법원 1996. 2. 27. 선고 96카135 판결
서울고등법원 1996. 6. 18. 선고 96나282 판결
서울고등법원 1996. 9. 20. 선고 96나24196 판결
서울고등법원 1998. 7. 9. 선고 97나47790 판결
서울고등법원 2001. 1. 11. 선고 99나66474 판결
서울고등법원 2001. 5. 31. 선고 2000나11081 판결
서울고등법원 2001. 5. 31. 선고 2000나11098, 2000나11104 판결
서울고등법원 2001. 10. 11. 선고 99나66474 판결
서울고등법원 2002. 3. 28. 선고 2001나48486 판결
서울고등법원 2004. 10. 12. 선고2003나55334 판결
서울고등법원 2005. 9. 27. 선고 2004나86175 판결
서울고등법원 2006. 11. 29. 선고 2005가단286190 판결
서울고등법원 2007. 9. 19. 선고 2006나106066 판결
서울고등법원 2008. 5. 27. 선고 2007나11059 판결
서울고등법원 2008. 12. 24. 선고 2008나55247 판결

서울고등법원 2010. 6. 23. 선고 2008나63491 판결
서울고등법원 2010. 7. 1. 선고 2009나18455 판결
서울고등법원 2011. 4. 21. 선고 2009나14267 판결
서울고등법원 2011. 8. 26. 선고 2010나56939 판결
서울고등법원 2012. 3. 9. 선고 2011나89080 판결
서울고등법원 2013. 1. 4. 선고 2012나53224 판결
부산고등법원 1997. 5. 22. 선고 96나11761 판결
광주고등법원 2009. 7. 17 선고 2009나25 판결
서울중앙지방법원 1996. 9. 6. 선고 95가합72771 판결
서울중앙지방법원 2000. 10. 11. 선고 99가합109817 판결
서울중앙지방법원 2001. 12. 19. 선고 2001가합8399 판결
서울중앙지방법원 2003. 1. 10. 선고 2001가합38642 판결
서울중앙지방법원 2005. 7. 6. 선고 2004가합82527 판결
서울중앙지방법원 2005. 8. 12. 선고 2004가합47227 판결
서울중앙지방법원 2006. 10. 13. 선고 2006가합71378 판결
서울중앙지방법원 2007. 1. 24. 선고 2006가합24129 판결
서울중앙지방법원 2009. 9. 24. 선고 2008가단202834 판결
서울중앙지방법원 2010. 9. 17. 선고 2009가단276740 판결
서울중앙지방법원 2010. 12. 29. 선고 2010가합79614 판결
서울중앙지방법원 2011. 7. 13. 선고 2010가합120338 판결
서울중앙지방법원 2011. 11. 30. 선고 2009가합55315 판결
서울중앙지방법원 2011. 12. 21. 선고 2011가합27092 판결
서울중앙지방법원 2012. 5. 16. 선고 2011가합116282 판결
서울중앙지방법원 2013. 9. 4. 선고 2012가합544341 판결
서울중앙지방법원 2014. 10. 28. 선고 2014가단123116 판결
서울중앙지방법원 2015. 12. 17 선고 2014고합1172 판결
서울지방법원 1992. 12. 4. 선고 91가합82923 판결
서울지방법원 1995. 9. 29. 선고 91가합49346 판결
서울지방법원 1997. 2. 26. 선고 96가합31227 판결
서울지방법원 1997. 9. 3. 선고 96가합82966 판결
서울지방법원 1999. 10. 22. 선고 99나49001 판결

서울지방법원 2000. 7. 4. 선고 99나83698 판결
서울지방법원 2000. 8. 23. 선고 99가합30768 판결
서울지방법원 2000. 10. 11. 선고 2000가합4673 판결
서울지방법원 2001. 4. 11. 선고 99가합96928 판결
서울지방법원 2001. 8. 22 선고 98가합107982 판결
서울지방법원 2001. 10. 10. 선고 2001가합1961 판결
서울지방법원 2001. 12. 19 선고 2001가합8399 판결
서울지방법원 2002. 1. 16. 선고 98가합111257 판결
서울지방법원 민사 합의 12부 2000. 12. 19. 선고
서울지방법원 2003. 1. 11. 선고 2001가합38642 판결
서울지방법원 2003. 7. 4. 선고 2002가단234723 판결
서울지방법원 2005. 10. 7. 선고 2004가합46767 판결
서울지방법원 2006. 1. 20. 선고 2005가합2611 판결
서울지방법원 2006. 10. 13. 선고 2006가합71378 판결
서울지방법원 2008. 3. 26. 선고 2007가단40534 판결
서울지방법원 2010. 9. 9. 선고 2010나23226 판결
서울지방법원 남부지원 1992. 2. 20. 선고 89가합3975 판결
서울지방법원 남부지원 1993. 9. 2. 선고 92가합18321 판결
서울지방법원 남부지원 1999. 4. 2. 선고 98가합16587 판결
서울남부지방법원 2002. 10. 11. 선고 2001가합14741 판결
서울남부지방법원 2004. 5. 20. 선고 2003가합8979 판결
서울남부지방법원 2005. 9. 7. 선고 2005가합2738 판결
서울남부지방법원 2006. 11. 9. 선고 2005가합18444 판결
서울남부지방법원 2007. 1. 10. 선고 2008가단56477 판결
서울남부지방법원 2007. 5. 4. 선고 2006가합9577 판결
서울남부지방법원 2007. 11. 1. 선고 2006가합14784 판결
서울남부지방법원 2007. 11. 6. 선고 2007가합13887 판결
서울남부지방법원 2007. 12. 27. 선고 2007가합9017 판결
서울남부지방법원 2008. 4. 3. 선고 2007가합14910 판결
서울남부지방법원 2008. 10. 31. 선고 2008가합2419 판결
서울남부지방법원 2009. 5. 19 선고 2009가합311 판결

서울남부지방법원 2012. 2. 7. 선고 2011가단43086 판결
서울남부지방법원 2012. 9. 19. 선고 2011가단102015 판결
서울남부지방법원 2012. 11. 1. 선고 2011가합15231 판결
서울남부지방법원 2013. 1. 15. 선고 2012가합101689 판결
서울동부지방법원 2000. 10. 25. 선고 2012가단21636 판결
서울동부지방법원 2009. 11. 24. 선고 2008가단62527 판결
서울서부지방법원 2007. 08. 10. 선고 2006가합11012 판결
서울서부지방법원 2012. 7. 19. 선고 2011가합10952 판결
서울서부지방법원 2013. 7. 12. 선고 2013가합30936 판결
안산지방법원 2006. 7. 20. 선고 2005가단16980 판결
성남지방법원 2010. 11. 4. 선고 2010가합1018 판결
수원지방법원 2011. 1. 18. 선고 2010나28946 판결
수원지방법원 2013. 5. 24. 선고 2011가단55579 판결
의정부지방법원 2011. 10. 20. 선고 2011나15011 판결
대전지방법원 홍성지원 1998. 4. 3. 선고 97가합2440 판결
부산지방법원 2010. 3. 26. 선고 2009나18455 판결

### 미국 판결

Anderson v. Liberty Lobby, Inc., 477 U.S. 242 (1986).
Bose Corp. v. Consumers Union, 466 U.S. 485 (1984).
Brown & Williamson Tobacco Company v. Jacobson, 827 F.2d 1119, cert den 485 U.S. 993 (7th Cir. 1987).
Chang v. Michigan Telecasting Co., 900 F.2d 1085 (1990).
Cochran v. Indianapolis Newspapers, Inc., 372 N.E.2d 1211, 1219 (1978).
Curtis Publishing Co. v. Butts, AP v. Walker, 388 U.S. 130 (1967).
Desnick v. ABC, Inc., 22 Med. L. Rptr. 1937 (1995).
Doe v. Dally News, L. P., 632 N.Y.S.2d 750 (Sup. ct., 1995).
Dun & Bradstreet Inc. v. Greenmoss Builders, 472 U.S. 749 (1985)
Food Lion v. ABC, Inc., 1997 U.S. Dist. LEXIS 6962 (M.D.N.C. May 9, 1997).

Garrison v. State of La., 379 U.S. 64 (1964).

Gertz v. Robert Welch Inc., 418 U.S. 323(1974).

Goldwater v. Ginzburg, 414 F.2d 324 (1977).

Harte-Hanks Communications, Inc. v. Connaughton, 491 U.S. 657 (1989).

Hepps v. Philadelphia Newspapers, Inc., 485 A.2d 374 (1986).

Herbert v. Lando, 441 U.S. 153 (1979).

Herron v. King Broadcasting, 746 P.2d 295 (1987).

Hunt v. Libert Lobby, 720 F.2d 631 (1983).

Hustler Magazine v. Falwell, 485 U.S. 46 (1988).

Judge v. Rockford Memorial Hospital, 150 N.E.2d 202, 208 (1990).

Lerman v. Flynt Distributing Co. 745 F.2d 123, 139 (2d Cir. 1984).

Masson v. The New Yorker Magazine, Inc., 960 F.2d 896 (1992).

Milkovich v. Lorain Journal Co., 497 U.S. 1 (1990).

Moldea v. New York Times Co., 15 F.3d 1137 (D.C. cir.) rev'd, 22 F.3d 310 (D.C. cir.), cert. denied, 115 S.Ct. 202 (1994).

Nelson v. Associated Press, 667 F.Supp. 1468 (S.D.Fla. 1987)).

Newton v. NBC, 14 Med. L. Rptr. 1914 (1988).

New York Times Co. v. Sullivan, 376 U.S. 254 (1964).

Philadelphia Newspapers v. Hepps, 475 U.S. 767 (1986).

Rosenblatt v. Bear, 383 U.S. 75 (1966)

St. Amant v. Thompson, 390 U.S. 727 (1968).

Tavoulareas v. The Washington Post Co., 817 F.2d. 726 (1987).

Time v. Hill, 385 U.S. 374 (1966).

Waldbaum v. Fairchild Publishing, Inc., 627 F.2d 1287 (D.C. Cir. 1980).

Warford v. Lexington Herald-Leader, 789 S.W.2d 758 (K.Y., 1990).

# 참고문헌

## 국내 문헌

(1) 단행본

권영성 (2004). 『헌법학원론』. 서울: 법문사.
김옥조 (2006). 『보도하는 자의 권리, 보도되는 자의 권리: 명예훼손, 프라이버시와 초상권 침해 그리고 범죄보도의 함정』. 서울: 커뮤니케이션북스.
______ (2007). 『미디어법』. 서울: 커뮤니케이션북스.
김재형 (2012). 『언론과 인격권』. 서울: 박영사.
김주수 (1997). 『채권각론』. 서울: 삼영사.
류종현·심석태 (2015). 『뉴스 저작권』. 서울: 커뮤니케이션북스.
문재완 (2008). 『언론법』. 서울: 늘봄.
박선영 (2002). 『언론정보법연구 I·II』. 서울: 법문사.
박아란 (2015). 『미디어와 명예훼손』. 서울: 커뮤니케이션북스.
박아란·김민정·최지선 (2017). 『공인 보도와 언론의 자유』. 서울: 언론진흥재단.
박용상 (2013a). 『표현의 자유』. 서울: 현암사.
______ (2013b). 『명예훼손법』. 서울: 현암사.
______ (1997). 『언론과 개인법익』. 서울: 현암사.
박재영 외(2013). 『한국 언론의 품격』. 파주: 나남.
성낙인 (1998). 『언론정보법』. 파주: 나남.
______ (2014). 『헌법학』. 서울: 법문사.

심석태 (2015). 『사례와 쟁점으로 본 언론법의 이해』. 서울: 컬처룩.
윤재윤·함석천 (2005). 『언론분쟁과 법』. 청림출판.
이구현 (1998). 『미국 언론법』. 서울: 커뮤니케이션스북스.
이구현·이재진(2001). 『언론소송 10년의 판례 연구: 취재보도의 법률적 쟁점과 극복 방안』. 서울: 언론재단.
이서행 (1991). 『청백리 사상과 공직 윤리』. 도서출판 인간사랑.
이승선 (2013). 『표현 자유 확장의 판결』. 서울: 커뮤니케이션북스.
이은영 (2005). 『채권각론』. 서울: 박영사.
이재진 (2002a). 『한국언론윤리법제의 현실과 쟁점』. 서울: 한양대 출판부.
______ (2003a). 『언론과 명예훼손 소사전』. 서울: 나남.
______ (2006). 『언론 자유와 인격권』. 서울: 한나래.
______ (2009b). 『인터넷 언론 자유와 인격권』. 서울: 한나래.
______ (2013a). 『미디어 법』. 서울: 커뮤니케이션북스.
______ (2013b). 『미디어 윤리』. 서울: 커뮤니케이션북스.
______ (2015). 『한국 언론ADR의 현실과 쟁점』. 서울: 컬처룩.
이재진 외 (2017). 『미디어와 법』. 서울: 커뮤니케이션북스.
이재진·이정기 (2011a). 『표현, 언론 그리고 집회결사의 자유』. 서울: 한양대학교 출판부.
임병국 (2009). 『언론법제와 보도』. 파주: 나남출판
장호순 (2007). 『미국 헌법과 인권의 역사』. 서울: 개마고원.
조준원 (2005). 『언론소송과 판결 읽기: 법적 쟁점과 판결 경향 분석』. 서울: 한울.
차배근 (2014). 『미국신문발달사』. 서울: 서울대학교 출판문화원.
팽원순 (1994). 『한국 언론 법제론』. 서울: 법문사.
______ (1998). 『매스커뮤니케이션 법제이론』. 서울: 법문사.
표성수 (1996). 『언론과 명예훼손』. 서울: 육법사.
한국언론진흥재단 (2008). 『세계의 언론법제: 개인정보보호와 언론』. 서울: 언론진흥재단.
한영학 (2012). 『일본 언론법 연구』. 파주: 한울아카데미.
한영학·이재진 (2017)(역). 『미디어의 자유는 기본권이다』. 서울: 커뮤니케이션북스.

## (2) 학술 논문

강경근 (1999). 프라이버시 침해와 면책 사유. 『언론중재』, 9권 2호, 32-46.
고명식 (2003). 언론에 의한 초상권 침해와 사법적 보호법리. 『언론과 정보』, 9호, 97-137.
공진성 (2012). 프라이버시를 침해하는 것은 누구인가. 『언론중재』, 32권 2호, 47-57.
권태상 (2014). 공직자에 대한 명예훼손. 『법학논집』, 19권 1호, 51-81.
김경호 (2004). 범죄보도로 인한 인격권으로서의 초상권 침해에 관한 연구. 『언론과 사회』, 12권 2호, 88-120.
______ (2010). 명예훼손 관련 보도 특성에 관한 연구. 『언론과 법』, 10권 1호, 235-279.

김경환 (2006). 언론의 사생활 침해에 있어서의 위법성 요건.『언론중재』, 26권 1호, 62-78.

김기중 (2017). 공직자에 대한 명예훼손 소송에서 '신분'으로서 공인 개념 도입을 위한 시론적 모색.『한국언론법학회 2017년 봄철 정기학술대회 발제집』, 69-88.

김민중 (2002). 원고의 신분과 명예훼손 법리의 적용.『언론중재』, 22권 2호, 25-35.

김봉수 (2013). 공인(公人)에 대한 명예훼손 법리의 함의(含意)와 그 한계: 미국의 '공인이론'에 대한 비판적 검토를 중심으로.『刑事法硏究』, 25권 3호, 47-72.

김상배 (2002). 언론과 공인의 윤리적 문제와 명예훼손. 한국언론법학회 제1회 학술심포지엄『한국언론의 현황과 공인의 명예훼손』 발표논문.

김상우 (2010).『인터넷 미디어에서의 반론권 적용에 관한 법제도적 연구』. 한양대학교 대학원 박사학위 논문.

김상우·이재진 (2015). "언론중재위원회 손해배상 제도의 기능과 효율성에 관한 연구,"『언론과 법』, 14권 3호, 135-173.

김수정 (2006). 사생활의 자유와 언론의 자유의 형량: 공공장소에서 촬영된 공적 인물의 사진보도에 관한 유럽의 논의를 중심으로.『민사법학』, 31호, 269-314.

김시철 (2015). 언론·출판의 자유와 인격권의 대립과 조화에 대한 비교법적 검토: 미국의 언론·출판의 자유에 관한 우월적 지위이론, 현실적 악의 원칙 등에 관하여,『저스티스』, 147호, 53-116.

김영철 (1999). 프라이버시권의 보호법익과 법적 성격.『언론중재』, 19권 2호, 6-16.

김웅규 (2013), 공적 사안의 규범적 의미.『홍익법학』, 14권 2호, 191-220.

김재협 (1999). 위법적 취재 관행과 법적 환경『언론중재』, 19권 2호, 62-79.

______ (2005). 새 법률상 정정보도청구권의 법적 성격과 의의.『언론중재』, 25권 1호, 26-41.

______ (2006). 언론의 전문영역 취재보도와 법원의 판결 경향.『언론과 법』, 5권 1호, 33-63.

______ (2014). 기자의 취재 현장 방문 주거침입인가 아니면 정당한 취재활동인가?『언론중재』, 34권 2호, 32-41.

김정아 (2003). 공인의 스캔들과 언론 보도 프레임-'386 정치인 술판'과 '장원 성추행 사건' 관련 신문 보도 분석. 부산대학교 대학원 석사학위논문.

김정아·채백 (2008). 언론의 정치 성향과 프레임: '이해찬 골프'와 '최연희 성추행' 사건의 보도를 중심으로.『한국언론정보학보』, 41호, 232-267.

김준호 (2015). 공인에 대한 명예훼손 - 그 민형사상 면책 구조에 관한 판례 이론의 분석.『동북아법연구』, 9권 2호, 353-385.

김진 (2012). 공적인 인물에 대한 명예훼손에 관한 고찰.『형사법의 신동향 연구』, 36호, 279-317.

김택수 (2002). 판결로 본 연예관련 기사의 법적 문제.『언론중재』, 22권 4호, 4-15.

김재형 (2005). 언론에 의한 인격권 침해에 대한 구제 수단.『언론과 법』, 4권 1호, 55-82.

______ (2014). 공인보도와 인격권.『언론중재』 34권 4호, 62-101.

나낙균 (2006). 독일의 언론관계법 및 언론피해 구제 제도.『언론중재』, 16권 4호, 62-73.

나도원 (2015). 가수와 공인: 이효리는 새로운 모델?『황해문화』, 86권, 340-351.

동세호 (2016).『언론의 초상권 침해에 있어 면책 사유 적용에 관한 연구』. 한양대학교 대학원 박사학위 논문.

류영재 (2016). 명예훼손죄에 대한 헌법합치적 해석론과 재판실무의 운용. 『언론과 법』, 15권 1호, 67-107.
문재완 (2004). 공인에 관한 최근 명예훼손 법리의 비교 연구. 『언론중재』, 24권 1호, 4-41.
문홍주 (1966). 미합중국 최고법원의 최근 판례. 『서울대 법학』, 8권 1호, 98-118.
박경숙 (2002). 집단 갈등 이유의 방송 보도 프레임 분석. 의약분업 뉴스 프레임을 중심으로. 『한국언론학보』, 46권 2호, 310-340.
박경신 (2003). 명예, 초상, 프라이버시 그리고 표현의 자유에 관한 비교법적 분석. 『헌법실무연구회 제41회 발표회 발표문』.
박선영 (2002). 한국 언론의 특성과 2000년 이후의 언론소송분석. 한국언론법학회 제1회 학술심포지엄 『한국언론의 현황과 공인의 명예훼손』 발표논문.
______ (2001). 공무원에 대한 명예훼손의 법리. 『법학』, 42권 1호, 258-287.
______ (1998). 언론에 의한 명예훼손에서의 '공익성'과 '진실성' 및 현실적 악의. 『언론중재』, 18권 4호, 38-58.
박순국 (1993). 취재권과 초상권. 『신문과 방송』, 267호, 33-37.
박종렬 (1998). 보도와 광고에서 초상권의 법적 문제. 『입법조사연구』, 254호, 271-303.
박형상 (2001). "판례로 살펴본 언론의 소송대처 전략." 이구현, 이재진 (2001). 『언론소송 10년의 판례연구』. 한국언론재단.
배금자 (2002a). 검사의 언론상대 명예훼손 소송을 반대함. 『시민과 변호사』, 1월호, 29-35.
______ (2002b). 공직자의 명예훼손 소송과 그 법리. 『언론중재』, 22권 2호, 22-36.
______ (2002. 6. 3.). 집단소송으로서의 명예훼손의 문제점. 한국언론법학회·한국언론재단 공동주최 『한국 언론의 현황과 공인의 명예훼손』심포지움 발표문.
배병일 (2001). 언론사 간 매체비평과 소송의 한계. 『언론중재』, 21권 4호, 4-19
성낙인 (1999). 공적기록의 보도와 사생활 보호. 『언론중재』, 19권 2호, 17-31.
성선제 (2002). 언론의 자유와 공직자의 명예훼손: 미국의 판례법을 중심으로. 『서강법학연구』, 4호, 197-216.
______ (2002). 온라인상 명예훼손의 문제점. 한국언론법학회 제1회 학술심포지엄 『한국언론의 현황과 공인의 명예훼손』 발표논문.
성일권 (2010). 프랑스 공직자 명예훼손에 관한 법제와 소송 사례. 『2010 한국언론정보학회 봄철 학술대회라운드테이블 자료집』.
손석윤 (2010). 공적 인물의 인격권과 언론의 자유: 독일 연방헌법재판소와 유럽인권법원의 캐롤라인 결정을 중심으로. 『공법연구』, 39집 1호, 223-254.
손연원 (1998). 초상권 침해에 대한 동의 한계. 『언론중재』, 18권 4호, 71-81.
손영준 (2012). 언론조정·중재 사례를 통해 본 초상권 침해 현황 및 특징. 『언론중재』, 32권 4호, 7-19.
손원선 (2009). 사진 또는 동영상 공개로 인한 사생활의 비밀과 자유의 침해에 대한 보호: 위법성 판단 기준에 관하여. 『안암법학』, 29호, 189-224.
손태규 (2005). '현실적 악의규정'에 대한 인식과 판단: 한국법원과 외국 법원의 비고연구. 『한국언론학보』, 49권 1호, 192-220.

______ (2013a). 성직자와 종교 단체도 공인인가? 『공법연구』, 42권 4호, 253-284.
______ (2013b). 언론의 기능과 역할에 대한 사법부의 인식과 판단: 한국과 미국의 비교 연구. 『미국헌법연구』, 24권 3호, 99-141.
______ (2013c). 반론권의 정치적 활용: 대통령과 언론중재위원회. 『공법연구』, 42권 2호, 63-94.
______ (2013d). 언론의 사회적 책임론과 공적 책임론 수용의 문제: 한국과 세계 각국의 언론법제 비교 연구. 『공법학연구』 14권 3호, 55-86.
손형섭 (2008). 프라이버시권, 명예권, 언론 자유의 법적 관계: 표현의 진실성을 중심으로. 『언론과 법』, 7권 1호, 309-344.
신규호 (1980). 명예·프라이버시·초상권이 방송의 침해 가능 법익-선진방송제도 도입으로 사적 권익의 보호에 힘써야. 『신문과 방송』, 120권, 33-39.
신평 (2004). 판례에 나타난 현실적 악의론의 한국적 수용. 『세계헌법연구』, 10권, 145-170.
심석태 (2011). 공인 개념의 현실적 의의와 범위에 대한 고찰: 법무부 '수사공보준칙'에 나타난 공인 개념을 중심으로. 『언론과 법』, 10권 2호, 207-236.
______ (2014). 한국에서 초상권은 언제 사생활권에서 분리되었나: 학설과 판례에서의 초상권의 독립적 인격권 인정 과정과 그 영향. 『언론과 법』, 13권 1호, 251-282.
안상운 (1995). 『언론 보도와 인격권 보호에 관한 연구: 특히 인격권으로서의 명예권과 프라이버시권을 중심으로』. 고려대학교 언론대학원 석사학위 논문.
양경승 (1998). 언론피해구제 관련 법률의 입법론적 개선방향과 전망. 『언론중재』, 18권 4호, 18-25.
안용교 (1982). 초상권의 개념과 의의. 『언론중재』, 3호, 6-13.
양승목 (1997). 언론과 여론: 구성주의적 접근. 『언론과 사회』, 17호, 6-40.
양승현 (2012). 『한국 저널리즘의 뉴스 프레이밍 변화 연구: 『조선일보』, 『서울신문』, 『한겨레』의 한미 FTA 보도 비교를 중심으로』. 성균관대 대학원 박사학위 논문.
양재규 (2009). 당사자 신원 보호, 영상·음성 모두 보호해야. 『신문과 방송』, 6월호, 96-101.
______ (2014). 공인 아닌 일반 피의자 얼굴 공개는 위헌. 『신문과 방송』, 6월호, 96-101.
______ (2017). 공인보도에 대한 실무적 접근과 그 법적 함의. 『한국언론법학회 2017년 봄철 정기학술대회 발제집』, 47-68.
양정혜 (2001). 사회갈등의 의미 구성하기. 의료 분쟁 보도의 프레임 분석을 중심으로. 『한국언론학보』, 45권 2호, 284-315.
엄기형 (1965). 언론규제의 내용과 한계. 『신문연구』, 6권 1호, 8-14.
엄동섭 (1998a). 언론 보도와 초상권 침해: 하급심 판례를 중심으로. 『민사판례연구』, 제21호, 751-776.
______ (1998b). 언론 보도와 초상권 침해: 판례를 중심으로. 『언론중재』, 18권 2호, 24-37.
______ (1999). 방송과 초상권. 『방송문화』, 214호, 50-53.
______ (2007). 초상권 보호의 한계. 『민사법학』, 38호, 175-209.
염규호 (1994a). 미국의 언론법과 사법제도: 명예훼손 및 사생활 침해사건의 관점에서. 『언론중재』, 14권 1호, 47-61.
______ (1994b). 미국에서의 프라이버시 침해와 언론의 자유: 판례를 중심으로. 『언론중재』, 14권 4호, 52-70.

______ (1999). 공직자와 명예훼손: 미국 언론법의 '현실적 악의'를 중심으로. 『언론중재』 19권 4호, 82-94.

______ (2000). 공적 인물과 명예훼손: 미국 언론법의 현실적 악의를 중심으로. 『언론중재』, 20권 1호, 62-81.

______ (2014). 설리번 판결 50주년과 언론의 자유: 제1수정헌법의 국제적인 영향. 『언론중재』, 34권 1호, 56-69.

위엽 (2012). 한·중 연예인 인격권 침해 판례에 관한 연구. 한양대 대학원 석사학위논문.

유의선 (2008). 디지털 취재환경에서의 초상권 침해와 구제. 『언론과 법』, 7권 1호, 383-414.

______ (2015). KBS 문창극 보도의 쟁점과 해석: 공정성 및 암묵적 명예훼손 관점에서. 『언론과 사회』, 23권 1호, 139-177.

유일상 (2003). 국민의 알 권리와 프라이버시의 갈등과 조정방안. 『방송과 커뮤니케이션』, 4호, 168-169.

유제민 (2014). 공인보도와 인격권. 『언론중재위 2014년도 정기세미나 종합자료집』, 67-71.

윤성옥 (2007a). 한국 스타의 권리 상품화에 관한 연구: 1990년-2007년까지 스타의 권리 분쟁을 중심으로. 『방송문화연구』, 19권 2호, 91-122.

______ (2007b). 공인의 미디어 소송 특징과 국내 판결 경향에 관한 연구. 『한국언론정보학보』, 40호, 150-191.

______ (2008). 국가기관의 반론권 보호 범위와 제한에 관한 연구: 법원의 반론보도청구 판결을 중심으로. 『한국방송학보』, 22권 1호, 121-161.

윤용석 (1989). 언론의 불법행위책임: 미국의 Case Law를 중심으로. 『언론과 정보』, 4호, 143-174.

이명웅 (1996). 『한국헌법의 '자유주의' 이념』. 서울대학교 대학원 박사학위 논문.

이민영 (2010). 미국에서의 프라이버시와 언론 보도. 『미국헌법연구』, 21권 3호, 1-43.

이근옥 (2012). 공직자 공인이 제기한 언론소송의 유형과 면책 법리의 특성. 『한국언론학회 학술대회 발표논문집』.

이부하 (2012). 공인(公人)의 인격권과 표현의 자유. 『서울대법학』, 20권 1호, 43-77.

이승선 (2003). 공적 인물에 대한 명예훼손법과 형법 제310조에 의한 위법성 조각. 『한국방송학보』, 17권 3호, 147-176.

______ (2004). 연예인의 인격권 침해유형과 언론소송에 있어서 '공적 지위'의 특성에 관한 연구. 『한국방송학보』, 18권 3호, 293-334.

______ (2007). '공적 인물'이 청구한 명예훼손 소송의 특성과 함의. 『방송과 커뮤니케이션』, 8권 1호, 96-131.

______ (2013). 채동욱 취재보도 사건의 교훈. 『관훈저널』, 129호, 58-65.

______ (2014). 공인이란 누구인가? 『한국인터넷자율정책기구 2014 세미나 발표자료집』.

______ (2016). 명예훼손 사건에서 공직자의 이중적 지위, 법원은 어떻게 보고 있나. 『언론중재』, 36권 2호, 18-35.

______ (2017). 한국 공인 연구 30년 회고. 『한국언론법학회 2017년 봄철 정기학술대회 발제집』, 1-45.

이승선·김연식 (2008). 범죄보도로 인한 인격권의 침해와 문제점. 『사회과학연구』, 19권 3호, 65-94.

이재경·임유진 (1999). 공인 보도 명예훼손 소송 판례. 『신문연구』, 71호, 188-209.
이재진 (1998). 인터넷 상의 명예훼손 현상에 대한 비판적 고찰: 미국의 경우를 중심으로. 『언론중재』, 18권 1호, 25-35.
______ (1999). 명예훼손법상의 공인과 언론에 나타난 공인의 개념적 차이에 대한 연구. 『한국언론학보』, 43권 4호, 147-176.
______ (2002b). 사생활 침해 판례에서 나타난 면책 사유의 가상공간에서의 적용성 연구. 『한국방송학보』, 16권 4호, 246-278.
______ (2002c). 언론 자유와 명예권의 갈등에 관한 연구. 『언론과 사회』, 10권 2호, 73-110.
______ (2002d). 언론 관련 명예훼손 소송 추이 비교: 한·미·일 판례를 중심으로. 『언론중재』, 22권 2호, 37-51.
______ (2003b). 방송에서의 공인의 의미에 대한 법제론적 고찰: 명예훼손 관련 판례 분석을 중심으로. 『미디어 경제와 문화』, 1권 1호, 107-144.
______ (2004). 연예인 관련 언론소송에서 나타난 한, 미간의 위법성조각사유에 대한 비교연구: "공인이론"과 "알 권리"를 중심으로. 『한국방송학보』, 18권 3호, 7-50.
______ (2008). 언론의 파수견 개념의 발전과 적용. 『한국언론정보학보』, 41호, 108-144.
______ (2009a). 대중스타의 사생활 정보 공개의 한계와 법적 쟁점. 『언론중재』, 29권 4호, 22-34.
______ (2011a). 공인의 사생활 보도 어디까지가 한계인가? 『관훈저널』, 119호, 83-89.
______ (2011b). 주요 국가의 언론피해 구제방식 비교 고찰. 『언론중재』, 31권 1호, 20-34,
______ (2013c). 공인의 사생활 보도의 실제와 한계. 『언론중재』, 33권 4호, 6-13.
______ (2013d). 방송에 의한 명예훼손 및 초상권 침해. 『방송통신 심의동향』, 5호, 81-89.
______ (2014). 공인보도와 인격권. 『언론중재위원회 2014년 정기세미나 발제집』.
이재진·동세호 (2015). 방송 관련 초상권 침해 소송에서 나타난 '동의'의 적용 법리에 대한 연구. 『언론과 법』, 14권 1호, 101-148.
이재진·이성훈 (2003). 명예훼손 소송의 위법성 조각사유로서의 공익성에 대한 연구. 『한국 언론정보학보』, 통권 20호, 141-176.
이재진·이정기 (2010). 인터넷 논객의 표현과 제한법리에 관한 연구. 『한국언론학보』, 54권 5호, 59-85.
______ (2011b). 한국과 중국 명예훼손법상의 '공인' 개념에 관한 비교 연구: 관련 판례 분석을 중심으로. 『언론과 법』, 10권 2호, 237-277.
이재진·이창훈 (2010). 법원과 언론의 공인 개념 및 입증책임에 대한 인식적 차이 연구. 『미디어 경제와 문화』, 8권 3호, 235-286.
이재진·정영주 (2007). 명예훼손 소송에 나타난 기업의 공익성 요건에 대한 탐색. 『방송과 커뮤니케이션』, 8권 2호, 156-192.
이재진·최진호 (2015). 언론사 간 명예훼손 소송에서 나타난 법원의 언론비평 및 언론사의 지위와 표현의 자유와 대한 인식 연구. 『언론과 사회』, 23권 1호, 96-138.
이정기·이재진 (2014). 영화의 표현과 제한법리에 관한 탐색적 연구. 『한국언론학보』, 58권 3호, 151-182.
이준웅 (2001). 갈등적 이슈에 대한 뉴스 프레임 구성방식이 의견형성에 미치는 영향. 『한국언론학보』, 46권 1호, 441-482.
이중한 (1986). 대중지의 공인·유명인의 보도현실. 『언론중재』, 6권 2호, 23-30.
이창근 (1998). 은폐적(Undercover) 취재 행위의 위법성과 헌법적 구제에 대하여: 몰래카메라와 위장 취재에 관한 미국 판례를 중심으로. 『한국방송학보』 11권, 77-116.
이효성 (1999). 공인의 명예훼손과 언론 자유. 『저널리즘비평』, 28권, 90-97.
이훈구 (2001). 초상권과 무관해도 무조건 취재 거부: 사진기자가 보는 초상권 『신문과 방송』, 3월호, 38-42.
이희경 (2009). 정치인에 대한 명예훼손죄-비교법적 고찰을 중심으로. 『형사정책』, 21권 1호, 142-146.
이태노 (1967). The New York Times Co. v. Sullivan: 언론·출판의 자유와 공무원에 대한 비평의 한계. 『서울대 법학』, 9권 1호, 188-206.
임유진 (1998). 『언론 보도로 인한 개인의 명예훼손 판례 분석: 공인에 대한 보도의 한계는 어디인가?』. 이화여자대학교 대학원 석사학위논문.
장원상 (2014). 판결에 나타난 공인 개념. 2014년 언론중재위원회 정기세미나 연구발표 자료.
정태훈·김훈집 (2015). 영국의 명예훼손죄 폐지와 그 교훈. 『경희법학』, 50권 1호, 3-48.
전광백 (2011). 프라이버시의 침해. 『법학연구』, 14권 1호, 123-150.
조동시 (2002). 공인에 대한 명예훼손 법리 세분화해야: 한국언론법학회 창립 기념 심포지엄. 『신문과 방송』, 통권 379호, 118-122.
조영래 (1986). 초상권과 사생활의 보호. 『신문과 방송』, 189호, 42-45.
조준원 (1998). 96년 이후 언론사 승소율 상승 추세: 1990년대 언론 관련 손해배상 소송 판결 분석. 『신문과 방송』, 334호, 119-123.
차용범 (2001). 공인의 명예훼손에 대한 사법적 논의의 한계. 『한국언론학보』, 45권 2호, 387-421.
______ (2002). 공인의 명예훼손에 대한 판결 기준의 변화 추세-판례 분석을 중심으로. 『한국언론학보』, 46권 2호, 414-445.
차형근 (2012). 국내 초상권 관련 판결 경향에 관한 고찰. 『언론중재』, 32권 1호, 67-89.
한국언론법학회 (2002). 한국언론법학회 제1회 학술심포지엄 자료집 『한국언론의 현황과 공인의 명예훼손』.
한병구(1993). 보도사진과 초상권: 어제와 오늘. 『신문과 방송』, 267호, 26-29.
한상범 (1982). 사진보도와 초상권. 『언론중재』, 2권 2호, 14-20.
______ (1986). 언론 보도와 공인·유명인. 『언론중재』, 6권 2호, 16-22.
한위수 (1999). 프라이버시 침해 관련 국내 판결의 동향. 『언론중재』, 19권 2호, 46-61.
______ (2002a). 공인에 대한 명예훼손의 비교법적 일고찰: 현실적 악의 원칙을 중심으로. 『저스티스』, 69호, 131-157.
______ (2002b). 공인에 대한 명예훼손의 비교법적 일고찰. 『언론과 법』, 1권, 145-186.
______ (2004). 공인 관련 보도의 법적 제문제: 공인의 명예훼손 소송 관련 국내 판결의 경향. 『언론중재』, 24권 1호, 22-36.
______ (2007). 명예훼손에 특유한 위법성조각사유에 대한 고찰. 『사법』, 1권 1호, 37-81.
한지영 (2008). 초상과 성명의 보호에 관한 연구: 초상권과 성명권의 침해구제를 중심으로. 『중앙법학』, 10권 3호, 245-279.
함석천 (2006). 초상권에 대한 새로운 인식과 법리 전개. 『법조』, 55권 12호, 191-222.
_____ (2011). 법원판결과 언론환경의 변화: 1980년대 이후 변환과정의 역사적 고찰. 『언론중재』, 31권 2호, 49-59.
허순철 (2015). 영국의 명예훼손법 개정과 그 의미. 『공법학연구』, 16권 4호, 125-146.
홍지아 (2009). 신문기사 프레임 분석을 통해 본 성폭력의 의미 구성: 중앙일보와 한겨레의 보도를 중심으로. 『한국방송학보』, 23권 5호, 458-498.

(3) 기타

기자협회보. 2014. 4. 30., 3면
경향신문 (2015. 12. 17.). 가토 전 지국장 무죄 판결, 박 대통령 언론통제 반성하는가, http://news.khan.co.kr/kh_news/khan_art_view.html?artid=201512172058275&code=990101
김홍진 (2015. 10. 31.). [독자생각] 정명훈의 형은 정명훈이 아니다. 『조선일보』, http://news.chosun.com/site/data/html_dir/2015/10/30/2015103004344.html
동아일보 (2010. 04. 20.). 전교조 교사 명단 공개로 학부모 평가 시작됐다, http://news.donga.com/ 3/all/20100420/27695784/1
중앙일보 (2014. 10. 11.). 산케이 전 지국장 기소에 대한 우리의 시각, http://news.joins.com/ article/16079124
박주현 (2011), "중앙대 로스쿨, 중국 정법대학 한국법센터 소장 오일환교수 특강", 『인터넷법률신문』, 2011. 5. 23.
성기명 (2010). 심각해지는 중국 내 '혐한감정', 이대로 괜찮은가. 『노컷뉴스』, 2010. 8. 4.
안대용 (2015. 12. 18). [판결] '박 대통령 명예훼손' 카토 산케이 前지국장 무죄. 『법률신문』, https://www.lawtimes.co.kr/Legal-News/Legal-News-View?serial=97463
연합뉴스 2012. 9. 18.자 "佛법원, 케이트 노출사진 추가보도·재판매 금지".
원우현 (1998. 4. 18.). 공인과 사생활. 『조선일보』, 종합 3면.
이현우 (2011). '중국發 혐한' 어디까지 대응해야 하나? 『스타투데이』. 2011. 1. 4.
조선일보 (2009. 02. 01.). 反사회적 범죄자 얼굴 공개하는 게 옳다, http://news.chosun.com/site/data/html_dir/2009/02/01/2009020100791.html
중앙일보 (2014. 10. 11.). 산케이 전 지국장 기소에 대한 우리의 시각, http://news.joins.com/ article/16079124
한겨레신문 (2007. 09. 14.). 신정아 보도 선정성 위험 수위 넘었다, http://www.hani.co.kr/arti/opinion/editorial/236063.html
_____ (2009. 02. 07.). '이 대통령 BBK보도 소송' 1심 판결에 대한 한겨레 입장/유력 대통령후보 검증은 언론의 의무, http://www.hani.co.kr/arti/politics/politics _general/337 393.html

※ 내용 분석 및 프레임 분석에 이용된 신문 기사의 경우 너무 많은 관계로 생략함.

## 외국 문헌

(1) 영문

Amponsah, P. N. (2001). *Political speech and defamation of public figures: A comparative analysis of prevailing jurisprudence in the United States, the European Court of Human Rights, the United Kingdom and Australia*. Unpublished Ph.D. dissertation at Southern Illinois University-Carbondale.

Beer, L. W. (ed.) (1984). *Freedom of expression in Japan: A study in comparative law, politics, and society*. Tokyo: Kodansha International, Ltd.

Bezanson, R. P., Cranberg, G., & Soloski, J. C. (1987). *Libel law and the press: Myths and reality*. New York: Free Press.

Blasi, V. (1977). The checking value in First Amendment theory. *American Bar Foundation Research Journal 1977*, 521-582.

Bollinger, L. C. (1991). *Images of a free press*. The University of Chicago Press.

Brown, W. (1970). *Imagemaker: Will Rogers and the American Dream*. University of Missouri Press.

Burr, S. L. (2004). *Entertainment law*. Thomson West.

Calvey, M. J., et. al. (1987). Foreign defamation law. In H. Kaufman, (ed.). *LDRC (Libel Law Resource Center), 50 state survey 1987: Current developments in media libel and invasion of privacy law*. New York: Libel Defense Resources Center.

Dworkin, R. (1996). *Feedom's law: The moral reasoning of the American constitution*. MN: Havard Univ. Press.

Dyer, R. (1982). Stars. 주은우 역 (1995). 『스타: 이미지와 기호』. 서울: 한나래.

Entman, R. M. (1993). Framing: Towards clarification of a fractured paradigm. *Journal of Communication*, 43(4), 51-58.

Errera, R. (1985). Press law in France, in Lahav, P. (ed). *Press law in modern democracies*. New York: Longman.

Fuller, L. K. (1994). *Community television in the United States: A sourcebook on public, educational, and governmental Access*. Westport: Greenwood Press.

Gamson, W. A., & Modigliani, A. (1989). Media discourse and public opinion on nuclear power: A constructionist approach. *American Journal of Sociology 95*(1), 1-37.

Gilmore, M. D. (1992). *Power, publicity, and the abuse of law*. NY: Oxford University Press.

Gitlin, T. (1980). *The whole world is watching: Mass media in the making and unmaking of the New Left*. Berkeley: University of California Press.

Glasser Jr, C, J. (3rd. ed) (2013). *International libel & privacy handbook*. New Jersey: Bloomberg Press.

Gleason, T. W. (1990). *The watchdog concept*. Ames, IA: Iowa State Univ. Press.

Goffman, E. (1974). *Frame analysis: An essay on the organization of experience*. New York: Harper & Row.

Haley, J. O. (ed.)(1988). Law and society in contemporary Japan: American Perspectives. Dubuque, IA: Kendal and Hunt Publishing Co.

Horibe, M. (1985). Press Law in Japan, in P. Lahav, (ed.). *Press law in modern democracies: A comparative study*. New York: Longman.

Hopkins, W. W. (ed.) (2015). *Communication and the law*. Northport: Vision Press.

Iyengar, S. (1991). *Is anyone responsible? How television frames political issues*. Chicago: University of Chicago Press.

Iyengar, S., & Kinder, D. R. (1987). *News that matters: Television and American opinion*. Chicago: University of Chicago Press.

Kohl, H. (1985). "Press law in the federal Republic of Germany." In Press law in modern democracy: A comparative study, ed. Lahav, P. New York: Longman.

Kovach, B., & Rosenstiel, T., (2007). *The elements of journalism*. 이재경 역(2009). 『저널리즘의 기본 원칙』. 서울: 언론진흥재단.

Kunstadt, R. M. (1980). *The protection of personal and commercial reputation*. Deerfield Beach: Verlag Chemie.

Lee, J. (2010). Disclosure of a celebrities' privacy: Limitations and legal issues. *Korea Journalism Review* 4(1), 102-113.

______ (1999). Libel law and the press: Struggle of the Korean press to establish public person privilege against libel litigation. *Gazette 61*(5), 433-446.

______ (1998). Press Freedom, the Press Arbitration System, and Social Changes in South Korea: 1981-1996. Unpublished Ph.D. diss., Southern Illinois University-Carbondale.

Loffler, M., Heribert, G., & Heribert, G. F. (1974), Das Gegendarstellungsrecht in Europa: Moglichkeiten der Harmonisieung (The Right of Reply in Europe: Possibilities of Harmonization) (Monich: C.H. Beck'sche Verlagsbuchhandlung, 1974).

McChesney, R. W. (2004). *The problem of the media*. New York: Monthly Review Press.

Melkonian, H. (2011). *Defamation, libel tourism, and The Speech Act of 2010: The first amendment colliding with the common law*. Amherst: Cambria Press.

Mowlana, H. & Chin, C. (1971). Libel Laws of Modern Japan and South Korea are Compared. *Journalism Quarterly 48*, 326-330.

Nelson, H. L., Teeter, D. L., & Le Duc, D. R. (1989). *Law of mass communication*. Westbury, NY: The Foundation Press, Inc.

Nordhaus, J. E. (1999). Celebrity' rights to privacy: How far should the paparazzi be allowed to go? *Review of Litigation 18*(2), 285-316.

Oster, J. (2015). *Media freedom as a fundamental right*. Cambridge University Press.

Pember, D. R., & Calvert, C. (2007/2008). *Mass media law*. New York, NY: McGraw-Hill/Higher.

Rosenberg, N. L. (1990). *Protecting the best men*. Chaple Hill, NC: UNC Press.

Schauer, F. (1980). Social foundations of the law of defamation: A comparative analysis. *Journal of Media Law and Practice 1*, 3-23.

______ (1984). Public Figures. *Wm. & Mary Law Review 25*, 905-954.

Sanford, B. (2000). *Libel and privacy (2nd ed)*. CO: Aspen Publishers.

Scheufele, D. A. (1999). Framing as a theory of media effects. *Journal of Communication 49*(4), 103-122.

Schwarz, U. (1966). *Press law for our times: The example of the German legislation*. Zurich: International Press Institute.

Seib, P. (2001). *Going live: Getting the news right in a real-time, online world*. New York: Rowman & Littlefield.

Smith, J. A. (1981). Further steps toward a theory of press control. *Journalism History 8* (autumn-winter), 93-94.

______ (1988). *Printers and press freedom: The ideology of early American journalism*. New York: Oxford University Press.

Smolla, R. (2014). *Law of defamation, 3d ed*. St. Paul, Minn: West Group.

______ (1993). *Free speech in an open society*. New York: Vintage.

Sunstein, C. (1993). *Democracy and the problem of free speech*. New York: Free Press. Co.: Aspen Publishers, Co.

Tanaka, H. (ed.) (1988). *The Japanese legal system: Introductory cases and materials*. Tokyo: University of Tokyo Press.

Tuchman, G. (1978). *Making news: A study in the construction of reality*. New York: Free Press.

Ware, H. E. (1997). Celebrity privacy rights and free speech: Recalibrating tort remedies for "outed" celebrities. *Harvard Civil Rights-Civil Liberties Law Review, 32*(2), 449-489.

Wimmer, R. D., & Dominick, J. R. (1994). *Mass media research: An introduction(4th ed.)*. 유재천 김동규 역 (1995). 『매스 미디어 조사방법론』. 서울: 나남.

Yamanaka, H. et al. (eds.) (1986). *Japanese communication studies of the 1970s*. Honolulu: University of Hawaii Press.

Youm, K. (1996). *Press law in South Korea*. Ames, IA: Iowa State University Press.

Zelizer, B. (2004). *Taking journalism seriously: News and academy*. 이강형 · 최현주역(2010). 『왜 저널리즘은 항상 제자리 걸음이었나』. 서울: 커뮤니케이션북스.

### (2) 기타

呂娜 (2003). 論公衆人物名譽權的保護. 『文學与藝術』, 2003. 1期, 6-11.

吴飞 (2003). "名譽權与表达自由之冲突-实际原则评析", 『中国传媒报道』, 2003年 第1期, 6-7.

竇衍瑞 (2005). 新聞權与公衆人物名譽權的冲突与救濟. 『广西政法管理干部學院學報』, 2005年 第5期.

王利明 (2005). 公衆人物人格權的限制.『中州學刊』, 第2期, 23-26.
于森·杨燕川 (2006). 論新聞報道中的公衆人物原则.『当代传播』, 第5期, 55-57.
郭倩倩 (2007).『論公衆人物隱私權保護与限制的平衡』. 對外經濟貿易大學 碩士學位論文.
魏永征 (1994).『被告席上的記者』. 上海:上海人民出版社.
______ (2007). 考察"公衆人物" 概念在中國大衆媒介誹謗案件中的應用 ,『中國傳媒告』, 第7期 20-43.
陳泰志 (1999). 論新聞誹謗指控的定性依據及防控對策. 載於中國新聞法制研究中心編,『新聞 法制全國學術硏討會論文集』. 北京 : 中國民主法制出版社.
賀衛方 (1998). 傳媒與司法三題.『法學硏究』, 6, 3-10.
______ (2001).『我國輿論監督的理論與建構.載於陳力丹自選集』. 上海 : 復旦大學出版社.
魏永征 (1994).『被告席上的記者』. 上海:上海人民出版社.
______ (2007). 考察"公衆人物" 概念在中國大衆媒介誹謗案件中的應用.『中國傳媒報告』, 7期, 20-43.
顧崢 (2007). 公衆人物隱私權与大衆知情權的冲突与平衡, 浙江師范大學.
王飛 (2006). 論公衆知情權与隱私, 東北師范大學.
劉明非 (2010). 新聞報道与公衆人物的隱私權.『新聞愛好者』2010,10 (上)

山田隆司 (2008).『公人とマス·メディア-憲法的名譽毀損法を考える』. 東京: 信山社.
曾我部眞裕 (2013).『反論權と表現の自由』. 東京: 有斐閣.
宇賀克也·長谷部恭男(編) (2012).『情報法』. 東京: 有斐閣.
松井修視(2012).クチャ__情報法. 京都: 法律文化社.
石村善治 (1992).『言論法硏究(1)』. 東京: 新山社.
松井修視 (1979), "反論權," 石村善治 (편), 開かれたマスユミとわ. 東京: 時事通信社.
榛村專一 (1933).『新聞紙法制論』. 東京: 日本評論社.
李在鎭·鄭榮珠·李在鎬(2005). 企業と世論に關硏究: 韓國企業の名譽毀損訴訟を中心に.『星城大學硏究紀要』2号, 121-142.
松井茂記 (2007).『日本國憲法』. 東京: 有斐閣.
山田隆司『公人とマス·メディア憲法的名譽毀損法を考える』( http://www.shinzansha.co.jp/book/b187349.html )
紙谷雅子『パブリック·フィギュアと現實の惡意--公的な人物に對する名譽毀損』『月刊法學敎室』(236), 15-17, 2000-05

## 찾아보기

### ㄱ

개리슨 사건 34, 266
객관성 20, 358
갬슨과 모디글리아니 400
거츠 대 웰치 사건 47, 357
거츠 사건 17, 48, 261, 267, 274-5, 284, 433
골드워터 대 긴즈버그 사건 292
공개적 영역 165
공공성 40, 57-8, 93, 100, 102-4, 108, 124, 138, 185, 240, 338, 341, 353-4, 356, 381, 387, 392, 394, 399, 427-30
공복 14, 36, 382, 458
공익성 40, 74, 93, 102, 104, 110-1, 117, 120-1, 124, 137, 180, 185, 198, 200-1, 205, 208, 217, 219, 237, 240, 244-6, 254-5, 280, 287, 340-1, 344, 375, 392, 446
공인 13-8, 21-5, 27-46, 48-56, 58-76, 81-2, 84, 86-9, 95-7, 99-107, 110-1, 113-20, 122-30, 133-9, 148, 150-1, 156-62, 167-8, 173-9, 181-2, 184-9, 199-201, 206, 209-11, 214, 217-9, 221-2, 237, 244, 246, 250, 252-4, 259-61, 267-9, 272, 274-5, 279-82, 284, 287-9, 295-7, 300-2, 305, 307-8, 310-1, 315-7, 322-6, 329-30, 332, 334-5, 338, 340, 346-8, 350-1, 353-61, 363-75, 379-99, 401-12, 414-6, 418-35, 437-8, 440-1, 443-62
공인 정신 383, 458
공인 프레임 396, 418
공인 법리 24, 41, 43-4, 46, 69, 73, 76, 95, 130, 132, 194, 315, 355, 430, 433, 440-5, 457-8, 461

공인원칙 24, 41, 43-4, 46, 69, 73, 76, 95, 130, 132, 194, 315, 355, 430, 433, 440-5, 457-8, 461
공인이론 16, 18, 22, 24-5, 28-39, 42, 44-6, 49, 56, 59, 61, 69, 76-7, 87, 95-6, 101, 103, 105, 113, 123, 136-7, 139-40, 160, 211, 259-60, 265, 269-70, 272, 275-6, 278-9, 308, 319, 322, 329-30, 340, 348, 350, 355, 357, 360, 365, 367, 372-5, 387, 397, 402, 422-3, 430-1, 440, 444-5, 450-1, 459-60, 462
공적 관심사 36, 40, 47, 49, 66, 100, 105-6, 126, 147-8, 153-4, 159, 183-4, 186, 209, 217, 254, 261, 263-4, 266, 269, 272-5, 288, 316, 325-6, 334-5, 337, 343, 346-7, 356-7, 397
공적 기록 154, 186, 287
공적 사안 14, 21, 38, 41, 44-5, 47, 88, 106, 111, 412, 424, 443, 460
공적 인물 14-6, 18, 21, 24, 27, 33, 35-6, 38-52, 55-7, 59-61, 74, 76, 87-8, 96, 100-1, 103, 105-7, 110-1, 113, 118, 120, 123, 125, 128-9, 138, 154-8, 174, 178, 186, 189-90, 192, 209, 217, 221-2, 232, 260-1, 267-8, 271, 277-8, 280-2, 284, 289-91, 296, 311, 324, 350-1, 356-8, 361, 364, 382, 385, 389, 402, 405-6, 409, 422, 429, 433, 457-8, 460-1
공정한 논평 105, 276, 321
공정한 보도 276-7
공직자윤리법 58, 113-4
관훈저널 151, 205
관훈클럽 151, 205
국민의 알 권리 13, 36, 39-40, 48, 58, 67-9, 105, 157, 161, 172, 175-7, 194, 198, 219, 254, 285, 348, 353, 356, 392, 394, 397, 399, 403, 408-10, 412-5, 417-20, 428, 437, 460, 462
국민의 알 권리 프레임 410-20, 459
글리슨 19
김기중 45, 92
김옥조 39, 59, 173, 211
김일수 50
김재형 13, 15, 17, 22, 37, 43, 62, 94, 199, 280, 324, 328

ㄴ

낚시성 기사 455
내밀영역 163, 165-6, 168, 327
내밀한 영역 45, 158, 160, 168, 176, 182, 397, 418

ㄷ

대중계몽 185
대중스타 15, 28, 159, 170-7, 179-82, 188-9, 384

던 앤드 브래스스트리트사 대 그린모스 건설회사 사건 269
데즈닉 대 ABC사 사건 307
도덕성 프레임 410-20
동세호 44, 77, 139, 161, 217
동의 37, 63, 74, 145-7, 154-5, 159-60, 163-5, 169, 171, 182-4, 189, 191, 198-201, 203, 205, 207-8, 210-11, 214-8, 237, 240-4, 246, 250-1, 253-6, 286, 324, 330, 335-7, 350, 446

ㄹ

러먼 대 플린트 출판사 사건 268
레이놀즈 대 타임즈 사건 320
로젠블랏 대 베어 46
로젠블룸 대 메트로 미디어 사건 261
로젠블룸 사건 267, 272-4
류영재 136
리스테이트먼트 146, 271, 283

ㅁ

매이슨 대 뉴요커 매거진 사건 305
면책 사유 17, 24, 38, 56, 68, 100-1, 104, 153, 157, 161, 175-6, 198-200, 205-6, 211, 213-5, 217, 240-1, 246, 253, 255, 276-7, 303, 323, 335, 343, 351, 370, 403, 433, 441, 445-52, 460
면책 사유 프레임 403, 410-7, 459
명예훼손 13-6, 18, 23-4, 28, 30-1, 34, 36, 38-44, 54-7, 59-60, 68-70, 73-7, 81-4, 86-108, 110-1, 115, 118-9, 121-2, 125-6, 128, 130, 132-6, 133-9, 145, 150, 152-3, 156-7, 159, 161, 173, 175-6, 190, 199, 201, 220-33, 237, 240, 247-8, 253-5, 260-4, 266-71, 273-84, 287-91, 295-301, 303-8, 310-1, 316, 318-24, 329, 332-4, 340-9, 354-5, 359-60, 363, 365, 367, 368, 372, 381, 385-7, 389-90, 395-6, 397-8, 401-2, 405-6, 403, 412, 417, 419, 429-5, 437-8, 441, 444, 446, 449, 451-3, 455, 460
모울라나와 진 83
무동의 222-3, 225-39, 247-9
묵시적 동의 44, 86, 88, 159-60, 169, 201, 216-9, 244, 253-6
묵주 사건 68
문재완 28, 42-3, 54, 95, 113, 118, 270, 330, 345, 423
밀코비치 대 로레인 저널 사건 302

ㅂ

바이두 361, 364
박용상 14, 18, 40, 92, 158-60, 171, 178, 218, 250, 281, 324
반론권 85, 333, 338, 441

반사회범죄 방지　185
발트바움 대 페이차일드 출판사 사건　268
버츠와 워커 사건　261
법조인　72, 393-5, 409, 419
베스트 맨　260
베어 사건　261
벤젤　162
보도 가치 원칙　283
보스사 대 소비자 연맹 사건　295
보통법　146, 260, 264-5, 270-1, 276, 318, 321-2
불법행위 리스테이트먼트　283
비밀영역　162-3, 166, 168, 175, 327
비자발적 공적 인물　47-9, 282
비판적 보도　25, 34, 44, 81, 83, 87, 111


ㅅ


사과　15, 124, 199, 344, 364, 368, 435
사사적 영역　158-60, 168
사생활 영역　36, 44-6, 57, 148, 151, 156-7, 159, 168, 176
사생활 침해　13-4, 23, 30-1, 36, 43, 55, 68, 73-7, 137, 143, 145, 147, 150-1, 153-6, 161, 171, 173, 175-6, 178, 180-1, 183-5, 188, 190-1, 193, 199, 201, 209, 220, 222, 226, 236-7, 242, 300-1, 307, 393, 411, 435, 446-7, 449
사인　17-8, 24-5, 28, 31, 38-9, 41, 43-4, 48, 51-2, 55-7, 59, 64, 66-7, 74, 82, 95, 101, 103-4, 121, 128-9, 136-9, 151, 157, 159-60, 168, 178, 184, 189, 199, 209, 211, 217-8, 222-4, 226-37, 240, 247-50, 253, 261, 267-9, 271-2, 274, 279-80, 296, 315-6, 323, 325-6, 329, 334, 337, 343, 348-9, 356, 363, 365, 367, 381, 383, 386, 390, 392-5, 429, 446, 450
사적 영역　16, 43-4, 87-8, 96, 124, 138, 158, 160, 162, 164-6, 168, 178, 217, 324, 326-7, 335, 428
사적 인물　18, 24, 55-6, 65, 164, 267, 282
사전 검열　18, 25
사전 억제　18
사죄　344
사죄광고　340
사회상규　154, 160, 168, 171, 179, 183, 200, 215
사회적 손실　185
사회적 영역　160, 165, 168, 327
상당성　25, 35, 44-6, 58, 60-2, 68, 74, 85, 87, 92-7, 103-4, 106, 108-11, 116-9, 121, 127-8, 133-5, 137-9, 181, 185, 193, 240, 340-1, 347, 390, 446, 451, 460
상당성 원칙　45, 86, 88, 94-5, 339-40, 433, 441, 460
선서증언　293
선의　216, 343-4
설리번 사건　24, 88, 260-2, 265-6, 269, 271-2, 276, 289, 318-9, 322, 347, 357,

359, 372, 387, 433
성 아망트 대 톰슨 사건 291
소비대중 이익 보호 185
숨 쉴 수 있는 공간 263
스미스 82, 85
신문과 방송 204-5, 208, 218
신해철 181
심석태 44, 47, 139, 145, 148, 151-2, 197-8, 204, 206-7, 209, 237, 254-5

ㅇ

안용교 204
암묵적 동의 44
약식재판 296-7
양리관 362, 366
양재규 45, 100, 168, 197, 219
어뷰징 444, 455
언론중재법 30, 143, 150, 154, 159, 168, 171, 179, 183, 198-201, 206-7, 213, 215-7, 240, 253, 255, 432
엄격책임주의 270, 318, 320
에드워드 대 전국 조류 협회 사건 277
에이피 대 워커 사건 289
여론 형성 기능 19, 21
여추우 365-6, 372
예측 가능성 42-3, 53, 59, 69, 135, 215, 270, 273
오두본 면책 277
왕리명 360
우묘와 양해천 360-1
원천천 361
월간 펜 사건 348
웨스트모어랜드 23
위법성 조각 111, 137, 432
위법성 조각사유 61, 74, 84, 86, 92-3, 104, 154, 183, 218, 341, 432, 445-6, 453
위법성의 조각 90, 176, 448
위영정 360, 374
위축 효과 218
유럽인권재판소 315, 317, 324-5, 336
유명인 15-6, 33, 35, 48-52, 63, 67, 96, 164, 173-4, 177, 186, 210-2, 325, 339, 350, 352, 360, 394-5, 400, 409, 418, 425-6, 455, 461
유제민 22, 28, 43, 73
윤성옥 28, 38, 51, 71, 102, 172, 175, 181, 357
이명웅 37
이승선 13, 18, 21, 25, 33-4, 37, 41, 44, 50-1, 53, 59, 71, 73-4, 104, 111, 118, 139, 161, 173-4, 177-8, 207-8, 212, 255, 368, 397
이익형량 18, 22, 25, 41, 43, 56, 59, 88, 99-100, 103-4, 138, 149, 151, 158, 160, 162, 164, 166, 168, 183, 198, 200, 204, 213-5, 218, 246, 251-3, 255, 259, 270-1, 316-7, 327, 329-32, 421, 429, 439
이재진 13-4, 16-7, 19-25, 28, 35, 37-41, 43-4, 48-9, 52-3, 55-6, 58-9, 62,

64, 67, 71, 73, 77, 81-2, 84, 93-4, 100, 102, 104-5, 110, 118, 139, 144, 157-61, 172-4, 177, 185, 197-8, 202, 207, 213-4, 221-2, 252, 268, 332-3, 357, 379, 397-8, 428-9, 458
인간 대포알 285
인격권 13-4, 17, 23, 25, 30, 32-3, 38-9, 41-2, 55-6, 59, 62, 77, 82-6, 88, 99, 103, 116, 118, 150-2, 154, 160, 162-5, 168, 171, 178, 182-3, 197-201, 204, 206-9, 212-4, 219, 221, 237, 240, 252-5, 316-7, 324, 327-8, 331-3, 341, 345-6, 350, 355-8, 369, 374, 379, 430, 432, 439, 444-5, 450-1
임유진 37, 41, 62, 157

ㅈ

저명인 205, 317
저명인사 48, 192-3, 267, 350-2, 355, 384
전문주의 20
정당한 관심사 59, 68, 71, 125, 129, 154-5, 160-2, 168, 175-7, 179, 181, 183, 185-90, 192, 194, 218, 222, 228, 283, 287
정치적 공인 39, 50-1, 53, 59, 161, 173, 362, 368-70, 372-4
정치·갈등 프레임 410-4, 416-7, 459
제한적 공적 인물 47-9, 123, 268, 281-2, 296
조영래 205
주의의무 130-2, 255
중대한 과실 216, 280
증거개시 99
진실 보도 23-4, 85, 130, 187
진실성 40, 68, 74, 85, 93, 95, 97, 104, 108, 131, 136-7, 182, 185, 240, 264-5, 276-7, 290, 292, 294, 304-5, 308-9, 340-3, 347, 358, 365, 441, 446
징벌적 손해배상 41, 269, 299, 302

ㅊ

차용범 39-41, 101-2, 104
차화연 189
채플린스키 사건 270
초상 영리권 199, 206, 209-10
초상권 침해 16, 30, 44, 74, 77, 86, 128, 139, 152-3, 175, 197-201, 204-22, 231, 235, 237, 240, 242-3, 247, 251-5, 430, 435-6, 446-7, 449
취재·보도의 자유 204, 417, 440, 444
취재·보도의 자유 프레임 404, 410-5, 417-20

ㅋ

카인즈 380, 402
커티스 대 버츠 사건 289

콕스 방송사 대 콘 사건 286

ㅌ

타임사 대 힐 사건 284
터크만 399
틀짓기 397, 399, 401, 410, 419

ㅍ

파수견 14, 19-21, 38, 55, 370
팽원순 34, 36, 146, 385
프라이버시 침해 16, 147-8, 209, 282-8, 300, 327, 332, 335-6
프로서 147-8, 151
피터 젠거 사건 23
필라델피아 신문사 대 헵스 사건 269

ㅎ

한국논단 107
한상범 35-6, 49, 204
한위수 14, 22, 25, 31, 38-9, 49, 61, 94, 99-100, 111, 135, 160, 206, 213, 216, 397
함석천 88, 93, 140, 207-10, 212, 217
허버트 대 랜도 사건 276, 293
허슬러 잡지 대 폴웰 사건 300
현실적 악의 원칙 28, 39-41, 47-8, 59, 61, 88, 99, 123, 260-1, 265, 267, 276-7, 289, 291, 295-6, 298, 302-3, 310-11, 339-40, 347, 357, 359-60, 365, 367-8, 372-5, 390, 433, 451, 460
현저성 399, 402
현저히 상당성을 잃은 공격 원칙 46, 340
후브만 162

**이재진** 한양대학교 미디어커뮤니케이션학과 교수로 저널리즘과 언론법제를 강의하고 있다. 서울대학교 언론정보학과 학사 및 석사, 미국 아이오와대학교 석사, 그리고 미국 서던일리노이대학교에서 박사학위를 받았다. 현재 제9대 한국언론법학회 회장, 언론중재위원, 차기 한국언론학회장(제45대), 방송통신위원회 방송광고산업활성화전문위원회 위원, 장애인방송시청보장위원회 위원, 조선일보 독자권익보호위원회 위원을 맡고 있으며, 방송통신심의위원을 지냈다. 2008년 제8회 철우언론법상과 2006년 한국방송학회 저술상을 각각 수상하였다. 세계인명사전 *Marquis Who's Who in the World*에 2013~2018년 연속 등재되었고, 2017, 2018 Albert Nelson Marquis Lifetime Achievement Award 수상자로 선정되었다. 『미디어 자유는 기본권이다』(2017, 공역), 『미디어와 법』(2017, 공저), 『한국 언론 ADR의 현실과 쟁점』(2015), 『미디어 법』(2013) 등의 저서 및 역서를 냈고, 110여 편의 전문 학술 논문을 게재·발표하였다.

## 언론과 공인

**펴낸날** 2018년 2월 28일 초판 1쇄
**지은이** 이재진
**펴낸이** 이영무 ● **펴낸곳** 한양대학교출판부 ● **출판등록** 제4-7호(1972.2.29)
**주소** 서울 성동구 왕십리로 222 ● **전화** 02.2220.1432-4 ● **팩스** 02.2220.1435
**홈페이지** press.hanyang.ac.kr ● **이메일** presshy@hanyang.ac.kr
**디자인·편집** 정준기 ● **인쇄** 현문



**ISBN** 978.89.7218.569.7 (93070)

이 저서는 2015년 정부(교육부)의 재원으로 한국연구재단의 지원을 받아 수행된 연구임.
(NRF-2015S1A6A4A01010713)

This work was supported by the National Research Foundation of Korea(NRF) grant funded by the Korea government(Ministry of Education). (NRF-2015S1A6A4A01010713)